日本型「経理・財務」事典

Dictionary of "Accounting & Finance" of Japan

前金融監督庁（現金融庁）顧問
信越化学工業株式会社顧問
日本CFO協会最高顧問

金児　昭【著】
Kaneko Akira

日本型
「経理・財務」事典

金児　昭 ［著］

まえがき

◆世界初の『日本の「経理・財務」事典』です。

　日本の会社・店・個人会社（会社等）の人たちは、日本の中はもとより、世界中で活躍しています。少し詳しく申しますと、これらの会社等の中で働く事業部門（販売・製造・研究）の方々や、企画・人事・研究・総務・業務監査・広報・秘書などバックアップ部門の方々が、「経理・財務」のおおむねをザックリと理解すると、先の会社等の人間が幸せになります。見方をちょっと変えると、「経理・財務（企業会計＝経営会計＋財務会計）は人間を幸せにするためにある」のです。

　私は"人間性善説"にたって、先の会社等が従業員の雇用を守るために、一円の利益を得ることに全力を尽すときに役立ちたいと、経営実行に参画レベルアップする「経理・財務＆CFO」の方々を、心から応援したいのです。

　ここで、会社等の中の「経理・財務＆CFO」の仕事を、学問で考えられている「企業会計＝経営会計＋財務会計」との関係について、次の図表を一覧してください。

金児　昭の経理・財務（企業会計）の全体像

経理・財務＆CFOの全実務		企　業　会　計	
	項目	財務会計 （制度会計）	経営会計 （管理会計）
A	資本主義経済社会での 重要性のウエイト付け	2割	8割
B	主役（責任）部門	経理・財務＆CFO 〔財産保全業務に注力〕	事業部門（販売・製造・研究部門） 〔経理・財務＆CFOは参画・バックアップ部門〕
C	目的と役割	会社法規を守る 金融商品取引法 会社法 法人税法　等	①利益をあげて　②税金を納める 〔資本主義経済社会での事業に対する根本思想〕
D	「会計公準」の目	①人の正しい行動 ②貨幣で表す〔円・ドル等〕 ③期間を定める 　〔1年、半年、4半期等〕	①人が利益を目指す　②現地通貨表示 ③事業判断期間 　〔1日、1カ月、8カ月、2年、5年等〕
E	日本国内か、国際か	○会計（金融商品取引法） 　　　　└─国際 ○会社法←日本国内 ○法人税法 　　　　└─日本国内・国際	国際

◆「経理・財務」は（「経理・財務＆CFO」も）私の造語です。

　「経理・財務」について少し述べさせてください。経理は、経済や経営の経と、理は理財の理（ことわり）とからできています。一方、財務は英語のファイナンスの日本語"訳"そのものです。これには金融も含まれています。だから、「経理・財務」は企業会計（経営会計8＋財務会計2のウエイトづけ）よりずっと広い考えです。

　このように、「経理・財務」はいわゆる会計の世界よりずっと広い「経済・経営・理（ことわり）・財務（ファイナンス）」という考えからできています。この経済には近年、金融

も含まれ、経営は主に会社・商店（お店）・個人会社の経営を意味します。

実は、今から27年前の1982年に、私は初めての自分の単著「法人税実務マニュアル」（日本実業出版社）を書きました。このとき、自分が経理課長であって会計課長ではないことの意味を少し考えはじめました。そして、中国では古代から、総経理と言えば社長のことであることに想いをはせて、1989年3月に「経理・財務」（私の造語）と『ビジネス・ゼミナール会社「経理・財務」入門』（日本経済新聞出版社）〈なお、当時は『会社経理入門』（日本経済新聞社）〉をはじめて世に送り出しました。

◆「日本の経理・財務」の実務力は世界一です。

私は優れた会社・店・個人会社（会社等）の経理・財務を実学として、これら会社等の多くの経理・財務＆CFOの皆さんに教えていただきました。それらのエキスと、私のふるさと信越化学工業での実体験の一つひとつを比較しながら、拙著（単著・編著・監修を含む）115冊のすべての中で、「経理・財務」に関することを述べてきました。いわば、日本の良い会社等の経営と経理・財務の実務慣習を自分の実体験知識（エンピリカル・ナレッジ＝empirical knowledge）と融合しつつ発表してきました。

この内容は大きく①会社等の内部成長と、②会社等の外部成長＜M＆A（合併・買収）・種々の提携など＞に分けられます。

②の企業買収については、2007年に、『「利益力世界一」をつくったM＆A―企業価値最大化に賭けた男たち―』（日本経済新聞出版社）で発表しました。このM＆Aの主役は事業部門（販売・製造・研究）です。この事業部門が責任をもって進める壮大な仕事を、経理・財務＆CFOは「参画・バックアップ」してきたのです。

このような実体験の中身から、私が自信をもって申し上げられるのは、「わが日本の経理・財務の実務力は世界一である」ということです。

これが本当に確信できたのは、2008年9月15日に米リーマン・ブラザーズが破綻し、欧米の銀行・証券会社・格付会社・住宅金融会社・生命保険会社はもとより、欧米の多くの会社が破綻した時です。世界中の人々の財産が一瞬のうちに半分になってしまいました。いまの大不況の中で、「日本の経理・財務の真価」が世界中の人に分かってもらえたのです。日本の「経理・財務」は世界大不況ウイルスの蔓延を防ぐワクチンです。

◆日本の経済産業省「経理・財務サービス　スキルスタンダード」をアジアからはじめて世界中に広めたい。

2001年に、経済産業省の局長さんから「日本型の経理・財務という分野をしっかり研究したいのです。金児さんの造語『経理・財務』を使わせてもらって‥‥」というお話がありました。

日本のすぐれた会社の経理・財務を研究する委員会が発足し、ノウハウを集結する作業が3年間進められました。委員会（委員長　花田光世慶應義塾大学教授、委員兼座長　木村幸彦公認会計士）には、代表的な上場企業の経理・財務担当役員の方々が委員として参加し、世界に通用する日本の経理・財務のノウハウの集大成がなされたのです。そうして2005年にでき上がったのが、経済産業省「経理・財務サービス　スキルスタンダード」です。これはスキルだけでなく、日本企業古来の経理・財務のよいところをとり出してスタンダードとしたのです。

つまり、ここでいう経理・財務は、「日本のよい会社のエッセンス」です。そしてFASS

とは、すぐれた会社約1000社の経理・財務部門長から現在の経営実学についての話を聞いて、経理・財務の実務的な知識をどれだけ備えているかをTOEIC形式で測る日本CFO協会の検定です。

判定の方法はTOEIC方式で行われるので、合格・不合格ではなく点数で出てきます。その点数に応じて、会社の中でどのくらい経理・財務の仕事がわかっているか、というレベルが判定されます。

この検定は発足以来、受験者数・導入する企業が増え続け、いまも導入する企業が増えています。また、今後は経理・財務の人たちだけでなく、事業部門（販売・製造・研究）の人たちも、この検定テストを受けることになるでしょう。

さらに、この検定の導入を検討したいという話が、東アジア諸国から日本CFO協会に続々ときています。これら諸国の人たちの願望と狙いは、公認会計士試験や税理士試験などよりも先に、まずは経理・財務の実務力をアップさせたい、ということです。確かに、公認会計士試験や税理士試験などの勉強では、利益をあげて（結果として税金を納めて）会社をよくしていく方法は教えてくれませんが、FASSは、会社の実務にすぐに役立ち、経営をよくすることに直結しているところが魅力です。

◆アジア各国でFASS検定始まる。

実際に、現在ベトナムでは試験的にベトナム版のFASS検定が昨年より始まっていて、すでに1,097人の方が受験されています。パナソニック、キヤノンといった日本企業のベトナム現地法人で働いているベトナム人向けに試験体系を特別に開発した試験内容になっており、ベトナム語で試験をやっているのです。ベトナムの中小企業の経理・財務教育を強くしたいというベトナム計画投資省の意向を受けて、ちょうど1年前にベトナムCFO協会が設立されたのですが、ベトナムCFO協会はこのFASS検定をすべてのベトナムの企業人に向けて展開したいと日本CFO協会に相談してきました。

このようにFASSのような経理・財務の実学を勉強したいという国はベトナムだけではないということで、日本からの提案でFASS検定をアジアのスタンダードにしようという動きも進められています。世界のCFO協会が集まるIAFEI（国際財務幹部協会連盟）という組織のアジア各国が集まってFASSの体系について勉強しあい、各国の試験をFASSの体系にあわせていこうというのです。ファイナンスという金融の色が濃くなってしまったアメリカの財務ではなく、アジアでは製造業が多くあることが前提で、このFASS（経理・財務）が注目されているということは大変心強い気がしています。

さらに、企業の活動が国際的になっているなかで、会計や財務の知識も従来の「簿記」だけにとどまらず、国際的な勉強をしようという動きもでています。今年からスタートしたFASSベーシック検定です。先ほどご紹介した「財務会計」、「経営会計」をベースに「財務モデリング」という企業会計のシュミレーションを行うための方法論も加えた3科目からなっています。簿記を勉強した実務家がその次に勉強するものとしては最適な学習材料だと思います。特に「財務会計」はIFRSに完全準拠していて、日本基準とIFRSの差異を勉強するというようなことではなく、IFRSの考え方を一から勉強しようという内容です。日本で働く人だけでなく、世界中で働く経理・財務の人々に使ってもらうことを想定した日本で初めての経理・財務の試験です。この試験もアジア各国で将来使ってもらえる日も遠くないと楽しみにしています。

◆金児　昭の「経理・財務」の本は今まで12冊です。

　私は、1961年に信越化学工業に入社し、99年に62歳で取締役を辞任するまで38年間、経理・財務一筋の叩き上げ経理・財務マンです。はじめの20年間に、世に言う「企業会計（経営会計＋財務会計）」が会社・店・個人会社（会社等）の経理・財務に相当することは、うっすらと気づいていたのです。が、20数年経った1989年に、私の考えた造語「経理・財務」を使って企業会計（経営会計＋財務会計）を解説しはじめ、『会社経理入門』（日本経済新聞社）を出版したことは前に述べました。

　以後、私の①単著、②編著、③共著、④監修、の本で、書名に「経理・財務」の文言が入ったもの、すなわち、Ⅰ.『金児　昭の「経理・財務」の本』は、次のように12冊です。

　また、説明はすぐあとにしますが、Ⅱ.『金児　昭の「英語の会計（経理・財務）本」は2冊です。

Ⅰ．金児　昭の「経理・財務」の本

		書名	出版社（出版年月）
日本語	1	ビジネス・ゼミナール会社「経理・財務」入門	日本経済新聞出版社（2009.01）
	2	経理・財務〈上級〉	日本経済新聞出版社（2008.06）
	3	会社をよくするみんなの「経理・財務」	日本経済新聞出版社（2006.04）
	4	金児昭と先進企業のCFOが語る一歩先行く会社の「経理・財務」部門と人材育成（第1集）	税務研究会出版局（共著）（2009.04）
	5	日本型「経理・財務」事典	税務経理協会（2010.01）
	6	「経理・財務」これでわかった！	PHP研究所（ビジネス新書）（2008.12）
	7	1つの数字で仕事はすべてうまくいく！信越化学工業の「経理・財務」の神様が教え続けたこと！	成美堂出版（2006.12）
	8	入門　強い会社の「経理・財務」	日本経済新聞出版社（2001.07）
	9	「経理・財務」〈物語＆基本バイブル〉	税務経理協会（編著）（2008.06）
	10	会社「経理・財務」の基本テキスト	税務研究会出版局（監修）（2007.04）
	11	会社「経理・財務」の基本テキストⅡ〈ステップアップ編〉	税務研究会出版局（監修）（2007.03）
	12	「経理・財務」実務に必要な「知識×実行」	税務経理協会（監修）（2006.02）

Ⅱ．金児　昭の英語の会計（経理・財務）本

		書名	出版社（出版年月）
英語	1	The Corporate Accounting in Japan	中央経済社（1998.09）
	2	〈日英対訳〉英語で読む決算書が面白いほどわかる本	中経出版（2002.09）

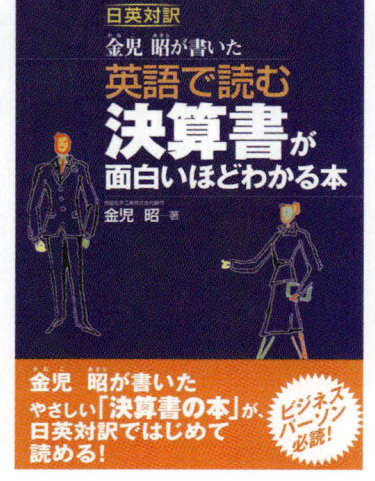

◆「英語で書いた経理・財務の本、二冊」で「日本の経理・財務」を世界中に広めたい

　私は、ふるさと信越化学工業で経理・財務一筋38年間を勤めあげる1999年6月より2年ほど前に、やっと次のことに気づきました。それは、「せっかく日本の経理・財務が世界一の力があるのに、世界中の人々にその真価がわかってもらえない理由は、英語で書いた日本の企業会計（≒経理・財務）の本がないからである」ということです。1997年に書きはじめ（それまで書きためたものの整理も含め）、「The Corporate Accounting in Japan」（中央経済社）を1998年9月に上梓し、日本会計研究学会でも発表しました。その後、知人二人がニューヨークとアムステルダムで拙著を本屋さんで見た、との話を聞いて感激しました。しかし、この英語本は日本の中ではあまり読まれませんでした。

　それで、"日英対訳"のやさしい企業会計（≒経理・財務）の本『英語で読む決算書が面白いほどわかる本』（中経出版）を2002年9月に上梓しました。おかげさまでこの本は、わが国の方々、日本に住む外国人の方々、海外に住むか海外に出張している日本人の方々、さらには海外の外国人の方々にも読んでいただいています。

　そしていま、拙著『「利益力世界一」をつくったM&A―企業価値最大化に賭けた男たち―』（日本経済新聞出版社）の英訳本の発行を夢みています。

◆上場企業用の「国際会計基準」、世界中のすべての会社・店・個人会社のための「日本の経理・財務」

　2008年の夏から、わが国でも上場企業のための国際会計基準を導入（制度適用）する検討が始まりました。ただこの際、失念してはならないことがあります。それは、財務会計だけの問題である、ということです。すなわち、企業会計（≒経理・財務）の全体のウエイトを10としたときの、わずかウエイト2の財務会計（法規を守る会計）の問題です。国際会計基準の導入検討は、ウエイト8の経営会計（利益をしっかりあげるための会計）の問題ではありません。このような考えをもとに、私は「日本の経理・財務の実務を世界中に広めたい」のです。

　ここで、心から感謝申し上げたいことがあります。それは2008年の初夏に税務経理協会の大坪嘉春社長さんが「金児さん、『経理・財務』事典を書いていただきたい」と、言ってくださったことです。

　最後になりましたが、本書を出版するにあたり、日本CFO協会の行天豊雄理事長・谷口宏専務理事、木村幸彦公認会計士、（株）税務経理協会の大坪嘉春社長・大坪克行常務取締役・第1編集部堀井裕一部長・書籍製作部日野西資延さんには大変お世話になりました。心から御礼申し上げます。

2009（平成21）年12月

金児　昭

目　次

あ行

青色申告 ································· 1
預かり金 ································· 1
アセットアロケーション ················· 1
後入先出法 ······························· 1
アニュアルレポート ····················· 1
アフターM&Aと人洗潜処理 ············· 1
洗潜処理 ································· 1
安全性 ··································· 1
安全性の分析 ··························· 1
安全力 ··································· 1
委員会設置会社 ························· 2
1円の利益の重み ······················· 2
一時差異 ································· 2
著しい陳腐化 ··························· 2
一括償却資産 ··························· 2
5つの資本 ······························· 2
5つの利益 ······························· 3
一般管理費 ······························· 3
一般管理費の受払残表 ················· 3
一般債権 ································· 3
移動平均法 ······························· 3
インサイダー ··························· 3
インサイダー取引 ······················· 3
インターバンク市場 ····················· 3
受取手形 ································· 4
受取手形の銀行への取立依頼 ··········· 4
受取手形と支払手形 ····················· 4
受取家賃 ································· 4
受取利息 ································· 4
受払残表（残増減残） ················· 4
受取配当金と支払配当の消去 ··········· 4
受取配当金 ······························· 4
裏書 ····································· 4
売上 ····································· 4
売上計上の方法 ························· 4
売上原価 ································· 5
売上債権 ································· 5
売上債権の回収 ························· 5
売上債権の回収日数 ····················· 6
売上高営業利益率 ······················· 6
売上と売上原価の数量チェック ········· 6
売上と原価の差異分析 ················· 6
売上と仕入の消去 ······················· 6
売上値引 ································· 7
売上割引 ································· 7
売上割戻し ······························· 7
売掛金 ··································· 7
売掛金残高の積極的確認と消極的確認 ··· 7
売掛金の受払残表（残増減残） ········· 7
売掛金の消込み ························· 7
売掛金の年齢表 ························· 7
売掛債権の回収日数 ····················· 7
営業活動によるキャッシュフロー ······· 8
営業利益 ································· 8
影響力基準 ······························· 8
英文キャッシュフロー計算書（Statement of Cash
　　Flows＝C/F）のキャッシュの「入り」と「出」 ··· 8
英文損益計算書（Income Statement = I/S）
　　（勘定式） ··························· 8
英文損益計算書（Income Statement = I/S）
　　（報告式） ··························· 9
英文貸借対照表（Balance Sheet = B/S） ··· 9
益金と損金 ······························· 9
M＆A ··································· 10
円ベースとドルベース ················· 10
応募者利回り ··························· 11
お金で表す「バランス・シートのしくみ」 ··· 11
おカネの受払残表 ······················· 11
オフバランス項目 ······················· 11
親会社 ··································· 12
親会社の決算日と子会社の決算日 ····· 12
親子間の会計処理の統一 ··············· 12
親と子の連結 ··························· 12
終わりの残 ······························· 13

か行

買入業務 ································· 14
海外子会社のI／S ····················· 14
買掛金 ··································· 14
会計監査 ································· 15
会計監査人 ······························· 15
会計（処理）基準 ······················· 15
会計公準 ································· 15
会計サイクル ··························· 15
会計参与 ································· 15
会計上の取引 ··························· 16
会計と経営の一体化 ····················· 16

目次

会計ビッグバン……………………………… 16
会計方針の変更……………………………… 16
開示方法……………………………………… 16
会社株式を譲渡制限しているかどうかの区分……… 16
会社（グループ企業と個別会社）………… 17
会社計算規則………………………………… 17
会社「経理・財務」は人間を幸せにする……… 17
会社（公開会社と非公開会社）…………… 17
会社（資本金などの区分）………………… 17
会社（出資区分）…………………………… 18
会社の格付け………………………………… 18
会社の機関…………………………………… 18
会社の種類…………………………………… 18
会社の特徴…………………………………… 19
会社の目的…………………………………… 19
会社分割……………………………………… 19
会社法監査…………………………………… 19
回収可能価額………………………………… 20
回収期間法…………………………………… 20
開発費………………………………………… 20
外部成長……………………………………… 20
格付…………………………………………… 20
確定決算基準………………………………… 20
確定申告……………………………………… 20
家計…………………………………………… 20
加古宜士先生と井上良二先生……………… 22
加算税………………………………………… 22
貸倒懸念債権………………………………… 22
貸倒引当金…………………………………… 22
貸付金の収益性……………………………… 22
（課税）所得………………………………… 22
課税標準……………………………………… 22
割賦販売……………………………………… 22
合併…………………………………………… 22
合併の会計処理……………………………… 23
合併比率……………………………………… 23
家庭の損益計算書とバランス・シート…… 23
金児式キャッシュフロー計算書のイメージ図……… 24
金児のブキ（Book-keeping:「決算書－経営」の簿記）宣言……………………………… 24
株価キャッシュフロー倍率（PCFR）……… 24
株価収益率（PER）………………………… 24
株価の算定方法株価純資産倍率（PBR）… 25
株券…………………………………………… 25
株式…………………………………………… 25
株式移転……………………………………… 25
株式会社……………………………………… 25
株式交換……………………………………… 26
株式交換比率………………………………… 27
株式交付費…………………………………… 27

株式配当……………………………………… 27
株式評価……………………………………… 27
株式評価の基本……………………………… 27
株式利回り…………………………………… 27
株主…………………………………………… 27
株主資本等変動計算書……………………… 27
株主資本配当率……………………………… 29
株主総会……………………………………… 29
株主総会の決議……………………………… 29
科目の四マス………………………………… 29
「科目の四マス」（B／SとI／S）………… 30
「残増減残」「BB・－・D・EB」と
　「EB・D・－・BB」……………………… 30
借入金………………………………………… 31
仮決算………………………………………… 31
仮決算による中間申告……………………… 31
為替…………………………………………… 31
為替手形……………………………………… 32
為替ポジション……………………………… 32
為替リスク…………………………………… 32
為替レート…………………………………… 32
関係会社……………………………………… 33
関係会社株式、関係会社出資金…………… 34
関係会社と関連会社………………………… 34
関係会社への参画とバックアップ………… 34
監査…………………………………………… 34
監査役………………………………………… 34
勘定合って銭足らず………………………… 34
勘定科目……………………………………… 35
勘定精査……………………………………… 35
間接控除方式………………………………… 35
間接費………………………………………… 35
間接法によるキャッシュフロー計算書…… 35
還付加算金…………………………………… 36
管理会計……………………………………… 36
管理会計（経営会計）……………………… 36
管理体制……………………………………… 36
関連会社（影響力基準による判定）……… 36
機械・装置…………………………………… 37
企業会計基準委員会………………………… 37
企業会計基準委員会・企業会計審議会…… 38
企業会計原則………………………………… 38
企業会計原則イメージ図…………………… 39
企業会計（財務会計と経営会計）………… 39
企業価値……………………………………… 39
企業グループ………………………………… 40
企業の経営と企業会計……………………… 40
議決権行使書………………………………… 41
期日別債権管理……………………………… 41
技術協力……………………………………… 41

技術一筋	41	経営実行	51
基準操業度	41	経営実行と予算	51
起票	41	経営実行と経営計画	52
寄付金	41	経営実行力	52
キャッシュ（現金＋現金同等物）	41	経営者	52
キャッシュの範囲（ビジュアル）	42	経営成績	53
キャッシュフロー	42	経営と経理・財務	53
キャッシュフロー（営業キャッシュフローを意味するとき）	42	経営の三原則	53
キャッシュフロー経営	42	経営は「科目の四マス」の増減・減増	53
キャッシュフロー計算書（残増減残を確認）	42	経営分析のポイント	54
キャッシュフロー計算書（C／F）	42	経営分析	54
キャッシュフロー計算書（日本）	42	経営分析と財務諸表分析	54
キャッシュフロー計算書の基本　その1	43	経営簿記	55
キャッシュフロー計算書の基本　その2	44	経営力	55
キャッシュフロー計算書の基本　その3	44	経過勘定	56
キャッシュフロー計算書の内容	44	計算書類の種類	56
キャッシュフロー（資金の循環）	44	経常利益と営業利益	56
給与	44	計数管理	56
給料	44	継続企業（の前提）	56
強制評価減	46	継続記録法	57
業績	46	継続性の原則	57
業績評価	46	継続棚卸法	57
業績評価の尺度	46	継続は力なり	57
共通費	46	経年比較	57
業務拡大	47	経理・財務JAPAN（keiri & Zaimu）	57
切放処理	47	経理・財務のウェイト付け	58
金額	47	経理・財務の機能（はたらき）	58
金庫番	47	「経理・財務」の権限	59
金庫番の「残増減残」＝経営簿記	47	経理・財務部の役割	59
金銭消費貸借（質権設定）契約	48	経理・財務パースンの姿勢	60
金融機関	48	経理・財務部の基本業務	60
金融商品取引法監査	48	経理・財務部門の仕事	61
金融商品のリスク	48	決算	61
金融ビックバン	48	決算公告	61
金利	48	決算書	62
偶発債務	49	決算書開示までの流れ（大会社の場合）	62
グラフ（損益分岐点図表）	49	決算書作成から公告まで	62
グラフの危険性	49	決算書（Financial Statements）3つの関係	62
繰延資産	49	決算数値の確定	63
繰延税金資産	49	決算短信	63
繰延税金負債	49	決算調整	63
グループ経営力	49	決算手続	63
グローバル・スタンダード（Global Standard）	49	決算と予算	63
黒字決算	49	決算日程	63
グロス表示「足を踏ん張る」	49	決算（連結・単独）の流れ	63
経営会計（管理会計）	50	決算発表	64
経営会計（管理会計）のテーマ	50	決算日	64
経営会計でなければならない	51	決算日が子会社と親会社でちがうとき	64
経営計画	51	決算日レート法	65
		決算方針	65

目次

- 決算レート……………………………………65
- 月次決算の目的………………………………65
- 月次決算の予算実績比較……………………65
- 月次損益予算…………………………………66
- 月次損益計算書………………………………67
- 月次貸借対照表………………………………67
- 月数按分償却と2分の1簡便償却（海外）……67
- 欠損金、繰越欠損金…………………………67
- 欠損金額………………………………………67
- 決定……………………………………………67
- 原価……………………………………………67
- 限界利益………………………………………67
- 限界利益率……………………………………67
- 原価計算………………………………………68
- 原価計算基準…………………………………68
- 原価計算の目的………………………………68
- 原価差額（原価差異）………………………68
- 減価償却………………………………………69
- 減価償却（2008）……………………………69
- 減価償却（欧米）……………………………69
- 減価償却計算（定額法と定率法）…………70
- 減価償却資産…………………………………70
- 減価償却と法人税法の基準…………………70
- 減価償却の手順………………………………70
- 減価償却費と売上・製造原価………………70
- 減価償却費と売上……………………………71
- 減価償却費の税効果会計……………………71
- 減価償却費は資金回収………………………71
- 減価償却累計額………………………………71
- 「減価」「消去（償却）」……………………71
- 原価法…………………………………………72
- 原価法と低価法………………………………72
- 研究開発のためのソフトウェア……………72
- 現金……………………………………………72
- 現金過不足勘定………………………………72
- 現金科目の受払残表…………………………72
- 現金出納帳……………………………………73
- 現金の管理……………………………………73
- 現金の出納……………………………………73
- 原材料…………………………………………73
- 原材料の手持月数……………………………73
- 現在価値法（DCF法）………………………74
- 検収基準………………………………………74
- 建設仮勘定……………………………………74
- 減損会計………………………………………74
- 権利行使価額…………………………………74
- 交換レートの損と得…………………………74
- 交際費…………………………………………75
- 工事進行基準…………………………………75
- 更正……………………………………………75
- 構築物…………………………………………75
- 交通費・旅費…………………………………75
- 公認会計士……………………………………75
- 公認会計士協会………………………………75
- 公認会計士制度………………………………75
- 公認会計士による監査報告書………………75
- 公平感（3つ）………………………………76
- 候補企業価値評価……………………………76
- 公募債…………………………………………76
- ゴーイング・コンサーン
  （継続企業または継続企業の前提）………76
- コーポレート・ガバナンス（企業統治）…76
- 子会社株式……………………………………76
- 子会社株式・関連会社株式…………………76
- 子会社（支配力基準による判定）…………76
- 子会社の決算日………………………………76
- 小切手…………………………………………77
- 国際財務報告基準……………………………77
- 小口現金………………………………………77
- 個人情報保護法………………………………77
- コスト（原価）………………………………77
- 固定資産………………………………………77
- 固定資産課税台帳……………………………78
- 固定資産の管理………………………………78
- 固定資産の購入………………………………78
- 固定資産税の前納報奨金……………………78
- 固定資産売却益………………………………78
- 固定長期適合率と固定比率…………………78
- 固定費…………………………………………78
- 固定費の分析…………………………………79
- 固定比率………………………………………79
- 個別会社と個々の会社………………………79
- 個別償却と総合償却…………………………79
- 個別消費税……………………………………79
- 個別法…………………………………………79

さ行

- 債券……………………………………………80
- 債権回収状況管理票…………………………80
- 債権残高確認…………………………………80
- 債権と債務……………………………………80
- 債権と債務の消去……………………………80
- 債権申出期間…………………………………80
- 在庫……………………………………………80
- 在庫回転率……………………………………80
- 在庫調整………………………………………80
- 在庫の手持日数………………………………80
- 財産保全………………………………………80
- 最終仕入原価法………………………………81

最終利回り（単利）	81	資金調達	93
再生産	81	資金調達の多様化	94
財政状態	81	資金不足	94
財政状態の悪化	81	自己資本比率	95
財テク	81	資産	95
差異分析	81	資産の科目	95
財務会計（制度会計）	82	試算表（残高試算表）	96
「財務会計・経営会計」と経理・財務＆CFO	82	自社株買い	96
財務活動によるキャッシュフロー	82	市場金利	96
財務指標	82	下請代金支払遅延等防止法（下請法）	96
財務諸表	82	実現主義	97
財務諸表分析（財務比率分析・財務指標）	83	実現利益	97
債務超過	83	実効税率	97
債務の確定	84	実効税率（理論値での税金）	97
債務保証	84	実際原価と標準原価	97
差額原価による意思決定・経営実行	84	実質基準	98
先入先出法	84	実態	98
先日付小切手	84	実地棚卸	98
雑収益	84	質問検査権	98
雑収入	84	使途秘匿金課税	98
雑損失	84	支配力基準	98
三角合併	84	支払手形	98
参画・バックアップ	85	支払配当金	98
「残・増・減・残」	85	支払利息	98
残増減残・残減増残	85	四半期報告制度	98
「残増減残」（タテとヨコの「受払残表」）	86	私募債	99
「残増減残」と「科目の四マス」について	87	資本	99
残高試算表	87	資本金	99
仕入（買入・購入・購買は同じ意味）	88	資本（純資産）	99
仕入先別元帳	88	資本剰余金	100
仕入（高）	88	資本注入	100
仕入値引	88	資本的支出	100
仕入割引	88	資本的支出と修繕費	100
仕入割戻し	88	資本取引・損益取引区分の原則	100
時価	88	事務用消耗品費または事務用品費	100
時価会計	88	借地権	100
仕掛品	89	社債	100
時価のある有価証券の減損処理	89	社債管理者	100
時価のない有価証券の減損処理	89	社債管理者不設置債	100
事業計画	89	社債発行差金	100
事業と「経理・財務」（企業会計）	90	社債発行費	100
事業部制	90	社内金利	100
事業報告	91	社内与信基準	101
資金	91	車輌・運搬具	101
資金運用表	91	「収益・原価計算」の設備投資3原則	101
資金運用表の作り方	91	収益（＝収入）	101
資金繰表	92	収益性（利益性）	101
資金繰表と残増減残	93	終身雇用	101
資金繰表は家計簿と同じ	93	修正申告	102
資金対策	93	修繕費	102

目次

修繕費と資本的支出の区分（法人税法上）………… 102
収入・支出（収支）は損益計算書の原型 ……… 103
重要性の原則 ……………………………………… 103
受注 ………………………………………………… 103
受注金額 …………………………………………… 103
出荷基準 …………………………………………… 104
「出資の関係」と「持分法適用会社」…………… 104
取得価額 …………………………………………… 104
純資産 ……………………………………………… 104
「当期純利益」を「純資産」で割ったものが、
　「純資産純利益率」である ……………………… 105
純資産回転率 ……………………………………… 105
純資産中の利益剰余金 …………………………… 105
純資産評価方式 …………………………………… 106
純資産比率 ………………………………………… 107
純粋持株会社 ……………………………………… 107
少額減価償却資産 ………………………………… 107
償却原価法 ………………………………………… 107
償却資産 …………………………………………… 107
証券取引所 ………………………………………… 107
証券取引所と記者クラブでの発表 ……………… 108
招集通知 …………………………………………… 108
上場会社 …………………………………………… 108
上場株式の評価 …………………………………… 108
上場株式、店頭株式 ……………………………… 108
証書借入 …………………………………………… 108
少数株主が存在する債務超過子会社における
　当期純利益の帰属 ……………………………… 108
少数株主持分 ……………………………………… 108
消費税 ……………………………………………… 109
消費税の会計処理 ………………………………… 109
消費税の計算 ……………………………………… 109
消費税の中間納付額 ……………………………… 110
証憑書類 …………………………………………… 110
商品 ………………………………………………… 110
正味運転資金 ……………………………………… 110
剰余金の配当 ……………………………………… 110
将来減算一時差異 ………………………………… 110
所得 ………………………………………………… 110
所得調整項目（法人ごとに計算する調整項目）…… 111
所得と利益 ………………………………………… 111
知れている債権者 ………………………………… 111
仕分（訳）け以前の取引 ………………………… 111
仕分（訳）け前と仕分（訳）け後 ……………… 112
仕訳前の仕事 ……………………………………… 113
仕訳前の税務 ……………………………………… 113
新株予約権 ………………………………………… 113
新株予約権付社債 ………………………………… 113
人件費 ……………………………………………… 113
申告期限の延長 …………………………………… 113

申告調整 …………………………………………… 113
申告納税 …………………………………………… 113
真実性の原則 ……………………………………… 113
出納 ………………………………………………… 114
ステークホルダー ………………………………… 114
ステークホルダー（利害関係者）………………… 114
ストックオプション ……………………………… 114
正規の簿記の原則 ………………………………… 115
請求 ………………………………………………… 115
税効果会計 ………………………………………… 115
税込方式 …………………………………………… 115
清算 ………………………………………………… 116
誠実 ………………………………………………… 116
製造業 ……………………………………………… 116
製造原価 …………………………………………… 116
製造原価計算書 …………………………………… 117
製造費用 …………………………………………… 117
制度としての連結決算 …………………………… 117
税抜方式 …………………………………………… 117
製品 ………………………………………………… 118
製品の管理 ………………………………………… 120
製品別原価計算 …………………………………… 120
税務 ………………………………………………… 120
税務会計 …………………………………………… 121
税務の重要性 ……………………………………… 121
税務上の減価償却 ………………………………… 121
税務調査① ………………………………………… 121
税務調査② ………………………………………… 122
税務調査③ ………………………………………… 122
税務調査の指摘 …………………………………… 122
税務調査の受け方 ………………………………… 122
税務と会計 ………………………………………… 122
税理士等による立会い …………………………… 123
セグメント情報（あらまし）……………………… 123
セグメント情報 …………………………………… 123
セグメント情報は（財務会計と経営会計の）
　楕円形の融合体 ………………………………… 124
節税 ………………………………………………… 124
税務申告 …………………………………………… 124
説得力 ……………………………………………… 125
設備投資の成功に向けて ………………………… 126
設備投資（連結）キャッシュフロー …………… 127
設備投資のフィージビリティ・スタディ ……… 127
設備投資を安く ………………………………… 128
潜在株式 …………………………………………… 128
先端分野 …………………………………………… 128
前年度実績による予定申告 ……………………… 128
線引小切手 ………………………………………… 128
総額主義の原則 …………………………………… 128
操業度 ……………………………………………… 128

増・減と減・増	129	地方税	139
総合計画と部門別計画	129	長期前払費用	140
総合損益予算	130	長期前受収益	140
総合振込制度	130	長期貸付金	140
倉庫の残増減残	130	長期借入金	140
相殺消去	131	長期資金	140
相殺消去（売上と仕入）	131	長期プライムレート	140
相殺消去（受取配当額と支払配当額）	131	直接費	140
相殺消去（投資・資本と債権・債務）	131	直接原価計算	140
増資	132	直接原価計算の長所と短所	140
総資産	132	直接控除方式	141
総資本純利益率	132	直接償却法と間接償却法	141
総平均法	132	直接利回り	141
ソフトウェア	132	帳簿の記載事項と保存	141
ソフトウェアのバージョンアップ	132	帳簿組織	141
損益計算書（I／S = Income Statement）	132	貯蔵品	141
損益計算書の科目	133	中間申告	141
損益分岐点	133	中長期計画	142
損益分岐点図表	134	中長期資金計画	142
損益分岐点図表の見方	134	通常清算と特別清算	142
損金	135	ディスクロージャー（Disclosure）	142
		低価法	142
		定款	142
		定額法と定率法という償却方法	142

た行

大会社と中小会社の区分	136	提携先	143
代金回収	136	定額法	143
貸借対照表	136	定時株主総会	143
貸借対照表の科目	136	定率法	143
退職給付会計（その1）	137	手形	143
退職給付会計（その2）	137	手形借入	144
退職給付会計（その3）	137	手形の裏書と割引	144
退職給付引当金	137	手形の売却	144
耐用年数	137	手形の不渡りと銀行取引停止処分	144
滞留売掛金	137	手形の割引	144
多角化	137	適時開示規則	144
建物	137	適正在庫	145
建物附属設備	138	デッドストック	145
棚卸減耗費	138	デュー・ディリジェンス	145
棚卸資産	138	デリバティブ	145
棚卸資産の評価	138	転換社債型新株予約権付社債	146
棚卸資産8つの取得原価	138	統一手形用紙	146
短期借入金	138	投下資本利益率法（ROI法）	146
短期プライムレート	138	当期、前期、前々期	146
単純な売上高合計	138	当期純利益	146
単純平均法	139	同業他社比較	146
単一性の原則	139	当座借越	146
単体決算の承認手続	139	当座比率	146
担保の設定	139	当座預金	146
担保付社債（私募債）	139	投資家	147
知の資産	139	投資活動によるキャッシュフロー	147

目次

投資勘定	147
投資信託	147
投資と純資産の消去	147
投資有価証券	147
得意先元帳（売掛金元帳）	147
特殊原価計算	147
独立採算制（事業部制）	147
土地	147
特許権	147
トライアングル体制	147
取締役	148
取締役会	148
取締役会・代表取締役	148
取引	148
取引条件	148
取引・仕訳から決算書まで	149
取引の仕訳	149
ドルベースの連結決算書	150

な行

内部牽制	151
内部資金	151
内部成長	151
内部成長・外部成長とデュアリングM＆A・アフターM＆A	151
内部統制	151
内部統制（米SOX法「生みの親」に聞く）	152
内部統制報告	152
内部統制報告書と事業負担コスト	152
20－F	153
日本的経営	153
日本の「経理・財務」	153
入荷基準	154
ネッティング	155
年金・退職金の積み立て不足	155
年功序列	155
年度計画	155
年度予算	155
納税	155
納税通知書	156
延払基準	156
延払条件付販売	156
のれん	156

は行

売価還元法	157
買収	157
買収監査（デュー・デリジェンス）	157
配当金	157
配当金支払の原資	157
配当方針	158
配当利回り	158
配賦	158
配賦基準（本社費）	158
破産更生債権等	158
発生主義の原則	158
バランス・シート（会社と家庭）	159
バランス・シート（家計簿3つの科目グループ）	159
バランス・シート（資産と負債）	159
半製品	160
販売	160
販売基準	161
販売拠点	161
販売促進費	161
販売直接費	161
販売費・一般管理費	161
反面調査	161
B／S経営	161
B／SもI／Sも「科目の4マス」の残。「残増減残」の残	161
引当	161
引当金	161
非上場株価	162
非上場株式の評価	162
1株あたり純資産の「膨らみ」と「しぼみ」	163
1株当たり連結当期純利益	163
費目別計算	164
評価	164
評価・換算差額	164
費用収益応対の原則	164
非友好的企業買収	164
部	164
ファームバンキング	164
ファクタリング	164
フィージビリティ・スタディ	164
ブキ力	164
福利厚生費	165
負債	165
負債の科目	165
付随費用	165
附属明細書	166
普通社債	166
物品切手等	166
部門共通費	166
部門配賦率	166
部門別	166
部門別計算	166
プライムレート（最優遇適用金利）	166

フリーキャッシュフロー	166
振込	166
プリペイメント条項	166
不良債権	166
フル稼働	166
不渡	167
分社化	167
粉飾決算	167
ペイオフ	167
米国公認会計士	167
米国の減価償却	167
米国基準	168
ベクトル（経営の方向性）	168
ヘッジ	168
別段の定め	168
別表4（税務上の損益計算書）	168
変動費	168
包括利益	169
法人所得	169
法人税	170
法人税等	170
法人税等調整額	170
法人税のコスト性	170
法人税務	170
法人税務の学び方	171
法律力	171
ポートフォリオ	171
簿記	171
簿記一巡の手続	171
保険料	172
保守的経理・財務	172
保証付債権（私募債）	172
保証類似行為	172
補助部門	172
ボス（親分）	172
保有目的区分	172

ま行

前払金・前受金	173
前払と前受（家賃）	173
前払費用	173
孫会社も子会社	173
マネジメント・サイクル	173
未実現利益の消去	173
未収収益	174
未払と未収（家賃）	174
未収入金・未払金	174
未払金	174
未払費用	174

無形固定資産	174
無担保社債（私募債）	174
明瞭性の原則	174
持分法	174
持分法による投資利益・投資損失	175
持分法を適用する会社の範囲	175

や行

役員報酬	176
約束手形	176
有価証券	176
有価証券届出書	177
有価証券の減損処理	177
有価証券の評価	177
有価証券売却益	177
有価証券報告書	177
遊休資産	178
有形固定資産勘定の受払残表（残増減残）	178
有形固定資産の購入	178
有形固定資産の残・増・減・残	178
友好的企業買収	179
融資判定基準	179
預金	179
与件（前提条件）	179
予算	179
予算実績対比	179
予算修正	180
予算編成	180
予算体系	180
与信限度額とは	180
与信とは	180
予定取引	180

ら行

リース料	180
利益	181
利益計画（3種類）と経営の実行	181
利益剰余金	182
利益剰余金と損益計算書	182
利益性の分析	182
利益率	182
利益力	182
利息	183
利息起算日	183
利息計算	183
利回り	183
流動資産と投資その他の資産	183
流動比率	183

目次

流動負債と固定負債	183
類似業種比準方式	184
連結	184
連結売上高	184
連結親法人	184
連結会社	184
連結確定申告書の提出期限等	184
連結株価収益率（連結PER）	184
連結株主資本等変動計算書	184
連結キャッシュフロー計算書	185
連結キャッシュフロー計算書の作り方（その1）	185
連結キャッシュフロー計算書の作り方（その2）	185
連結経営	186
連結業績	186
連結計算書類	186
連結決算	186
連結決算に入る会社	187
連結決算書の作成の流れ	187
連結決算の承認手続	187
連結決算範囲	187
連結決算日	187
連結欠損金の繰越控除	187
連結子法人	188
連結C／F（Consolidated Statement of Cash Flows）	188
連結事業年度	188
連結修正消去仕訳	188
連結所得	188
連結所得金額及び連結税額の計算	188
連結する企業グループの範囲	188
連結税額計算と地方税	188
連結貸借対照表	188
連結中間法人税額	188
「連結」の意味	188
連結納税	188
連結納税グループへの加入	189
連結納税制度	189
連結納税特有の調整項目	189
連結の範囲	189
連結パッケージ	189
連結バランス・シート	189
連結B／S	190
連結I／S	190
連結法と持分法	190
連結法と持分法の範囲	190
連帯納付責任	190
連帯保証	190
労働組合と労働協約	190

わ行

割引前将来キャッシュフローの総額	191
ワンイヤー・ルール	191
割引債の利回り	191

アルファベット

a dance	192
accountability	192
accounting cycle	192
accounting policy	192
acquisition	192
acquisition method	192
additional paid-in capital	192
adoption	192
adventure	192
adventure company	192
after M＆A	192
amortization	192
annual report	192
ASBJ	192
asset acquisition	192
assosiate	192
available-for-sale financial assets	192
balance	192
balance at the beginning, increase, decrease, balance at the end（BB, I, D, BE）	192
Balance Sheet	192
barge	192
basic earnings per share	192
Book-Keeping	192
borrowing cost	193
break-even point	193
carrying amount	193
cash equivalent	193
cash-generating unit	193
CC	193
CEO	193
cost of goods sold	193
CESR	193
CFO	193
change in accounting estimates	193
closing	193
closing-date	193
CMO	193
commencement date	193
commercial substance	193
commitment line	193
common sense	193

comparability	193	first refusal right	196
compliance	193	fixed cost	196
component	193	fixed cost contract	196
comprehensive income	193	fixed deposits	196
condominium	193	Force Majeure〔仏〕= Major Force〔英〕	196
consideration	193	foreseeable future	196
consideration transfered	193	Freedom & Self-Discipline	196
consistency	194	freight	196
conspiracy	194	friendly	196
contingent consideration	194	friendly M & A	196
contingent liabilities	194	functional currency	196
continuing involvement	194	good will	196
contributed profit	194	gross	196
control	194	gross sales	196
convergence	194	Halloween	196
corporate governance	194	historical cost	196
country and western	194	hostile	196
credit risk	194	hostile M & A	196
CSR	194	IAS	197
currency risk	194	IASB	197
current cost	194	IASC	197
current deposits	194	IFRIC	197
customer	194	IFRS	197
customer satisfaction	194	image	197
deep jealousy	194	impairment	197
diluted earnings per share	194	impairment loss	197
direct costing	194	impracticable	197
disciple	194	incentive	197
discounted cash flow method = DCF method	194	Income statement	197
due diligence	195	income tax	197
during M & A	195	informed sources	197
earnings per share-basic and diluted	195	initial measurement	197
emergency	195	innovation	197
equal partner	195	intangible assets	197
equity financial instrument	195	interest rate risk	197
European Committee	195	interest	197
European Parliament	195	Interests in joint ventures	197
event	195	interim financial reporting	197
event after the reporting period	195	internal control	197
factoring	195	interpretation	197
fair value method	195	intrinsic value method	197
FASB	196	investment property	197
feasibility study	196	IOSCO	197
final	196	IRS	197
finance leases	196	IT	197
financial accounting	196	jail	198
financial assets	196	journal entry	198
financial instruments	196	kombinat	198
financial liabilities	196	letter of credit	198
financial statements	196	leader	198

目次

lease	198
letter of intent	198
LIBOR	198
liquidity risk	198
loss from discontinued operations	198
M & A	198
MA	198
majority	198
management accounting	198
Management Discussion and Analysis	198
manners and customs	198
marginal profit	198
market risk	199
matching of expense and revenue	199
materiality	199
MBO	199
measurement period	199
memorandum	199
money laundering	199
moonlight flitting	199
moral hazard	199
mobile phone	199
native	199
net back	199
net equity	199
net realizable value	199
net sales	199
net	199
non-controlling interest	199
not probable	199
offsetting	199
OJT	199
operating leases	199
other comprehensive income	199
ordinary deposits	199
owners of the parent	199
parent company	199
"Past has made me what I am."	199
past service costs	199
PER	199
personnel department	200
plant	200
poison pill	200
post-employment benefit	200
posting	200
prepayment	200
present fairly	200
present value	200
presentation currency	200
principles-based	200
prior period errors	200
private jet	200
probable	200
profit from continuing operations	200
profit or loss for the year	200
pro forma	200
project team	200
property, plant and equipments	200
prospective application	200
prospective customer	200
purchase	200
Quarters of Accounts	200
rating	200
rationalization	200
raw material	200
realizable value	200
recognition	200
recoveravle amount	200
replacement cost	200
retrospective restatement	200
retrospective application	200
reverse acquisition	200
risk hedge	200
ROE	201
royalty	201
rule	201
rules-based	201
sales	201
sales integration	201
scorched earth policy	201
SEC	201
secret and confidencial	201
separate financial statement	201
shareholdersequity	201
SIC	201
signature	201
significant influence	201
significant risks and rewards of ownership	201
social gathering	201
source	201
SPE	201
speculation	201
spirit	201
sponsor	201
stakeholder	201
standard	201
Statement of Shareholders' Equity	201
stock option	201
stockholders' equity	202
subsequent measurement	202

syndicated loan ……………………………… 202	transparence or transparency ……………… 202
synergy …………………………………………… 202	treasury stock ………………………………… 202
tax expense …………………………………… 202	trial balance …………………………………… 202
tax haven ……………………………………… 202	turnover ………………………………………… 202
tax lawyer ……………………………………… 202	turnover integration ………………………… 202
technical feasibility ………………………… 202	T Account ……………………………………… 202
temporary differences ……………………… 202	unfriendly ……………………………………… 203
The buck stops here ………………………… 202	useful life ……………………………………… 203
three mottos …………………………………… 202	VaR ……………………………………………… 203
TOB ……………………………………………… 202	weighted average cost of capital ………… 203
total comprehensive income ……………… 202	Work Sheet …………………………………… 203
transaction …………………………………… 202	XBRL …………………………………………… 203

青色申告　自主申告の形をとる法人税の申告には、青色の申告用紙を使う「青色申告」と、白色の申告用紙を使う「白色申告」とがある。

青色申告では、白色申告とちがって、仕訳帳や元帳などの定められた帳簿を備えつけ、決められたとおりの記録と保存を行うことを事前に申し出て、税務署長の承認を受け、次のような特典を受けられる。

① 青色申告した事業年度に生じた前7年以内の繰越欠損金を損金に算入できる。
② 特別償却、割増償却ができる。
③ 各種準備金の積立額を損金に算入できる。
④ エネルギー需給構造改革推進設備を取得した場合には法人税額の特別控除が受けられる。

預かり金　取引先、従業員、その他から一時的に預かったお金。

預り保証金、源泉徴収した従業員の所得税など。

アセットアロケーション　資産配分のこと。運用方針を策定するにあたり、運用する資産を「国内株式」・「国内債券」・「海外証券」・「不動産」・「現金等価資産」など資産クラス別にどのような割合で分配するかという意思決定を行うこと。その後、個別の銘柄の選定にあたる。資産運用に当たっては個別銘柄の選定以上に、アセットアロケーションが大きな意味を持つとされている。日本には従来より「財産三分法」（土地と現金と株式）という考え方があるが、これもアセットアロケーションの一種である。

後入先出法　後から製造し倉庫に入ったものから先に払出されると仮定する。

実物の流れとは異なることと、在庫の単価が時価と異なるので、採用されなくなった。

アニュアルレポート　経理・財務部は、各財務局に提出した有価証券報告書の中の連結決算書に基づいて、アニュアルレポート（年次報告書）の主な内容となる「英文連結財務諸表」を作成する。貸借対照表、損益計算書、キャッシュフロー計算書も日本語を英語に訳すというだけでなく、勘定科目もまとめたり分解したりする。国際的に見た一般的な表示方法に従って注記もより詳しく書く。全体について会計監査人のチェックを受け、監査済みであるとの署名をアニュアルレポートの中へ記載する。

アフターM&Aと人

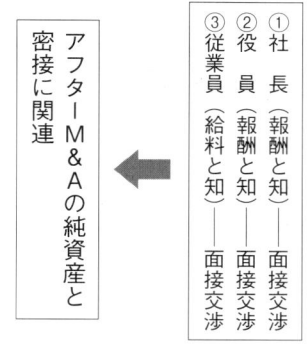

「人」はバランス・シートに載っていない。が、きわめて大事！

M&Aというとすぐに、「デュアリングM&A」（買収の折衝過程）を思い浮かべる人が多い。友好的買収であっても、デュアリングの間に厳しい折衝が行われる。世の中にたくさん出回っている書籍も、「デュアリングM＆A」を扱ったものばかり。

しかし、本当に大事なことは、デュアリングM&Aの間に、買収会社を被買収会社の社長、役員、従業員といった人たちがどのように幸せになっていくかを考えること。今経営している会社の社長、役員、従業員が全部辞めてしまったら、会社は潰れてしまう。だから、デュアリングM&Aの間に、社長や重要な役員、重要な従業員がそのまま辞めないように折衝する。これは、表に見えないが、デュアリングM＆Aの中で一番大事な点である。

買収しようとする会社の株主の人たちと折衝するとき、バランス・シートに載っていない「人間」がポイント。会社は「人間の幸せ」をめざす。

洗潜処理　期末に発生した評価差額を翌期首に戻し入れることにより、帳簿価額を取得価額のままにしておく方法

安全性　貸付金が確実に返済されるその可能性の度合い。安全性を確保するために、融資先の事業内容を精査し、その将来について正確な見通しをつけたうえで貸付を行う必要がある。

安全性の分析　会社が債務の支払能力を十分にもち、安全航海を続けているかを判断するための安全性の分析として「流動比率」や「当座比率」が用いられる。

安全力　会社の企業力の一側面である安全力は、利益力・成長力がリスクを伴う点に対してトレード・

あ・い

オフの関係にある。安全力を大きく犠牲にすることは、倒産に至らしめることもあり、警戒を要する。

委員会設置会社　委員会設置会社とは、取締役会の中に指名委員会・監査委員会・報酬委員会という3つの委員会と業務を執行する執行役がおかれる会社をいう。

　会社の業務執行の監督機能（はたらき）を強化するために、委員会という機関が導入されている。この場合、監査役制度の代わりに監査委員会など、3つの委員会を設置し、各委員会の半数以上が社外取締役である。監査委員会の基本的な役割は監査役の役割とほとんど同じで、株主総会に提出される監査法人や公認会計士などの会計監査人の選任・解任、および不再任に関する議案の内容を決定できる。

「委員会」会社

```
            株 主 総 会
                │
              選任
                ↓
        ┌─────────────┐         
        │   取締役会   │←─── 監査
        │    選任     │
        ├──┬──┬──┤
        │指名│報酬│監査│
        │委員│委員│委員│
        │ 会 │ 会 │ 会 │
        └──┴──┴──┘
              ↓
           代表執行役
              │
           執行役
        選任       監査
```

1円の利益の重み　会社では本社費などの間接費も適切な基準によって各事業部・製品へ配賦して損益計算表を作成する。そしてすべての費用（法人税等の税金を含む）を負担した後の、この最終利益（当期純利益）が1円あることの意義の深さを理解できるようにしたい。

一時差異　一時差異とは、貸借対照表及び連結貸借対照表に計上されている資産及び負債の金額と、課税所得計算上の資産及び負債の金額との差額をいう。

著しい陳腐化　棚卸資産そのものには損傷、品質低下等の物質的欠陥がないにもかかわらず、型式、性能等の優れた新製品が販売されたこと等、経済的な環境の条件変化に伴ってその価値が著しく減少し、その価値が今後回復しないと認められる状態をいう。

一括償却資産　減価償却資産のうち、取得価額が20万未満のものをいう。

5つの資本

① 資　　本	・日常的 ・会計学 ・経営学
② 資本の部	

③ 自己資本	・経営分析　・経済学
④ 株主資本	・株主の世界

⑤ 純資産	日本では、ほとんど使われることはなかった

① 資本
② 資本の部
③ 自己資本
④ 株主資本
⑤ 純資産

　会計の専門家ならともかく、一般の人はこれだけで頭が混乱してしまう。

　一方、欧米では原則的にネット・エクイティー（net equity＝純持ち分）という言葉だけである。これにならって日本でも、会社法の制定とともに、2006年からは、この5つを「純資産」に統一した。

　おおまかに言うと、資本＝自己資本（自分のお金）＝株主資本＝純資産で、すべてほぼイコール。

　厳密に定義すれば違いはある。簡単に言えば、①の「資本」は日常的に使われ、②の「資本の部」は学問の場や決算書などに使われ、③の「自己資本」は経営分析などで使われていた。自己資本とは、返済の必要がある他人資本に対して、その必要がない資本（元手）である。そして（総）資産に占める自己資本の割合が自己資本比率で、純資産比率。

5つの利益 損益計算書では段階ごとに5つの利益を算出する。

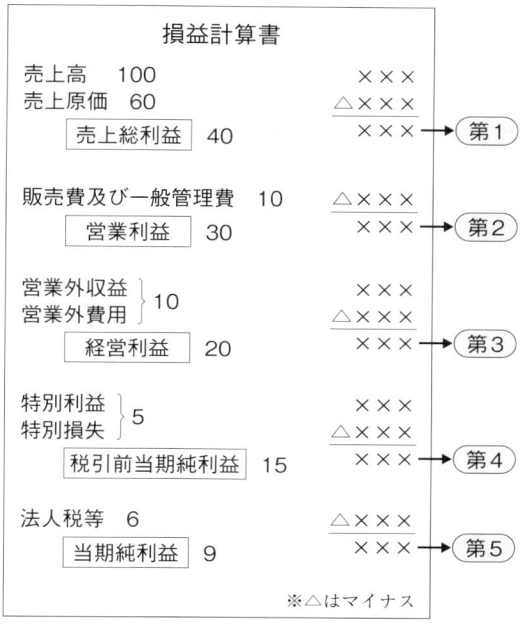

一般管理費 会社の全般を管理するための費用。一般管理費は会計用語。組織の上から見れば、企画、人事、総務、経理、財務、研究といった管理部門の費用がすべて含まれる。役員報酬、管理部門の従業員の給料、賞与、退職金、福利厚生費、水道光熱費、旅費、通信費、交通費、交際費、支払家賃、減価償却費、貸倒引当金繰入ほか、販売費の科目と同じ科目がある。

一般管理費の受払残表

	残	受入	払出	残
	残	発生 左	訂正・戻し 右	残
給料を払う		円 1,000	円	円 1,000
研究材料費		500		1,500
材料のうち固定資産的なもの			100 [左借方は固定資産]	1,400
営業費		200		1,600
営業費の間違い			10	1,590
計		1,700	110	1,590

「受入」、「払出」、「残高」の関係を考え、その仕訳1つひとつについて、「収益の増加と費用の節減で利益の拡大をめざすこと」の経営的意味を理解しよう。

損益計算書の科目の取引の発生は、仕訳の右（貸方）にくる収益グループの科目と、仕訳の左（借方）にくる費用グループの科目に分けられる。収益グループの科目は、売上、受取利息、受取配当金、雑収入、など。費用グループの科目は、売上原価、販売費、一般管理費、技術研究費、支払利息、雑損失、など。このうち、一般管理費の受払残表を見ておこう。

ただし、損益計算表の科目の「訂正と戻し」の場合には、収益グループの科目は、左（借方）が増加し、費用グループの科目は、右（貸方）が増加する。

一般債権 貸倒懸念債権及び破産更生債権等以外の債権をいう。

移動平均法 新しい受入（製造）があるつど、残高金額と合計し、合計数量で平均単価を出す計算。

インサイダー いわゆる、内部者。会社の内部者情報に接する立場にある者のことで、会社役員がその代表であるが、代理人、使用人、従業員も対象となるほか、会社を辞めて1年以内の者もインサイダーとみなされる。また、大株主、取引先、取引銀行、弁護士などもインサイダーとみなされる場合がある。

インサイダー取引 会社役員、大株主、取引銀行等が、その特別な立場を利用して会社の重要な内部情報を知り、情報が公表される前にこの会社の株を売買すること。

このような取引が行われると、一般の投資家との不公平が生じ、証券市場の公正性・健全性が損なわれるおそれがあるため、金融商品取引法において規制されており、違反すると5年以下の懲役又は500万円以下の罰金が科せられる。法人として取引をした場合には5億円以下の罰金。

なお、売買取引が問題であって、売買によって利益を上げたかどうかには関わりがない。

インターバンク市場 短期金融市場の1つであり、市場の参加者が金融機関や証券会社等に限定された市場のこと。資本取引におけるコール市場、手形市場、そして一般的に金融機関同士が外国為替取引をする市場のことをいう。

う

受取手形　営業取引から、支払ってもらうことを約束して受け取った手持の手形。法律上の約束手形、為替手形が該当する。

受取手形の銀行への取立依頼　受取手形や支払手形による取引は、信用取引（品物を先に渡して、後で代金の受け渡しをする取引）です。「カケ取引」と同じだが、手形の交付で支払を約束している点が異なる。受け取った手形（受取手形）は、預金口座のある取引銀行に前もって渡して、期日に取り立てをするよう依頼する。

受取手形と支払手形　約束手形または為替手形を受け取ったら受取手形の科目に、これらを作成して渡したら支払手形の科目に記入する。受け取った手形は資産。支払った手形は負債。その時の仕訳。

```
①  左(借方)受取手形  ×××    右(貸方)売 掛 金  ×××
②  左(借方)買 掛 金  ×××    右(貸方)支払手形  ×××
```

①は、製品を掛で、売った代金を、例えばサイト（振出日から満期日までの日数）90日の手形でもらった場合。

②は、機械を掛で買った代金を、サイト90日の手形で、支払った場合。

このように、受取手形は、支払期日にならなければおカネにならない。一方、小切手は現金と同じでいつでも現金化できる。だから、小切手には支払期日が印刷されていない。

受け取った手形（受取手形）は、預金口座のある取引銀行に渡し、取立てを頼む。銀行は手形交換所を通じてその手形を支払銀行に呈示し、その手形と引き換えにおカネを取り立ててくれる。銀行は支払期日に会社の預金口座へ取り立てたおカネを入金してくれる。

また、支払期日がまだ到来していないのに受取手形を利用して、支払のためにその手形を他の人に渡し（裏書し）、人から人へ渡り、最後の人が支配期日に取り立てに出す場合がある。

受取家賃　貸家料の収入などの家賃収入。

受取利息　預金や貸付金で発生する利息の受取額。これは収益である。

受払残表（残増減残）　会社の仕事に欠かすことのできない、日々のお金や物の出し入れを記録する表が「受払残表」（残増減残）である。B／SやP／Lを作成するのにも必要だが、「受入」と「払出」の中に財産の動き（「増・減」や「減・増」）が表れていることに注目して、経営実行を具体的に理解することが重要である。

経理・財務では、「受払表」や「商品在高表」などを、よくみかけるが、これらも「受払残表」。受払とは「ものの出入りのこと」。ある倉庫に製品が10t（トン）入ってきたとき、倉庫の立場にたてば受入10tである。製品が8t売れて出て行けば（出荷）、払出8t。もし、はじめに2t入っていたとすると、10t入って、8t出たから4t残っている。またはじめに残っていた2tも「残」。はじめの残に受入を足して払出を引けば、終わりの残が出る。このような残・受入・払出・残の流れから、私は、「残受払残表」、あるいははじめの残をとって「受払残表」、さらにこれらを統一し、「残増減算」と、それぞれ命名した。

受取配当金と支払配当の消去　連結決算では、子会社が親会社に支払う「支払配当金」と親会社が受け取る「受取配当金」は、相殺消去する。

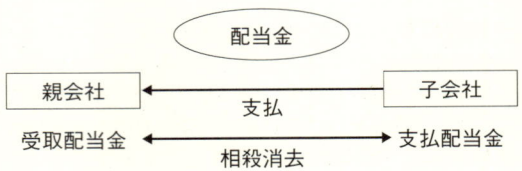

受取配当金　株式（投資）に関する配当の受取額。これは収益である。

裏書　手形は、支払期日まで待てば、振出人から支払いを受けることができる。しかし、通常は支払期日の前に、他人に譲渡したり、銀行で割引をしたりする。このように手形上の権利を譲渡する方法を「裏書」という。

売上　会社の製品や商品を会社の外部へ販売するときの収入、すなわち収益（利益ではない）である。売上の性格は、会社や会社のグループの「外から入ってくるおカネ」であることである。会社の中から支払われる原料代、機械代、給料、経費、法人税などの費用は、全部、この売上の中から支払われて、残ったおカネが「利益」である。売上は、英語で、Sales（セールス）とかTurn Over（ターンオーバー）という。

売上計上の方法　最も使われるのは「引き渡し基準」である。お客様に製品や商品を引き渡した時点で、売上を計上する。ただし、お客さまへは、「何を

もって引き渡したとするか」は大事な問題である。出荷基準（モノを工場から出荷した時点で売上に計上する）や船積み基準（モノを船積みした時点で計上する）、納期基準（モノをお客さまのところに納品した時点で計上する）、検収基準（お客さまが届けられたモノを検収した時点で計上する）などがあり、取引の性格をよく考えて、どの基準かを決める。

通常は、倉庫からの出荷→（船積み）→運送→お客さまへの納品→お客さまの検収と、実際の引き渡しが進む。売上を上げる時期は、出荷基準が最も早く、検収基準が最も遅い。

売上の計上のしかたは、ザックリわけると、一括計上と分割計上がある。

分割のうち、製品・商品の引き渡しが先に行われるのは、「割賦基準」と「延べ払い基準」である。形の決まった約束（約款）で多数の取引に使うのが割賦基準（たとえば12回）で、分割条件を個別の取引に使うのが延べ払い基準（たとえば3回）である。

ほかに、製品の引き渡し前に売上を分割して上げる方法もある。建設業で、工事期間が1年以上の長期の大型工事は、未完成でも工事の進捗程度に比例して売上を上げる「工事進行基準」が採用される。短期の小額工事に採用される「工事完成基準」は、完成の時点で売上を計上する。

すべての売上計上基準は、同種類の取引には、継続して適用する。

	計上基準		説　明
棚卸資産の販売（メーカーなど）	引き渡し（原則）	一括	出荷、船積み、納品、検収の時に計上
	割賦（特別）	分割	契約による支払期日のきた金額を計上
請負工事（建設会社など）	工事進行（原則）	分割	工事の進行度合いに比例して計上
	工事完成（特別）	一括	工事の完成の時に計上
役務（サービス）提供	役務完了	一括	任務（サービス）の提供が完了した時に計上
延べ払い条件付きの販売（全資産）	延べ払い	分割	契約による支払期日のきた金額を計上

売上原価　商品や製品を売り上げた場合の元値、すなわち原価を「売上原価」という。メーカーの場合の売上原価は、工場でつくった製品がいったん倉庫に入って、そのうち売れた製品、すなわち、売上に計上された製品の原価である。損益計算書では、売上高のすぐ下に書かれる。売上からこの売上原価を差し引いた差額が、売上総利益で、売上総利益は粗利益ともいわれる。

イ）商社

	百万円	
商品期首在庫	17	……①
当期商品仕入高	293	……②
計	310	
商品期末在庫	20	……③
売上原価（差引）	290	……①＋②－③

ロ）メーカー

		百万円	
商品・製品期首在庫		63	……①
当期商品仕入高		138	……②
原材料期首在庫	9		
当期原材料仕入高	187		
計	196		
原材料期末在庫	8		
材料費（差引）	188		
労務費	22		
経費（工場経費）	33		
当期製品製造原価	243	→243	……③
合計		381	
			→④(②＋③)
商品・製品期末在庫		76	……⑤
売上原価（差引）		368	
			→①＋④－⑤

売上債権　得意先に製品や商品を普通の営業の取引として販売した場合に発生したが、まだ入金（回収）をしていない債権（現預金化されるまでの売上債権）をいい、売掛金と受取手形と割引手形を足したものである。

売上債権は貸倒れの危険があるので、なるべく早期に入金（回収）するよう努力する。

売上債権の回収　売上債権の代表選手である売掛金は、得意先別、製品別に管理する。売掛金は、毎日、受払残表で管理するときに、得意先の安全性を確かめ、担保を確保する。安全性を考えて大手の商社経由で販売することも検討する。

例えば、売上100、原価80、利益20の商品を努力して売っても、100の貸倒れが起きては、それまでの販売努力が全く無駄になる。

売上代金の回収は販売業務の最後の重要な締めくくりで、売掛金の受払残表で毎日管理を行う。その際の留意点は、①確実な回収と、②早期回収の2つである。

う

①（I／S）売上計上

売上　100
原価　80
利益　20

②（I／S）全額貸倒れ

＋　貸倒損失　100

③取引の損益

販売努力が全く無駄になる

＝　損失　80

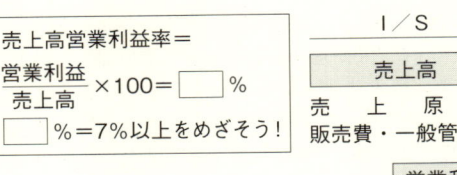

I／S
売上高
売　上　原　価 販売費・一般管理費
営業利益
営業外収益・費用
経常利益

売上債権の回収日数　製品を売った代金は、通常は掛で売り、売掛金に計上する。手形で回収した場合には、さらに手形の期日まで代金回収は遅くなる。

手形の支払期日がきて決済されるまでは、手形の不渡りによる損失を蒙るリスクから解放されない。したがって、手形を銀行に割り引いてもらった場合には、ある時点の売上債権の残高は、売掛金と受取手形の残高に売却（すなわち、割引）した手形の残高も加えることになる。

売掛金＋受取手形＋割引手形＝売上債権残高

次に、売上債権回収日数と売上債権回転率の計算方法を示す。

① 売上債権回収日数＝
　　売掛金＋受取手形＋割引高
　　―――――――――――――＝□日分
　　　　　1日当たりの売上高
　□日分は100日分以内を目指そう！
　（業種で違う）

② 売上債権回転率＝
　　　　　　1年の売上高
　　―――――――――――――＝□回
　　売掛金＋受取手形＋割引高
　で、回転期間＝365÷回転率（何回転）＝
　　□日分となる。

「いまある売上債権は何日分の過去の売上に相当するか」、いい換えると、「売上債権の中に何日分の過去の売上が入っているか」を計算したのが売上債権回収日数。

売上債権回転率は、「年間売上高の中で売上債権が何回転したか」を表す。見方を変えると、365日を売上債権回転率で割ると、「売上債権の回収に何日かかるか」を示す。

売上高営業利益率　毎期継続的に利益を上げていくことを示すのは経常利益である。しかし、最近では財テクに影響されないで（営業外損益を考慮に入れず）、会社の中の多くの人々が関与する営業利益を重視するようになった。売上高営業利益率は、会社の事業利益率を表す比率です。私は製造業で7％以上が目標と考えている。

売上と売上原価の数量チェック　製造原価の中からは、製品が売上げられると同時に、売上原価に計上され、損益計算の出発点となる。ここで留意すべきは、売上高と売上原価は、同じ数量に、それぞれ売値と単価当たり原価を掛けたものである。売上と売上原価の数量の互いの照合は経理・財務実務で重要なチェックポイントである。

売上と原価の差異分析　原価の実績は、数量も単価も予算に対し減少することが望ましいが、売上の実績は数量も単価も予算に対し増加することが望ましい。

原材料費の数量差異と価格差異

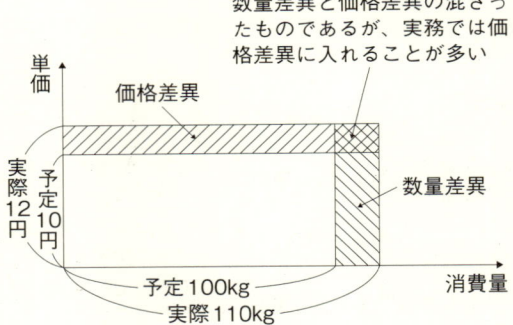

数量差異＝（予定消費量－実際消費量）×予定単価＝
　　　　（100－110）×10＝▲100円
価格差異＝（予定単価－実際単価）×実際消費量＝
　　　　（10－12）×110＝▲220円
　　　　　　　　　　　　　　計▲320円

原材料差異＝（100×10）－（110×12）＝
　　　　　1,000－1,320＝▲320

売上と仕入の消去　連結決算を作成するとき、企業グループ外へ売ったものはそのままにするが、企業グループ内の会社同士の売上取引と仕入取引は相殺消去する。

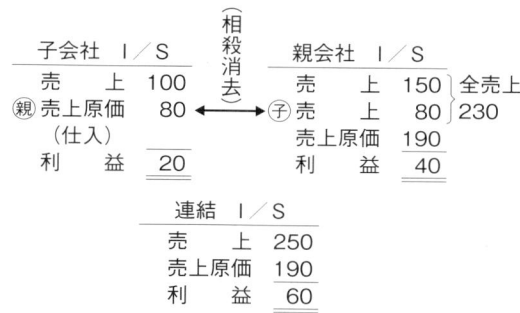

残	受入（増）	払出（減）	残
	売掛金：左	売掛金：右	
前から繰り越されてきた金額	製品が発送され、売上を計上したが、代金が未だ入ってこない債権〔すなわち掛で売った金額〕	現金・預金小切手手形　で売上代金を回収した金額	後へ繰り越される金額

売上値引　販売した商品等が品質不良だったり破損したりした場合、販売先から売上代金の減額を要求され、会社がそれに応じたものをいう。値引きとして販売代金から控除すること。

売上値引があった場合、売上高を直接減額する直接控除法と、売上高の控除項目として別途、売上値引で処理する間接控除法の2つの処理方法がある。どちらの処理方法でもよいが、間接控除法であれば、売上高の総額と売上値引の額を別々に帳簿上で把握することができる。

売上割引　売上代金を約定受取日前に受け取った時に受取額の減額を行うこと。

売上割戻し　ある期間に大量に購入してもらった得意先に対して売上代金の一部を戻す、いわゆるリベートのこと。売上割戻しの金額については、ある期間得意先に購入してもらった金額や数量に応じて取決めをする。そのような販売金額や販売数量を算定基準にして取決めされる売上割戻しについては、売上値引と同じ方法で経理処理する。

売掛金　製品・商品を販売した得意先から、未だ入金していないカケ（ツケ）の金額、すなわち未収入の売上債権。

売掛金残高の積極的確認と消極的確認　売掛金の残高に関して、各顧客に文書により問合せを行い、その回答を直接入手して評価することを確認という。確認方法として、①差異の有無に関わらず必ず回答を求める積極的確認と、②差異があった場合のみ回答を求める消極的確認、の2つがある。効率的な確認手続きを行うため、確認対象の重要性に応じて、積極的確認と消極的確認を使い分ける。

売掛金の受払残表（残増減残）　売掛金は、在庫管理と同じように、「受払残表」で毎日管理する。得意先ごとおよび売掛金計上ごとに、1日でも早く回収するように努める。常に担保を考え、安全・確実を

第1に、貸倒れに気を配る。それには平素から得意先の実態を把握しておくことが大切である。

売掛金の「受払残高」では、商品・製品を売り上げたときに「受入」に記入する。一方、売掛金を回収したときに、「払出」に記入する。

売掛金の消込み　取引先から売上代金の入金があった場合、どの商品代金が入金されたかを売掛金元帳や請求書控等により照合し、該当する売掛金を消去すること。

売掛金の年齢表　売上の債権残高が当月末から何ヶ月前に発生したものかを月別に表示した表をいい、異常な回収遅延の早期発見のために作成する。

売掛債権の回収日数　まず、売掛債権（売上債権と同じ）の回収日数は、売上高を365日で割った1日あたり売上高で、売掛金と受取手形を合わせた売掛債権を割って計算する、これにより売掛債権の回収日数、何日分の売掛債権がまだ未回収かがわかり、売掛債権の評価ができる。通常は100日前後で良好。

棚卸資産の手持日数は、棚卸資産を1日当たり売上高で割り、棚卸資産在庫の金額に何日分の売上が含まれているかでわかる。この逆数の回転率は理解しにくいため、棚卸資産の手持日数のほうを使う。通常は30日前後、つまり1ヶ月前後で良好。

流動負債に対する流動資産の比率、すなわち流動比率は200％前後であれば優良である。そこまでは達しなくても、100％を超えていれば良好である。

え

営業活動によるキャッシュフロー　経常的な営業活動による資金の稼ぎを示す。すなわち、会社の営業損益計算の対象となった取引に関係する債権・債務から生じるキャッシュフロー。これでどれだけの資金が生み出され、どのように使われたかを示す。

営業利益　売上高から売上原価（売れた製品や商品の原価）を差し引いたものが売上総利益（粗利益ともいう）で、それから販売に使った費用や本社などで発生する費用（販売費・一般管理費）を引いた後の利益が営業利益である。この営業利益は会社の本業そのものの利益である。

影響力基準　関連会社の判定で親会社の議決権が20％以上でなくても、重要な融資をしているとか、重要な販売・仕入れの取引がある場合など、重要な事業方針の決定に影響を与える場合は関連会社とする、という基準のこと。

英文損益計算書（Income Statement＝I/S）（勘定式）

収益グループの科目の残（EB）	①　収益（Revenues） 売上（Sales） その他の費用（Other Revenues） 受取利息（Interest Revenues） 受取配当金（Dividends Revenues）
費用グループの科目の残（EB）	②　費用（Expenses） 売上原価（Cost of Goods Sold） 販売費・一般管理費（Selling and Administrative Expenses） その他の費用（Other Expenses） 　　支払利息（Interest Expense） 法人税等（Incom Tax Expense）

①－②＝③
当期純利益（Net Income）

英文キャッシュフロー計算書（Statement of Cash Flows=C/F）のキャッシュの「入り」と「出」

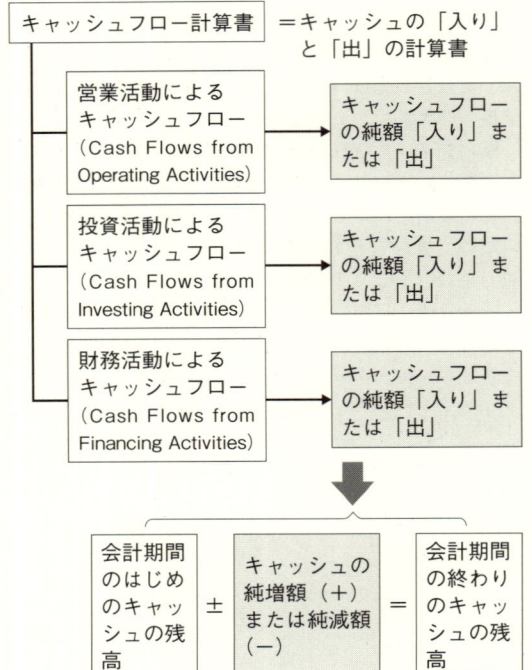

英文損益計算書（Income Statement＝I/S）（報告式）

	ⓐ 売上 （Sales）		×××
	ⓑ 売上原価 （Cost of Goods Sold）	−×××	
	ⓒ 販売費・一般管理費 （Selling and Administrative Expenses）	−×××	
ⓐ−(ⓑ+ⓒ)	ⓓ 営業利益 （Operating Income）		×××
	ⓔ その他の収益 （Other Revenues）	+×××	
	ⓕ その他の費用 （Other Expenses）	−×××	
ⓓ+ⓔ−ⓕ	ⓖ 税引前当期純利益 （Income before Income Taxes）		×××
	ⓗ 法人税等 （Income Tax Expense）	−×××	
ⓖ−ⓗ	ⓘ 当期純利益 （Net Income）		×××

英文貸借対照表（Balance Sheet＝B/S）

資産グループの科目の残

① 資産（Assets）
　流動資産（Current Assets）
現金（Cash）
短期有価証券（Marketable Securities）
売掛金（Accounts Receivable）
たな卸資産（Inventories）
前払費用（Prepaid Expenses）

　非流動資産（Noncurrent Assets）
有形固定資産（Property, Plant and Equipment）
　　土地（Land）
　　建物・設備（Building & Equipment）
長期投資（Long-term Investments）
無形固定資産（Intangible Assets）

(EB)

負債グループの科目の残

② 負債（Liabilities）
　流動負債（Current Liabilities）
買掛金（Accounts Payable）
未払費用（Accrued Payable）
未払税金（Taxes Payable）
借入金（Loans Payable）
前受収益（Unearned Revenues）
　非流動負債（Non-current liabilities）
社債（Bonds Payable）
長期借入金（Long-term Loans Payable）

(EB)

③ 純資産（Shareholders' Equity）
資本金（Capital Stock）
株式払込余剰金（Additional Paid-in Capital）
利益剰余金（Retained Earnings）

純資産グループの科目の残

(EB)

（注）EBは終わりの残（Ending Balance）を表わす。

益金と損金　「益金」とは税法上の収益で、「損金」とは税法上の費用・損失であるが、会計上の収益・費用と全くイコールではない。税法特有の修正には、①損金算入、②益金算入、③損金不算入、④益金不算入の4つがあり、税法上「別段の定め」として規定されている。

このうち益金とは、損益取引による収益をいう。すなわち、資本等取引（資本等の金額が増加したり減少したりする取引と剰余金の分配）は益金に入らない。

また、別段の定め（特例）があるものは益金に入ら

ない。

代表的な収益を次に示す(法人税法では、益金を積極的に定義せずに例示的に挙げている)。
(a) 製品や商品などの売上による収益
(b) 建設請負や金銭の貸付などのサービスの提供による収益
(c) 土地や建物を売った代金などの収益
(d) 広告宣伝用資産などの贈与を受けたことによる収益(受贈益)
(e) 評価益や債務免除益などの収益

なお、当期に実現した収益でまだ回収していないものは収益に算入する。

M&A　M&A(合併・買収)は、会社を買って支配することである。会社を買って一緒にするのが合併で、会社を買って子会社にするのが買収である。だから本質的には2つとも同じ。会社が出している株数(発行済み株式数)が10株としたら、その半分の5を超える6株以上の株(出している株の50％超)を持てば、過半数の議決権を持ち、その会社を支配することができる。つまり、経営権を握れる。これがM&Aである。

ここで、問題なのは株数であって金額ではない。何株持つかが重要で、この株数に1株当たりの価格を掛けたものが売買価格。

その価格の元の元になるのが「純資産」である。

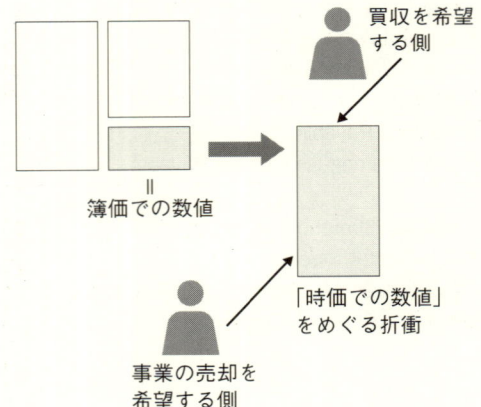

M&Aは純資産の売買

円ベースとドルベース　グローバルに仕事をすることには、輸出輸入業務のほかに、海外に子会社をつくる仕事も含まれる。

海外の子会社は、日本の親会社にとってはブランチ(branch=枝)で、メインの仕事も現地採用の人たちを中心に行っている。現地で資金を借り、現地で原材料を買い付け、できた製品は現地で売り、現地から需要家に輸出している。日本の親会社が同じような製品をつくっているので、日本に輸出してもあまり意味はない。販路は日本以外の世界各地に求める。

その子会社がドル圏に属していれば、子会社の経営成績はドルで表示される。

アメリカの子会社(S社)が、今期、前期、前々期と3期続けて1ドルの純利益をあげたとする。

1ドルでも1円でも多くの純利益をあげ続けるのはすばらしい。日本とは風土や商慣習がまったく違い、考え方も法律も違えば、お客様や政治制度も異なるという大きな違いがあるなか、従業員も、経営者も努力して、今年、去年、先々年と3年間1ドルの純利益を上げ続けているのは、やはり大変な努力の賜物だ。

ところが、ここで為替の変動だ。

この3年間に1ドルが200円、150円、100円と円高になったとする。毎年同じ1ドルの純利益をあげていても、円換算では200円、150円、100円と減っている。ドルベースでは横並びでも、円ベースでは2年間で純利益が半減してしまう。

3年連続1$の純利益の米・海外子会社

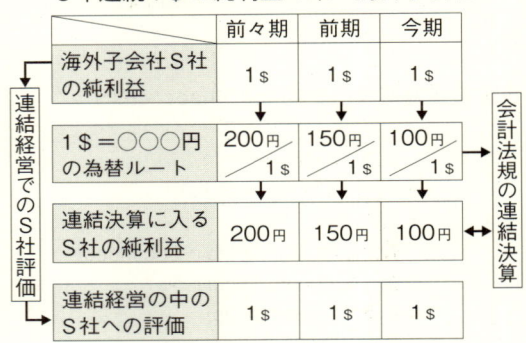

お

応募者利回り　債券発行時に取得し、償還まで保有した場合の年間利回り。

応募者利回り（単利）（％）

$$\frac{利率 + \dfrac{償還価格 - 発行価格}{残存期間}}{発行価格} \times 100$$

お金で表す「バランス・シートのしくみ」

資産グループの科目	負債グループの科目
①自分のもの ・現金 ・車 ②お金をもらえる権利 ・売掛金 ・貸付金	①他人に支払うべきもの ・買掛金 ・借入金 **純資産グループの科目** ①元手 ・資本金 ②利益のたまり ・利益剰余金
お金の使い道（運用）	お金の入り方（調達）

おカネの受払残表

昨日の夜の残	今日の受入（増）	今日の払出（減）	明日の夜の残
20万円	15万円	1万円	34万円

・（はじめの）残り ・あったもの ・残りの量 ・残りの額 ・あった額 ・残（はじめの）	・入り ・入ってくるもの ・受けたのだから入ったもの ・手に入れたもの ・受け取った額 ・増加	・出 ・出ていくもの ・払って出ていくもの ・払い出す額 ・支払った額 ・減少	・（終わりの）残り ・あるもの ・残りの量 ・残りの額 ・ある額 ・残（終わりの）
残 (beginning balance=BB)	増 (increase=I)	減 (decrease=D)	残 (ending balance=EB)

Column

お客様は神様か

　心に関わることを例えば50という数字に置き換えることは難しいかもしれない。誤らずにできるのは神様のような人だけかもしれない。

　私自身、AさんとBさんとでは向き合うときの心遣いは違う。相手が力のある社長とそうでないときも違う。年齢を考えれば、大人と子供相手では配慮の仕方は違う。相手が外国人のこともある。

　向き合う姿勢は千差万別。だから、誠実さの度合いはそのときどきに応じて自分の中で決めていくしかない。しかし、そうであっても、先へ先へと相手のことを慮ることが大切。もう少し誠実に応じよう、常に相手より50を1でも超えようと努める。

　トヨタ自動車では、製造ラインの前工程を神様、後工程のことをお客様と呼んで、つぎのラインに対しては、仕事を進めやすいように配慮している。自分のためにしてくれるから前工程が神様、後工程は自分の作業を受け取ってくださるからお客様である。そして、お客様の仕事がやりやすいように、ちょっと工夫をしてから渡していく。これがトヨタ流改善のきっかけの1つ。

　パン屋さんにたとえてみよう。パンを1個80円でパン工場から買い入れ（仕入れ）て、お客様（売り先）に100円で売る。会社が成長していくとは、仕入れ先、買い入れ先の双方ともに発展するほかないのだが、往々にして目はお客様だけに注ぎ、自分は仕入れ会社のお客様として向き合ってしまいがち。

　しかし、その姿勢にはやはり問題がある。仕入れ先、売り先とともに、会社は発展していく。それどころか、仕入れ先が立派でなければ、お客様に喜んでいただけるいいパンが入ってこない。

　だから、神様とは買い入れ先のことであって、お客様はお客様でいいのである。

　誠実さを徹底すると、「お客様は神様」とはかぎらない。お客さまが神様になってしまうと、そこで誠実さのつながりが切れてしまう。英語ではこれを、ミッシング・チェイン（missing chain）と言う。

オフバランス項目　貸借対照表に記載されることを、オンバランス（On balance sheet）という。

　貸借対照表に記載されないことを、オフバランス（Off balance sheet）という。

　本来のオフバランス項目とは、貸借対照表とは別に個別注記表に記載され、利害関係者（ステイク・ホルダー）に公表され、例として偶発債務、後発事象などがある。

　偶発債務は、子会社などが銀行から借入れを行う際に、親会社が債務の保証を行うことで発生する債務のこと。子会社が債務の返済不能に陥った場合は、親会社が代わって返済する義務が生じる。

お

　後発事象は、決算日（3月31日）の後から貸借対照表を作成する日までに、災害により工場の建物や機械が被害を受けた場合や、取引先が倒産して売掛金の回収が困難になった場合などの、翌期以降の会社の財政状態や経営成績に影響を与える事象のこと。
　オフバランス項目は、貸借対照表には記載されないが、翌期以降の会社の経営に重大な影響を与える事項が多い。

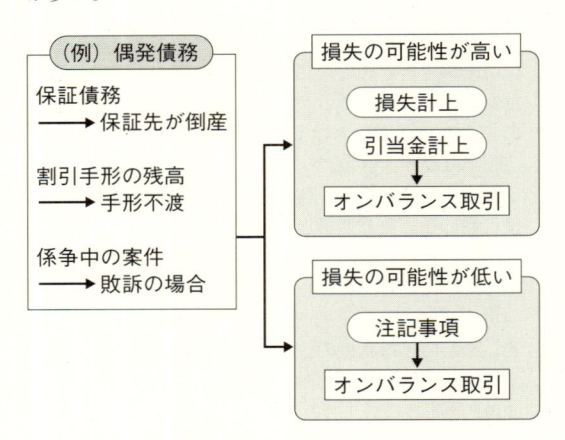

```
（例）偶発債務           損失の可能性が高い
保証債務       ┐        ┌──────┐
 →保証先が倒産 │        │  損失計上 │
               │        └──────┘
割引手形の残高 ├──→    ┌──────┐
 →手形不渡     │        │ 引当金計上│
               │        └──────┘
係争中の案件   │        ┌────────┐
 →敗訴の場合   ┘        │オンバランス取引│
                         └────────┘
                         損失の可能性が低い
                         ┌──────┐
                         │  注記事項 │
                         └──────┘
                         ┌────────┐
                         │オンバランス取引│
                         └────────┘
```

親会社　会社が、ほかの会社を実質的にヒトやおカネの面で支配していたり、その会社の議決権を50％を超えて所有したりしているとき、所有している会社を「親会社」、所有されている会社を「子会社」という。
　会計上の親会社と子会社の定義は、2000年3月期になる前までは、他の会社の議決権を50％を超えて所有しているかどうかで決められていた。
　A社はP社の子会社で、B社（P社とA社の両社に合わせて55％の議決権を所有されている）も、P社の子会社である。ここではまず、A社はP社の100％子会社と考える。次にそのA社とP社合わせて55％の議決権を所有するB社もP社の子会社である。

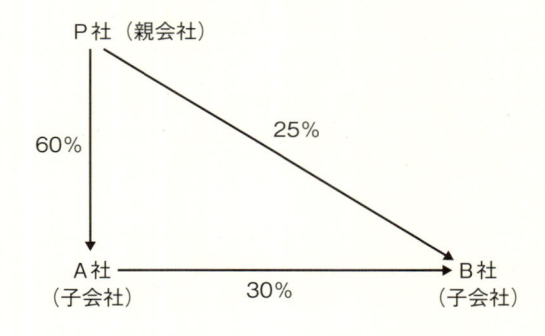

```
         P社（親会社）
         ／       ＼
      60％        25％
       ↓           ↓
      A社 ─── 30％ ─→ B社
    （子会社）       （子会社）
```

　ところが、2000年3月期からは、子会社について、50％以下の議決権の所有割合であっても、その会社の意思決定に関与しうる場合には「支配力あり」として、その会社が子会社となった。これを「支配力基準」という。

親会社の決算日と子会社の決算日

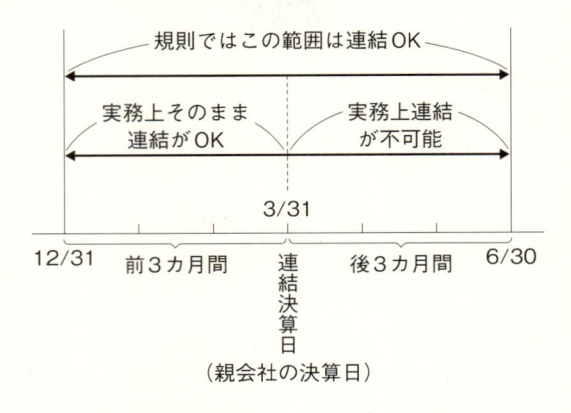

```
←─────── 規則ではこの範囲は連結OK ───────→
←─ 実務上そのまま ─→│←─ 実務上連結 ─→
    連結がOK         │    が不可能
                    3/31
12/31   前3カ月間    連結    後3カ月間   6/30
                    決算
                     日
                （親会社の決算日）
```

親子間の会計処理の統一　同一環境下で行われた同一の性質の取引等について、親会社及び子会社が採用する会計処理の原則及び手続きは、原則として統一しなければならない。

親と子の連結　「連結財務諸表」で親会社と子会社を連結するといっても、親会社と子会社の個別財務諸表を単純に合計するのではない。親会社は、いったん自分の財務諸表と子会社の財務諸表とを合計した上で、連結決算に特有の「相殺消去」をする。例えば、「投資と純資産」、「債権と債務」などを消去して、連結財務諸表をつくる。
　親会社と子会社のB／S、I／Sを連結する作業は、5つの段階で行われる。

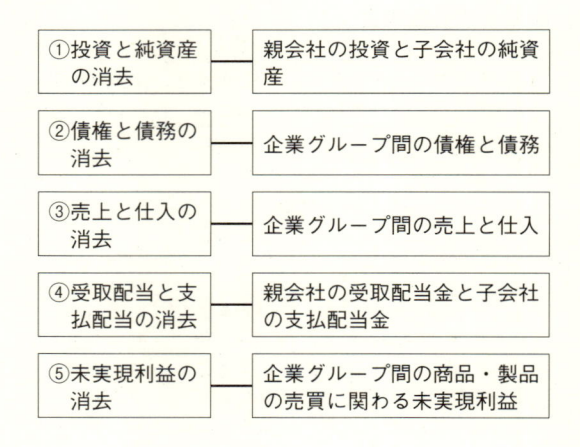

①投資と純資産の消去	親会社の投資と子会社の純資産
②債権と債務の消去	企業グループ間の債権と債務
③売上と仕入の消去	企業グループ間の売上と仕入
④受取配当と支払配当の消去	親会社の受取配当金と子会社の支払配当金
⑤未実現利益の消去	企業グループ間の商品・製品の売買に関わる未実現利益

---- Column ----

親分…バランスシート作成への道

500年も前のイタリアのルカ・パチョーリさんの時代から、140年も前の明治時代のはじめ福沢諭吉さんの時代から、今まで、世界中の会社が次のような順番で作成してきている。

1. 仕訳（journal entry）［仕訳帳・記入］
2. 元帳（ledger）［元帳］
3. 残高試算表（trial balance）［(バランス・シート、損益計算書の) 試行の・残］
4. 精算表（work sheet）［作業・表］
5. B／S、I／S（P／L）［バランス・シート、損益計算書］

今、この2、3、4は、コンピュータの中で計算する時代だが、この内容を私はないがしろにしたくない。とは申しても、今後、世界中で1の仕訳（仕分け）の重要性こそがますます高まると思う。その上、1から5の決算書への道のりで1番重視したいのが3のトライアル・バランスの考え方の理解である。

1989年から、くどいくらい申し上げてきたが、このバランスが「つり合い」ではなく、「残＝残りもの」であり、残増減残または残減増残の「終わりの残」であることを、日本、世界中の方々に改めて認識していただきたい。

私はこの1から5により、21世紀の日本中の方々がバランス・シートについての考え方を一変させていただきたいと、心から願っている。最後に、「バランス・シートは決算書の親分」であることをここに高らかに宣言したい。

終わりの残　私たちは日々、会社の中や外でいろいろな活動をしている。そうした活動を、金額の「はじめの残」「増」「減」「終わりの残」を捉えていくのが経理・財務の仕事である。

そして、この「増」「減」こそが、販売・製造・研究の人たち中心に進められる経営そのものである。

会社の活動は、すべて「残」「増」「減」「残」であらわせる。会社を起こしたときは、初の残はゼロだが、経営を続けていけば必ず「残」がある。今日の始まりは、同じ額の昨日の「残」である。そして、「増」「減」のいろいろな経営の活動があって最後に今日の終わりの「残」が残る。

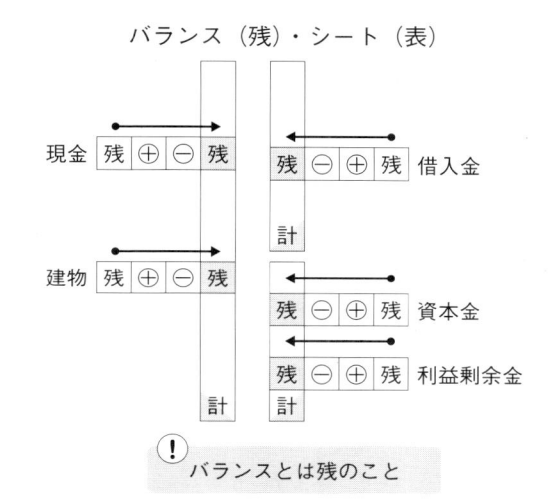

バランス（残）・シート（表）

現金　残 ⊕ ⊖ 残　→　残 ⊖ ⊕ 残　借入金
　　　　　　　　　計
建物　残 ⊕ ⊖ 残　→　残 ⊖ ⊕ 残　資本金
　　　　　　　　　　　残 ⊖ ⊕ 残　利益剰余金
　　　　　　　計　　　計

⚠ バランスとは残のこと

か

買入業務 メーカー（商社）にとって、原料（商品）の買入れ（Purchase）のエキスは、
　①「モノを買って」、②「お金を払うこと」。
　経理・財務の言葉では、①は受入れで、②は支払い。
　会社の買入業務の仕事の流れをまとめた①から⑥までを、お仲間の人と話し合いながら理解することをおすすめする。このうちのエッセンスの流れを矢印で示す。

買入業務の流れ

①買入先へ注文書を送る
②送り状つきで原料が送られてくる
③検収書を買入部へ送る
④入庫伝票を買入部と経理・財務へ出す
⑤買入伝票を経理・財務へ出す「受け入れの計上」
⑥買入先へ代金を支払う「支払いの計上」

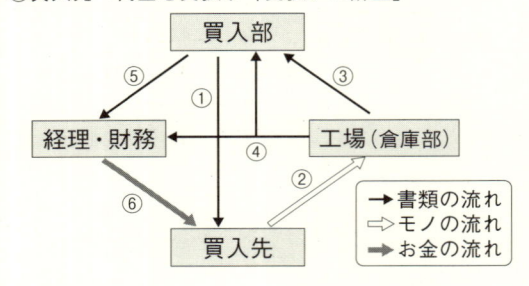

　例えば、紙パルプを作る会社では「買入部」が原料の木材を買入先に注文し、買入先は注文書に従って、木材を会社に納入する。ここで大事な仕事、「検収」（③）がある。注文した木材が、過不足なく入ってきたかをチェックする。検収に合格すると、買入先へ通知し、「受入れ」（⑤）の計上をし、経理・財務は区分け（仕訳）記帳をする。
　この段階で、よく「受入れが終わった」と言います。これは、「会社に入った品物を正しく受取ったので、お金を払おう」という意味。一般には現金ですぐに払わずに、「掛買い」（買掛）という、ツケにする。そして、買入先との契約に従って、請求書をもらい、決められた日に支払う。そのときに経理・財務は、「支払の計上」（⑥）の区分け（仕訳）を記帳する。
　また、売上計上は、そのまま損益計算書（I／S）の「収益」の売上科目だが、買入計上はI／Sの「費用」の科目ではない（これを理解することは経営上とても大切）。原料を買ったら、それは貸借対照表（B／S）の「資産」の原料科目で計上する。原料という棚卸資産は、製造で使ったときに、はじめて工場の原料費という科目になる。

海外子会社のI／S

	前期			当期		
	現地	為替レート	円換算	現地	為替レート	円換算
売上	—	—	—	—	—	—
当期純利益	千万ドル 1	円／$ 125	億円 12.5	千万ドル 1	円／$ 100	億円 10

① ②昨年の3/31　④本年の3/31
③前期の連結決算へ　⑤当期の連結決算へ

　会社（親会社）の決算は3月末で、その海外子会社も3月末決算であるとする。アメリカにある海外子会社の今期の3月末までの1年間の当期純利益が、仮に1,000万ドルあったとして、3月31日の為替レートが1ドル＝100円とすると、その海外子会社の当期純利益の円換算は、1,000万ドル×100円／ドル＝10億円、となる。
　ところが、この海外子会社の前期の純利益も、今期と同じ1,000万ドルで、昨年の3月末の為替レートが1ドル＝125円だったとする。
　すると、現地通貨ベース（すなわちドルベース）では、まったく同じ利益であっても、前期の海外子会社の当期純利益は、1,000万ドル×125円／ドル＝12.5億円となり、連結決算書の中でのこの海外子会社の純利益は、前期12.5億円から当期10億円と2.5億円も減益になったと計算されてしまう。
　しかし、平素の海外子会社の経営が、すべてその国の通貨で行われているのだから、経営的判断や業績評価は、連結決算の中の換算値だけで行わないようにする。
　すなわち、海外子会社は、①その国の通貨、②その通貨での業績のトレンド、③生産数量や販売数量、に基づいても評価されるべきである。
　海外子会社はゴーイングコンサーン（継続企業、または、継続企業の前提と訳される）として、その経営活動が評価されるべき。
　なお、I／Sは、決算日レート以外にも期中平均レートでも換算できる。

買掛金 仕入先との通常の取引（商品・原料の買入れ）によって生じたものの買入代金のうち、まだ支払われていないもの（カケ・ツケの未払額）。すなわち、買入先（仕入先）との間の通常の商取引に基づいて発生した営業上の未払をいう。通常の取引とは、商品、原材料等の買入（仕入）や外注加工の依頼等を意味し、固定資産の購入・建設は含まれない。
　また、通常の取引に基づいて発生した役務の提供に

よる未払金、例えば電気・ガス・水道料、外注加工賃等の未払額を含めることができる。

会計監査　会社の経営活動に係る会計及び財務記録の適正性について、経営活動に関与していない独立の第三者が批判的意見を表明することをいう。

会社の決算書は、株主に報告される重要な書類であるので、内容に誤りがないか監査役が監査するほか、大会社では、公認会計士・監査法人による会計監査が義務づけられている。会社の業務一般を対象とする業務監査とは異なる。

会計監査人　大会社（資本金5億円以上又は負債総額200億円以上の株式会社）の決算手続きにおいて、会社法に定める計算書類［貸借対照表・損益計算書・株主資本等変動計算書・個別注記表、附属明細書（会計に関する部分）］について、監査役監査のほかに監査する者をいう。監査法人・公認会計士がこれにあたる。

会計（処理）基準　法律に基づいた「会計基準」には、金融商品取引法、会社法の中の計算規則、法人税法の規定がある。会計基準には、①会計の処理の基準が決められたものと、②財務諸表に使う用語や用式を決めたものがあるが、一般には①を指す。

会計公準　「定理」以前に、会計や経理の世界にも数学の「公理」に当たる「会計公準」がある。これは非常に大事なので、経営を実行するときにはいつも頭に思い浮かべておく。

「公準」には3つある。

まず、1つ目は、必ず人が会計を考える。当たり前だが、考えるのは馬や牛やウサギではない。人、人間である。

2つ目は、必ず期間で考える。経営を決定するときでも、それを実行するときでも、1ヶ月でいくか、1年でいくか、3年でいくか考える。ところが、財務会計（制度会計）だと、会社法でも税法でも基本的には1年。財務会計（制度会計）の世界には半年決算があって、今は4半期決算になっている。要するに、期間が必ずある。これが「公準」の2番目。ところが、財務会計（制度会計）では、1年でもうけようとか、1年8ヶ月でもうけようというのはない。そうすると、これらは利益を上げて税金を収める経営の問題である。

3つ目は、金額を必ずつけること。円だろうと、ドルだろうと、ユーロだろうと、金額で表す。

会計サイクル　会計サイクル（Accounting Cycle）とは、会社の会計期間ごとに繰り返す一連の会計のステップをいう。そのうち、毎月・毎日繰り返すステップとして、取引（Transaction）、仕訳の起票（Journal Entry）、転記（Posting）、B／S（Balance Sheet）、I／S（Income Statement）の作成がある。

会計サイクルの最初のステップとして、発生した取引を請求書、小切手、領収書（原資料（Source Documents））などに書く。次に、簿記のルールで取引を日付順に仕訳して仕訳帳（Journal）に記入する。さらに、その取引を仕訳帳から元帳に書き写す（転記）。次に（B／S、I／Sの試行の残高表として）試算表を作成する。

最後に、清算表で決算手続の整理をし、B／SとI／Sを作成する。

① 仕　訳　Journal Entry
↓
② 元　帳　Posting
↓
③ 試算表　Trial Balance
↓
④ 清算表　Work sheet
↓
⑤ B／S　　Balance Sheet、
　 I／S　　Income Statement

会計参与　子会社の取締役、執行役、監査役、会計監査人などは会計参与にはなれないが、顧問税理士が会計参与になれる。

会社の任意なので、置いても置かなくてもよい。

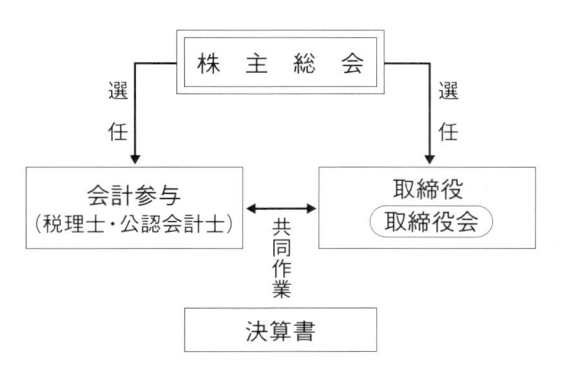

```
        株 主 総 会
      選任        選任
       ↓          ↓
  会計参与  ←共同→  取締役
(税理士・公認会計士) 作業 (取締役会)
         ↓
        決算書
```

会計参与は取締役などと同じく、会社の役員で、株主総会で選任され、登記簿にも記載される。

会計参与の仕事は、決算書の作成以外にも、作成した決算書の5年間の保管や、株主や債権者による決算書閲覧への対応などがある。

会計参与には、社外取締役と同様に、会社や第三者に対する損害賠償責任があり、株主代表訴訟の対象にもなる。

会計参与制度を導入した背景には、中小会社の決算

か書の正確性・信頼性を高めようとする意図がある。つまり、税務申告などは会計の専門家である税理士などに任せている一方で、申告書を作成する以前の決算書の内容が不正確なことが多いのが実情であった。

そこで、正しい納税ができるように、納税計算の基礎資料である決算書を正確に作成するために、会計参与制度ができた。

会計上の取引　会計上の「取引」とは、資産・負債・純資産・収益・費用の5グループの科目の金額が増加・減少するものをいう。したがって、注文を獲得すること（受注）は事業上の行為であっても会計の取引ではなく、製品を販売して初めて経理・財務上の売上取引となる。

会計と経営の一体化　会計は会社の財務（制度）会計・経営（管理）会計上の考え方を取り入れた一定の計算をすることに役立つ。一方経営は、過去の正しい会計上の計算にもとづく財務諸表を作ることは当然であるが、それをベースにしつつも、現在・将来の会社の利益・キャッシュを大きくしていく目的を持つ。

会計ビッグバン　「ビッグバン（Big Bang）」は宇宙ができるときの大爆発のことで、1986年10月にイギリスで行われた証券市場の規制緩和を指す。この動きを受けて、わが国も世界的な金融・証券市場の自由化の流れに対応するため、21世紀に入り、新しい会計基準等を作成した。連結会計、時価評価、キャッシュフロー計算書、年金会計などが主なもの。

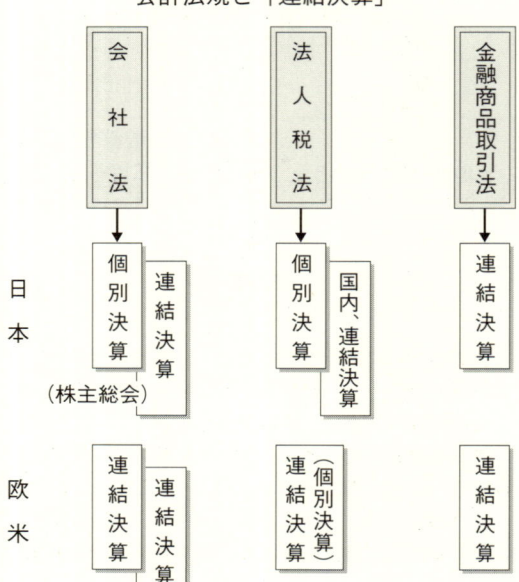

会計方針の変更　減価償却の方法を定率法から定額法に変更したりする場合のように、これまでの会計方針を取り止め、新たな会計方針を採用すること。

開示方法　取締役会設置会社においては、定時株主総会の招集通知に際して、計算書類及び事業報告（場合によっては監査報告書を含む）を提供しなければならない。

取締役会設置会社においては、取締役は、定時株主総会の会日の2週間前より、計算書類及び事業報告ならびに附属明細書（場合によっては監査報告書を含む。）を5年間本店に備え置かなければならない。さらに、その謄本を3年間支店にも備え置かなければならない。また株主及び債権者は、営業時間であればいつでもこれらの書類の閲覧を求め、又は会社の定めた費用を支払ってその謄本若しくは抄本の交付を求めることができる。

株式会社は、定時株主総会の終結後遅滞なく、貸借対照表（大会社の場合は損益計算書も）を、官報又は時事に関する事項を記載する日刊新聞紙に掲載し、公告しなければならない。

なお、決算公告を定時株主総会終結後5年を経過するまでの間Webにより開示する場合は、官報等への掲載に代えることができる。

また、有価証券報告書を提出する株式会社は、決算公告は不要である。

会社株式を譲渡制限しているかどうかの区分

会社法では、株式会社を譲渡制限しているかどうかで、公開会社と非公開会社（株式譲渡制限会社）とに区分している。なお、株式譲渡制限とは、取締役会（取締役会を設置しない会社は株主総会）の承認がないと、株主は所有株式を譲渡できないこと。

非公開会社は、「発行するすべての株式に譲渡制限がある株式会社」。

公開会社は、譲渡制限のない株式を1株でも発行する株式会社で、一部の株式を譲渡制限することもある株式会社。

公開会社は「上場会社・非上場会社」の分け方とは違う考えで、会社法の区分の会社だから公開会社でも、上場会社も非上場会社もある。なお、上場審査との関係で、上場会社はすべて会社法でいう公開会社。

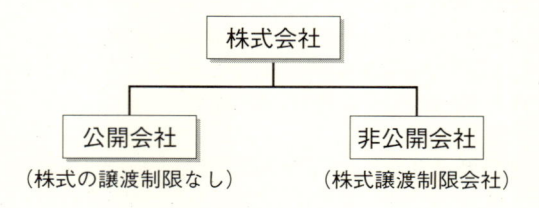

会計法規と「連結決算」

	会社法	法人税法	金融商品取引法
日本	個別決算（株主総会） / 連結決算	個別決算 / 国内、連結決算	連結決算
欧米	連結決算 / 連結決算	（個別決算）/ 連結決算	連結決算

```
        株式会社
       ／      ＼
   公開会社    非公開会社
（株式の譲渡制限なし）（株式譲渡制限会社）
```

〈上場会社はすべて公開会社〉

会社（グループ企業と個別会社）　会社は単独で運営されたり、グループで運営される。グループ企業と個別企業という区分。会計ではしばしば、グループ企業や個別企業という区分がある。

ある会社は他の会社の経営権を握って、子会社として支配力をもつ。子会社から見て、支配されている会社が親会社。

親会社が子会社を支配するためには、子会社の株主総会での議決権の過半数（50％超）を持つことが必要。

また、支配とまでいかなくても、株式の保有数の多さなどから、他の会社の経営にかなりの影響力を及ぼす場合がある。影響力を持つ会社から見て、影響力を持たれる会社のことを関連会社という。

以上のような親会社、子会社、関連会社を合わせて企業グループ（関係会社）という。会計では、決算を例にすると、企業グループで実態を把握する連結決算が主流となっている。

グループ企業

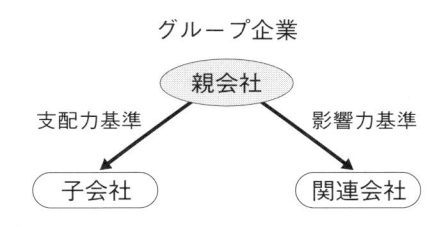

親会社 ──支配力基準→ 子会社
親会社 ──影響力基準→ 関連会社

会社計算規則　会社法に対応した法務省令で、かつての商法施行規則で定めていた計算書類及び附属明細書の具体的な内容や作成方法等について定めたもの。なお、事業報告及び附属明細書の具体的な内容については、会社法施行規則で定められている。

会社「経理・財務」は人間を幸せにする　会社は利益が出るからこそ税金が払える。そして、その集まった税金が国家存立の財政基礎を支え、私たちは安心して暮らせる。

また、利益を上げれば、株主や投資家が喜び、従業員の雇用も守れる。しかし、利益がないために、涙をのんでリストラを行うなど、多くの不幸な事例が目立つ。

実はいま、日本にある250万社の会社の半分は赤字で、税金を納めていない。だから、新聞などメディアが、日本中の会社を対象に「毎年税金をどれだけ納めているか、10年間でどれだけの税金を納めたか」という特集を組めば、国や社会に貢献している会社がはっきり浮き彫りになると思う。もちろん、税額だけがすべてではないが、納税は会社にとって一番の社会貢献である。

会社は1円でも多くの利益を上げて4割の税金を納めたい、これが国家存立の基盤になる。そして、国から見ると、国民や会社が支払う税金は売上げ（収入）で、国民と会社はお客さまだから、「徴税」、すなわち、税を徴するという言葉は、本来適切ではない。年末恒例の大臣・省庁による予算折衝のやりとりを見ると、税金という収入の有難さをまったく忘れてしまっているのではないか、と思う。首相や政治家の方々は、税金を納めるために日々汗を流している国民と会社に対して、もっともっと「感謝の念」をもつべきである。

会社（公開会社と非公開会社）　株式を譲渡制限しているかどうかの区分。

株式会社は株式を譲渡制限しているかどうかで、会社法では、公開会社と株式譲渡制限会社（非公開会社）とに区分される。（株式譲渡制限とは、取締役会〔取締役会を設置しない会社は株主総会〕の承認がないと、株主は所有している株式を譲渡できないこと）。

公開会社は「1株でも譲渡制限のない株式を発行する株式会社（一部の株式を譲渡制限することも可能）」のことから、公開会社は上場会社・非上場会社を区分する言い方ではない。われわれは、「公開」と「上場」を分けて考える必要がある。

株式譲渡制限会社は「発行するすべての株式に譲渡制限がある株式会社」のこと。

ただし、これは会社法での区分なので、少々ややこしいが、公開会社であっても、上場会社も非上場会社もありえる。

なお、上場審査との関係で、上場会社はすべて会社法でいう公開会社である。

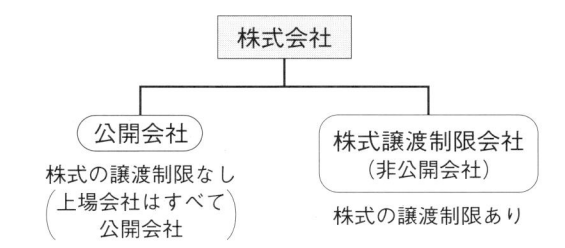

株式会社
├─ 公開会社　株式の譲渡制限なし（上場会社はすべて公開会社）
└─ 株式譲渡制限会社（非公開会社）　株式の譲渡制限あり

会社（資本金などの区分）

株式会社（大会社と中小会社）

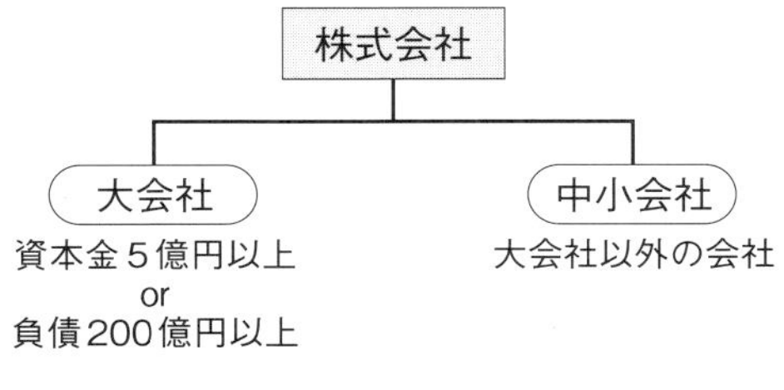

株式会社
├─ 大会社　資本金5億円以上 or 負債200億円以上
└─ 中小会社　大会社以外の会社

株式会社は会社法で資本金の額などの違いにより、大会社とそれ以外の会社（中小会社）とに区分される。

か

大会社は、「資本金5億円以上または負債200億円以上の会社」で、中小会社は「資本金5億円未満かつ負債200億円未満の会社」。

会社（出資区分）　誰が出資するのかといった違いから、4種類の会社すなわち、株式会社、合名会社、合資会社、合同会社がある。

株式会社とは、出資者である株主が、その地位を他人に自由に譲渡（売却）できる会社のこと。譲渡が自由なので、株式会社は、不特定多数の投資家に株式を購入してもらい、多額の資金を集めることができる。

これに対し、合名会社、合資会社、合同会社（3つをまとめて持分会社という）は、出資者である社員（会社の従業員ではない）の地位（株式ではなく持分という）を、他人に自由に譲渡（売却）できない。少数の出資者（社員）が信頼関係を基にお金を出し合う会社。

株式会社は株式を発行して多くの資金を集め、特に株式を証券取引所に上場している会社は、新聞や雑誌、テレビの株価情報の対象で、経済に大きな影響を与えている。他の種類と比べると、大規模な事業に適している。

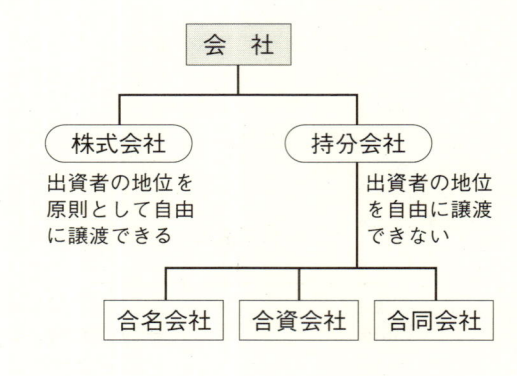

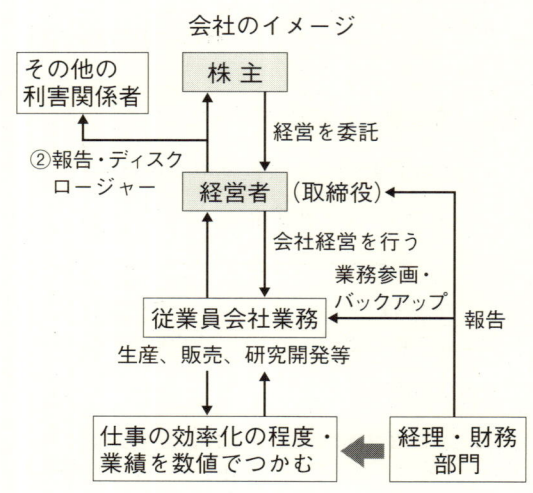

会社の格付け　会社の価値や品質に応じて分類し、その段階を決めることで、会社のランク付けをいう。このランク付けをする会社を「格付会社」という。たとえば、会社の発行する社債をＡＡＡからＣＣＣまで9段階に分けて評価する。

会社の機関　われわれは、自然人としてこの世に生まれ、考え、意思決定し、行動し、権利をもち、義務を負って生活している。ところが、会社は、自然に生まれるのではなく、法律によって生まれる。そして会社として定められた要件を満たしていれば、自然人である人間と同じように、意思決定・行動する法人格（法で与えられた法人の人格、すなわち、権利義務の帰属主体となること）が与えられる。しかし、会社は、自分で考え、自分で行動することはできない。そこで、株主総会、取締役会・代表取締役、監査役（会）などの会社の機関が設けられ、会社としての活動を行う。

会社の種類　株式会社とは、出資者である株主が、その地位を他人に自由に譲渡（売却）できる会社。譲渡が自由なので、株式会社は、不特定多数の投資家に株式を購入してもらい、多額の資金を集められる。

これに対して、有限会社、合名会社、合資会社（3つをまとめて持分会社）は、出資者である社員（この社員は会社の従業員ではない）の地位（株式ではなく持分という）を、他人に自由に譲渡できない。これらは、少数の出資者（社員）が信頼関係をもとに、お金を出し合う会社。

2006年5月の会社法施行で、有限会社はなくなり、合同会社（LLC）という新しい種類の会社ができた。有限会社は廃止ではなく、新規に設立できなくなったので、従来から存続する有限会社（特例有限会社という）を加えると、日本には5つの種類の会社が存在する。合同会社も持分会社の一種。

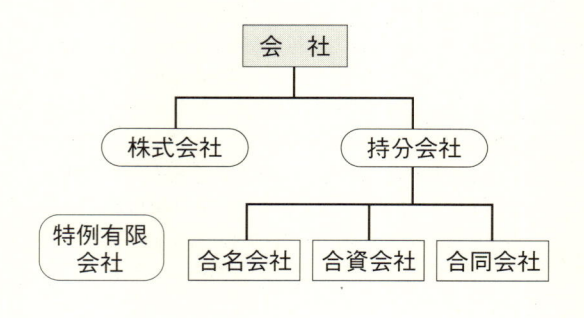

会社の特徴 ①売上を伸ばし利益を上げていこうとする。すなわち、営利を目的とする。
②社会の中で、その組織をつくった人を超えて、独立した団体（社団）となっている。
③法律によってつくられた人である。われわれを自然人というのに対する言葉で法人という。人とはいえ、自分で行動できないから社長などが代わって仕事をする。

これらから、「会社は営利を目的とする社団法人」といえるが、上記のうち、平素われわれ会社に勤める者が感じているのは、①の営利性。

商社なら良い品を安く買入（仕入）れて市場を通して外部へ売る、メーカーなら良い品を安くつくってなるべく高く売る、という行動をとる。

会社は企業ともいう。企業には、個人企業と法人企業がある。法人企業は会社組織をもって事業（仕事）をしていくもの。

会社は大きなおカネを集めることができ、それを元手として大きな事業を行える。対外的な信用がつくと、出資する人だけでなく、おカネを安心して貸す人・会社も出てくるし（自社からみれば借入）、人材も採用できるようになる。日本の会社は小、中、大合わせて250万社。

会社の目的 メーカーの場合、会社の目的は、良い製品を安いコストでつくり、それを市場を通じて売り、リーズナブルな利益を継続的に上げていくこと。その利益とは、売上などの収益から、製品を売り上げるのに必要な元値（売上原価）や人件費・販売費ほかの費用を差し引いたもの。会社は利益を上げることで、従業員の生活を安定させ、新しい技術を磨き、小なりといえども、日本・世界の発展に貢献することをめざす。

①株主は、会社にとって自己資本となる資本金を出し（出資）、最終的に会社が上げた累計利益（利益剰余金）の中から出資金額に応じ、配当を受け取る。
②会社は自己資本と金融機関から調達（借入）した他人資本の現・預金を使って建物や機械を買い、人を雇い給料を払う。工場で製品をつくるために必要な費用を製造費用という。
③製造費用を費目別に大別すると、材料費、労務費、製造経費がある。経費の中には、現金を支払うたびに発生する旅費、通信費、交際費などのほか機械や建物の減価償却費がある。
④これらの生産要素を動員して製造した製品を、全体のコストより高い価格で売って利益を上げる。低い価格で売れば自明だが損失が出る。

会社分割 会社分割は、会社が所有する事業の全部または一部を、他の会社に承継する手法で、企業再編の代表的な手法の1つ。

事業を譲り受ける対価として、株式の交付でもよいので、事業を譲り受ける側で資金の準備がいらないことが大きな特徴、株式以外にも、現金や承継会社が保有する他社の株式でもよい。

事業の分割を行う会社のことを分割会社といい、事業を承継する会社のことを承継会社という。また、承継会社が新設される場合は新設分割といい、承継会社が既存の会社の場合は吸収分割という。

会社法監査 会社法に基づく監査役監査及び会計監査のこと。取締役会設置会社（委員会設置会社を除く）は、原則として監査役の監査が必要となるが、大会社（資本金5億円以上、又は負債総額200億円以上

会社のはたらきと再生産の流れ

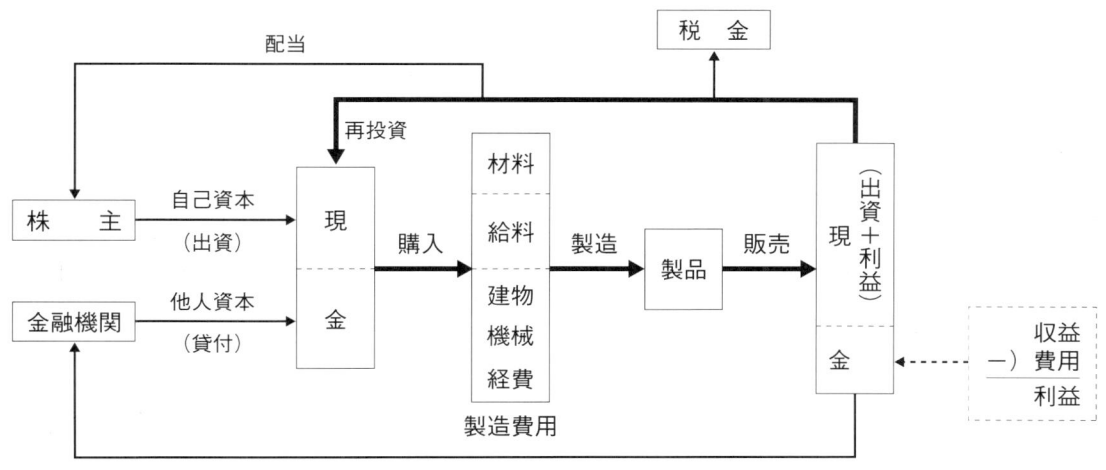

の会社)については、この他に会計監査人による監査を受ける必要がある。

決算期ごとに作成する、貸借対照表・損益計算書・株主資本等変動計算書・個別注記表・事業報告・附属明細書に対する監査が行われる。

回収可能価額　資産グループ等の正味売却価額(資産グループ等の時価から処分費用見込額を控除して算定される金額)と使用価値(資産グループ等の継続的使用と使用後の処分によって生じると見積もられる将来キャッシュフローの現在価値)のいずれか高い方の金額をいう。

回収期間法　回収期間とは、投資をした以後に毎年得られると予想されるフリーキャッシュフロー(又は利益)の累計額が初期投資額に等しくなるまでに要する期間のことで、その回収期間の長さをみることによって設備投資の是非を検討する。

開発費　新技術又は新経営組織採用、新資源の開発、新市場の開拓のための費用で、次期以降に繰り延べられたもの。

外部成長　内部成長に対する言葉で、会社の外部の経営資源、広くは外部の会社をM&A(合併・買収)することをはじめとして、その他、外部の会社と業務提携、販売提携、技術提携、資本提携などを行い、会社を発展・成長させることをいう。

格付　会社格付は、信用リスクを判断するための指標で、スタンダード・アンド・プアーズなどの格付会社が発表している。「AAA(トリプルエー)」などの記号で、各企業の信用リスクの安全度を示している。

一般的には、企業の発行する個別の債券(社債・CPなど)について、約定どおりに元本及び利息が支払われる確実性の程度を一定の記号や数字を用いて示したもの。国内外の格付機関により、投資家に向けた情報として提供されている。

また、債券などの金融商品ではなく、政府・金融法人・事業法人などの機関・法人自身の債務の返済能力に対する格付もある。

確定決算基準　「一般に公正妥当と認められる会計処理の基準」に従う法人が自らに最も適した方法を採用する場合には、税務もこれを尊重してその企業意思を判断の基準とする考え方。

法人自体の意思決定による会計処理が要求される一定の取引(内部取引、一定の外部取引)については、その法人が確定決算において表明した会計処理を前提として課税所得を計算することである。確定決算主義と同義。

確定申告　内国法人は、各事業年度終了の日の翌日から2ヶ月以内に、所轄税務署長に対して確定した決算に基づき以下の事項を記載した確定申告書を提出しなければならない。

法人名、納税地、代表者名、事業年度、所得金額又は欠損金額、法人税の額、所得税額等の還付金額、等。

家計　家計とは「家庭の収支の計算」である。「家計簿」の「家計」は、「家庭の収支の計算」で、「収支」は収入と支出、お金の出入りである。家計とは家庭生活にかかるお金の出入りの計算である。

会社員や公務員の場合、給料日にお金が入ってきて、そのお金でお肉や洗剤を買えば、お金が出ていく。このお金の出入りを計算することが「家計」で、計算の過程と結果を記録したものが家計簿。

家庭で20万円のパソコンを購入。会社でも、同じパソコンを20万円で購入。家計簿には「20万円の支出」が記録されるが、会社の会計では「20万円の支出」のほかに、「減価償却費」という費用が発生し記録される(この場合、1年間の減価償却費は約4万円)。翌年になると、お金の支払のない減価償却費が、約4万円発生する。減価償却費のように、会計ではお金の収支を伴わない費用が発生する。これが会計と家計との大きな違い。

家計のバランス・シートの科目

資産グループの科目	負債グループの科目
現金 預金 有価証券 マンション・土地・建物 自動車	借入 ローン未払 **純資産グループの科目** 元手 剰余

費用グループの科目	収入グループの科目
税金 食費 光熱費 交際費	受取給料

> 頭の中では、収入グループの科目の増は「剰余」の増で、費用グループの科目の増は「剰余」の減と考える。だから両グループ「収入」「費用」の科目は「剰余」の子供と考える。

⚠ 純資産グループの「元手」は、お店や会社の資本金で、「剰余」は今までの累計(お店・会社の税引き利益の蓄積)のバランス(残高)である。

一方、「借入金」「ローン未払」などは、「他人のもの」で「返さなければならないもの」がある。これが「負債グループの科目」である。

「自分のもの（資産）」から「返さなければならない他人のもの（負債）」を引いたものが、「純資産グループ」。その中身は何かと言えば、先にあげた「元手」と「剰余」。

生活していくには、食費もかかるし税金も納めなければならない。「税金」「食費」「光熱費」「交際費」など生活を営むために使ったお金は、「費用グループの科目」になる。こうした費用をどこから賄うかといえば、月々の収入から支払う。「受取給料」を「収入グループ」とする。

「収入グループの科目」の合計から「費用グループの科目」の合計を引いたものが「剰余（＝利益）」である。頭の中では、収入グループが増えれば純資産の「剰余が増え」、費用グループが増えれば純資産の「剰余が減る」と考える。つまり、費用と収入のグループは、「純資産グループ」の子供のようなものなのである。

こうして考えていくと、会社も家計も同じように考えることができる。少し、純資産が身近なものに思えないだろうか。

連結）バランス・シートの例

浜松ホトニクス株式会社　　　　　　　　　　　　　　　　　　　　　　　　　　（単位：百万円）

科目	当連結会計年度（平成18年9月30日）金額	構成比
〔資産の部〕		%
Ⅰ　流動資産	93,299	57.9
1　現金及び預金	49,567	
2　受取手形及び売掛金	22,975	
3　たな卸資産	15,371	
4　繰延税金資産	3,529	
5　その他	2,001	
6　貸倒引当金	△146	
Ⅱ　固定資産	67,893	42.1
(1)　有形固定資産	55,458	34.4
1　建物及び構築物	23,572	
2　機械装置及び運搬具	10,698	
3　工具,器具及び備品	3,783	
4　土地	13,528	
5　建設仮勘定	3,874	
(2)　無形固定資産	474	0.3
(3)　投資その他の資産	11,960	7.4
1　投資有価証券	5,116	
2　長期貸付金	42	
3　投資不動産等	286	
4　繰延税金資産	4,856	
5　その他	1,674	
6　貸倒引当金	△16	
資産合計	193,299	100.0

科目	当連結会計年度（平成18年9月30日）金額	構成比
〔負債の部〕		%
Ⅰ　流動負債	52,433	32.5
1　支払手形及び買掛金	11,269	
2　短期借入金（一年以内返済予定長期借入金含む）	7,173	
	14,667	
3　一年以内償還転換社債	4,212	
4　未払法人税等	5,001	
5　賞与引当金	60	
6　役員賞与引当金	1,529	
7　設備購入支払手形	8,520	
8　その他	20,614	12.8
Ⅱ　固定負債	3,620	
1　新株予約権付社債	―	
2　転換社債	4,031	
3　長期借入金	91	
4　繰延税金負債	11,475	
5　退職給付引当金	1,385	
6　役員退職慰労引当金	10	
7　その他		
負債合計	73,048	45.3
〔純資産の部〕		
Ⅰ　株主資本	85,509	53.1
1　資本金	26,487	
2　資本剰余金	26,236	
3　利益剰余金	38,802	
4　自己株式	△6,016	
Ⅱ　評価・換算差額等	1,794	1.1
1　その他有価証券評価差額金	1,712	
2　繰延ヘッジ損益	△53	
3　為替換算調整勘定	135	
Ⅲ　少数株主持分	839	0.5
純資産合計	88,143	54.7
負債・純資産合計	161,192	100.0

か

加古宜士先生と井上良二先生　「早大加古・青学井上両先生のお言葉」に舞い上がる！
　2004年8月「科目の四マス」「残増減残」をベースに『リーダーのための簿記の本』（中経出版）を上梓した。加古宜士早稲田大学教授（金融庁「企業会計審議会」会長）に贈呈申し上げたところ、すぐにお手紙で『金児さんの「科目の四マス」は、素晴らしいアイディアですね』とお褒めの言葉をいただいた。また、2007年6月には、現代会計学の第一人者青山学院大学井上良二教授に、『「科目の四マス」「残増減残」はコロンブスの卵である』（「税経通信（07年6月号）」本著の書評中）とのお言葉をいただいた。私はうれしくて舞い上がった。多謝である。すでに出願していたこの2つは、2004年11月19日、2005年9月9日に商標が確定した。（14頁と419頁、420頁参照）これをベースに、2006年10月に日本経済新聞社と私の共編の『日経式おとこの家計簿』〈バランス・シート指向の本です〉が上梓され、皆さんが喜んでくださっている。

加算税　過少申告・無申告・過小納付・納付遅延に対し、制裁として本来の税金に付加して徴収する付帯税。過少申告加算税・無申告加算税・不納付加算税・重加算税の四種がある。

貸倒懸念債権　経営破綻の状態には至っていないが、債務の弁済に重大な問題が生じているか、または生じる可能性が高い債務者に対する債権をいう。
　債務の弁済に重大な問題が生じている債権とは、1年以上の延滞債権や弁済条件の大幅な緩和を行っている債権をいう。債務の弁済に重大な問題が生じる可能性が高い債権とは、業績が低調ないし不安定であるか、または実質的に債務超過である場合で、債務の一部を条件どおりに弁済できない可能性の高い債権をいう。

貸倒引当金　受取手形、売掛金、貸付金等の金銭債権の期末残高のうち、貸倒見込額として計上した金額をいう。①将来の特定の費用又は損失であって、②その発生が当期以前の事象に起因し、・発生の可能性が高く、③その金額を合理的に見積もることができる場合に、当期の負担に属する金額を費用又は損失として繰り入れるとともに、売掛金・受取手形・貸付金等の金銭債権期末残高に対する貸倒見込額として、貸借対照表に計上したものをいう。貸借対照表上、金銭債権の評価勘定として控除形式で表示される。

貸付金の収益性　貸付にかかるコストを回収する貸付は、銀行であれば、多数の預金者から受け入れた預金を資金源とし、また、一般的な企業であれば、社内又はグループ内の余剰資金を資金源として、自らの計算とリスクにおいて資金を融通するものである。よって、かかるコストに見合う貸付利息を付して回収し、一定の収益性を確保しなければならない。なお、収益性は利益性のこと。

（課税）所得　法人税を計算するときに、税率をかけ算する所得のこと。課税所得金額は、その事業年度の益金から損金を差し引いた額である。会計上の決算で収益であっても法人税上は益金に算入しないなど、会計上の決算利益とは考え方が異なる。一致しない収益としては、受取配当金が税法上益金に入らないし、過大な役員報酬・賞与は税法上は損金とならない、などがある。

課税標準　税額算定の基礎となるもので、税額を算出する直接の対象となる金額のこと。
　消費税の課税標準は、課税資産の譲渡等の対価の額で、対価として収受し又は収受すべき一切の金銭または金銭以外の物、もしくは権利、その他経済的利益の額とし、消費税の額を含まない金額である。

割賦販売　割賦販売とは、月賦年賦などによって対価を受けることを定型的に決めた約款に基づいて行われる販売をいう。割賦販売では、販売代金のうち、約定により当期中に支払期日のきた金額を売上に計上し、それに見合う原価を売上原価として計上する。

割賦販売　販売代金のうち、約定により当期中に支払期日のきた金額を売上に計上する。

合併　2つ以上の会社が合流して1つの会社になることが、合併。
　合併の形態には、吸収合併と新設合併の2種類がある。
　吸収合併とは、合併後に残る会社が存続会社となって、消滅する会社を吸収して消滅する会社の全財産を引き継ぐもの。
　新設合併とは、合併しようとするすべての会社が解散して新会社を設立し、新会社（合併会社）が解散した会のすべての財産を引き継ぐもの。
　通常の合併手続では、合併する2つ以上の会社において株主総会の特別決議が必要だが、吸収されて消滅する会社の資産が存続会社の20％以下の場合には、取締役会の決議だけで合併ができる。

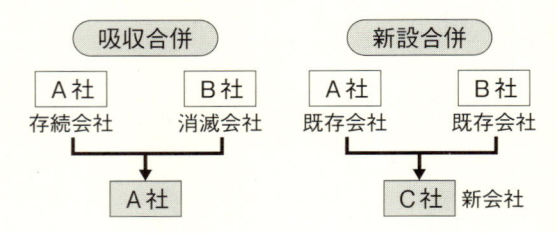

```
   吸収合併              新設合併
┌─────┐ ┌─────┐   ┌─────┐ ┌─────┐
│ A社 │ │ B社 │   │ A社 │ │ B社 │
└─────┘ └─────┘   └─────┘ └─────┘
  存続会社  消滅会社     既存会社  既存会社
      ↓                    ↓
    ┌─────┐            ┌─────┐
    │ A社 │            │ C社 │新会社
    └─────┘            └─────┘
```

合併の会計処理　合併の会計処理には、パーチェス法（売買処理法）と持分プーリング法（簿価引継法）と呼ばれる、2つの方法がある。

パーチェス法は、合併される会社の資産と負債を買い取る場合に時価で評価し、存続会社が受け入れる方法。

かつて使われた持分プーリング法は、合併される会社の資産と負債を帳簿価額のまま、存続会社が受け入れる方法。

合併比率　合併比率とは、合併する会社同士の株式の価値の比率のこと。

合併比率を算定することは、合併後の新会社の株式を、合併前の旧会社の株主に交付するために必要な手続で、たとえば、A社の比率が0.55でB社の比率が0.45で合併した場合は、新会社の株はA社株1株に対して0.55株が旧A社株主に与えられる。B社についても同様に0.45株である。

家庭の損益計算書とバランス・シート

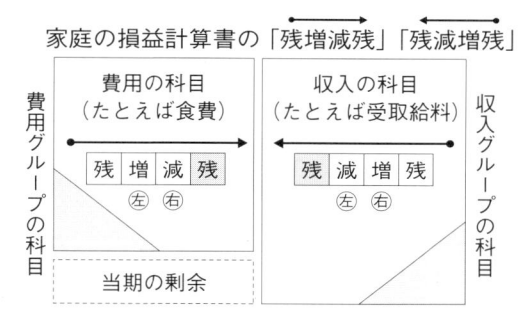

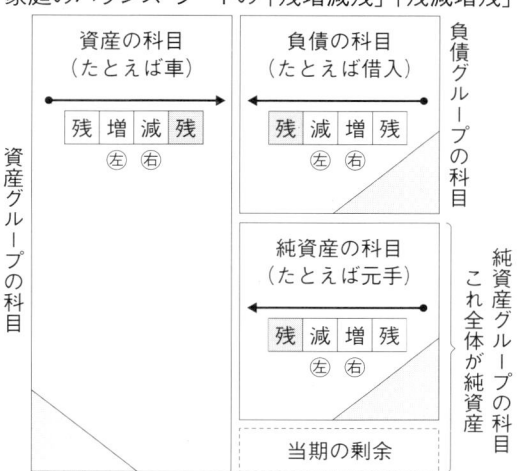

家庭の損益計算書の「残増減残」「残減増残」

（費用グループの科目）費用の科目（たとえば食費）　残｜増｜減｜残　左　右

（収入グループの科目）収入の科目（たとえば受取給料）　残｜減｜増｜残　左　右

当期の剰余

家庭のバランス・シートの「残増減残」「残減増残」

（資産グループの科目）資産の科目（たとえば車）　残｜増｜減｜残　左　右

（負債グループの科目）負債の科目（たとえば借入）　残｜減｜増｜残　左　右

（純資産グループの科目／これ全体が純資産）純資産の科目（たとえば元手）　残｜減｜増｜残　左　右

当期の剰余

損益計算書の「収入」と「費用」とでは「科目の四マス」の流れが逆になっている。

損益計算書では「収入」グループ（一例が受取給料）と「費用」グループ（一例が食費）の科目別に、「科目の四マス」の流れがある。

まず私は、「収入」は「右側から左側へ」と決めた。つぎに、費用は収入とは逆の性質（費用は現金が出て行き、収入は現金が入ってくる）なので、「費用」は「左側から右側へ」「はじめの残」「増」「減」「終わりの残」となる。

つぎに、バランス・シート、「資産」「負債」「純資産」の科目の項目ごとに、やはり流れの向きを決めた。「資産」は「左側から右側に」「残増減残」。そして「負債」と「純資産」は右側から左側に「残減増残」となる。

私は、受取給料を代表とする収入グループの科目が現金で入ることに注目した。そして、現金（または現金で得られるもの）を自分のもの（「資産」）と考えた。この「資産」グループの科目（一例が現金）は「左側から右側へ」（残増減残）である。

また、この現金のペア相手が収入（受取給料）の場合は、現金をもらいっぱなしでよいが、銀行から借りた現金の場合は、同じ入金でも返さなければならない性格を持つ。そこで、「返すべき」という借入などの科目を「負債」グループとした。これは、「右側から左側へ」（残減増残）である。

銀行へ返すべき「負債」グループに似たものが「純資産」グループ（一例が元手）。これは出してくれた人（家族など）にいつかは返すべきもの（配当で返すものも含め）として、会社の純資産中の資本金と同じであると考えた。「右側から左側へ」「残減増残」である。これら「残増減残」「残減増残」と「科目の四マス」を持って家計（家庭の会計）、家庭経営をしていく。

金児式キャッシュフロー計算書のイメージ図

基本は、人間を大切にしながら、自転車の「前輪」である純利益が、適切・的確なB／S経営・I／S経営をする（隙のない経営）ことにより、自転車の「後輪」であるキャッシュになっていく「両輪経営」が望まれる。私はこれを「自転車両輪経営」と名付けた。

この内容を含んだ、前期の現金がB／S経営、I／S経営を通って当期の一まわり大きな現金となっていくことを目指す、「金児式キャッシュフロー計算書」をじっくり眺めて、皆さんご自身のご意見を頭の中で描いてほしいと願っている。

金児のブキ（Book-keeping：「決算書－経営」の簿記）宣言

金児のブキ（bu－ki）＝「決算書－経営」は、「決算書なくして経営なし」を意味する。すなわち、「経営の99％は決算書で評価される」ことを意味する。経営の99％は決算上の利益を上げ、その約40％の税金を納めるのが目的である。

この「決算書－経営」におけるブキ式決算書の作成法は、従来の「暗記することから入る簿記」とは異なり、私の38年間の実務体験にもとづいた「合理的な簿記」である。「残増減残」と「科目の四マス」を使った「決算書－経営」を示すために、簿記を英語でBook-keepingと表す。

株価キャッシュフロー倍率（PCFR）

株価を1株あたりキャッシュフローで割って計算される。キャッシュフローとしては、便宜的に純利益と減価償却費との和が使われたり、純利益から配当を除き、減価償却費を加えた金額が使われたりする。

株価キャッシュフロー倍率（PCFR）（倍）＝株価／1株あたりキャッシュフロー

株価収益率（PER）

株価を1株あたり純利益（EPS）で割ったもの。

株価収益率（PER）（倍）＝株価／1株あたり純利益（EPS）

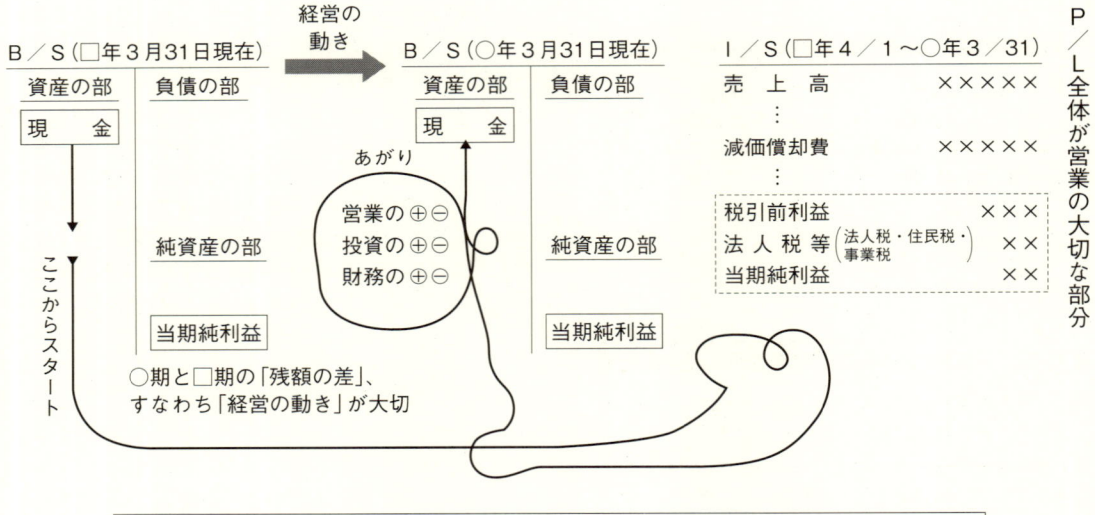

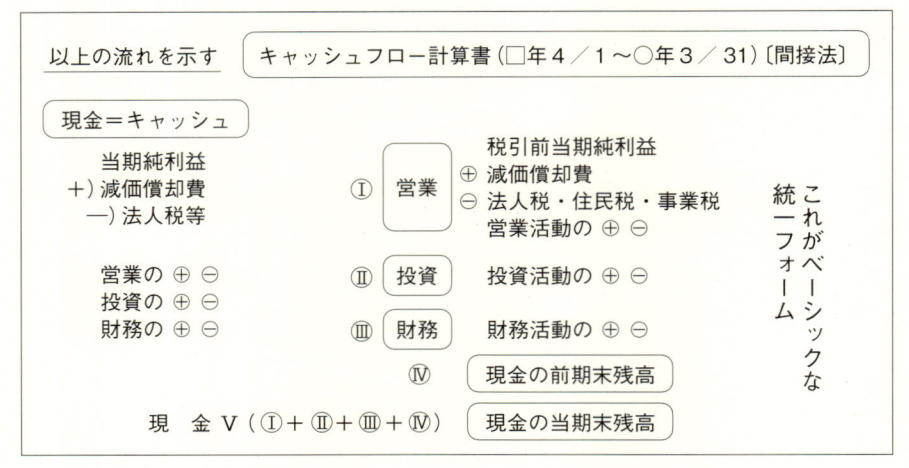

B／S（□年3月31日現在） → 経営の動き → B／S（○年3月31日現在）

資産の部｜負債の部
現　金
　　　　純資産の部
　　　　当期純利益

ここからスタート

あがり
営業の ⊕ ⊖
投資の ⊕ ⊖
財務の ⊕ ⊖

資産の部｜負債の部
現　金
　　　　純資産の部
　　　　当期純利益

○期と□期の「残額の差」、すなわち「経営の動き」が大切

I／S（□年4／1～○年3／31）
売上高　×××××
減価償却費　×××××
⋮
税引前利益　×××
法人税等（法人税・住民税・事業税）　××
当期純利益　××

P／L全体が営業の大切な部分

以上の流れを示す　キャッシュフロー計算書（□年4／1～○年3／31）〔間接法〕

現金＝キャッシュ

当期純利益
＋）減価償却費
－）法人税等

Ⅰ　営業
　税引前当期純利益
　⊕ 減価償却費
　⊖ 法人税・住民税・事業税
　営業活動の ⊕ ⊖

営業の ⊕ ⊖
投資の ⊕ ⊖
財務の ⊕ ⊖

Ⅱ　投資　投資活動の ⊕ ⊖
Ⅲ　財務　財務活動の ⊕ ⊖
Ⅳ　現金の前期末残高

現　金 Ⅴ（Ⅰ＋Ⅱ＋Ⅲ＋Ⅳ）　現金の当期末残高

これがベーシックな統一フォーム

例　株価1,000円、1株当たり純利益50円の会社の場合「PERは20倍（1,000÷50）である」となる。

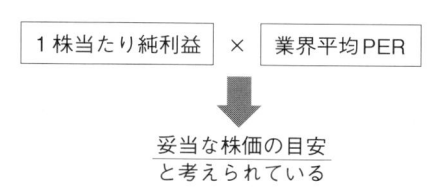

$$\boxed{1株当たり純利益} \times \boxed{業界平均PER}$$
$$\downarrow$$
$$\boxed{妥当な株価の目安と考えられている}$$

例　業界平均PERが20倍で、1株当たり純利益30円の会社の場合「妥当な株価の目安は、600円」と考える。

株価の算定方法

① 純資産評価方式

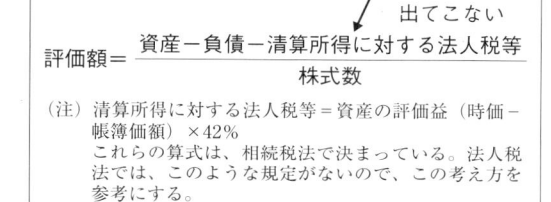

〔算　式〕

　　　　　　売買のときは出てこない
評価額＝（資産－負債－清算所得に対する法人税等）／株式数

（注）清算所得に対する法人税等＝資産の評価益（時価－帳簿価額）×42％
これらの算式は、相続税法で決まっている。法人税法では、このような規定がないので、この考え方を参考にする。

② 類似業種比準方式のおおむね

〔算　式〕

$$評価額＝\left\{A \times \frac{\frac{B}{B}+\frac{C}{C}\times 3+\frac{D}{D}}{5}\right\}$$

×　小企業の場合0.5
　　中企業の場合0.6
　　大企業の場合0.7

（注）
A……株価（類似業種の）
B……配当額（類似業種の1株当たりの）
C……年純利益（類似業種の1株当たりの）
D……純資産（類似業種の1株当たりの）
ⒷⒸⒹ…評価会社のもので内容は上のものと同じ

③ 配当還元評価方式

〔算　式〕
$$評価額＝\frac{2年間の平均配当額}{10\%（＝0.1）}$$

　会社経営を行っていく上での日本の法律は、大きく「会社法」「金融商品取引法」「税法」の3つがある。この3つを「会社法規」とか「経理三法」といったりする。企業価値や株価を考えるときも、この3つを頭におく。

　不思議なことに、株価の算定の仕方が相続税法で書かれている。株式を持っている人が亡くなったとき、相続人への株式の相続が発生する。そのとき、税務署が「この株価の価値はいくらです。それに何パーセントの税率を掛けて相続税を納めなさい」となる。国税庁が決めた、相続税の定めによって株の価値を決める。

　日本では、10年ほど前まで、会社を買収するときの株価もこの方式で決めていた。

　ところが私の経験では、30年ほど前から、アメリカではそうではなかった。株価は、今度株主になろうとしている人と、いま株式を持っている人との間の折衝で決めていた。

株価純資産倍率（PBR）　株価を1株あたり純資産で割ったもの。解散価値を株価と比較するもの。

$$株価純資産倍率（PBR）（倍）＝\frac{株価}{1株あたり純資産}$$

株券　株式会社における株主権（株主としての権利＝例えば剰余金の配当を受ける権利など）を証明する有価証券のこと。よく株券と株式を混同（異なるものを同一のものとあやまること）するが、株式は「株主としての地位」をあらわす。

株式　株式会社の資本の構成単位。株式会社に関する出資者の持ち分で、株式会社が自己資本（株主資本とも言う）を調達する（用意する）ために発行する有価証券（株券）の持っている機能（はたらき）のこと。

株式移転　株式移転は、純粋持株会社化に適した手法である。純粋持株会社とは、子会社の株式だけを保有して、事業を行わない会社をいう。つまり、事業を行う会社を傘下におき、自らは事業を行わない会社である。

　たとえば、2005年のイトーヨーカ堂とセブン－イレブン、デニーズの3社による、セブン＆アイ・ホールディングズの設立は、この手法。

（株式移転）親会社となるX社は「新設」

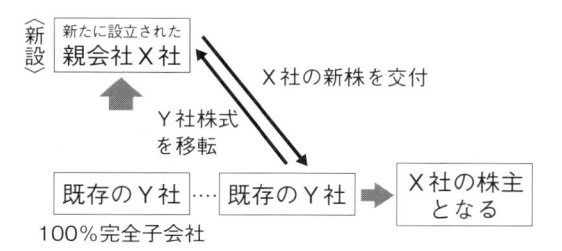

〈新設〉新たに設立された親会社X社
　　　　　↑　　　　　　↘ X社の新株を交付
　　　　Y社株式を移転
既存のY社 …… 既存のY社　→　X社の株主となる
　　　　　　　100％完全子会社

株式会社　株主（株式会社への出資者）によって組織された（組み立てられた）有限（責任に限度がある）責任会社。

か

わが国の小・中・大の250万社（なんと半数が赤字である）をつくっている人を「社員」と言う。はじめに、注意点をひとつ。「社員」と「会社員」。同じように聞こえるが、「社員」は法律用語では「出資者」のことである。「会社員」は法律的な意味はなく、「従業員」という意味の日常用語。また、出資者株主（Stockholders）と経営者（取締役）とも同じではない。経営者は取締役のことである。

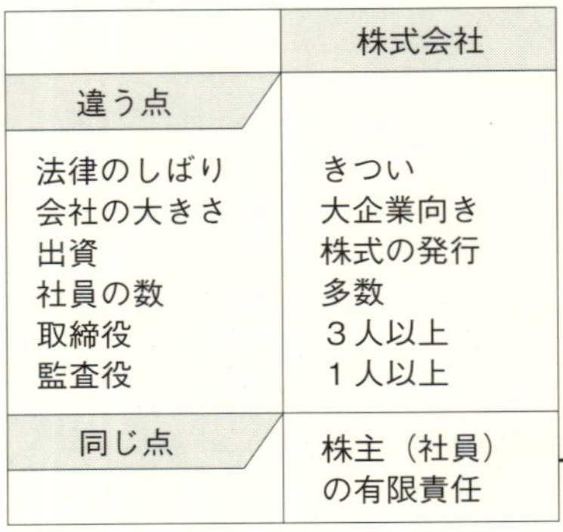

株式交換

違う点	株式会社
法律のしばり	きつい
会社の大きさ	大企業向き
出資	株式の発行
社員の数	多数
取締役	3人以上
監査役	1人以上
同じ点	株主（社員）の有限責任

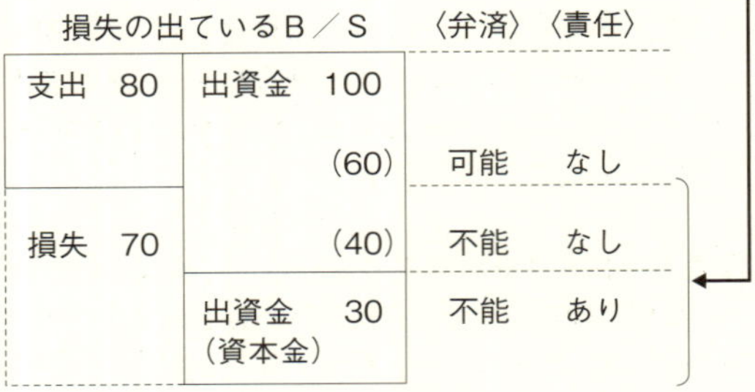

（株式交換）親会社となるX社は「既存」

〈既存〉
親会社X社
↓
X社新株を交付
Y社株式をX社株式と交換

子会社Y社 …… Y社の株主 → X社の株主となる
100％完全子会社

損失の出ているB／S		〈弁済〉	〈責任〉
支出 80	出資金 100		
	(60)	可能	なし
損失 70	(40)	不能	なし
	出資金 30（資本金）	不能	あり

（注）〈弁済〉…負債をお金で返すこと
　　〈責任〉…会社の損失を負担すること

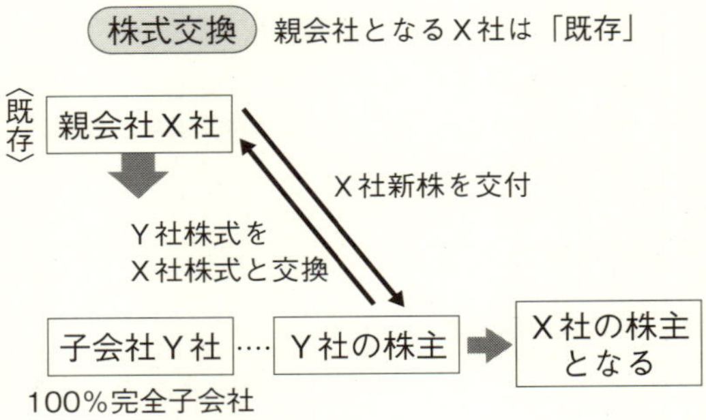

会社分割と並ぶ企業再編の手法として、株式交換（今ある会社同士）・株式移転（新会社へ移る）がある。

この2つは、100％子会社化や純粋な持株会社化に最も適した手法である。株式交換は、X社がY社の株式を取得し子会社にしようとする場合、Y社の株主からY社の株式を譲り受ける代わりに、X社の株式を新たに交付する（つまり交換する）こと。これにより、旧Y社の株主は新たにX社の株主となり、Y社はX社の100％完全子会社になる。

株式移転は、Y社の株主がY社の株式を、新たに設

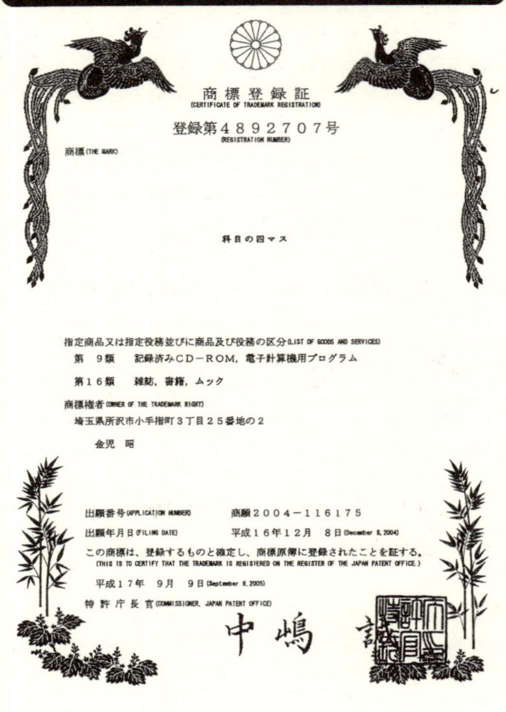

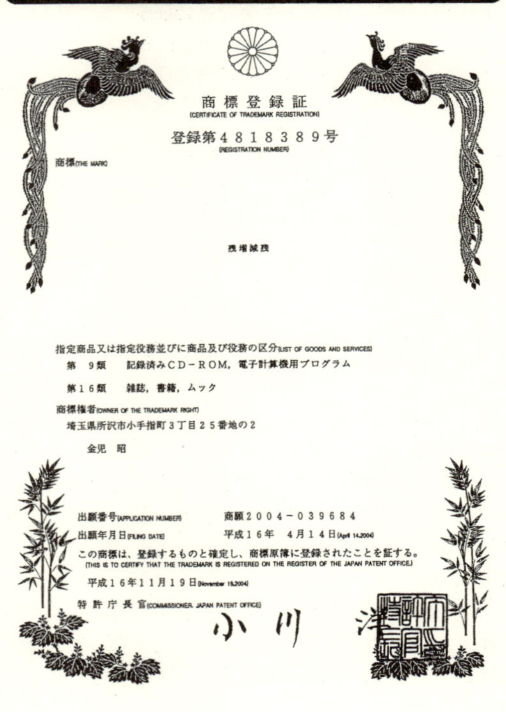

立されたＸ社に移転する代わりに、Ｘ社から株式の交付を受けること。これにより、旧Ｙ社の株主は新たにＸ社の株主となり、Ｙ社はＸ社の100％完全子会社になる。

株式交換と株式移転の大きな違いは、親会社になるＸ社が既存の会社であるか新設された会社であるかにある。両方の手法とも、原則的には親会社なる会社の株式を、子会社になる会社の株主に交付することになるが、現金や承継会社が保有する他社の株式でもよい。

株式交換比率　株式交換・株式移転はともに、交換・移転する株式と、新たに交付される株式との価値の比率が問題になる。つまり、交換・移転する株式１株に対して、何株かが交付されるかということ。この比率を株式交換比率という。

株式交換比率の算定に用いられる計算方法は、DCF法などがあるが、１つの方法だけを用いるのではなく、DCF法とほかの方法をミックスするなどして、できる限り正確で妥当な交換比率を算定する。

株式交付費　新株発行のために直接支出した費用（広告料・金融機関の手数料など）で次期以降に繰り延べられたもの。

株式配当　配当は、通常、現金で支払われる。ところが、株式の形で配当が支払われることがある。株式で支払われる配当を株式配当（Stock Dividend）と言う。

株式配当は、株主の持株比率に応じて一定の率で支払われる。たとえば、10％の株式配当が支払われる場合には、10,000株を保有する株主は1,000株の株式を新たに受け取る。株式配当は、持株比率に応じて一定の率で支払われるために、株式配当を受け取ったあとも、株主の持株比率は変わらない。

株式配当が支払われた場合、会社の純資産の総額は変わらない。株式配当が支払われると、株式配当の金額が利益剰余金から払込剰余金に振り替えられる。株式配当が支払われるときの仕訳は次のようになる。

株式配当の宣言をしたとき、利益剰余金を減額し、未払配当金（Dividends Payable）を計上する。

　左（借方）利益剰余金
　　　　（貸方）払込剰余金

株式評価　株式評価は、会社価値の総合的評価である。上場株式の場合は、証券取引所での株価が基準となる。非上場株式には、財務諸表に表れるもの以外の技術、人材などに関する評価や、為替、カントリーリスク等の外部与件も評価対象に加えて総合的に判断する。

株式評価の基本　上場会社の場合には、会社の力は株価で評価される。株価には会社の純資産（資産－負債）に加えて、研究開発力、経営者と従業員の力、人気などが反映される。一方、上場されていない会社の場合には、市場価格がないので、株価以外のさまざまな方法で会社を評価する。

それでは、まず、誰が会社を評価するかという区別をして、会社の評価方法を考える。次のような人や会社、国などが、会社を評価する。その評価する者により、それぞれ評価をする観点がちがう。

（a）一般会社……自社で評価（過去のトレンド・同業他社との比較などを含む）
（b）アナリスト……投資価値により評価
（c）格付機関……格付により評価
（d）株主・投資家……成長性・利益性・安全性などを見て投資価値により評価
（e）公認会計士……会計処理の適法性・適正性により評価
（f）国（財務省）……税収確保のために評価
（g）国（法務省）……債権者保護のために評価
（h）金融機関……利益性・担保力・安全性などを見て信用力・事業力により評価
（i）事業売買関係者……買収・合併・業務提携をするときに事業の実力を評価

経理・財務部は、上場会社についても、上場していない会社についても、会社の価値・価格を評価する知識と実務力を備えておく必要がある。

株式利回り

１株あたり利益（EPS）を株価で割って求める。債券でいう利回りに相当。

$$株式利回り（\%）= \frac{1株あたり利益}{株価} \times 100$$

株主　株式会社で元手を出した人を株主といい、株主は自分の出資に相当する株式の発行を会社から受ける。

「主」は持ち主のことである。だから、株主は、株式会社の資本を出して株式を所有する人である。株（式）を買う時は、おカネを出して株券をもらう。だが、名義書替といって、会社の株主名簿に株主として記載されないと、本当の株主ではない。株主にならないと、株主総会の通知状も配当金ももらえない。

株主資本等変動計算書　Ｂ／Ｓ、Ｉ／Ｓ、Ｃ／Ｆのほかに、もう１つ＋１の決算書が「株主資本等変動計算書」。

これを一言でいうと、「かつての利益処分案に代わって資本の部（純資産）の残増減残、一例として剰余金などの変動（残増減残）を表す書類。この計算書

しかし、これは欧米での30年前からあった財政状態変動表（純資産科目の残増減残）。株主資本等変動計算書は、1決算期間の純資産の科目の残増減残。かは、日本では従来なかった新しい決算書といわれる。」。

すなわち、純資産を構成する・株主資本金本（資本金、資本剰余金、利益剰余金、△自己株式）、・等（評価換算差額、新株予約権、少数株主持分）の残増減残である。

株主資本等変動計算書（○年4月1日～○＋1年3月31日）

		株主資本					評価換算差額	新株予約権	少数株主持分	純資産（合計）
		資本金	資本剰余金	利益剰余金	自己株式	計				
残	前期末残高			500						
増・減▲	変動	当期純利益			1,000						
		剰余金の配当			▲100						
		株主資本以外									
残	当期末の残高			1,400						

株主資本等変動計算書
(Statement of Changes of Shareholders' Equity（S／S）)

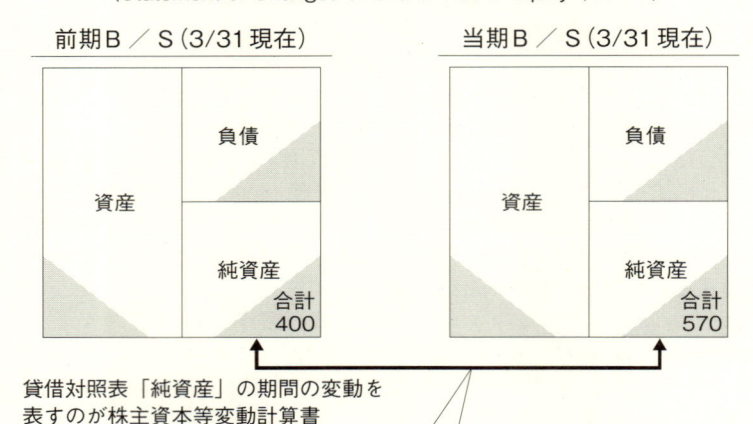

前期B／S（3/31現在）　　　当期B／S（3/31現在）

資産｜負債／純資産 合計 400　　　資産｜負債／純資産 合計 570

貸借対照表「純資産」の期間の変動を表すのが株主資本等変動計算書

株主資本等変動計算書　　自×1年4月1日　至×2年3月31日

		株主資本					評価換算差額	新株予約権	少数株主持分	純資産合計	残増減残
		資本金	資本剰余金	利益剰余金	自己株式	株主資本合計					
前期末残高		100	50	50	▲10	190	100	100	10	400	残
当期変動額（増・減）	新株の発行					0				0	
	剰余金の配当			▲10		▲10				▲10	減
	当期純利益			100		100				100	増
	自己株式の取得				▲15	▲15				▲15	減
	自己株式の処分				25	25				25	増
	株主資本以外の変動額						50		20	70	増
当期末の残高		100	50	140	0	290	150	100	30	570	残

〈参考〉私、金児昭は「変動」を「残増減残」（商標登録第4818389号）としている。上の株主資本等変動計算書でいえば、利益剰余金の前期末残高50が「残」、当期純利益100が「増」、剰余金の配当▲10が「減」、当期末残高140が「残」。だから、金児流でいうと株主資本等「残増減残」計算書すなわち、純資産「残増減残」表である。

株主資本配当率

$$株主資本配当率(\%)(DOE) = \frac{配当}{株主資本(純資産)}$$

〈米国＝5％前後
日本＝2％前後〉

分解すると

$$\frac{純利益}{株主資本} \times \frac{配当}{純利益}$$

＝株主資本利益率×配当性向
(ROE)

(日本経済新聞 2006.12.14)

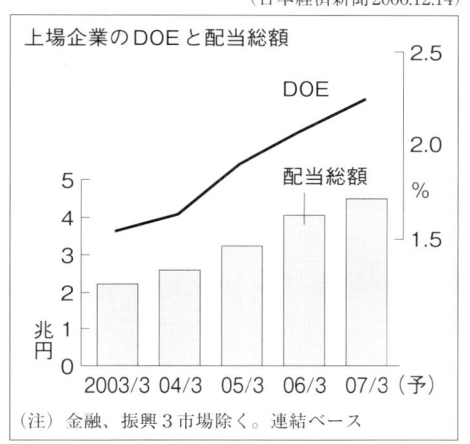

上場企業のDOEと配当総額

(注) 金融、振興3市場除く。連結ベース

配当の考え方が、かつての「当期利益の配分」から「利益剰余金（≒株主資本配当率、DOE）の配当」と、変化した。

日本経済新聞（2006年12月14日）の説明によると、DOE（Dividend on Equity＝ディビデンド・オン・エクイティ）とは、「株主からの出資金や利益の蓄積の合計である株主資本のうち、どれだけ配当に回しているかを測る指標。配当を株主資本（純資産）で割ったもので、DOEを高めるには、配当を増やすだけでなく資本効率の改善が大切となる」とある。目安としては、アメリカでは5％前後、日本では2％前後が目標とされている。この数値を良くしようと思えば、分子を大きくする（配当を増やす）か、分母を小さくする（資本効率を改善する）ことになる。

株主総会

株主総会は、会社の株主（所有者）の集まりで、会社の最高の意思決定機関。「会社の所有と経営の分離」といわれるように、株主である所有者は日常経営に携わらず、経営の専門家である取締役に業務の執行（経営実行）を任せる（委任する）。株主総会が決議する主なことは、次のとおり。取締役や監査役の選任、両者の報酬、会社の経理・財務に関連する計算書類の承認、株主が剰余金からもらう配当金の決議、定款の変更など。

株主総会の決議

普通決議

総議決権数（例えば1,000個）の過半数をもった株主が出席し（501個で定足数という）、決議するときは出席者の過半数（最低251個）の賛成があればよい。

特別決議

定款の変更、資本の減少など、重要なことについては、出席者の議決権の過半数では効力がなく、出席株主（総株主の議決権の過半数又は定款に定める議決権の数を有する株主が出席）の議決権の3分の2以上の賛成が必要。先の例では334個以上の賛成が必要。

	決議方法		決議事項
	定足数	決議	
普通決議	定款に別段の定めのない場合 定足数 $> \frac{1}{2}$ 同じ	賛成 $> \frac{1}{2}$	○計算書類の承認 ○取締役、監査役の報酬 ○会計監査人を選ぶ ○取締役を選ぶ
特別決議	定足数 $> \frac{1}{2}$	賛成 $\geq \frac{2}{3}$	○定款の変更 ○監査役の選任 ○資本金の減少 ○株式の併合

科目の四マス

株式の四マスの仕訳は、1つの取引を㊧Left（Debit）と㊨Right（Credit）に分解して科目の四マスの増加と減少の欄に記録すること。

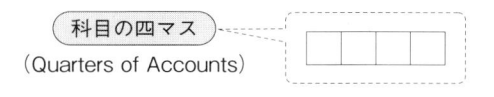

科目の四マス
(Quarters of Accounts)

（資産G，費用Gの科目）〔Gはグループのこと〕

| はじめの残高 | 増加の仕訳 | 減少の仕訳 | 終わりの残高 |

（負債G，資本G，収益Gの科目）〔Gはグループのこと〕

| 終わりの残高 | 減少の仕訳 | 増加の仕訳 | はじめの残高 |

仕訳とは、1つの取引を㊧Leftと㊨Rightに分解して「科目の四マス」（の増加と減少の欄）に記録すること。私は、Debitを左（Left）への記入、Creditを右（Right）への記入という。「借方（Debit）」「貸方（Credit）」という言葉は意味がないから使わない。

仕訳では、1つの取引を2つの側面から見て同じ金額を左と右の両方に記入する複式簿記（Double-entry Book-keeping）を使用する。

か
「科目の四マス」（B／SとI／S）

「科目の四マス」
（B／SとI／S）

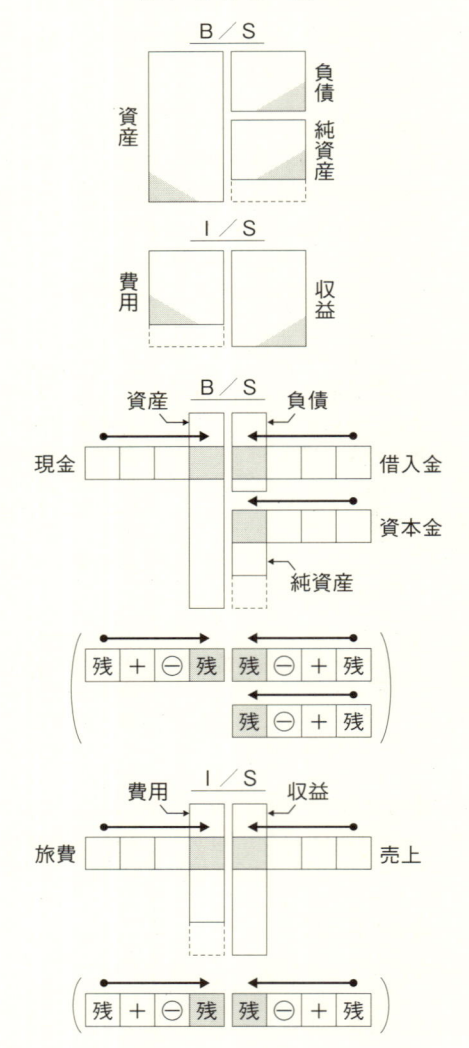

B／S
資産 ｜ 負債
　　　純資産

I／S
費用 ｜ 収益

B／S
資産 → 負債
現金　　借入金
　　　　資本金
　　　　純資産

残＋⊖残　残⊖＋残
　　　　残⊖＋残

I／S
費用　収益
旅費　　売上

残＋⊖残　残⊖＋残

（注）増減を＋⊖，減増を⊖＋とした。

　B／SとI／Sそれぞれの四角の横に書いてあるのは次の5つ。
　資産（現金）、負債（借入金）、純資産（資本金）、収益（売上）、費用（旅費）のグループ（Gの科目）で、それに属する代表的な科目をカッコの中に1つずつ。四角の■の部分は、それぞれの科目の残高を表し、そのトータルがや■の中に入る。点線の四角は、B／SとI／Sに同時に同額が発生する「当期純利益」。
　「科目の四マス」と「残増減残」「残減増残」の現金、借入金、資本金、売上、旅費の科目の残が、それぞれ、B／SとI／Sに載る。「科目の四マス」は残＋

－残、残－＋残となり、それぞれ真ん中の＋－（増・減）、または－＋（減・増）が"経営の動き"である。
　そして、「科目の四マス」の真ん中の左右の各グループ「科目同士の組み合わせ」が仕訳で、連結経営そのものである。
　この「科目の四マス」という言葉は、2005年9月9日の金児昭の登録商標（登録第4892707号）。

「残増減残」「BB・－・D・EB」と「EB・D・－・BB」

　「科目の四マス」という言葉は、2005年9月に金児昭が商標登録（登録第4892707号）をした。登録証を掲載する。
　皆さん、無償でどんどん使っていただきたい。
　また、同様に、「残増減残」という言葉は、2004年11月19日に、金児昭が商標登録（登録第4818389号）

「科目の四マス」の商標登録証

商標登録証
(CERTIFICATE OF TRADEMARK REGISTRATION)
登録第4892707号
(REGISTRATION NUMBER)

商標 (THE MARK)
科目の四マス

指定商品又は指定役務並びに商品及び役務の区分 (LIST OF GOODS AND SERVICES)
　第9類　記録済みCD-ROM、電子計算機用プログラム
　第16類　雑誌、書籍、ムック
商標権者 (OWNER OF THE TRADEMARK RIGHT)
　埼玉県所沢市小手指町3丁目25番地の2
　金児　昭

出願番号 (APPLICATION NUMBER)　商願2004-116175
出願年月日 (FILING DATE)　平成16年12月8日 (December 8, 2004)
この商標は、登録するものと確定し、商標原簿に登録されたことを証する。
(THIS IS TO CERTIFY THAT THE TRADEMARK IS REGISTERED ON THE REGISTER OF THE JAPAN PATENT OFFICE.)
平成17年9月9日 (September 9, 2005)
特許庁長官 (COMMISSIONER, JAPAN PATENT OFFICE)
中嶋

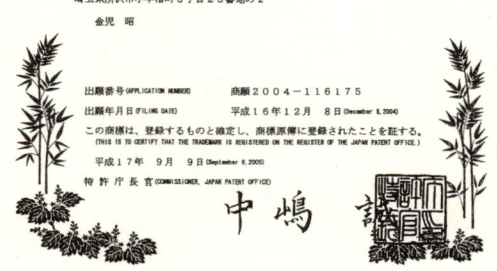

Certificate of Trademark Registration
　Registration Number：4892707
The Mark：Quarters of Accounts
List of Goods and Services：Class 9　Recorded CD-ROM, and computer program
　　　　　　　　　　　　　Class16　Magazine, book, and magazine book
Owner of the Trademark Right：Akira Kaneko
　　　　　　　　　　　　　3-25-2, Kotesashi - cho, Tokorozawa - shi, Saitama
Application Number：2004-116175
Filing Date：December 8, 2004

This is to certify that the trademark is registered on the register of the Japan Patent Office.
September 9, 2005
Commissioner, Japan Patent Office

をした。登録証を掲載する。つまり、特許庁のお墨付きがある。

これもまた、皆さんに無償でどんどん使っていただきたい。

ここで、英語での「科目の四マス」と「残増減残」とについて説明しておく。

①科目の四マス

クォーターズ・オブ・アカウンツ＝Quarters of Accountsと言う。

英語では、科目（勘定科目）はアカウントAccount、四マスはクォーターズQuartersである。だから「科目の四マス」はQuarters of Accountsである。

なお、「科目の四マス」の真ん中の「増減」「減増」は、両方とも㊧、㊨で表す。

・「資産」グループ
・「負債」グループ
・「純資産」グループ
・「収入」グループ
・「費用」グループ

これらの5つのグループの「科目」の㊧㊨のペアで仕分けが行われる。

ちょっと「ややこしや」だが、仕分けからバランス・シートと損益計算書までの道のりは、つぎのようになる。

(1) ⟶ 仕分け（ジャーナル＝jounal）
(2) ⟶ 科目への転記（ポウスティング＝posting）
(3) ⟶ 残高試算表（トライアル・バランス＝Trial Balance）

借入金　資金を提供してくれた人に対して、借りたお金に利子を付け加えて返す資金調達方法。借り手である企業と貸し手である銀行などとの間の相対取引によって借入金額や金利などが決定される。

借入金のうち、1年以内に返済しなければならないものが「短期借入金」。1年を超えて返済するものが「長期借入金」。短期借入金は流動負債に、長期借入金は固定負債に分類される。

仮決算　本決算に対する言葉で、期中の損益のおおむねをつかんで、経営成績や財産の状況を見る決算のことで、1会計年度の期央（期の途中）で行う決算である。連結決算で親会社と子会社の決算日が異なる場合に行われることがある。

仮決算による中間申告　仮決済による中間申告とは、事業年度開始の日から6ヶ月間を1事業年度とみなして仮決算を行い、その利益又は欠損に基づいて計算した所得金額及び法人税額を申告する方法。

為替　為替は遠隔地との決済に現金を使用すると現金輸送の危険が伴うので、それを回避するために、現金に代えて為替手形や小切手で決済する仕組みを為替という。国内の為替を国内為替、国際間の為替を外国為替という。

為替を正確に言うと「隔地間において、場所を隔てている者同士が、直接に現金の送金をせずに、資金授受の目的を達成すること」で、国の内外を問わず、お金を送ることを意味する。だが、ニュースなどで使われている「為替」は「外国為替」を指している。

外国為替とは、円とドル、ドルとユーロといった二国間の通貨を交換することをいう。国内で物を売ったとき、手形でお金をもらう（約束手形）。海外に物を売ったときの手形は為替手形。だから、海をまたぐ取引のときには為替という言葉を使う。

辞書などには、為替とは「交わす」の連用形に基づ

き、古くは「カワス」と言ったとあり、遠隔地間の現金輸送の代わりに手形、小切手、証書などで債権や債務を決済する方法、またその手形や証書、内国為替、外国為替、電報為替、為替手形、為替相場——とある。

こうなるとますます混乱するだけだが、基本は「交わす」「交換する」ことだと考えておけばいい。英語でいうイクスチェンジ（exchange）。語呂合わせになるが、「為替レートは交わすレート」なのである。

為替手形　手形を発行する人と後でおカネを払う人が同じである約束手形に対し、発行者（振出人）と支払者がちがう「為替手形」という手形がある。「為替」とは「遠く離れた地域での貸し借りの決済を、現金を使わずに、小切手や為替手形などで行う方法」のこと。

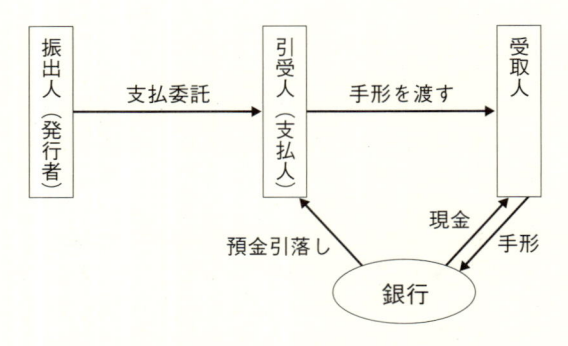

```
振出人     支払委託    引受人    手形を渡す    受取人
(発行者) ─────────→ (支払人) ─────────────→
                      │              ↑   ↑
              預金引落し│         現金 │   │手形
                      ↓              │   │
                        銀行
```

為替手形は、手形の発行者が、第三者（一般に遠隔地にいる）に対して「私の代わりに、これこれの人におカネを支払ってください。」と頼む形の有価証券である。すなわち、為替手形は一定の金額の支払いを発行者（振出人）が支払人に委託するもの。

為替手形は関係者に、振出人、受取人、支払人と3人の人が登場する。その上には、

> Aさんまたはその指図する人へ，この為替手形と引き替えに，上記金額をお支払いください。

という、支払委託の文言が記入されている。

為替手形は遠隔地、特に外国との取引に多く使われる。日本の国内では大部分が約束手形で、為替手形はほとんど利用されていない。

手形の支払場所は銀行である。手形用紙も銀行が交付する。全国銀行協会連合会で統一的な規格・様式を決めており、これに当座取引口座の番号が表示されるので、偽造手形の支払がチェックできる。

為替ポジション　外国為替の持高のこと。外国為替取引により発生した外貨建債権・債務残高の差額であり、その金額について為替相場変動のリスクを伴う。

為替リスク　為替変動に伴うリスク。次の3つに分類できる。
(1) 取引決済リスク……外貨建取引の決済に伴う為替リスク。例えば、外国から部品を輸入している場合に、契約時よりも代金決済時の方が円安になってしまったため、部品の調達コストが当初の想定よりも上昇してしまうこと。
(2) 換算リスク……会計上の為替リスク。海外子会社がある場合、（連結）財務諸表を作成するために海外子会社の財務諸表を親会社の通貨に換算する際に発生する為替リスク。
(3) 経済的リスク……為替変動に伴って、国際競争力を失うリスク。例としては以下を参照。

〈例〉
欧州の自動車メーカーと日本の自動車メーカーが米国市場で競争関係にある。円がドルに対して円安になり、ユーロの対ドルレートが変わらなければ、日本のメーカーは円建て収入を減らすことなくドル建ての自動車価格を値下げすることが可能になる。結果、欧州のメーカーは日本のメーカーに対して競争力を失う。

為替レート　1ドル＝100円のときから、左側のように1ドルが95円になると円高である。1ドルに対して、円の価値がプラス5％高まることを意味する。

見た数字は95円と100円より小さいが、100円で買えた1ドルが95円で買えるから、円のほうが強くなってプラス5％の円高。ドルにとってはドル安。

一方、右側が円安である。

為替レート（1USドルあたり）		日本メーカー		欧州メーカー	
		円価格	米ドル価格	ユーロ価格	米ドル価格
110円	0.8EURO	2,860,000円	26,000USドル	32,500EURO	26,000USドル
↓	↓	↓	↓	↓	↓
115円	0.8EURO	2,860,000円	24,869USドル	32,500EURO	26,000USドル

※1ドル＝110円から1ドル115円に円安が進んだため、日本のメーカーは円建て価格が同じでもドル建て価格の値下げができるが、欧州のメーカーは為替に変動がないため、日本のメーカー同様に値下げをするためにはEURO価格そのものを引き下げなくてはならない。

こちらは、見た数字は100円より大きいが、100円で買えた1ドルを買うために105円を使う。だから、円の価値が下がってマイナス5％円安。ドルにとってはドル高。

理屈はこうだが、見た数字が大きくなるほど安くなる、という感覚がピンとこないので、頭のなかで迷いがちで私だって迷う。

しかし、円高・円安の、経済・経営に対する影響は大。たとえば原材料の輸入に年間1億ドルかかる場合、たとえ1円の為替の変動でも、プラスマイナス1億円の違いが生じる。

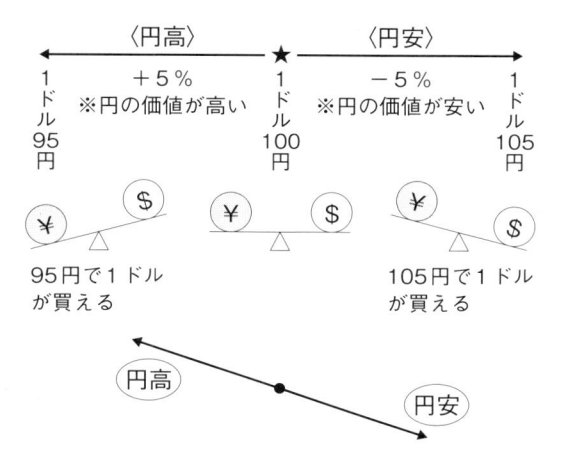

```
         〈円高〉      ★    〈円安〉
     ←          1          →
  1ドル  ＋5％   ド    －5％   1ドル
   95   ※円の価値が高い ル ※円の価値が安い  105
   円                100                円
                      円

   ¥    $     ¥    $     ¥    $

 95円で1ドル            105円で1ドル
  が買える               が買える


        円高 ←―――●―――→ 円安
```

為替レートの円換算（海外子会社）

①決算日レート	●資産項目全部 ●収益（売上） ●負債項目全部 ●費用 （④と選択可能） （②を除く）
②親会社計上レート	●収益・費用項目のうち親会社との取引
③取得時又は発生時レート	●純資産 ●配当金
④平均レート	●収益（売上） ●費用 （①と選択可能） （②を除く）
⑤差額で求められる項目	●B／S為替換算調整勘定

(注) 為替レートを時系列でとらえた場合には、次のような呼び方がある。
1. 決算日レート。
2. 取得時または発生時レート。
3. 期中平均レート。

関係会社 関連会社の定義についても、2000年3月期になる前は、親会社がほかの会社の議決権の20％以上50％以下をもっているかどうかだけで決められていた。ところが、2000年3月期からは、議決権が20％に満たない場合でも、親会社と子会社がその会社の財務や事業の方針決定に重要な影響を与えることのできる場合には、「影響力あり」として、その会社を関連会社に含めることにした。これを影響力基準という。

一方、よく聞く「関係会社」は、最も広い考えで親会社と子会社と関連会社をすべてまとめたもの。

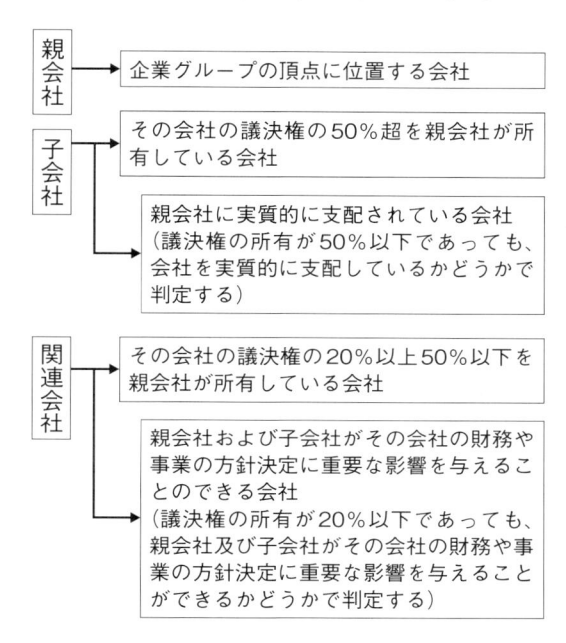

親会社	→	企業グループの頂点に位置する会社
子会社	→	その会社の議決権の50％超を親会社が所有している会社
	→	親会社に実質的に支配されている会社（議決権の所有が50％以下であっても、会社を実質的に支配しているかどうかで判定する）
関連会社	→	その会社の議決権の20％以上50％以下を親会社が所有している会社
	→	親会社および子会社がその会社の財務や事業の方針決定に重要な影響を与えることのできる会社（議決権の所有が20％以下であっても、親会社及び子会社がその会社の財務や事業の方針決定に重要な影響を与えることができるかどうかで判定する）

海外に子会社が設立された場合は、国、経済、文化、人種、思想、気候、風土、教育制度、食物、住居など、すべてにわたって日本とは状況が違う。ですから、事業の成績はその国の通貨や生産数量などで評価される必要がある。

そして、親会社は、子会社の経営の方向付けはするが、子会社とそのトップが、自分の責任と権限で仕事を行うように、事業を任せることが重要。

関係会社（子会社・関連会社）、日米の違い

（米国）
○持株基準のみ
　子会社＞50％
　50％≧関連会社≧20％

（日本）
○実質基準
　子会社……支配力基準と持株基準
　関連会社…影響力基準と持株基準

> ❗ 日本のほうが厳密！

か

買収とは、言い方を変えれば、他の会社の株式を買って、子会社にしたり、関連会社にしたりすること。そうすれば、その会社に対して、支配力や強い影響力を持てる。

ここまで、買収とは「過半数の株」を取得することだが、実際、子会社・関連会社となるのは、どの程度の株式を取得したときなのか。

これを考えるとき、「連結の範囲」が参考になる。子会社・関連会社は、親会社が決算するとき連結決算に「連結法」「持分法」で入れなければならない。

連結の範囲、つまり子会社と関連会社の範囲は日本とアメリカで異なっている。実は、これは日本のほうがずっと進んでいる。

ある会社を子会社にするか関連会社にするかというとき、アメリカは持株比率が50パーセントを超えていたら子会社、20％以上50％以下の株主を持っていると関連会社になる。アメリカの基準は、所有する株数の比率（持株基準）だけである。

関係会社株式、関係会社出資金　関係会社とは、親会社、子会社、関連会社の全体をいう。「関係会社株式」とは、関係会社にあたる会社の株式のこと。「関係会社出資金」とは、関係会社にあたる株式会社以外の会社に対する出資金のことである。

関係会社と関連会社　連結決算でいう関係会社と関連会社は、ふだん常識的にいうものとは違い、その定義がはっきりしている。

関係会社は、最も広い考えで、子会社と関連会社、さらには自社の親会社をもまとめたものである。一方、関連会社は、ある会社（例えば親会社）の影響を受ける「影響力基準」会社で、かつての「持株基準」〔株式を20％以上（20％も入る）50％以下（50％も入る）所有されている会社〕だけでは判断をしない。関連会社は「持分法」（損益だけを連結する）のときにも大切な考え方である。これらの定義は正確に理解しておいてほしいと思う。

関係会社への参画とバックアップ　連結決算の向上には、関係会社（子会社・関連会社）の発展が不可欠である。関係会社自身の独自性を尊重しながら、親会社の経理・財務部は、関係会社の抱える課題に対し、参画・バックアップをして、グループ力を高める努力をする。

監査　監査をする人（監査人）が、ある会社の行動やその結果として作成した財務諸表などの報告書を検討し、真実で妥当であるかどうかを確かめ、株主などの利害関係人に報告すること。監査の種類には、業務監査、会計監査、システム監査、環境監査などがある。

監査には業務監査と会計監査の2つがある。

株式会社では、株主が取締役の業務などを監視することは、事実上不可能である。そこで、株主に委任されて取締役の業務などを監視する機関として、監査役や監査役会がある。監査役には、大きく業務監査と会計監査の2つの権限がある。

まず業務監査権限は、取締役が、法令や定款などへの違反、不当な行為をしていないかを監視する権限。

次に会計監査権限は、決算書が正しく作成されているか、帳簿に事実に反する記載がないかなどを監視する権限。

大会社は監査役による監査のほかに、会計監査人（公認会計士や監査法人）による監査が必要。

さらに、会計監査人は「この企業は少なくとも1年以上は継続して存在する」という保証を、監査報告書に記載する。これがゴーイング・コンサーン規定（継続企業の前提）。

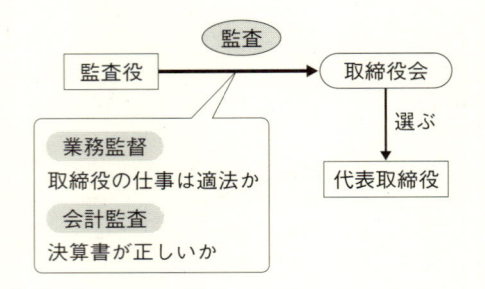

```
            監査
   監査役 ─────→ 取締役会
  ┌─────────┐         │選ぶ
  │ 業務監督 │         ↓
  │取締役の仕事は適法か│ 代表取締役
  │ 会計監査 │
  │決算書が正しいか│
  └─────────┘
```

監査役　取締役が法令・定款に違反した行動をしていないか株主に代わって監査する人が監査役であり、株主総会で選任される。

勘定合って銭足らず　やさしい2つの例で理解しよう。これらが、いずれも「勘定合って銭足らず」、すなわち、利益は出るがおカネが足りない状態だ。このようになりそうなときには、いち早く現状をつかんで、それに対処するために資金繰表を使う。

> ① 80円のものを100円で売って利益（儲け）を20円上げたが、100円のうち30円のおカネはもらえなかった。このまま30円をもらえないと、儲けたつもりが損になってしまう。

> ② 80円のものを100で売って利益（儲け）を20円上げ、100円のおカネをもらった。つい気持ちよくなって、よく調べないで商品を100円で買ったところ、これがなかなか売れないしろものだった。この場合は、いったん、20円の利益を上げて喜んだのもつかの間、結局、「資金が寝てしまう」状態になり、利益はあるがおカネが足りない由々しき状態となった。

勘定科目

貸借対照表の勘定科目

	資産G		負債G	
流動資産	・現金 ・当座預金 ・普通預金 ・定期預金 ・受取手形 ・売掛金 ・有価証券 ・商品 ・仮払金 ・未収入金 ・前払費用 ・未収収益など	流動負債	・支払手形 ・買掛金 ・短期借入金 ・未払金 ・未払費用 ・前受金 ・預り金など	
固定資産	・建物 ・機械及び装置 ・車両運搬費 ・土地 ・のれん ・特許権 ・借地権など	固定負債	・社債 ・長期借入金 ・退職給付引当金 など	
繰延資産	・開発費など		・資本金 ・資本剰余金 ・利益剰余金など	純資産G

損益計算書の勘定科目

	費用G	収益G	
	・材料費 ・販売手数料 ・荷造費 ・広告宣伝費 ・給料 ・賃金 ・賞与 ・福利厚生費 ・交際費 ・旅費交通費 ・通信費 ・租税公課 ・賃借料 ・減価償却費 ・支払利息 ・法人税等など	・製品売上 ・商品売上 ・受取利息 ・受取配当金 ・受取手数料 ・固定資産売却益 など	

5つのグループ（G）（「資産」「負債」「純資産」「収益」「費用」）だけで、何を買ったり売ったりしたのかがはっきりしない。

そこで、この5つの内容を細分化してわかりやすくしたものが、資産であれば「売掛金」、負債であれば「借入金」、純資産であれば「資本金」、収益であれば「売上」、費用であれば「給料」といった、「勘定科目」。

勘定科目の数は多いが、図表には主なものを載せる。

勘定精査 各勘定科目残高と各種帳簿等との照合確認を実施すること。各種帳簿等との照合において不突合が見つかった場合はその内容を精査し、各種帳簿が誤っている場合は帳簿の修正を行い、科目誤りにより勘定科目残高が誤っている場合は科目修正伝票を作成し、速やかに補正入力処理を行うこと。

間接控除方式 減価償却累計額を、当該資産に対する控除科目として、減価償却累計額の科目をもって表示する方法。

間接費 間接材料費（補助材料費、工場の消耗品費、消耗工具器具備品費）、間接労務費（工場事務員等の賃金）、間接経費（厚生費、減価償却費、賃借料、保険料など）

「営業」活動によるキャッシュフロー

①税金等調整前当期純利益	24
②減価償却費	30
③売掛金の増加額	−10
④在庫の減少額	20
⑤買掛金の減少額	−6
⑥法人税等の支払額	−20
①＋②＋③＋④＋⑤＋⑥	38
「営業」活動によるキャッシュフロー	

（注） ① 税金等調整前の当期純利益からスタート。
　　② 費用だがおカネの出ない減価償却費（非キャッシュ損益）をプラス。
　　③ 売掛金の増加分（減少分）をマイナス（プラス）。
　　④ 在庫が減った分（増えた分）をプラス（マイナス）。
　　⑤ 買掛金の減少分（増加分）をマイナス（プラス）。
　　⑥ 法人税等（法人税・住民税・事業税）の支払額を引く。

間接法によるキャッシュフロー計算書 間接法では、営業活動によるキャッシュフローを当期純利益から始めてキャッシュの流れを見ていきます。⊕はキャッシュのプラス（営業活動によるキャッシュフローではプラス調整）、⊖はキャッシュのマイナス（営業活動によるキャッシュフローではマイナス調整）を表わします。

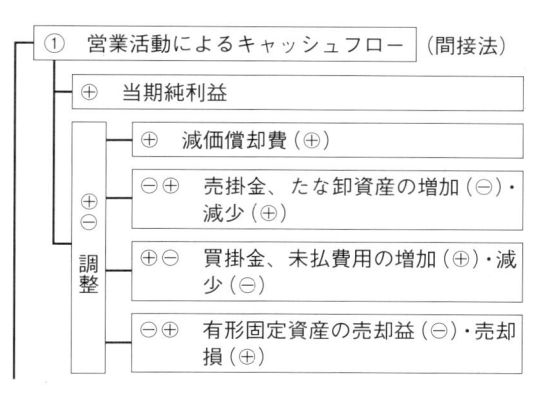

① 営業活動によるキャッシュフロー（間接法）
　├ ⊕ 当期純利益
　└ 調整
　　├ ⊕ 減価償却費（⊕）
　　├ ⊖⊕ 売掛金、たな卸資産の増加（⊖）・減少（⊕）
　　├ ⊕⊖ 買掛金、未払費用の増加（⊕）・減少（⊖）
　　└ ⊖⊕ 有形固定資産の売却益（⊖）・売却損（⊕）

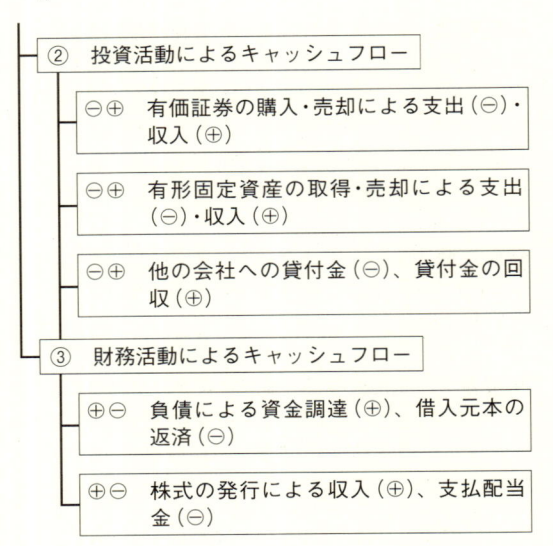

か
```
②投資活動によるキャッシュフロー
    ├─ ⊖⊕ 有価証券の購入・売却による支出（⊖）・収入（⊕）
    ├─ ⊖⊕ 有形固定資産の取得・売却による支出（⊖）・収入（⊕）
    └─ ⊖⊕ 他の会社への貸付金（⊖）、貸付金の回収（⊕）
③財務活動によるキャッシュフロー
    ├─ ⊕⊖ 負債による資金調達（⊕）、借入元本の返済（⊖）
    └─ ⊕⊖ 株式の発行による収入（⊕）、支払配当金（⊖）
```

（単位：百万円）

科目	金額	
Ⅰ　営業活動によるキャッシュフロー		
当期純利益〈欧米式〉	190	
調整（非資金費用、流動資産及び流動負債の増減、固定資産売却損益）	170	
減価償却費（非資金費用）	−150	
売掛金の増加（流動資産の増加）	−30	
たな卸資産の増加（流動資産の増加）	85	
買掛金の増加（流動負債の増加）	−20	
未払法人税等の減少（流動負債の減少）	−40	
未払利息の減少（流動負債の減少）	−5	200
有形固定資産売却益（固定資産売却益）		
営業活動によるキャッシュフローの純額（「入り」）		
Ⅱ　投資活動によるキャッシュフロー		
有形固定資産取得のための支払	−150	−130
有形固定資産の売却収入	20	
投資活動によるキャッシュフローの純額（「出」）		
Ⅲ　財務活動によるキャッシュフロー		
長期借入れによる収入	100	−20
配当金支払	−120	
財務活動によるキャッシュフローの純額（「出」）		
Ⅳ　現金及び現金同等物の純増加額（Ⅰ＋Ⅱ＋Ⅲ）	50	
Ⅴ　現金及び現金同等物の期首残高「はじめの残」	70	
Ⅵ　現金及び現金同等物の期末残高「終わりの残」	120	

還付加算金　税金の還付加算金は、還付金が発生した場合に還付金に加算して還付されるもので、一種の利子である。したがって、還付加算金の額は、原則として還付される額の納付の日の翌日から還付のため

の支払決定日又は充当の日までの期間の日数に応じて年7.3％の割合を乗じた金額となる（年7.3％の割合は、隔年の特例基準割合（前年11月末の公定歩合＋4％）が7.3％に満たない場合には、その特例基準割合となる）。

管理会計　別名、経営会計ともいう。会社の業績すなわち会社の努力の結果をよくすることを研究分野とする。財務会計（制度会計）上いくら会社が正しい決算・会計を行っていても、会社が継続的に利益を上げていないことには、会社の存在価値がないことをわれわれは知っておくべきである。

管理会計（経営会計）での「経理・財務」の役割は、会社の業績を上げる事業部門をバックアップすること。外部の利害関係者（ステイク・ホルダー）に対して会社の会計情報を報告するための法律などに基づく財務会計とは異なり、管理会計（経営会計）は会社内部の経営実行をバックアップする会計なので、会社の業種や形態によって自由な形で資料を作成する。

管理会計（経営会計）に使われるデータは、財務会計のデータが基本であるケースが多い。

管理会計（経営会計）

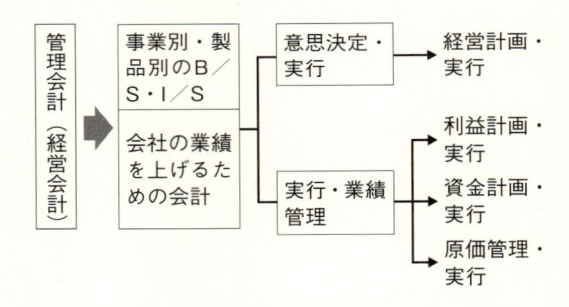

```
管理会計（経営会計） ⇒ 事業別・製品別のB/S・I/S  → 意思決定・実行 → 経営計画・実行
                      会社の業績を上げるための会計  → 実行・業績管理 → 利益計画・実行
                                                              → 資金計画・実行
                                                              → 原価管理・実行
```

財務会計が「会社外部に会社の業績を報告するための会計」で、法律などの制度に基づく会計であるのとは異なり、管理会計は会社が自由に行う。

管理会計は「会社内部で利益を上げ経営の効率を図る目的の会計」である。英語ではManagement Accountingなので、むしろ「経営会計」といったほうがよいと私（金児）は1989年から考えている。

管理体制　管理とは、取り締まりおさめること。体制とは、ものの組み立てられた状態をいう。だから、会社の管理体制は、会社がしっかり組み立てられていて、おさめられる状態のことである。

関連会社（影響力基準による判定）　支配従属関係になくとも、子会社以外の他の会社等の財務及び営業の方針決定に対して重要な影響を与えることができる場合には、当該他の会社の業績を連結財務諸表に反

映させることにより、企業集団の財政状態及び経営成績をより適切に表すことができる。

子会社以外の他の会社に対して重要な影響を与えることができるか否かを判定する基準を影響力基準という。従来の議決権所有割合に加え、一定の比率（15～20％未満）の議決権を所有している他の会社等であって、役員派遣等により当該他の会社等の財務、営業又は事業の方針の決定に影響を与えることができる場合には、実質的に影響力を行使しうると判定する。

き

機械・装置　製品を製造するための設備。機械と装置の区分は必ずしも明確でないので両者は一括としてとらえる。

企業会計基準委員会　資本市場をはじめ、あらゆる分野でグローバル化が進展するのに合わせ、国際的に統合された会計基準をそれぞれの国の政策から中立な機関で設定しようとする動きのなかで国際会計基準委員会（IASC）が設立された。同委員の理事会が、各国の会計基準設定機関から理事会のメンバーに迎え、新たな組織を運営することを決定したことに対応し、会計基準設定についての全権を持たせるべく「財団法人　財務会計基準機構」が日本公認会計士協会、経済団体連合会（当時）等10団体の出資により2001年7月に設立され、金融庁（当時）もこれを了承した。実際に会計基準を設定するために、「財団法人　財務会計基準機構」の下部組織として設置されたのが、「企業会計基準委員会」である。

Column

「金」がない方がずーっと分かりやすい（金児の提案）

　B／SやI／Sの科目の中には、金のつくものが多い、売掛金、前渡金、貸倒引当金、買掛金、借入金、未払金、前受金、預り金、賞与引当金、退職給付引当金、資本金、資本準備金、資本剰余金、利益準備金、利益剰余金、任意積立金、株式評価差額金、売上金、受取配当金、損金、益金などだ。これらの科目は金つきだから、ことさら意味がわかりにくい。これらの金は、おカネを表さない。だから、私はここに、現金、預金以外の科目名から金を取ることを提唱する。お金がなくなるのは寂しいことではあるが。

　損益計算書の売上金だが、売上を上げても、すぐにお金が入ってくるわけではない。売上や売上高で

よいのである。

バランス・シートは「金」のオンパレードである。売掛金なんて、債権であってはお金は関係ない。英語でいえば、アカウント・レシーバブル。お金なんてどこにも入っていない。未収入金も短期貸付金も、「金」とついているとお金だと思うが、お金で貸すだけではない。なかでも賞与引当金などの引当金の「金」なんて、めちゃくちゃ多くの人を惑わしている。

全く許せないのが、純資産グループの科目名。資本金はまだいいとしても、資本剰余金、利益剰余金、利益準備金、資本準備金、株式評価差額金など、ぜんぶお金、すなわち現金とは関係ないのである。

損益計算書の科目

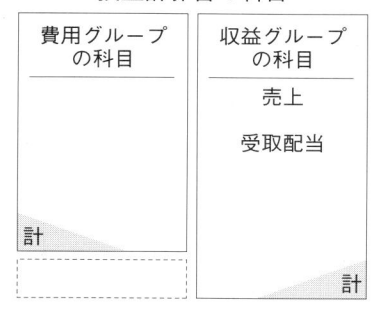

費用グループの科目	収益グループの科目
	売上
	受取配当
計	計

バランス・シートの科目

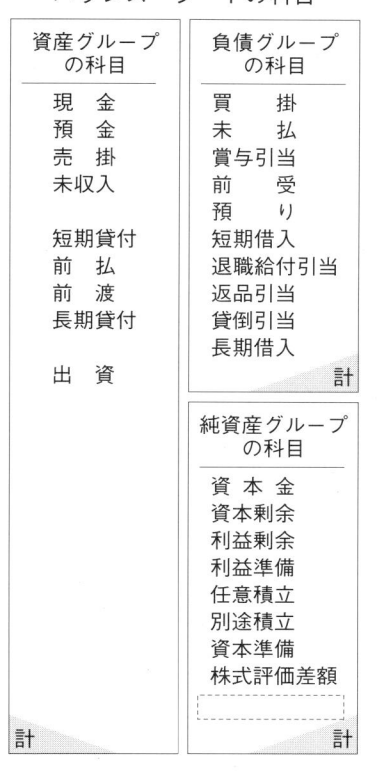

資産グループの科目	負債グループの科目
現　金	買　掛
預　金	未　払
売　掛	賞与引当
未収入	前　受
	預　り
短期貸付	短期借入
前　払	退職給付引当
前　渡	返品引当
長期貸付	貸倒引当
	長期借入
出　資	計

純資産グループの科目
資　本　金
資本剰余
利益剰余
利益準備
任意積立
別途積立
資本準備
株式評価差額
計

き

企業会計基準委員会・企業会計審議会
　上場会社等に関する開示は「金融商品取引法」により規定されており、同法による開示のために作成する財務諸表が準拠すべき会計基準の設定のために、同法所管官庁である金融庁が金融担当相の諮問機関として設置している審議会。
　従来は、企業会計審議会が会計基準に関する意見書を公表し、会計基準の適用にあたっての詳細な実務指針を公認会計士協会が作成、公表してきたが、企業の経営成績及び財政状態を適正に示すためには会計基準は独立性の高い機関により設定されるのが望ましいという国際的潮流に対応するために企業会計基準委員会が設立され、同委員会の会計基準設定主体としての役割は終了した。

企業会計原則　会社の決算書や税務申告書は、会社法、金融商品取引法、法人税法をもとに作成する。その際に守るべき「道理」が「企業会計原則」（Accounting Principles）。7つの一般原則①と3つの損益計算書原則②があり、ほかに貸借対照表原則③もある。この企業会計原則は、企業実務の自然発生的な習慣からつくられた道理で、法律でも尊重される。
　その1番の特徴は、社会のみんなが「合意し尊重していること」。法律ではないが、守るべきルールで、これに従ってつくる決算書は、正確性、透明性が高い。

①一般原則

7つの原則	内　容
(イ) 真実性の原則	会社の財政状態と経営成績の真実な報告をしなさい
(ロ) 正規の簿記の原則	正規の簿記の原則で正確な会計帳簿を作りなさい
(ハ) 純資産（資本）・損益区分の原則	純資産（資本）取引（出資など）と損益取引（利益の増減）とを、混合しないで区別しなさい
(ニ) 明瞭性の原則	会社の状況を明瞭に利害関係者に知らせなさい
(ホ) 継続性の原則	一度選択した原則や手続きは、継続して使いなさい
(ヘ) 安全性（保守主義）の原則	会社の財産を守るため、健全な会計処理をしなさい
(ト) 単一性の原則	株主総会・銀行借入・納税のため、会計書類の形式は違っても中身は同一ですぞ

（注）(ハ)かつての資本や資本取引は、現代では純資産（資本）や純資産（資本）取引とも言う。

②損益計算書原則

3つの原則	内　容
(イ) 発生主義の原則	収益と費用は、発生した期間に正しく割り当てなさい
(ロ) 総額主義の原則	収益や費用は相殺せずに、各々別の項目と考えなさい
(ハ) 費用収益対応の原則	収益と関連する費用は対応して、I／Sに示しなさい

（注）③の貸借対照表原則は省略。

　企業会計原則は10ページくらいのものだから、コピーして常に手元に置いておくことをお勧めする。ただし、これがつくられたのは1949年（昭和24）で、そのまま今日に至っている状況だから、早急な大改訂が望まれる。私はこの企業会計原則が見直されないのが、不思議でならない。今検討されている「概念フレームワーク」に比べ、ずっと品格ある日本の歴史的財産であると思うからだ。
　さて、一番大事な原則は、一般原理の（イ）「真実性の原則」である。
　また、損益計算書原則の（イ）の「発生主義」と、よく対比されるのが現金主義。現代では、現金の動きはモノやサービスの動きと一致しないので、会計取引の発生を重視する。
　経理・財務では、これらの道理を、法律より上位にあるものとして学ぶ。
　将来の企業会計原則は、いま、現実に行われている企業実務から、習慣としてさらに会計実学として発展するべきである。利益をそれにもとづく納税をめざす経営行動のなかに、自然と日本の新しい道理が育って

いるはずである。

　ビジネスパーソンは、この道理から正しく新しい会計の常識（コモンセンス）、会計心得（会計マインド）を身につけるよう心がけよう。

　財務会計を国際財務報告基準に学んでいく時代になった以上、わが国会計学者の方々は、真剣に企業会計原則を見直す必要がある。

企業会計原則イメージ図

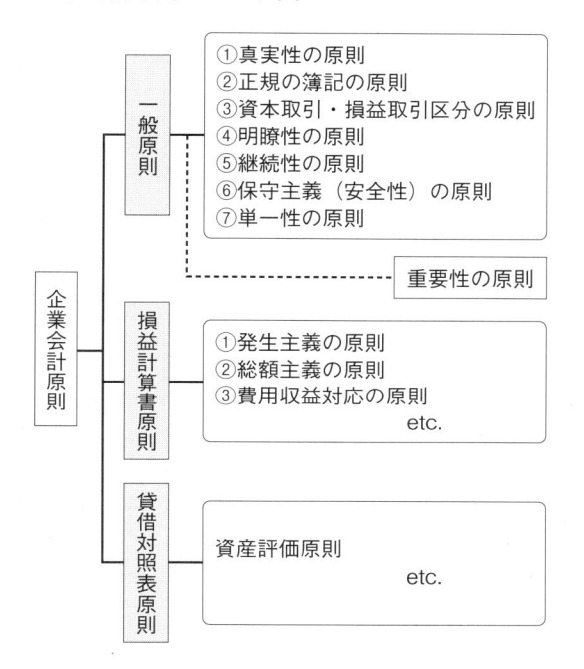

```
                    ┌─ 一般原則 ─── ①真実性の原則
                    │              ②正規の簿記の原則
                    │              ③資本取引・損益取引区分の原則
                    │              ④明瞭性の原則
                    │              ⑤継続性の原則
                    │              ⑥保守主義（安全性）の原則
                    │              ⑦単一性の原則
                    │                    ┊
                    │                 重要性の原則
企業会計原則 ───────┤
                    ├─ 損益計算書原則 ─ ①発生主義の原則
                    │                    ②総額主義の原則
                    │                    ③費用収益対応の原則
                    │                                 etc.
                    │
                    └─ 貸借対照表原則 ─ 資産評価原則
                                                      etc.
```

　企業会計原則は、第2次世界大戦後の1949（昭和24）年に、経済安定本部企業会計制度対策調査会で公表された。すべての会社が尊重しなければならない会計の基本のルールである。

企業会計（財務会計と経営会計）

　企業会計を、目的によって大きく分類すると、主として過去の情報を外部に正確に報告する「財務会計」と、将来の収益・利益向上をめざすために会社内部で活用する「経営会計」とがある。

　なお制度会計＝財務会計＋税務会計である。

企業会計（財務会計、経営会計）き

	項目	財務会計	経営会計
A	資本主義世界での重要性のウエートづけ	2割	8割
B	責任部門（主役）	CFO、経理・財務部（財産保全業務に注力）	事業部門（販売・製造・研究部門）（CFO、経理・財務部は参画・バックアップ部門）
C	目的と役割	会計法規を守る（金融商品取引法・会社法・法人税法）	①利益を上げて、②税金を納める（資本主義経済社会での事業に対する根本思想・実行）
D	「会計公準」の眼	①人の正しい行動 ②貨幣で表す（円・ドル等） ③期間を定める（1年、半年、4半期等）	①人が利益を目指す ②現地通貨表示 ③事業判断・実行期間（1日、1ヵ月、3ヵ月、2年など自由）
E	日本国内か、国際か	○会計（金融商品取引法）←国際 ○会社法←日本国内 ○法人税法←日本国内・国際	国際

（注）「枠の大きさ」は、「財務会計1」「経営会計4」として見ていただきたい

企業価値

株主から見ると、純資産は会社のB/S上の価値である。

　一般に株数が10株（自己株式は除く）・純資産が5千円ならば、1株当たりのB/S上の純資産は500円。証券取引所に上場する会社の場合、株式の価値（値打ち）は毎日の「株価」（時価）で、たとえば1,500円とする。（日本経済新聞の株式欄に出ている株価は、上場企業の1株当たり時価の一覧表）。

　この株価1,500円と1株当たりの純資産500円との差の1,000円は、会社に対する人気、期待、すなわち「知」または「見えない資産」である。株価は製品品質・技術力・成長力などの要素を反映する。結局、取引所における売買の需給で決まるのだが、ベースには誰もが公平にわかる決算書B/Sの純資産（資産）の価値がある。

　会社の「時価総額」は「株価×株数」である。会社を自分のものにするためには、全体の株数の過半数（50％超）の株を買い取って、子会社にすればよい。その理由は、過半数の株式を持てば、株主総会の決議

き

（たとえば、取締役全員交代など）を左右できる力を持てるからだ。

M&A（企業の合併・買収）では、「株数の比率」が議決権に結びつくポイントになる。会社は自社の株価だけではなく、主要の株主の構成にも常に注意を払う。新たに発行する株式を持つ（引受ける）権利（新株引受権）などが、将来の議決権に影響を与える。B/Sの純資産（資本）は、企業価値を学ぶうえで基本中の基本。

21世紀に「経営と企業会計」を通して「企業価値」の勉学するための標語は、岡本太郎画伯流に言えば、「純資産（資本）が爆発だ！」である。

純資産（資本）の部（＝自己資本＝資産－負債）

資本金	1,000	株主からの出資金（払込金）
資本剰余金	800	資本（元手）に関係する累計額
資本準備金	800	払込剰余金など
利益剰余金	3,100	当期純利益（累計）からの積み立てなど
利益準備金	100	剰余金分配等の一部を積み立て
別途積立金	2,500	株主（会社）の判断により積み立て
繰越利益剰余金	500	
株式等評価差額金	200	投資有権証券の時価含み益・含み損
自己株式	▲100	保有している自己株式
純資産（資本）合計	5,000	

（注）▲はマイナス。純資産（資本）を見たら、必ず「発行済みの株式数は？」と考えるようにしよう。

企業グループ　企業規模の拡大、多角化が進むと、多くの子会社・関連会社ができ、企業グループが形成されて企業グループ内の取引も増加し複雑になる。企業グループは、ヒト・モノ・カネで結ばれた企業の集まりである。一般には、その中心にいる親会社が投資し、その投資を受ける会社がそれを資本金として事業を推進し、グループとして企業利益の向上をめざす。

ここで、企業グループの経営力を表す連結決算について整理しよう。企業グループの拡大が進むと、ここの会社の決算書だけでは、あるいは個々の決算書を単純に合計しただけでは、企業グループの真の姿やグループ経営の成果が、株主、投資家、債権者、取引先といった外部者や、企業グループの経営に携わる役員・従業員の人たち、労働組合の人たちに明らかにならない。

親会社を中心とした企業グループをあたかも1つの会社とみなして、その経営の成績や財政の状態やキャッシュフローを表す連結決算書を作成する。したがって、企業グループの中での売上・仕入、貸し、借りなどの取引を相殺消去する。これにより、企業グループの経営の実態が連結決算に反映される。企業グループ全体の経営の成績や財政の状態やキャッシュフローを表す連結決算書の作成により、子会社を使った押し込み販売などの粉飾決算も早めに防止される。

海外の投資家にとっては、連結決算が一般的である。証券アナリストが中心となって連結決算書を検討して企業グループの実力を評価する。

企業の経営と企業会計　1970年から30年間の欧米での実務体験をベースに、経理・財務のW10（以下、Wはウエイト）の中身が「W2の財務（制度）の経理・財務」と「W8の経営の経理・財務」となる。これは学問の「W2の財務（制度）会計」と「W8の経営会計」に呼応するものである。

と申しても、経営実務の中では、制度（W2）と経営（W8）の分類はほとんど行われず、これら2つは渾然一体となっている。

しかし、この中の経営会計（管理会計）W8を過小評価し、財務会計（制度会計）W2を重視することは、世界の経営実務から見て許されないと思う。これからは「会計」と言ったら「経営会計（管理会計）」を意味するようになるであろう。

企業会計全体W100の中で、経営会計（管理会計）はW1.6、財務会計（制度会計）はW0.4のウエイトである。この合計が企業会計である。新聞でよく見る企業会計基準委員会は、企業経営W100の中のW0.4の財務会計を取り扱っているのである。この委員会は本来「財務会計の委員会」と呼ぶのが正しく、その「財務会計（制度会計）」は、企業経営の中の100分の0.4のウエイトなのである。

21世紀はじめの今の日本・世界は、経営会計（管理会計）W8の方が財務会計（制度会計）W2よりずっと重視されているのが、そのことを世界中の経営界・経済界が本当に理解していなかった。しかし、2007（平成19）年以降はそうはいかない。米サブプライムローン証券化商品問題が世界最大のミクロ経済（学）問題かつ会計（学）問題となったからだ。21世紀は経営会計（管理会計）の時代となるであろう。

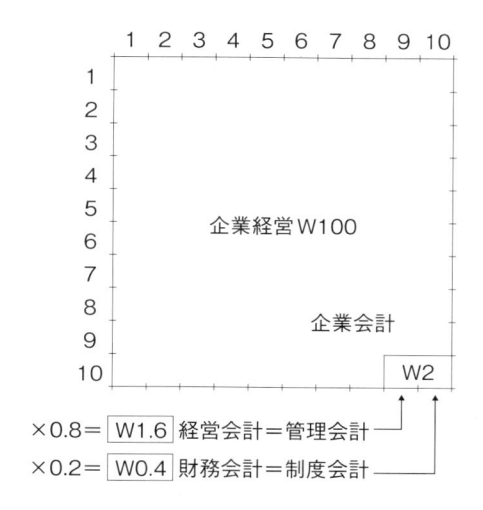

き

基準操業度　操業度とは、生産設備を一定とした場合におけるその利用度をいい、一定期間の製造数量、作業時間、機械運転時間等の指標により表現される。基準操業度とは、原始予算を策定する際に製造間接費を配賦する基準となる操業度である。たとえば、固定費が100万円で基準操作度が100時間とすると、1時間当たり1万円の固定費がかかるとして予算を確保する。

起票　伝票を発行すること。伝票は取引の発生した部門で発行することが原則である。起票には証憑（請求書や領収書等の企業の取引を証明する書類）を添付する。

寄付金　会計上、寄付金は費用だが、税法上の「寄付金」はある限度額以上は損金（税務上の費用）に認められず、会社利益（税務上の所得）に加えられる。税法では無駄な寄付金を少なくしようとしているからだ。

個人が何かタダでもらったときは、贈与を受けた人が贈与税を払うことがある。これに対して、会社の寄付金は、お祭り、学校への寄付は問題ないとしても、実質の経済的利益を相手に与えたとき（資産をタダであげたり、安く売ったとき）は出した側が時価との差額を寄付したものとされる。子会社へ、通常より安く資産を譲ったり、無利息で貸し付けた場合がこれで、税務上決められた限度額を超えると寄付金となり、課税される。

会社の寄付金や交際費には、限度額を超えて支出した分に法人税等が約40％かけられるので、他の経費よりも効果的に使うよう日常、心がけることが必要である。

| 寄付金 | 寄付金（法人税法上、一定限度額以上は費用として認められない） |

キャッシュ（現金＋現金同等物）　キャッシュフロー計算書で使うキャッシュは、一般的にいう現金とは異なり現金より少し範囲が広い。

現　　金	紙幣、硬貨、小切手、送金為替手形、郵便為替証明書など
要求払預金	当座預金、普通預金、通知預金など
現金同等物	期間3ヵ月以内の定期預金、譲渡性預金、コマーシャル・ペーパー、売り戻し条件付現先、公社債投資信託など

ここで、期間3ヵ月とは、1年や6ヶ月あった投資期間が満期まで残り3ヵ月となった場合の投資は含ま

（図表：企業経営W100、企業会計W2、×0.8＝W1.6 経営会計＝管理会計、×0.2＝W0.4 財務会計＝制度会計）

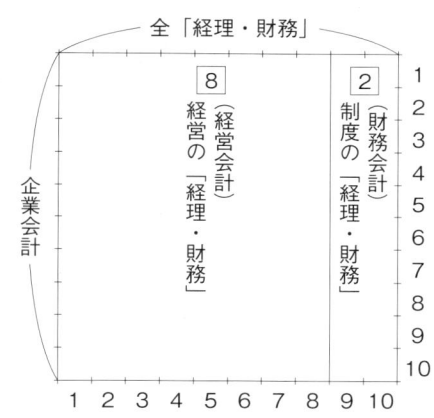

（図表：全「経理・財務」＝企業会計、経営会計の「経理・財務」8、制度（財務会計）の「経理・財務」2）

（注）1. 制度会計は学問では財務会計、経営会計は学問では管理会計、企業会計は学問でも企業会計。
2. 企業会計＝経理・財務で、企業経営全体W100の中では、わずかW2で、上記図表により、財務会計はW0.4（2×0.2）経営会計はW1.6（2×0.8）である。

議決権行使書　株主数1,000人以上の会社では、株主総会に直接出席しなくても総会の決議に参加できるよう書面（議決権行使書）による投票制度が認められており、株主の権利が広く保護されている。

期日別債権管理　売掛金の残高が何ヶ月（何日）前から発生しているか調べること。

技術協力　「技術」とは理論を実際上使って生活に役立てるわざ。「協力」は力を合わせること。したがって、A社とB社が、ある技術について力を合わせて会社を発展させていることを「技術協力」という。

技術一筋　「事務畑」「技術畑」でいう技術（わざ）。「一筋」とは、1つのことに心を集中するさま（＝いちず、＝ひたすら）。すなわち、技術一筋とは、「技術」に心も体も集中して仕事をしてきていること。

ない。スタートからエンドまでの期間が3ヵ月以内かどうかで判断する。フローは流れである。

キャッシュの範囲（ビジュアル）

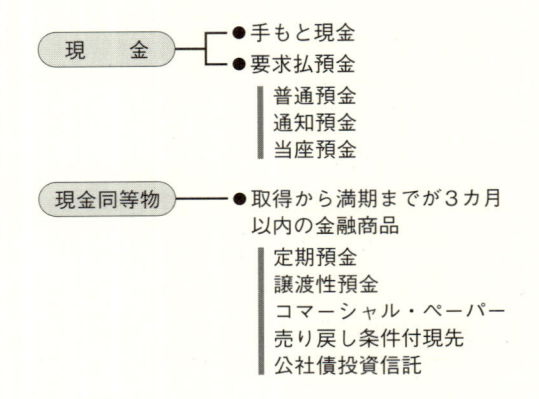

- 現金
  - 手もと現金
  - 要求払預金
    - 普通預金
    - 通知預金
    - 当座預金
- 現金同等物
  - 取得から満期までが3カ月以内の金融商品
    - 定期預金
    - 譲渡性預金
    - コマーシャル・ペーパー
    - 売り戻し条件付現先
    - 公社債投資信託

キャッシュフロー　キャッシュは現金など、フローとはそれの流れである。しかし、フローという言葉の中には、会社に「入る」とか「出る」という意味のほかに、「入る」「出る」の結果、すなわち、現在の現金の「在高＝残高」なども含まれる。年のはじめに10円あり、入ったのが50円、出たのが40円で、年のおわりに20円になったとすると、この10＋50－40＝20（円）全体がキャッシュフローである。

　キャッシュを日本語では現金及び現金同等物といい、英語でフロー（Flow）は流れを意味する。この資金の流れは、資金の「入」と「出」のことで、資金がどこから流れてきて、またどこへ流れていくかを示す。例えば、残増減残で考えて、いま手許に現金が100あって、今月200の小遣いが入って250の品物を買ったとすると、手許現金の残高は50になる。小遣い200が「入りの流れ」で、品物に使った250が「出の流れ」

　この流れてくる元を「調達」、流れていく先を「運用」という。調達と運用の具体例は、
① 調達（資金の流入）――売上代金の回収、固定資産の売却、借入金の実行、増資など
② 運用（資金の流出）――仕入代金の支払、人件費の支出、経費の支払、借入金の返済など

　調達が運用を上まっていればキャッシュという資金が増加する。逆に運用が調達を上回れば、資金は減少する。

キャッシュフロー（営業キャッシュフローを意味するとき）　会社の簡略キャッシュフローを理解する際に留意する点は、税引前当期純利益に注目した上で、①法人税・住民税・事業税などの税金の支払額を差し引くこと、②I／Sの損益計算書では減価償却費は費用だが、資金の流出はしないので①に加算すること、さらに進んでは、③I／Sに出ない配当金を加味（B／S純資産の利益剰余金の減）することである。

キャッシュフロー経営　会社の経営は、現在および将来に向けて売上や利益①キャッシュを増やすことが目的。

　会社の仕事を大きく・営業（売上・利益をあげること）、②投資（設備投資などを行うこと）、③財務（資金を借りたり返したりすること）という3つの活動（＝行動）に分けて、それぞれの内容・行動を、いままでより望ましい会社にするために、どのようにキャッシュを経営に役立てていくかを考え、実行するのがキャッシュフロー経営。キャッシュが経営の原点である。近年は、「しっかりキャッシュを生み出せる会社」でないと、市場（マーケット）から評価されるのが難しくなった。メーカーなど一般の会社は、できるだけ借金に頼らずに、本業で稼いだキャッシュを効率的に投資に回し、さらに大きなキャッシュを生み出していくことが大切。これは、経営の原点の再確認である。これを一言で、「キャッシュフロー経営」という。まさに企業経営の原点回帰。

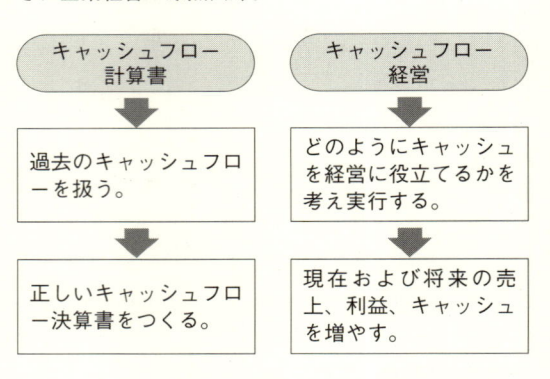

キャッシュフロー計算書	キャッシュフロー経営
過去のキャッシュフローを扱う。	どのようにキャッシュを経営に役立てるかを考え実行する。
↓	↓
正しいキャッシュフロー決算書をつくる。	現在および将来の売上、利益、キャッシュを増やす。

キャッシュフロー計算書（残増減残を確認）
　キャッシュフロー計算書で本当に大事な数値はわずか4つ（①営業、②投資、③財務の3つのキャッシュの増・減と、④その結果の期末キャッシュの残）である。

キャッシュフロー計算書（C／F）　会社の活動を3つ（営業活動、投資活動、財務活動）に分けて、それぞれの一定期間の資金の出入りを示したもので、企業の資金創出力をその源泉となる活動に分類して表すことができる。営業活動と投資活動をあわせて事業活動という。

キャッシュフロー計算書（日本）　欧米の基準によるキャッシュフロー計算書では、間接法による営業活動によるキャッシュフローは税引後当期純利益か

らスタートする。このため、キャッシュフロー計算書に法人税等の支払額が出てこない。また、間接法による営業活動によるキャッシュフローで、受取利息、受取配当金、支配利息については、受取額、支払額で表すのではなく、すべて未収金、未払金の増減で表し、税引後当期純利益を調整する。

日本のキャッシュフロー計算書はアメリカのキャッシュフロー計算書をモデルにして制定された。しかし、次のように部分的に日本独自の方法を採っている。

日本のキャッシュフロー計算書では、間接法による営業活動によるキャッシュフローは税引前当期純利益からスタートする。このため、営業活動によるキャッシュフローの最後に法人税等の支払額を記載する。わが国独自の方法として、税引後当期純利益ではなく税引前からスタートすることにより、キャッシュフロー計算書のなかで法人税等支払額を表すように工夫された。

また、日本の間接法による「営業活動によるキャッシュフロー」では受取利息、受取配当金、支払利息を発生主義から現金主義に移動させることにより、受取額、支払額を表す。これも日本独自の表示方法である。

キャッシュフロー計算書の基本　その1

〈受払残表その1〉（一般）

昨年の3/31の現金など	30	……①
4/1～3/31までの現金などの収入	500	……②
4/1～3/31までの現金などの支出	480	……③
3/31の現金など（①+②-③）	50	……④

〈受払残表その2〉（キャッシュフロー計算書）

4/1～3/31までの現金などの収入	500	……②
4/1～3/31までの現金などの支出	480	……③
4/1～3/31までの（収入-支出）（②-③）	20	……②-③
昨年の3/31の現金など	30	……①
3/31の現金など（①+②-③）	50	……④

世界一やさしいキャッシュフロー計算書

（単位：円）

科目			I、II、III	IV、V、VI	期首、期中の増減、期末
I　営業活動によるキャッシュフロー	税引前当期利益（難しく言うと、税金等調整前当期純利益）	247			
	減価償却費	138			
	小計	385			
	その他（売上債権の増減額31、仕入債務の増減額△30ほか）	△12			
	法人税等の支払額	△100			
	計	272	272		
II　投資活動によるキャッシュフロー	有価証券の純増減額、設備投資（難しく言うと、有価固定資産の取得による支出）	△13			
		△185			
	その他	14			
	計	△185	△185		
III　財務活動によるキャッシュフロー	長期借入金の返済による支出	△27			
	その他	△34			
	計	△61	△61		
IV	省略		5		
V	（I+II+III）現預金増減（難しく言うと、現金及び現金同等物の増減額）		30	30	今期中に30増えた
VI（はじめの残）	現預金の期首残高（現金及び現金同等物の期首残高）		373	373	期首に373
VII	省略		―		
VIII（おわりの残）	現預金の期末残高（現金及び現金同等物の期末残高）		404	404	期末に404

き

キャッシュフロー計算書の基本　その2

I 営業	I 「営業」活動によるキャッシュフロー
	㋑ 製品の販売など
	㋺ 税金の支払など

＋

II 投資	II 「投資」活動によるキャッシュフロー
	㋑ 投資有価証券の売却など
	㋺ 設備投資など

＋

III 財務	III 「財務」活動によるキャッシュフロー
	㋑ 銀行からの借入など
	㋺ 配当金の支払など

I＋II＋III＝キャッシュフローの増減

キャッシュフロー計算書の基本　その3

○○年1月1日～○○年12月31日

	期首キャッシュ	249万円
当期中純増額 +31	（I）「営業」活動による純増	＋95
	（II）「投資」活動による純増	△76
	（III）「財務」活動による純増	＋12
	（I）＋（II）＋（III）	＋31
	期末キャッシュ	280

キャッシュフロー計算書の内容

まず、会社の・営業、・投資、・財務の3つの活動を簡単に頭に入れておこう。

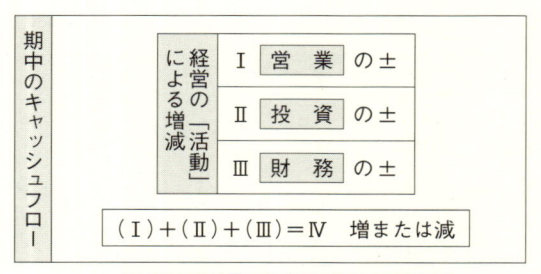

期中のキャッシュフロー	経営の「活動」による増減	I 営業 の±
		II 投資 の±
		III 財務 の±
	（I）＋（II）＋（III）＝IV 増または減	
	期首のキャッシュ　V	
	期末のキャッシュ　IV＋V＝VI	

「営業活動」によるキャッシュフローだけについては、キャッシュの実際の流れを売上代金などのキャッシュの増加額としてとらえる「直接法キャッシュフロー」と、税引前純利益から法人税等を差し引いた当期純利益に減価償却費を加え、さらに2期分のB/Sの各科目の差額を加味してキャッシュの増減をとらえる「間接法キャッシュフロー」とがある。

「投資活動」によるキャッシュフローと「財務活動」によるキャッシュフローは、いずれも「直接法キャッシュフロー」である。

特徴としては、①B/S、I/Sに続く第三の財務表（C/F）であること、②フォームが統一され、日本・世界中で比較可能になったこと、③公認会計士の監査が必要であることの3つ、である。

キャッシュフロー（資金の循環）　資金は、川の流れや人間の血液にたとえられる。資金の流れが順調であれば、体と同じように会社も元気で活気に満ちている。しかし、血液の流れが悪くなり、一時的にせよ貧血になり、資金不足が起きると、会社の信用は急速に低下し、まかり間違うと倒産に追い込まれる。

会社では、収益（売上がその代表的なもの）・利益を上げて、いまより1年後の会社が一回り大きく立派になってほしい、と皆が考えている。ちょうど子供が成長していくように。

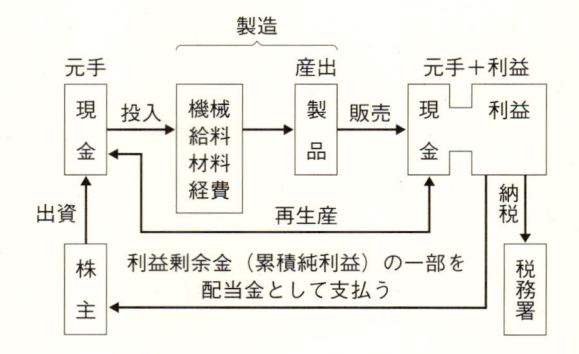

```
        製造
元手              産出         元手＋利益
現金  投入  機械   製品  販売   現金  利益
      給料
      材料
      経費                          納税
出資        再生産                   税務署
株主    利益剰余金（累積純利益）の一部を
        配当金として支払う
```

給与　会社は、従業員の働きの対価として給料、賞与、退職金、年金などを支払う。

従業員の給与は、一般管理費の給料または製造費用の中の労働費で処理する。メーカーの場合、工場等製造関係者の費用（給料、賞与、退職金、権利厚生費など）は、すべて製造費用の中の労務費で処理する。退職金は、退職一時金と企業年金の退職給付が統一的に処理されて退職給付引当金として貸借対照表の負債に計上される。

給料　これは人件費（給料・賃金・賞与・退職金・法定福利費）の中に入る。従業員に対する手当ての「従業員給料」（本人の受取給料）に対し、役員に対する月給は、「役員報酬」という。会社が従業員に払う給料には超過勤務手当（残業代）がプラスされるが、もらう本人が負担すべき、次のようないろいろなものが、グロス（総額）の給料からマイナス（差引）される。

㋑　所得税　国へ納めるもので年末に1年分調整される（年末調整）
㋺　住民税　県や市町村へ払うもの

(ハ) 厚生年金　厚生年金へ積み立てる（自己負担分）　　(ホ) 持株会への支払　自社の株を月々買うのに充てる
(ニ) 健康保険料　健康保険組合へ支払われる　　　　　　(ヘ) 社宅費・寮費　社宅・寮の負担費用を会社へ払う

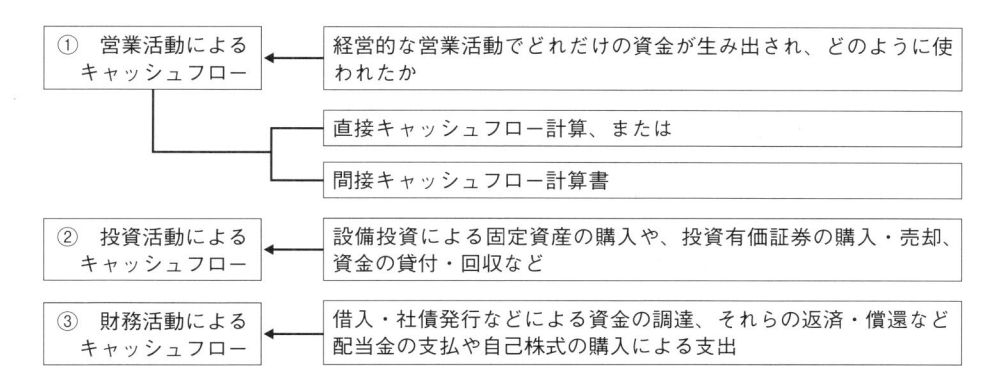

① 営業活動による　── 経営的な営業活動でどれだけの資金が生み出され、どのように使
　　キャッシュフロー　　われたか
　　　　　　　　　　── 直接キャッシュフロー計算、または
　　　　　　　　　　── 間接キャッシュフロー計算書

② 投資活動による　── 設備投資による固定資産の購入や、投資有価証券の購入・売却、
　　キャッシュフロー　　資金の貸付・回収など

③ 財務活動による　── 借入・社債発行などによる資金の調達、それらの返済・償還など
　　キャッシュフロー　　配当金の支払や自己株式の購入による支出

キャッシュフロー計算書で何が分かるのか
（財務の健全化と資金の効率化とを見る）

```
        Ⅰ 営業活動によるキャッシュフロー 単位：百万
 1.  税引前当期純利益 ……………………  700
 2.  減価償却費 ……………………………  490        ＜財務の健全化＞
 3.  有価証券評価損 ………………………   20
 4.  有価固定資産除却損 …………………   90    ← 非資金損益がキャッシュフローを
 5.  貸倒引当金の増加 ……………………    6       押し上げている。
 6.  退職給付引当金の増加 ………………   25
 7.  受取利息及び受取配当金 ……………  －85
 8.  支払利息及び割引料 …………………   13
 9.  有価証券売却益 ………………………  －30        ＜資金の効率化＞
10.  投資有価証券売却益 …………………  －20
11.  売上債権の減少額 ……………………   15 ← 回収を早めている。
12.  棚卸資産の減少額 ……………………   10 ← 在庫を圧縮している。
13.  仕入債務の増加額 ……………………   12 ← 決済期間を伸ばしている。
14.  未払費用の増加額 ……………………    7
15.  未払消費税の増加額 …………………    3
16.  役員賞与の支払額 …………………   －3        ＜資金の効率化＞
17.  小計 ……………………………………1,253
18.  利息及び配当金の受取額 ……………   85 ← 有利な運用で受取利息が増
19.  利息及び割引料の支払額 ……………  －15 ← 借入金の返済で支払利息が減っている。
20.  法人税等の支払額 ……………………  －385
21.  営業活動によるキャッシュフロー… 938 ← 非常によいキャッシュフロー
        Ⅱ 投資活動によるキャッシュフロー
22.  有価証券の売却による収入 …………   70
23.  有価固定資産の取得による支出 …… －680
24.  投資有価証券の売却による収入 ……   50
25.  貸付による支出 ………………………  －50
26.  投資活動によるキャッシュフロー… －610 ← 営業キャッシュフロー938の範囲内の－610の
        Ⅲ 財務活動によるキャッシュフロー        投資キャッシュフローなのでグッド！
27.  短期借入金の返済による支出 ………  －10
28.  長期借入金の返済による支出 ………  －60
29.  社債の発行による収入 ………………  200
30.  自己株式の取得による支出 ………… －140
31.  配当金の支払額 ………………………  －70
32.  財務活動によるキャッシュフロー… －80 ← 若干（－80）のマイナスだが、この程度ならOK。
33. Ⅳ 現金及び現金同等物の増加額     248
34. Ⅴ 現金及び現金同等物期首残高     100
35. Ⅵ 現金及び現金同等物期末残高     348
```

き

強制評価減　棚卸資産の評価基準は原則、原価法によるが、時価が取得・製作価額を著しく下回った場合には、回復が認められる場合を除き、時価をもって貸借対照表価額としなければならないことをいう。「著しい陳腐化」すなわち「著しい時価の低下」を客観的事実等により会社として証明する必要がある。

業績　なしとげた仕事。またその成果（できあがった結果＝ある原因から生じたものごとの状態）のこと。すなわち、事業や仕事の結果を表す。会社の1年間の業績は、損益計算書の売上や利益に、はっきり表される。

業績評価　事業部（販売、製造、研究、M&A）が主役で利益の向上をめざす経営会計（Management Accounting＝学問では管理会計）は、その務めとして業績評価の一翼をになう。会社では、社長から新人社員までみんなが、それぞれのレベルで業績評価を気に留めながら、日常の仕事に取り組む。「事業部」の業績は原則として利益をもって測定される。経理・財務部はこの業績評価基準に従い、社内第三者としての公平な目で業績評価の事務を行う。

会社の業績を伸ばして利益向上に貢献した人は、社内で高い評価を受ける。場合によってはボーナスもたくさんもらえる。でも、どの部門（人）がどれほど貢献したかを数値で公平に表すのは、なまやさしいことではない。

評価を受ける部門（人）は、いつも高い評価を受けたいものである。これは、人間の本能が持つ「自分が一番大事！自分だけは褒められたい！」という気持ちに通じる。しかし、「自分をかわいがること」と「褒められるように行動すること」は微妙に異なる。

業績評価は、後者の行動へ発展させるために行われる。この業績評価の一部に数値・計数が使われるので、その窓口の一端を経理・財務がつとめる。

では、具体的にどのような面から評価すべきか。まず、会社目標である利益への貢献を明らかにすることが重要である①。

評価の内容は、できるかぎり具体的であるべきである。そのためには合計だけでなく、事業部別、製品別、地域別などの個別情報に区分する②。また、経営に使う資料ですから、大事な情報に絞って、新鮮なうちに正しく提供する③。

さらに、過去の実績にとらわれず、将来伸びそうな芽を見出すこと④や、収益と原価は分けずに必ず関連を付けてみること⑤、過去から現実までの累計純利益（利益剰余金）からの配当をめざすこと⑥、最も有効で活用しやすい様式で情報を提供すること⑦―などがポイントである。この業績評価をする経営会計の数値と「法規・全社・過去実績」中心の財務会計（制度会計）の数値とは、合わなくて当たり前だが、必ずおおむね比較する。

業績評価にあたり経理・財務は、経営実行のための精神（業績評価の基礎）「正確さ」「公平さ」を含む）「迅速さ」を心がける。特に「迅速さ」が、事業評価の情報を経営判断・実行に生かす必須の要素である。

「あの公平で誠実な経理・財務が提出した数値だから信用できる」と思ってもらうことが、業績評価の要諦である。経理・財務が社内の信頼を得ている会社では、ウェート2の財務会計（制度会計）はもとより、ウエート8の経営会計（管理会計）がしっかりと根付いている。

一端を行う経理・財務アプローチ 「経理・財務の視点」7つ
①利益向上、原価節減、キャッシュ増大のため
②事業ごと、製品ごと、地域ごと個別に表示
③重点主義で正確に迅速に計算し結果を提出
④計画・将来志向の計算
⑤収益と原価の両方を関連付けて計算
⑥配当ができる会社をめざす
⑦事業を成功させるために効果的な資料を提供

↑

（業績評価の基礎）		
正確さ（公平さ）	迅速さ	誠実さ

業績評価の尺度

		評価の基準ほか
		予算・実績比較および 過去実績・実績同士比較
製品別事業部門	販売	・売上高・利益・シェア ・工場の操業度への貢献 ・リスクマネジメント
	生産 （工場）	・操業度（その大部分は、販売部門の責任） ・原単位・経費・安全
	研究 応用	・現有製品（直接負担）への貢献
	新規	・新製品の開発・研究人育成

業績評価基準として、シェア（市場占有率）や生産性が挙げられるが、これらはそれぞれの会社に長い間培われた方針から出た評価基準によって異なる。また、予算制度が進められ、予算・実績比較も業績評価基準となる。

共通費　2以上の部門にまたがって共通して消費された費用をいう。会議費、厚生費等は部門共通費と

なる。本社費用も広い意味での共通費となる。

例としては、製造管理部門（開発、特許など）や販売企画部門（広告宣伝、市場調査）等に発生する集約的費用がある。

業務拡大　「業務」とは職務（担当する役目）としてする仕事。「拡大」とはおし広げて大きくすること。したがって「業務拡大」は、会社の仕事を大きくすること。

切放処理　期末の時価評価額を翌期首の帳簿価額とする方法

金額　金額を見たら、必ず数量×単価を思い浮かべることが大切である。

つまり、100円は1Kg×100/Kgであり、2Kg×50円/Kgであり、4Kg×25円/Kgであり、5Kg×20円/Kgということ。このことを会社中の多くの人たちが意識しているのと、そうでないのとは、経営的に見て大きな差が出る。

例えば、貸借対照表（B/S）で製品勘定が1,000円で、3月31日の残高とする。

これを見た時、すぐにでも、数量と単価はいくらか？と考えることが大切である。そして、例えば100Kg×10円/Kgとする。

```
                              B/S      3/31
            製品       1,000円


                      数量×単価＝金額
                      単価   10円/Kg
                     ┌──────────┐
              数量    │  金額     │
                     │ 1,000円   │
              100Kg  │           │
                     └──────────┘
                              B/S      3/31
  製品   100Kg×10円/Kg＝1,000円
```

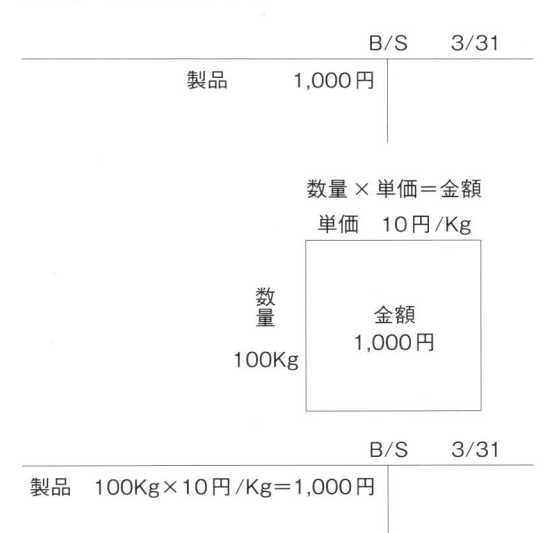

金庫番　金庫番が守るのは、広い意味で「会社の財産」。決算書に載っている現在の財産だけでなく、将来の財産も不測の危険にさらさないように行動するのが金庫番であり、経理・財務が果たすべき仕事である。

1990年前後の約10年間、日本中で、「財テク」がもてはやされたことがあった。財テクとは「財産テクノロジー」という日本の造語を短縮したもので、会社の中にある現金などの資産を当時、急激に上昇していた株式・土地などへ投資にまわして増やそうとしたのである。

当時、「なぜ財テクをしないか」との社内外の声が圧倒的に多かったが、私は財テクを1円もしなかった。会社の主役である事業部門（販売、製造、研究、M&A）の人たちは、慎重に、しかも本業のとるべきリスクを乗り越え、会社の外からのお客様から利益をいただいている。それなのに、経理・財務自身がリスクを負う行動に出てはならない。

会社の財産を守るために、経理・財務は危険やリスクのあることを社内に伝える。ときには「憎まれ役」や「煙たがられ役」になりながら、経営トップに勇気を持って進言するべきである。この役割を社長・経営トップが大事にし、経理・財務以外の人々もしっかり理解している会社が本当に強い会社である。

私事で恐縮だが、セブン＆アイ・ホールディングスの名誉会長伊藤雅俊さんは私を「日本一の金庫番」と言ってくださっている（2009年7月〜）。

金庫番の「残増減残」＝経営簿記　会社のお金を外からいただいてくるのは、トップと事業部門（販売、製造、研究、M&A）である。

お金（資金）は、いつも金庫にしまっておかずに、事業のために使って、さらに大きなお金を得るのが経営の使命である。

そこで、お金の「いただき方」（増）と「使い方」（減）と「持ち方」（残）とに知恵をしぼって、的確なお金の「残・増・減・残」をめざすこと、これが、「資金経営」（Fund management）である。

まず、（Ⅰ）「増減」の①、②、③です。①は支払いが必要なときに必ず払えること。約束どおりに払えない会社は、世の中では相手にしてもらえない。手元に十分なお金がなくても、資金繰表でお金の残・増・減・残をしっかり見ていて、急にお金が不足しないように心がける（経営簿記）。

そして、余裕のある資金繰りにしたい、とだれもが思う。そのときの基本原則は、「入金は早めに」して、「出金は法律を守りつつゆっくり」する。

②は、お金を回転させること。

百万円で1ヶ月に1回、商品を買い入れて、1回売れば1回転である。スピードを上げて2回目を買入れ、売上は2回転である。そうなると、同じお金で1回転より、売上も利益も2倍になる。

③は、銀行からお金を借り入れること。しかも、できるだけ「安い金利で」という条件が付く。まず、借入総額だ。同時に、返済の条件や借入や社債発行の限定、担保の内容なども、また、金利についても交渉。

つぎに、（Ⅱ）の「残」の（1）（2）である。

き

(1) は、「経理・財務は会社財産の金庫番である」こと。資産の現物がなくならないように、CFO（経理・財務の最高責任者）を長として、契約のチェック・整備、保管場所の定期的な点検を行う。また、常に現物の時価の値下がりのリスクをチェックする。

(2) は、経理・財務が元本確定（保証）のないお金の運用で儲けようとしないこと。甘い誘いの金融商品、本業の実需のない為替予約は禁物である。「財産保全」こそ、経理・財務の金庫番としての固有の仕事である。

目的		項目	経営実行
[Ⅰ]「増減」	入金→大、出金→小	① 支払えるお金をもつ	・入金をできるだけ早くし、支払いはゆっくり行う
		② お金は何度も使い、回転をよくする	・売り上げ・利益を上げる ・利益性のある事業へお金を使う
		③ 安定なお金を安い金利で借りる	・よいお金を安い金利で銀行から借りる
[Ⅱ]「残」	財産保全	(1) お金を守る	・現金・預金・手形・有価証券など現物を守る（資産自体が持つリスクを理解する）
		(2) 財テクに走らない	・お金の安全運用 ・金融商品とリスクの勉学 ・安全性重視でリスクをヘッジする

金銭消費貸借（質権設定）契約　当事者の一方（借主）が、同一額の金銭を返還することを約束して相手方（貸主）から金銭を受け取ることによって成立する契約のこと。借主が借りた金銭と同一額の金銭を返還する債務を負うだけであって、貸主はなんらの債務を負わないから片務契約であることを原則とする。商人間の金銭消費貸借は利息付が原則である。

金融機関　資金の供給者として需要者の間に立って、金融取引を行うことを主たる業務とする機関。日本における金融機関の種類は多数存在し、主なものは、
① 中央銀行としての日本銀行
② 銀行としての都市銀行、地方銀行、第二地方銀行協会加盟銀行、信託銀行
③ 中小企業金融機関としての信用金庫、信用組合、商工組合中央金庫
④ 農林漁業関係記入機関としての農業協同組合、漁業協同組合、農林中央金庫
⑤ 保険会社としての生命保険会社、損害保険会社
⑥ 証券市場における証券会社、証券金融会社
⑦ コール取引の仲介をなす短資会社
⑧ 主に自己資金で割引、貸付を行う貸金業者
⑨ 政府関係金融機関としての日本政策投資銀行、国際協力銀行、国民生活金融公庫
等がある。

金融商品取引法監査　株式を上場している会社が、金融商品取引法に基づき公認会計士か監査法人の財務諸表監査を受けること。

金融商品のリスク　金融商品についてのリスクとは、金融商品により得る利益が変動する可能性、不確実性のこと。だから損失だけではなく、利益を得られる変動の可能性であってもリスクであるの6つに分類できる。

① 信用リスク…債券や株式の発行体である国や金融機関、事業会社などの信用力の低下や経営破たん、元金・元本や利息などが支払われなくなる可能性。
② 価格変動リスク…債券や株式等の市場価格が変動して、金融商品の価値が変動する可能性。
③ 為替リスク…外貨建金融商品において為替レートの変動により資産が増減する可能性。
④ 金利変動リスク…金利の変動により、受けるべきメリットや損失が増減する可能性。
⑤ 流動性リスク…時期や期間、金額の制限や手数料などのコストを発生させずに、現金化できるかどうかの可能性。
⑥ インフレリスク…物価の上昇により、貨幣価値が下落する可能性。

金融ビックバン　20世紀の日本の金融機関（銀行、信託銀行、生命保険会社、損害保険会社、農林系金融機関、信用金庫など）は、国家の大きな庇護（かばい保護すること）のもと、横並びで、護送船団（つきそい守って送り届ける何隻か組んだ船の集団）方式で会社経営を行っていた。これをなくし、自由競争によって会社経営を進める大変革＝大きな爆発（Big Bang、ビックバン）のこと。

金利　金銭を貸し借りする際の対価や使用料で利子、利息と同義語である。
　金利とは調達した資金に対する利息の割合であり、いわば賃貸される資金の使用料あるいは賃貸料のこと。
　通常は日歩、月利、年利などの、ある一定の期間に対する比率で表示される。金利には、公定歩合、預貯金金利、コール・レート、手形レート、公社債の利回り、海外金利などさまざまな種類があり、それぞれが独自の金利水準を持っている。

く

偶発債務　偶発債務とは、債務の保証、係争事件に係る賠償義務と保証類似行為等のように、決算日時点では発生していないが、将来発生する可能性がすでに存在していて、将来の出来事次第では債務の発生が予想される潜伏的な債務を総称していう。

グラフ（損益分岐点図表）　グラフの上では、売上を増やしたり、コストを下げたりすることがすぐにできそうに見える。
　しかし、実際には売上や操業度を1％上げるにはかなりの労力が必要で、コストを少し下げるにも大変な努力がいる。グラフに惑わされず現実の数字を見て、会社の実態を考えながら分析することが大切。

グラフの危険性　グラフによる説明は、数値の固有の意味や前提条件を見逃してしまう危険性があり、意思決定・経営実行に利用する場合十分注意しなければならない。

繰延資産

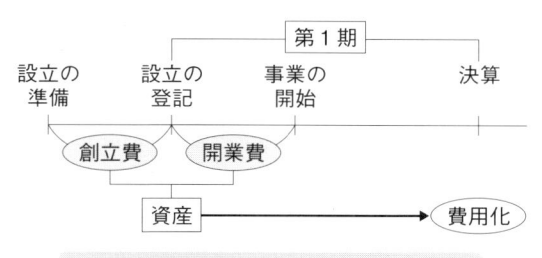

```
            ┌────── 第 1 期 ──────┐
設立の    設立の    事業の             決算
準備      登記      開始
            └─┬─┘   └─┬─┘
           創立費   開業費
              └──┬──┘
               資産  ────────→  費用化
```

支出の効果が将来に現れるので、会計上、繰延資産とする。

主な繰延資産

- 創立費　………　会社設立のための費用
- 開業費　………　開業準備のための費用
- 株式交付費　……　新株の発行または自己株式の処分に係る費用
- 社債発行費等　……　社債（新株予約権）発行のための費用

etc.

ほかにも法人税法上で繰延資産とされるものがある。

　繰延資産は、過去に支払った費用のなかで、将来、会社に利益をもたらす、たとえば、会社創立のために支出した費用などがある。

　繰延資産は、財産的実態がなく、支出の効果が必ずしも確実ではないという、資産としてあいまいな面がある。いわば、資産に似せられたもの（擬制資産）である。
　なお、繰延資産は、次の3つの要件を満たす必要がある。
① すでに代価を支払っているか、支払いの義務が確定している。
② 代価に対する役務（サービス）の提供を受けている。
③ その効果が将来に及ぶと考えられる。

　会計と法人税とでは範囲が異なる。繰延資産は、換金価値がなく資産としてあいまいな面があるので、会計上では、創立費、開業費、株式交付費、社債発行費、開発費の5つに限定されている。また、法人税法では、以上の5つのほかにも、定められたものがある。

繰延税金資産　会計上の費用（又は収益）と税法上の損金（又は益金）の認識時期の違いによる「一時差異等」を税効果会計によって調整することで生じる。将来減算一時差異の解消時に、課税所得を減少させ税金負担額を軽減させる税効果会計上の資産すなわち、会計上は今期に払わなくてよい税金についての「前払い」額を、資産として計上したもの。

繰延税金負債　会計上は今期に払うべき税金についての「未払い」額を、負債として計上したもの。会計上の費用（又は収益）と税法上の損益（又は益金）の認識時期の違いによる「一時差異等」を税効果会計によって調整することで生じる。

グループ経営力　連結決算の重要性が高まるとともに、従来の親会社中心経営から連結経営が重視されるようになった。経理・財務は損益・資金を重視し、国際化の視点からこの連結企業グループ運営に参画・バックアップしていく。

グローバル・スタンダード（Global Standard）
　世界標準のこと。グローバルとは、地球全域にわたる、世界規模で行われる様子。標準とは、手本、規範、基準（もとになる標準）のこと。

黒字決算　年1度とか月1度とかの決算（年次決算・4半期決算・月次決算）を行った結果で、税引後利益（当期純利益）が黒字、すなわちプラスになる決算を黒字決算という。

グロス表示「足を踏ん張る」　①、部屋には誰

く・け

もいない。そこへ何人かが入ってきて、何人かが出て行った結果、15人残った。入りと出の差は何人か？　答は15人。②、500円現金がある。入金、出金して、残金は700円。入金、出金の額はいくらか？　答は、わからない。③、ではこの②の時、入金は1,000円だとしたら、出金はいくらか？　答は800円。④、①で例えば、入室50人、出室35人を「足を踏ん張る」（グロス）という。②③で、入金1,000円、出金800円もグロス。では、①④の純人数・純額は？　答は15人・200円。本件の考え方はキャッシュフロー計算書の作成に有効。

け

経営会計（管理会計）　「経営会計」（管理会計）ウエイトづけ8の主役は事業部門〔販売・製造・研究・M＆A（Merger ＆ Acquisition＝合併・買収）〕である。これに経理・財務が参画・バックアップする。

「経理・財務」のことを英語で「Management Accounting and Finance」というが、ここでの主役は、あくまで事業に責任を持つ事業部門（販売、製造、研究、M＆A）である。経理・財務はバックアップするという役割に徹する。ただし、バックアップとはいっても、販売担当者と常に一緒に製品を売ったり、製造担当者や研究者と常に一緒にモノづくりに励むわけにはいかない（本当は、そういう経験・体験が一番大事だが）。経理・財務の参画・バックアップは、利益をめざす事業部門の内容をよく理解しつつ、自らの専門的な知識・経験に基づく数値中心の検討を行うことにある。経理・財務にとって、とくに大事なことは、利益向上に取り組む事業部門の行動の検討に、一緒に「体」で参画して、バックアップする姿勢を「体」で示すことである。

「経営」のウエイトづけが高いのは、利益を出せる会社にして世の中に貢献するという目的に結びついているためである。仕事の視線もグローバル（国際的）なレベルになる。

なお、①財務会計のウエイト2と②経営会計のウエイト8の仕事を別々のものとして説明したが、現実には、互いに相反するものではなく、むしろ密接に結びついている。経理・財務の仕事を学ぶ場合、「財務会計」と「経営会計」の違いを知ったうえで、それらが一体となって、現場の仕事が実行されているのを忘れないようにする。（注）2と8はウエイト（Weight）づけ。

会計実務では、経営会計と財務会計は、意識して区別することは全くといってよいほどなく、両者は経営の中で渾然一体となっている。わざわざ両者を区別して業務を進めると、会社に損害を与える。

財務会計に対する考え方が経営層を中心にきちんと確立していれば、会社の業績向上をめざす事業の発展に役立つ経営会計に注力することこそ、事業部門と経理・財務部の使命である。経営会計を重んじつつ（8割）、計算体系を無理に財務会計（2割）に合わせると、会社の利益は上がらなくなる。

経営会計（管理会計）のテーマ　財務会計に対して、法律では定められていないが、会社が収益（売上など）や利益やキャッシュフローを伸ばして業績をあげるためにいろいろ考えるのが経営（管理）会計で、経営を良くするための会計であることと、英語がManagement accountingなので経営会計と呼ぶべきである。

経営会計は特別重要な経営上の事柄〔例えば、M＆A（買収・合併）〕などが起こらない場合は、「製品別損益計算書」や、時に、その月次決算（事業部別・製品別損益月次決算）が重要になる。

経営（管理）会計で考えるべきテーマの例。

○原価低減（コストダウン）をはかる原価計算を行う。
○将来の売上や利益に予算制度（予め目標数値を定めたもの）を導入し、その目標である予算と、実際にでてきた実績とを比較、その差異（差額の内容）を分析して、将来の改善に役立てる。
○設備投資を、技術をおとさずに、どれだけ安く行うかということ。
○設備投資のときに会社にとって有利な資金をどこから〔銀行か資本市場（証券市場のこと）のどちらから〕調達するか、その全体の金額を有利な条件（例えば金利が安い、長期に安定的に借りられる、担保も正当なものでよい）で調達できるか、が大切な検討課題である。
○一旦投資した設備投資額を適正・的確に減価償却して資金を回収する。
○設備で製造した製品の一単位当たりの原価（製造原価）を安くするために、安定的で効率的な原料の購入を行い、なるべく少ない人数で効果的な製品の生産をする工夫をする。
○全世界の需要家になるべく高く、そして有利な代金決済条件で、しかも大量に買ってもらうように努力する。一言でいって、内容の伴った質のよい売上を安定的にあげていくことである。
○輸送や保管や倉出しに関係する費用、すなわち、販売直接費をできるだけコストダウンする。
○製品を売ったあとの売上代金をできるだけ早く回収する。そして、売った代金が貸倒れにならないように担保をしっかり確保する。
○売った代金の未収入額は売掛金と受取手形と割引手形である。この三つのいわゆる売上債権に、「社内

短期金利レート」がかかることを知ることが大切である。
○販売直接費は、販売管理費（交通費などの費用）と販売間接費（販売員の給料、旅費、交際費などの費用）を合わせたものである。この中の固定費（必ず固定的にかかる費用）の効率化が経営に与えるインパクトは非常に大きいので「本社費のスリム化」は経営の重要案件である。

以上あげたような会社の中の様々な努力が、事業部別・製品別損益計算書の中に表れて、最終欄の損益の欄で示される。

この損益は大きくは、◎事業部ごと、◎製品ごと、◎売上原価、販売直接費、本社費、社内金利ごと、また、それの単位当たりごと、に表される。この表のトータルがそれぞれの月の事業部別・製品別の損益計算書になる。

経営会計でなければならない　会社が利益を上げるための会計、それが「経営会計」。

実はこれはmanagement accountingの私の訳語で、世の中では一般にこれを「管理会計」といっている。

私はこの言葉に反対である。なぜかというと、管理は社会主義的な言葉であるから。管理というのは上から下へ人を見下ろして、そして管理つまりコントロールである。

「管理」という言葉はいろいろなところで使われる。例えば経営管理、本社工場管理部門、一般管理費、人事部や経理部などが含まれる管理部門など。会社で使う言葉は「管理」ばかり。

管理は英語でいったら「コントロール」。「経営会計」は英語のマネジメント・アカウンティングを明治時代の学者が意味を取り違えて「管理会計」と訳してしまったのである。そして間違ったまま現代の学問の領域になってしまっている。

今では経済産業省が経理部・財務部を「サービス部門」と認定するような時代になった。私の言葉では、経営への参画・バックアップ部門。「管理部門」ではなくなったのである。

経営計画　会社では、どのような行動であっても、「計画」なしに進めることはできない。この計画の重要さを、会社の中の人々に、毎日、毎月、毎年の実務の中で理解してもらうことが、経理・財務部の大切な仕事である。

私たちは、計画を立てるときに強気になる時と弱気になるときがあり、現実にはこの2つが交錯する。背伸びをしない人々は、収益は低めに費用は高めに見積もりがちである。しかし、過度に保守的になるのはよくない。自分だけはほめられたいという気持ちから、計画が達成できないときのことを考えて控えめの計画を出すと、計画の正確性が失われる。また、公平感も損なわれ、多くの支障をもたらす。

最も望ましいのは、実行する人が自分を甘やかさず、正しい計画を立てることである。経理・財務部の人はこれらの計画についての基本的な考え方をしっかり理解する必要がある。

経営実行　どんな事務であっても、どんな販売の折衝であっても、どんな注文を取る交渉であっても、1つひとつが「すべて実行である」、ということ（もちろん、「経営実行しない」という決断・行動も重要）。

実行するときの非常に大きなポイントは、物事に重要さから考えた優先順位をつける（ウエイトづけをする）ことである。

例えば、10個検討する事項があったとしたら、その1つひとつがわが社の経営にとってどのくらい大事かを考える。意思決定をするときにウエイトづけをする。そうすると、100ぐらいのウエイトづけのある非常に大事なことなのか、50なのか、1なのか、いろいろ見えてくる。

1年の間にどれだけ意思決定をして、実行していったらいいのかを10個選びだしたとする。そうすると、今は1だが、1年たったらウエイトが50より大きくなるようなものだと、今、手をつけておくべきである。ウエイトが大きい100のものから手をつければいいのではない。ウエイトづけだけではなく、時間によって変化する先の変化の状態を見越して、どれから先に手をつけていくかを決める。これが難しい。それのためには、瞬間的な判断力をふだんから意識してつけておく。

意志決定・実行のウエイトづけ

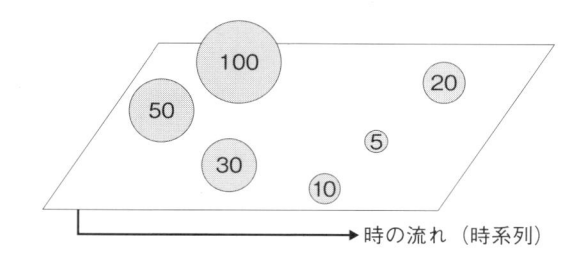

100　20
50　⑤
30　⑩
→ 時の流れ（時系列）

経営実行と予算　「予算は経営実行のためにある」。最近の会計学会では、「実行あっての予算」に目を向け、「予算は果たして必要か？」を真剣に論議している。学者ではないわれわれも、「実行あっての予算」に目を向けている。予算編成〔Preparing a budget (for practicing)〕という言葉を見ても、実行（Practice）の重要性がわかる。それで予算制度を廃

け
止した会社もでてきている。それに私は反対だが。

最近では、経営予算のほかに「特殊予算」の重要性が日ごとに増している。

たとえば、ファイナンス（資金調達）、徹底的合理化、事業再編、子会社再建、Ｍ＆Ａ（企業の合併・買収）などにおける課題達成のために、特殊原価計算（または特殊原価調査）を使った数々の特殊予算が「望ましい意思決定・実行」のために作成されている。ただ、予算の作成は、会社の真の目的ではない。

経営実行と経営計画　「収益の最大化」、「費用の最小化」をめざし、「リスクを最大限に排除すること」を意図し、売上・直接原価計算を駆使した利益計画が立てられる。

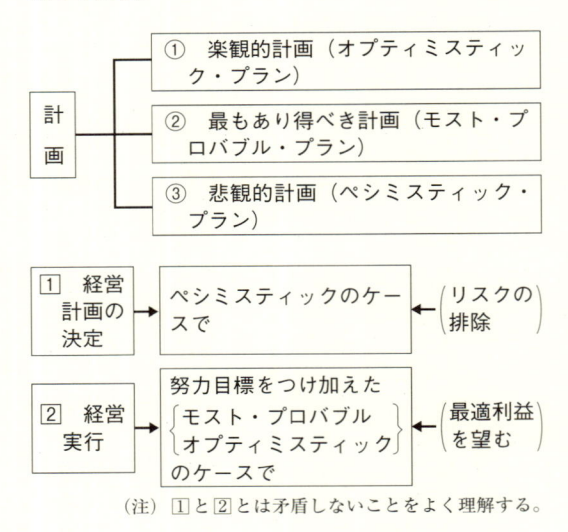

計画
- ① 楽観的計画（オプティミスティック・プラン）
- ② 最もあり得べき計画（モスト・プロバブル・プラン）
- ③ 悲観的計画（ペシミスティック・プラン）

① 経営計画の決定 → ペシミスティックのケースで ← リスクの排除

② 経営実行 → 努力目標をつけ加えた｛モスト・プロバブル／オプティミスティック｝のケースで ← 最適利益を望む

（注）①と②とは矛盾しないことをよく理解する。

経営指標の計算式

記載先	指標	計算式
Ｂ／Ｓ　Ｉ／Ｓ	売掛債権の回収日数（日）	＝（売掛金＋受取手形）／（営業収益【売上高】÷365）
Ｂ／Ｓ　Ｉ／Ｓ	棚卸資産手持日数（日）	＝（棚卸資産）／（営業収益【売上高】÷365）
Ｂ／Ｓ	流動比率（％）	＝（流動資産／流動負債）×100
Ｂ／Ｓ	固定長期適合率（％）	＝〔固定資産／（自己資本＋固定負債）〕×100
Ｂ／Ｓ	固定比率（％）	＝〔固定資産／自己資本（≒純資産）〕×100
Ｉ／Ｓ	売上高営業利益率（％）	＝（営業利益／売上高）×100
Ｉ／Ｓ	売上高当期純利益率（％）	＝（当期純利益／売上高）×100
Ｂ／Ｓ	自己資本（≒純資産）比率（％）	＝（自己資本／総資産）×100
Ｂ／Ｓ　Ｉ／Ｓ	ROE（自己資本当期純利益率）（％）	＝（当期純利益／自己資本）×100

（注）Ｂ／Ｓは貸借対照表、Ｉ／Ｓは損益計算書。

経営実行力

> 経営力は、
> ①簿記（Book－Keeping）、②事業力、③契約力
> 決算書＝経営

1. 世の中なんでも「残増減残」（「残増減残」は数量でも金額でも）
2. 世の中なんでも「数量×単価＝金額」（「金額」は数量×単価）
3. Ｉ／Ｓの売上（売上金額＝売上数量×売上単価）は長方形（左下）
4. Ｂ／ＳもＩ／ＳもBalance（残）Sheet（表）

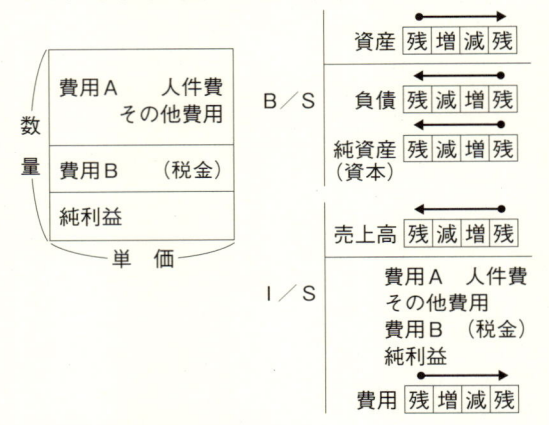

数量／単価
- 費用Ａ　人件費　その他費用
- 費用Ｂ　（税金）
- 純利益

Ｂ／Ｓ
- 資産　残増減残
- 負債　残減増残
- 純資産（資本）　残減増残

Ｉ／Ｓ
- 売上高　残減増残
- 費用Ａ　人件費　その他費用
- 費用Ｂ　（税金）
- 純利益
- 費用　残増減残

5. 経営は、増減⟷と減増⟷

（注）1. 経営力の精神
　　　①正確さ、②迅速さ、③誠実さ
（注）2. 事業部門は販売・製造・研究・Ｍ＆Ａの各部門
（注）3. □□□□は「科目の四マス」
　　　　左右

経営者　日本・世界の経済全体の波を経済評論家も経営者も動かせない。経営者は、そこが非常につらいところである。インフレになりそうだったら非常につらいがそれを用心しなければならない、また不況になったらさらに用心しなければならない。経済の波の上のところと下のところの山谷をちょん切って生活していかなければならない。もともと経済学者、経済評論家も経済を動かせない。できるとしたら、プラスあるいはマイナスの方向へ超大きく経済が動かないように注意することぐらいである。このことを経営者、特に社長はしっかり知っておくべきである。従業員を守

って会社を経営していかなければならない、それが経営者の非常につらい、しかしやりがいのある役目である。

日本には会社が250万社ある。だから、250万の会社の長がいる。そのときに、その人がどういう行動をとって会社の経営をやっているかは、社長さんたちよりずっと人数の多い従業員がどういう行動をとるか見ている。社長は常に見られている。また、普通の社員は係長を見ている。係長は課長を見ている。係長も課長を、課長も部長を見ている。部長も役員を見ている。従業員から役員までもが社長を見ているのである。

経営成績 損益計算書で示される一定期間の純損益のこと。損益には、売上総損益、営業損益、税引前当期純損益、当期純損益が、各段階で示される。

経営と経理・財務

経営と経理・財務

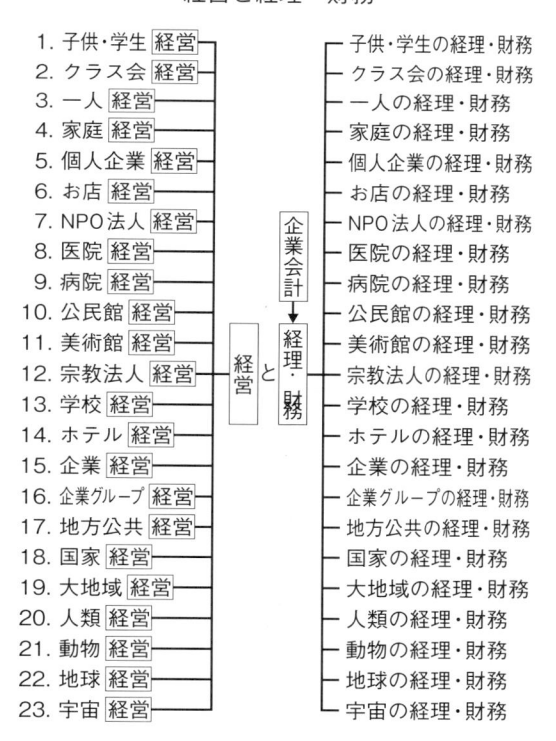

1. 子供・学生	経営		子供・学生の経理・財務
2. クラス会	経営		クラス会の経理・財務
3. 一人	経営		一人の経理・財務
4. 家庭	経営		家庭の経理・財務
5. 個人企業	経営		個人企業の経理・財務
6. お店	経営		お店の経理・財務
7. NPO法人	経営		NPO法人の経理・財務
8. 医院	経営	企業会計	医院の経理・財務
9. 病院	経営	↓	病院の経理・財務
10. 公民館	経営	経理・財務	公民館の経理・財務
11. 美術館	経営		美術館の経理・財務
12. 宗教法人	経営		宗教法人の経理・財務
13. 学校	経営		学校の経理・財務
14. ホテル	経営		ホテルの経理・財務
15. 企業	経営		企業の経理・財務
16. 企業グループ	経営		企業グループの経理・財務
17. 地方公共	経営		地方公共の経理・財務
18. 国家	経営		国家の経理・財務
19. 大地域	経営		大地域の経理・財務
20. 人類	経営		人類の経理・財務
21. 動物	経営		動物の経理・財務
22. 地球	経営		地球の経理・財務
23. 宇宙	経営		宇宙の経理・財務

経営の三原則 「経済構造」や「景気変動」は、経営上の与件で、日常からよく見極めておく必要がある。「会社の損益・資金構造」は己を知ることである。「契約」は、経営活動の国際化に伴って、国内だけでなく海外事業でも非常に重要なポイントである。ここで、「特別な事柄」とは、M&A、企業再編、事業提携、資本提携、企業再生などがある。

これらの着眼点に基づき行動するビジネスパースンの注意点は3つ。

まず「自分も会社も実力があると思い込まないこと」。謙虚な姿勢が、人と組織を強くする。

次に、「威張らないこと」。経理・財務人（Accounting・Financial Person）が予算権をふり回したら、会社は危ない。

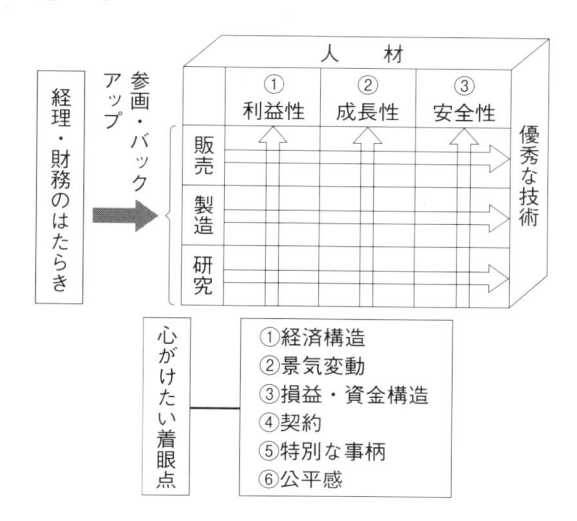

3つ目が「権限だけをもたないこと」。慶応義塾大学の池田潔先生が、『自由と規律』（岩波文庫）という本の中で「お互いの後ろにはお互いがある」と述べておられる。権限は義務・責任の後ろにある。

こうした心がけで、会社は常に「利益性（収益性）、成長性、安全性」の3つをめざす。この「経営の三原則」は、15－16世紀の大航海時代の冒険（Venture）から変わらない。

会社が一番にめざすべきは「成長力」で、この評価は6つである。
① 国際競争力をもつ。
② 世界の同業他社のなかで優位を保つ。
③ 成長力の指標として売り上げ、利益、キャッシュフロー、総資本、自己資本、従業員、研究開発、設備投資、安全を大事にする。
④ 社会のニーズに応えて技術革新を進める。
⑤ 毎日、製品別利益・損失の問題点を絞って検討して手を打つ。
⑥ 設備投資を細心と勇気をもって最適時に実行する。

会社が成長を続けるために、これらを実行できる人材をOJTで育て、技術を育むことに、経理・財務は一隅から役立ちたい。

経営は「科目の四マス」の増減・減増 バランス・シート（balance）を「釣り合い」とか「均衡」ではなく、科目の残増減残の「終わりの残」を示すのである。

け

　一般には、左側と右側が釣り合う、均衡するからバランス・シートであると説明されている。しかし、これは勘違いに基づくもの。バランスについては2009年のいまでも、日本中が誤った使い方をしている。

　英語の「バランス」には２つ意味がある。

　①釣り合いが取れる、均衡する、②残、残高、差引残高、残り。会計学の本当の「バランス」は、②の残高である。

　そして実は、バランス・シートに載っている数字のすべてが残なのである。現金でも預金でも車でも、バランス・シートに示されたすべての数字が「科目の四マス」「残増減残（残減増残）」の「終わりの残」すなわちバランス（残）だ。

　バランス・シートとは、そこに示された数字のすべてが残を示しているからこそ、バランス・シート「残の表」なのである。

　残とは、残っているもの、「終わりの残」のこと。「残り物には福がある」の「残り物」がバランス・シートのバランス。

　例として、月始めの現金の残は20万円。この月を４月とする。４月中の収入が10万円、支出は８万円。すると４月末の現金残22万円になる。

　この動きは「残増減残」の金額が入る「科目の四マス」で表される。

経営分析のポイント　会社の経営を財務諸表の数値をベースにして、利益性（利益はどうか）、成長性（新製品ほかの要素で会社は成長するか）、安全性（経営基盤がしっかりしているか）を分析する。さらに財務諸表以外の分析つまり経営者・従業員の実力と誠実性（integrity）、伝統、信用、研究開発力、リスクマネジメントも分析する。英語はマネジメント・アナリシス。

経営分析　経営分析（Management Analysis）では、「決算書から問題点を発見し」、「会社経営の方向づけが間違っていないか」を調べる。そのために、過去３−５年分の決算書を見て、時の流れに沿った変化や比率をつかむ（経年比較）。実は、簡単には会社の分析はできないと割り切ってよい、と私は思う。経営分析はその会社が進むべき大体の方向がわかればよい。分析のポイントを、思い切って５つに絞り込む。

　貸借対照表（Ｂ／Ｓ）の資産と負債には、それぞれ「流動」と「固定」の区分がある。両者の違いは、１年以内にお金に替わるかどうかである。
① 流動比率は、「流動資産」（１年以内にお金になる）と「流動負債」（１年以内にお金を払う）との比較。流動資産が不足すると、支払いが十分できず経営は苦しくなる。150％以上なら良好。
② 固定比率は、「固定資産」（設備など）と「自己資本」〔純資産（資本）〕との比較。長期間設備に固定して使うお金は、返済を気にしないですむ自己資金でまかなうよう努力する。100％以下が良好。
③ 自己資本比率は、「総資本」（負債＋自己資本）のなかで「自己資本」占める割合。お金を外部（負債＝他人資本）にばかり依存していると、資金不足のときに困る。50％以上が良好。

　この点に関連して、日本の会社は、近年この比率が改善されているが、全く借入金のない経営では、全社の「金利（利息）のコスト意識」が薄れる。だから、私は「無借金経営」が必ずしもよいとは考えていない。
④ 売上高営業利益率は、「売上高」に閉める「営業利益」（本業の儲け）の比率。会社の本業でどれくらい「儲けて」いるかがわかる。10％以上をめざす。
⑤ 売上高純利益率は、「売上高」に占める「純利益」（純粋の儲け）の比率。売上のなかで、ヒト・モノ・カネ・税金などのすべての費用を負担したあとの最終利益が売上高に対してどれだけか、の比率。

　経営分析は、経営方向の大事な目安だが、１つひとつの経営実行がより大切なことは改めて言うまでもない。経営分析の過大評価は禁物である。

経営の方向性の確認とチェック

安全性	①	流動比率＝$\frac{流動資産}{流動負債}$ ×100＝□％	□％＝150％以上
	②	固定比率＝$\frac{固定資産}{自己資本}$ ×100＝□％	□％＝100％以上
	③	自己資本比率＝$\frac{自己資本}{総資本}$ ×100＝□％	□％＝50％以上
利益性	④	売上高営業利益率＝$\frac{営業利益}{売上高}$ ×100＝□％	□％＝10％以上
	⑤	売上高純利益率＝$\frac{純利益}{売上高}$ ×100＝□％	□％＝5％以上

経営分析と財務諸表分析　貸借対照表、損益計算書、キャッシュフロー計算書、持分計算書の４つを分析して、会社の経営状態を分析する手法が、財務諸表分析。

　この財務諸表分析のほかのさまざまな分析手法を総称して、「経営分析」という。

　経営分析の対象は、財務諸表だけではなく、会社組織や物流システムの分析、経営者の人物評価など、企業活動にかかわるすべての分野にわたる。

　分析する手法としては、利益（収益）性分析、成長性分析、安全性分析の３つに大別される。

経営簿記

ブキ力(リョク)をマスターするための仕訳の例

仕訳とは、取引（transaction）を２つの科目（account）に分け、仕分け帳（journal）の、左（L=Left）と右（R=Right）に同金額を「double entry」法で仕分ける（jounal entry）こと。

【ケース】ジャパン・コンサルタント株式会社を、2007年４月に、株主社長兼従業員１人で設立し、元手（資本金）10円で事業を始めた。

以下、４月分の仕分けをして、バランス・シート（B／S＝Balance Sheet）インカムステートメント（I／S＝Incom Statement）を作成。

仕分け（仕訳）は①－⑦
（単位：円）

① ４月１日 　左 現金　10　　右 資本金　10
　資本金10を入金した

② ４月10日 　左 現金　20　　右 借入　20
　銀行から20の借金をし、現金で入金

③ ４月25日 　左 現金　17　　右 コンサルタント収入＝売り上げ　17
　コンサルタント料17を現金で入金

④ ４月26日 　左 給料　7　　右 現金　7
　給料を7を現金で支払った

⑤ ４月30日 　左 建物　9　　右 現金　9
　小さな建物を9で買入れ現金で支払った

⑥ ４月30日 　左 貸付　3　　右 現金　3
　知り合いに現金を3貸し付けた

⑦ ４月30日 　左 法人税　4　　右 現金　4
　法人税を4を現金で支払った

残	増	減	残
はじめの残 Beginning Balance	増 Increase	減 Decrease	終わりの残 Ending Balance

残の表 B／S＝Balance Sheet

（B/S表：資産グループの科目として現金 10,7,24 / 20,17,3,4 / 建物 9,9 / 貸付 3,3、負債グループの科目として借入 20,20、純資産グループの科目として資本金 10,10、利益剰余金 6,6。合計 36,36）

残増減残　　残減増残
BB I D EB　　EB D I BB
左　　　　　　　　右

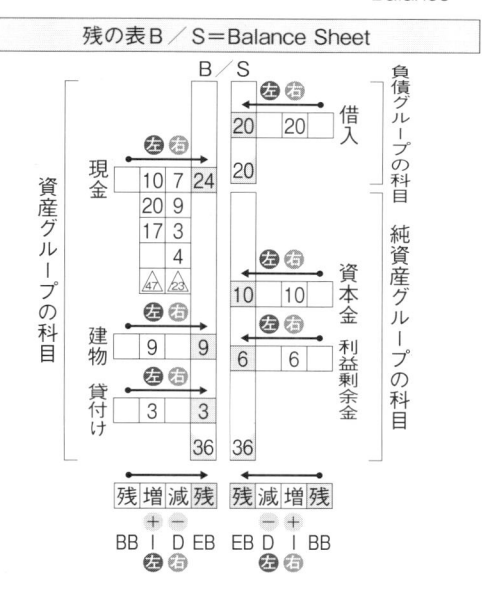

利益の説明書（これも残の表）I／S＝Income Statement

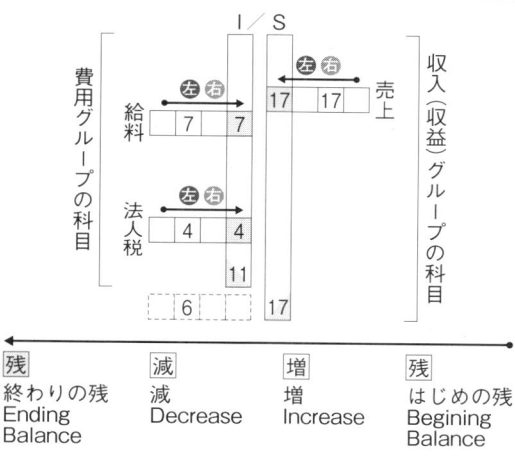

（I/S表：費用グループの科目として給料 7,7、法人税 4,4、合計6／17、収入（収益）グループの科目として売上 17,17）

残	減	増	残
終わりの残 Ending Balance	減 Decrease	増 Increase	はじめの残 Beginning Balance

売上17円から給料7円を差し引いた、税引き前利益10円にかかる法人税4円（税率4割）（税金「費用G」）を税務署に現金で支払った。【費用の増、現金の減】

こうした動きを、それぞれ四つのマス（「科目の四マス」）に入れたものが、前のページの表である。左側は左から「残増減残」の順でマスが並び、右側は右から四マスが並んでいる。それぞれ終わりの残がバランス・シートや損益計算書に載る数字である。

まず左側から見ていく。現金の増は47円（10円＋20円＋17円）、現金の減は23円（7円＋9円＋3円＋4円）で、現金の残高は24円である。建物の残高は9円、貸付金の残高は3円。次に右側。借入金の残高は20円。

資本金の残高は10円、利益剰余金が6円でこれは損益計算書と一致。

このように「残増減残」と「科目の四マス」の２つで見ていく「ブキ（簿記）力」（Book-Keeping＝Bu-Kiの力（＝決算書＝経営））で、会社の活動がハッキリわかる。これが経営簿記である。

経営力　第一は「経営力の精神」。「経営力」（ManagementまたはPower of management）は、「利益を上げて納税の義務を果たす力」のことで、この力の発揮は会社の目的そのものに結びついている。そして、この経営力を支える精神は、大きく、①正確さ（Accuracy）、②迅速さ（Speed）、③誠実さ（Integrity）の３つ。正確さと迅速さについては、仕事を進めるうえで「言わずもがな」、誠実さは、「場所が」「時が」「人が」違っても、１つの事柄については、同じ言葉で説明すること。

け

		利益をあげて納税の義務を果たす力
Ⅰ（精神）	経営のベースとなる経理・財務	①正確さ（Accuracy） ②迅速さ（Speed） ③誠実さ（Integrity） の3つの精神で行動
Ⅱ（実行）	決定・実行する経営意思	①ブキ力（Book-Keeping＝決算書─経営） ②事業力（販売・製造・研究＋M＆A） ③契約力（超一級の弁護士を使いこなす実力）
Ⅲ（開示）	社会に対する報告	最高経営責任者（CEO）が積極的に情報を開示する

　これらは、会社の内部・外部を問わず、人の関係を通じて仕事を行うにあたり不可欠な精神。信頼関係の構築は口で言うほど簡単なことではないが、極めて重要。

　第二は「経営力の実行」。よく、経営は意思決定が大事であると言われるが、それだけでは不足。会社経営では、意思決定をしても実行しなければ意味がない。実行して結果を出して、はじめて経営は評価される。だから、「意思決定・実行」なのである。これが経営力の第二の柱である。

　では、意思決定・実行する力には、どのようなものがあるか。

　まず、①「ブキ力」（ブックキーピング：Book-keeping）。これは、単に帳簿をつけるという意味ではない。ブックは「決算書」、キーピングは「経営すること」。ブックキーピングはブキ力で「決算書─経営」、すなわち、決算書で経営すること。それがここで言うブキ力。次に、②「事業力」。事業力は、「事業部門（販売、製造、研究、＋M＆A）」が中心となり利益を上げるうえで、トータルで秀でていること。メーカーに限らず、事業力が素晴らしいことが不可欠。最後に、③契約力。この点、実務をしてきて強く感じるのは、国内・国際的な超一級の弁護士・会計士・弁理士・税理士を使いこなす企業の実力の大切さ。言い換えれば、弁護士頼みではなく、会社が主体となって解決していく力が必要。そういう実力が契約力である。

　第三は「経営力の開示」。言い換えれば、社会に対する企業情報の開示。とくに最近は、自分にとって不都合なことを公表しなかった企業に対して、世の中から厳しい批判が起こる。会社の存立基盤を失うことさえある。この開示（ディスクロージャー、Disclosure）は、経営の意思決定・実行の内容をステイクホルダー（利害関係者、Stakeholder）を含む世間に対して、正しくタイムリーに伝えることが大切。

　そのためには、社長などの最高経営責任者（CEO）自らが、積極的にIR活動を果たす。それが社会から受け入れられ、企業価値の高い評価につながり、会社の経営力をひと回り大きくする。

　経理・財務の人間も、これら経営力における「精神」「実行」「開示」の柱をしっかりと支える気持ちで、事業部門の活動に参画・バックアップする。

経過勘定　B／Sには前払費用、未払費用、未収収益、前受収益という科目がある。これらは、サービス・役務の提供期間が決算日現在で満了していないかまた代金の支払が先払いか後払いかのもので、当期に属する収益・費用と将来の収益・費用を区分するために、経過的にB／Sに計上される。

計算書類の種類　計算書類とは、会社法の規定により作成が要請される財務諸表であり、貸借対照表、損益計算書、株主資本等変動計算書、個別注記表をいう。株式会社の取締役は毎決算期に計算書類を作成し、監査を経た後、定時株主総会に提出して、その承認を求めなければならない（又は報告）。

経常利益と営業利益　経常利益は日常活動の利益である。売上総利益から販売費を差し引いて算出する営業利益は、会社の本業そのものの利益である。

　この営業利益に、営業外損益を加減して、初めて当期の経常の業績が表せる。この利益が経常利益である。

　すなわち、営業利益＋営業外収益－営業外費用＝経常利益である。

　経常とは、本来「常に一定の状態で続く」という意味だが、会計上での経常利益は、「企業が日常的に行っている活動全体から得る利益」。日本では、経常利益は「ケイツネ」と呼ばれる。メーカーなどでは本来よいものを安く作って、営業部が売って得た利益ということで、大変営業利益を大切にする。これに財務活動で得たり支払ったりする受取利息と支払利息を加えたり引いたりして出てくる利益が「経常利益」である。

計数管理　会社経営にとって計数管理が不可欠だといわれるのは、それが客観的数値をもって公平に経営を把握できるからである。したがって、計数を預かる経理・財務部門が経営行動に参画することが現代会社経営に求められている。

継続企業（の前提）　会社は継続することが大事だという、英語で「ゴーイングコンサーン（going concern）」という考え方が強くなってきている。ゴーイングコンサーンは、「継続企業」または「継続企業の前提」のこと。

　決算書を作る際に、ゴーイングコンサーンの前提を

考えて何か問題があるようなら、経営者がその決算書の注記、フットノートに「わが社はこの継続性の前提が崩れる恐れがあります」ということを表明する。

```
決算書の注記
・お金を貸してもらえません
・3年連続赤字です
・売上が大きく下がりました
```

継続記録法　原価計算によって原価要素が行き着く先は、I／Sの売上原価である。この売上原価の処理の中で、「財務会計上の最も重要な押さえ」は、「売上原価と売上の数量チェック」である。

　売上原価は、期末の製品・商品の棚卸高を計算し、それから逆算で求める方法が取られるケースも多く見られる（この方法は、「棚卸計算法」と呼ばれている）。しかし、売上原価は売上に対応するものという基本に立って、製品・商品の売上を計上するつど、その売上に対する売上原価を計上する方法をとるべきである（この方法は「継続記録法」と呼ばれている）。

　なぜなら、近年、利益が重視され、経営的な見地から売上総利益（売上から売上原価を差し引いた粗利益）を把握し、それを分析して、何を製造（仕入）し、何を売れば最も利益が上がるかを検討すべきだとの要請が高まり、現にそれが実行されているからだ。

　「継続記録法」（売上計上のつどその売上原価を計上する方法）をとり、製品・商品の受払残表の払出欄で売上原価を把握すれば、その要請に応えられ、望ましい期末棚卸高も算定される。

継続性の原則　会計処理をみだりに変更しないこと。

継続棚卸法　継続的に個別のたな卸資産の買入と販売の記録をつけて売上原価を計算する方法にもとづき期末たな卸資産を計上するプロセスである。

　以下に「残増減残」表を示す。

継続は力なり　事業の動きを総合的に検討する機会として月次決算を考えることは、経営に計りしれない力を与える。毎月継続して行うことによって問題の抽出、その改善、解決策の実行に日々取り組むことができる。

経年比較　過去2～3年分の財務諸表で各段階の利益率を比較する。

　同一社の経年比較とは、過去の2～3期の財務諸表を当期と比較すること。

　損益計算書での経年比較も、各段階の利益率などの増減を把握する。
① 売上高総利益率（％）＝売上総利益／売上高
② 売上高営業利益率（％）＝営業利益／売上高
③ 売上高当期純利益率（％）＝当期純利益／売上高

経理・財務JAPAN（keiri & Zaimu）　「経理・財務」という言葉は、実は1989（平成元）年に私が造った言葉である。そして私は「経理・財務は世界中の経済・金融・経営のワクチンである」と申している。

　経理の「経」は、経営と経済の「経」。経理の「理」は理財の「理」である。理財とは、江戸時代からある言葉で、入金や出金を表す。一方、経理とは、我々日本人は普段何気なく使っているが、中国では何千年もの歴史のある言葉で、中国語で総経理といえば社長を指す。

　経営＋理財を表す「経理」を、英語で表現すると、アカウンティング＆ファイナンス（フィナンス）となる。だから、経理＝コーポレート・アカウンティング＆ファイナンス。これを分解すると、経＝マネジメント・アカウンティング、理＝ファイナンシャル・アカウンティングとなる。日本では、経理部長はたくさん仕事があるが、欧米での経理部長は、コントローラー。

　では、「財務」はどうか。欧米流にいえば、財務部長はトレジャラー。つまり、財務は欧米流にいうとファイナンスで、経常全体の100分の1くらいのウエイトである。

　ここで私が強調したいのは、ファイナンスだけを重視する経営は望ましくないということ。CFO（最高

当期に販売可能な商品の金額（Ⓐ＋Ⓑ）		ー	Ⓒ（減）当期に販売した製品・商品の金額	＝	Ⓐ＋Ⓑ－Ⓒ＝Ⓓ（残）期末に残った製品・商品（期末たな卸資産）
期のはじめに保有していた製品・商品（期首たな卸資産）Ⓐ（残）	当期に製造（買い入れ）た製品・商品の取得原価（資産Gの科目）Ⓑ（増）		たな卸資産（資産Gの科目）を販売するたびに、販売したたな卸資産の金額を売上原価（費用Gの科目）に計上する		翌期の期首たな卸資産となる

Ⓐ	Ⓑ	Ⓐ＋Ⓑ	Ⓒ	Ⓓ
残	増		減	残

たな卸資産（資産Gの科目）→

け

経理・財務責任者）に求められるのは、経理（＝アカウンティング）を重視して利益を追求すること。当然、大前提にはコンプライアンスがある。そして利益を追求して、税金を払う。そして会社をよくしていくのが会社のミッション（使命）で、そのために力を尽くすのがCFOの役割である。

CFOは、ご存知のとおり、チーフ・フィナンシャル・オフィサーの略。欧米ではそう呼ばれているので仕方がないが、ファイナンシャルだけでは世界中の経営はよくならない。私は、そう信じている。従業員、経営者を幸せにするアカウンティング＆ファイナンス（経理・財務）でなければならない。

経理・財務のウェイト付け　「経理・財務」は、1989（平成元）年の私の造語である。この仕事は、世の中で一般的に考えられている経理・財務や会計よりずっと重要な「仕事をしている人たち」みんなに、私は学んで欲しい。そうすると、その会社の経営力は、ぐーんと強くなり、今よりずっといい会社に変身する。

◇事業100（販売25・製造25・研究25・M＆A25）と経理・財務2（企業会計2）

会社をよくするための経理・財務を学んで欲しい。

○販売　　○製造　　○研究開発　　○M＆A
○社長はじめ経営者　　○安全・環境　　○購買
○IR・広報　　○内部統制・業務監査
○子会社・関連会社　　○総務・人事
○企画・計画　　○秘書　　○労働組合
○（一般にいわれる経理・財務ではなく、事業部門の仕事に参画・バックアップする）経理・財務

会社全体の重要さ（＝ウエイト＝weight＝W）を100とした場合、私は経理・財務（＝企業会計）のウエイトづけ（Wとします）を2と考えている。

さらに、この経理・財務（＝企業会計）2の中にのウエイトづけは、「制度の経理・財務（財務会計＝制度会計）」0.4（2割）、「経営の経理・財務（経営会計）」1.6（8割）と考えている。

さて、財務（制度）会計は、法規を守る企業会計、経営会計は、売上と純利益をあげて税金を納める企業会計。そして、事業100の中身は、販売25、製造25、研究25、M＆A25と、一旦は考える。しかし、そうすると、バックアップ部門（バックオフィス）のウエイトは0になってしまう。これでは、経理・財務一筋に38年間叩き上げの仕事をしてきた私が可哀想。

そこで、販売、製造、研究、M＆A、それぞれから2ずつのウエイトをもらい、計の8をバックアップ部門に割り当てる。経理・財務2、広報（IR）1、法務1、総務・人事2、秘書1、業務監査1、で計で8。その結果、事業部門は、販売23、製造23、研究23、M＆A23、というウエイトづけになる。

企業の中での経理・財務のウエイトづけは100分の2で決して高くないが、経理・財務が事業部門の仕事に参画しバックアップすると、その企業は明るく進展していく。経理・財務部門が一番気をつけるべきことは、「威張らないこと」。特に、自分で企業の外からお金をいただいてこれないのに、経理・財務が予算権や財産権などを振り回し威張る企業は、何年か後に大きく衰退する。

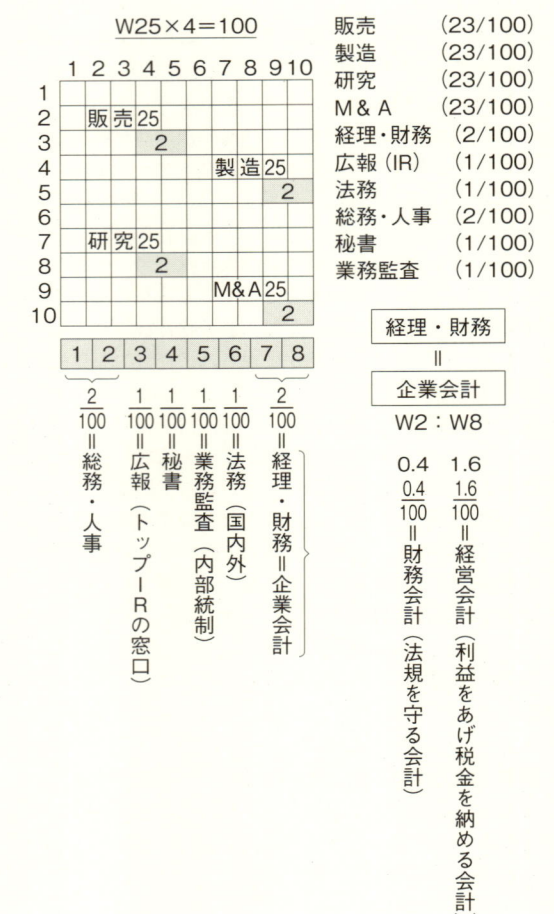

											販売	(23/100)
W25×4＝100											製造	(23/100)
	1	2	3	4	5	6	7	8	9	10	研究	(23/100)
1											M＆A	(23/100)
2	販売	25									経理・財務	(2/100)
3		2									広報(IR)	(1/100)
4				製造	25						法務	(1/100)
5					2						総務・人事	(2/100)
6											秘書	(1/100)
7	研究	25									業務監査	(1/100)
8		2										
9					M＆A	25						
10						2						

1	2	3	4	5	6	7	8
2/100 ＝ 総務・人事		1/100 ＝ 広報（トップIRの窓口）	1/100 ＝ 秘書	1/100 ＝ 業務監査（内部統制）	1/100 ＝ 法務（国内外）	2/100 ＝ 経理・財務＝企業会計	

経理・財務
＝
企業会計

W2：W8

0.4　1.6
0.4/100 ＝ 財務会計（法規を守る会計）
1.6/100 ＝ 経営会計（利益をあげ税金を納める会計）

経理・財務の機能（はたらき）　経営に参画することを旨とするからといって、経理・財務だけが経営をする主たる部門と考えることは間違いである。

会社には、販売、製造、研究、企画、人事、その他いろいろな部門があり、それぞれが事業経営的な働きをしている。この経営全体の中では経理・財務はごく一部。これを認識した上で、「しかしながら重要な一部である」ことを忘れないようにする。重要な一部とは、会社全体のことを考えていくことである。

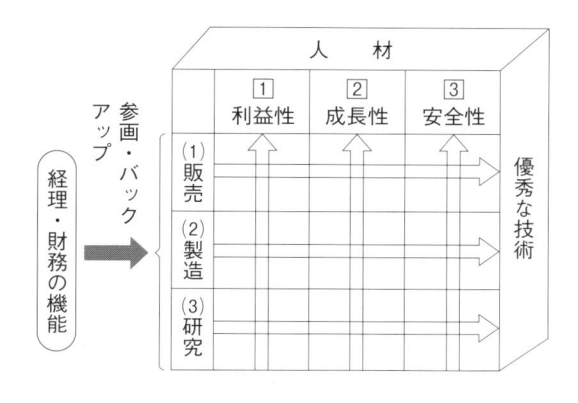

会社の各現業部門で集計された会計情報が、経理・財務部に送られてくる。

決算にあたって経理・財務部では、送られてきた会計情報を集計し、貸借対照表、損益計算書、キャッシュフロー計算書、持分変動計算書などの決算書（財務諸表）を作成する。

ただし、上場企業の場合は、株主や債権者などの利害関係者（ステイク・ホルダー）に経営状況を報告するため、通常は決算期開始から3ヶ月ごとの会計情報を集計した四半期決算書と、1年間の集大成である年次決算書を作成する。

また、月次決算書を作成し、経営環境の急速な変化に迅速に対応する。

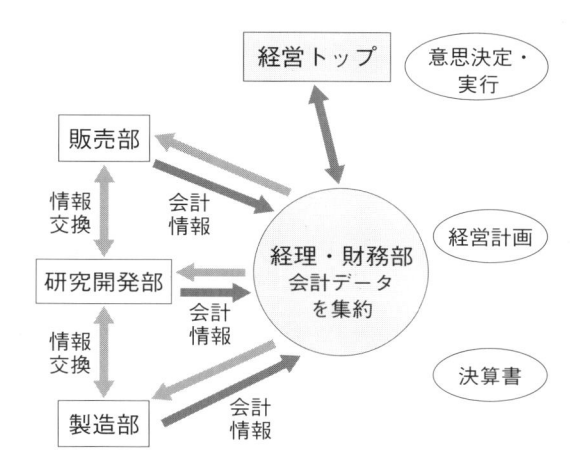

「経理・財務」の権限　私は1989年から今まで、経理・財務が威張っている会社は危ないと申している。CFOが強い権限を持っている会社は危ない。極端にいえば、経理・財務出身の社長が二代続くような会社は危ない。

実体験（エンピリカル）から申す。私のふるさとの信越化学工業では、1970年代までは、会社全体の権限を100とすると、そのうちの40を人事が握り、30の権限を経理がもっていた。残りの30を販売・製造・研究が10ずつ分け合うという形だった。ところが、1974年に経理・財務畑出身の小田切新太郎さんが社長に就くや、10年かけて、まず自分の出身母体である経理・財務の権限を30から5にしてしまった。そして、人事もこれに共づれにして40から5にした。それまで合わせて70あった権限、つまり、人事は人事権をもって威張り、経理は予算権をもって威張っていたものを一挙に合わせて10までしてしまった。そして、残りの90を、販売・製造・研究に30ずつ割り振っていった。「会社の外からお金をいただいてくる部門に権限を与える」という会社にした。

小田切社長は在任10年の間に、会社を大きく変えた。74年の当時、私は経理課長だったが、その後15年ほど経って90年、役員になっても、経理課長時代と権限の大きさが変わらなかった。30あった権限が5になってしまったのだから。

お客様からいただいてきたお金で税金を含めたコストをすべて賄うことで、会社は成り立っている。それが、会社のあるべき姿、本質。研究・製造の人たちのつくったものを、会社の外に販売してお金をいただいてくる。そうした販売・製造・研究部門を差し置いて、経理・財務が威張る会社がよい会社であるはずがない。

小田切新太郎社長は、さらにそこから一歩踏み込んで、販売・製造・研究にM＆Aを加えた4部門に、権限を25ずつ割り振った。

経理・財務部の役割　経理・財務部で会計情報を集約して決算書をつくる。

「経理・財務の仕事20」は企業経営W100の100分の2のW2にすぎない。しかし、販売の専門家をはじめとしたみなさんに、日本の経理・財務の基本のキホンを学んでいただきたい。

また、日本のいろいろの職業の人たちがみなさんに、2／100であるが『日本をよくする「経理・財務」』の基本のキホンを学んでいただきたい。

理屈での「企業会計」は、経営実務での「経理・財務」である。また、企業会計W10（以下、Wはウェイト）の中身が「W2の財務会計」と「W8の経営会計」であるのに対して、経理・財務W10の中身は、「W2の財務（制度）の経理・財務」と「W8の経営の経理・財務」である。

経理・財務＝企業会計

経理・財務10＝企業会計10
制度の経理・財務2＝財務会計2
経営の経理・財務8＝経営会計8

（注）「経理の仕事」と「財務の仕事」は、・経営の中の重要性、・法規から見た重要性、・仕事のボリューム、などから見たウェイトは経理8：財務2である、と私は考えている。

け

会社の「経理・財務」の仕事20

予算編成 総合損益、事業部損益、工場損益、設備投資、購買、人件費、研究費、広告費、修繕費、製造費、営業費、本社費、資金 ★①	**月次決算** 四半期決算 売上、損益、製品在庫、原料在庫、回収条件、支払条件、販売費、本社費、製造費、支払利息 ●★②
差異分析 予算と実績との比較差異分析 最も望ましい実行計画との差異分析 ★③	**特殊原価調査** (特殊原価計算) ★④
収益・利益向上目標の業務効率化 ★⑤	**新規事業検討** 事業徹底検討 ★⑥
合理化・再生 超合理化 企業再建 ★⑦	**関連会社会計** 連結決算書の内容検討 経理・財務関連事項の検討 合理化への参画・バックアップ ★⑧
合併・買収 (M&A) 会社分割 事業譲渡・譲受 経営権の移動 事業売買 デュー・ディリジェンス 結合会計 ★⑨	**国内・海外の事業に関連する契約内容検討** ★⑩
資金 資金保全・金銭出納、国内外からの資金調達 ★⑪	**収益・原価計算** 収益・原価との関連における利益、固定費、変動費の検討 ★⑫
国際会計 各国の財務会計、国際取引の会計・税務 外国為替会計、英文会計、関連条約 ●★⑬	**証券業務** 資本市場からの資金調達、株式業務 ★⑭
会社法決算 会社法・決算書類、事業報告、貸借対照表、損益計算書、持分変動計算書、剰余金の分配、付属明細書、株主総会招集通知状、会計士監査、監査役監査 ●⑮	**有価証券報告書・届出書** 企業会計原則・同注解、財務諸表規則・同取扱要領、税効果会計、金融商品取引法、公認会計士監査 ●⑯
税務会計 法人税法、政令、省令、通達、税務申告書、連結納税、経営法人税 ●★⑰	**連結決算書** 連結決算、連結B／S、連結I／S、連結C／F、連結S／C、英文連結決算書、金融商品取引法 ●⑱
業績評価 売上・直接原価計算 ★⑲	**会計監査** 内部監査、内部統制、監査役監査、監査委員会監査、公認会計士監査、内部牽制組織、監査報告書、継続企業の前提の監査 ●⑳

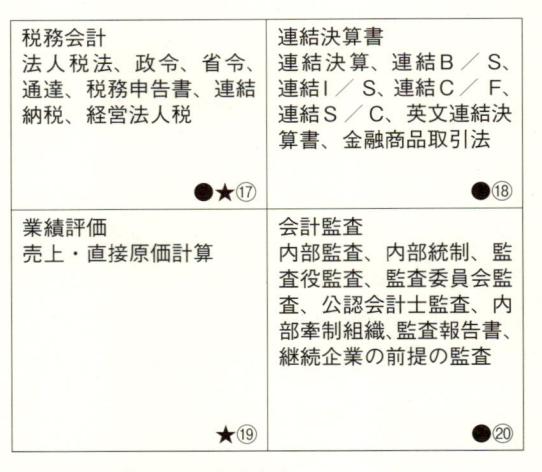

注)●:財務会計、★:経営会計

経理・財務パーソンの姿勢 経理・財務パーソンは、会社財産の保全を考えつつ、事業部門の人々の利益向上に向けての活動に、バックアップの姿勢で参画し、意欲を高揚する手助けが本来の業務である。

経理・財務部の基本業務 企業運営は経理・財務なくしてはできないと思う。なぜなら、客観的数値をもとにした計数経営は、全国250万の小中大の会社にとって不可欠だから。この"客観的"ということが大切。公平な立場という客観性から、全社の事柄を計数をもって考え、しかも、その職能として、ムダを排除することが任務とされている部門が経理・財務部。

具体的な基本業務は、長期・中期の経営計画、予算の編成、原価計算、会社法・法人税法・金融商品取引法に基づく決算、フィージビリティ・スタディ(事前詳細調査)、証券業務、資金、監査、業績評価などである。

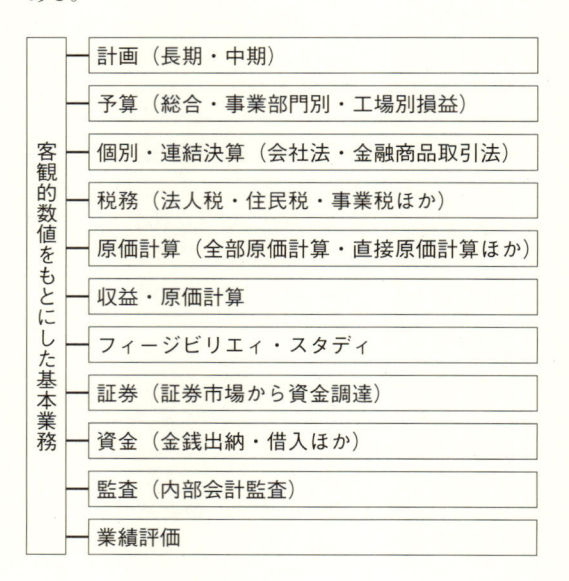

客観的数値をもとにした基本業務	計画(長期・中期)
	予算(総合・事業部門別・工場別損益)
	個別・連結決算(会社法・金融商品取引法)
	税務(法人税・住民税・事業税ほか)
	原価計算(全部原価計算・直接原価計算ほか)
	収益・原価計算
	フィージビリィ・スタディ
	証券(証券市場から資金調達)
	資金(金銭出納・借入ほか)
	監査(内部会計監査)
	業績評価

経理・財務部門の仕事

経理・財務部門が行う仕事（Job）はたくさんある。私は20個（①～⑳まで一言で表現）あげている。

経理・財務部門の仕事「まとめ」（①－⑳）
（●財務会計　★経営会計）

予算編成 ★ ①	月次決算 ●★ ②	差異分析 ★ ③	特殊原価調査 ★ ④
収益・利益向上 ★ ⑤	新規事業検討 ★ ⑥	合理化・再生 ★ ⑦	関連会社会計 ★ ⑧
M＆A ★ ⑨	契約内容検討 ★ ⑩	資金 ★ ⑪	収益・原価計算 ★ ⑫
国際会計 ●★ ⑬	証券業務 ★ ⑭	会社法決算 ● ⑮	有価証券報告書 ● ⑯
税務会計 ●★ ⑰	連結決算書 ● ⑱	業績評価 ★ ⑲	会計監査 ● ⑳

①から⑳まで全部で20個で示す。それに●と★で、わかりやすいように2つの印をつけた。「財務（制度）」の経理・財務と「経営」の経理・財務に対応するものとしての「財務会計（●印）」と「経営会計（★印）」の2つである。

たとえば、最初の、①予算編成は、法律に基づいて行うものではなく、利益向上のために行うものだから、経営会計（★印）に区分します。②の月次決算は、正確な帳簿記入（財務（制度）会計）のためと業績向上の状況を検討するため（経営会計）の2つの性格があるので「●★」とする。

こうして、各項目に印をつけてみたが、全体を良く見ると特徴が浮かび上がる。それは、圧倒的に★印（経営会計）の仕事が多いことである。世間では経理・財務の仕事というと、●印（財務（制度）会計）のほうに目が向きがちである。すなわち、会計、簿記や、原価計算、税務などは、財務（制度）のためだけの専門知識を駆使する業務と考えられがち。

ところが、実際には、経理・財務は利益を上げる企業の活動を参画・バックアップするために、★印（経営会計）の仕事に圧倒的に多くの時間を使う。これは、利益をめざすことの重要性が、経営トップから第一線の社員まで社内に行きわたっていることの証である。経理・財務には専門知識とその経験を活用した役割が期待されている。

★印の仕事は、通常、事業部門などへの参画、バックアップである。①～⑩・⑫・⑲には、そうした特徴が強く出ている。まさに「経営」の経理・財務と言える。一方、⑪資金経営や⑭証券業務は、事業部門とは直接的な関係はない。しかし、会社全体で必要な資金を、安定的かつ機動的に、しかも安いコスト（金利）で調達することだから、これを考えるのはやはり経営。⑰「税務会計」も、一見すると財務（制度）会計のようだが、税金は経営コスト。そう考えて、会社のプロジェクトごとに、少しでも節税に努めるのが「経営会計」の役割。

また、★印と●印が別々でも、互いに関係している仕事はたくさんある。たとえば、③「差異分析」で予算と比較する実績数値の多くは、財務（制度）会計の資料やデータを使う。しかし、使う目的が経営目的だから、★印の仕事になる。

繰り返しになるが、会社の経理・財務の仕事は20個あるが、大部分が利益を上げるための仕事に結びついている。決算書の作成のように会社の外部へ提出する仕事だけではない。会社の業績に影響を及ぼすものだから、高い緊張感を持って取り組まなければならない。そして、どの仕事も、先ほど挙げた実務の3つの礎としての精神、すなわち「正確さ」「迅速さ」「誠実さ」が不可欠。

決算

1期間の会計を整理し、その期間に発生した純損益を計算して、次の期間の繰り越すべき諸勘定科目を決定する手続き。

ある一定の期間の収入と支出の様子を調べ、事業の営業成績や財政状態を明らかにするための手続き。会社法では、事業年度は原則として1年を超えることができないとしている。年に1度（毎年）決算期末に行う決算が年次決算。3ヶ月に1度行う決算が4半期決算。月に1度（毎月）行う決算が月次決算。日に1度（毎日）行う決算が日次決算。決算期末に行う年次決算は、制度上義務付けられている。

ある時点（瞬間）で、ある期間を見渡して、計算を決める。それが決算である。収入のわりに出て行くものが多いとか、ムダ遣いばかりしていて本当に必要なものが買えないとか、ローンを組みたくても頭金が貯まらないなどがわかれば、反省して、次に活かせる。

決算の結果を表にしてまとめたものが決算書であり、バランス・シートもここに含まれる。次に活かすためにも、決算書は、正しいものをキチンとつくることが大事である。

決算公告

会社の代表取締役は、株主総会で承認された後、遅滞なく貸借対照表（大会社は貸借対照表及び損益計算書）かその要旨を定款に定められた方法により、新聞や官報に公告する。

ただし、電磁的方法を選択した場合は、新聞や官報への公告は不要となる。

け

決算書　「決算」とは、1期間の会計を整理し、その期間に発生した損益を計算し、また、次の期間に繰り越す金額を決定する手続き。決算書は、決算期末までの会社の財産と、期を通じての損益やキャッシュフローの状況を示した書類である。決算書は財務諸表ともいい、貸借対照表、損益計算書、キャッシュフロー計算書、持分変動計算書をいう。

決算書開示までの流れ（大会社の場合）

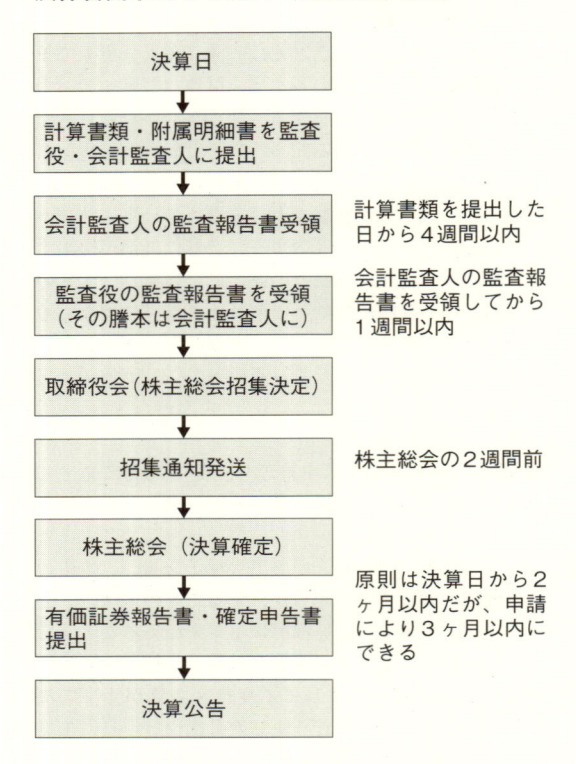

```
決算日
  ↓
計算書類・附属明細書を監査
役・会計監査人に提出
  ↓
会計監査人の監査報告書受領      計算書類を提出した
                                日から4週間以内
  ↓
監査役の監査報告書を受領        会計監査人の監査報
（その謄本は会計監査人に）       告書を受領してから
                                1週間以内
  ↓
取締役会（株主総会招集決定）
  ↓
招集通知発送                    株主総会の2週間前
  ↓
株主総会（決算確定）
  ↓
有価証券報告書・確定申告書      原則は決算日から2
提出                            ヶ月以内だが、申請
                                により3ヶ月以内に
                                できる
  ↓
決算公告
```

決算書作成から公告まで　決算期には、貸借対照表、損益計算書、持分変動計算書、個別注記表、事業報告を作成し、外部の監査法人などの会計監査を受ける大会社を例に、開示までのスケジュールを説明する。

まず、決算書を作成したら、代表取締役が監査役と監査法人（公認会計士）に提出する。その後、附属明細書を作成し、代表取締役が、これも監査役と監査法人に提出する。

この後、監査法人が作成した監査報告書が、代表取締役と監査役に提出される。監査役はこれを受け、自らの監査報告書を作成し、代表取締役に提出し、その謄本（コピー）を監査法人にも提出する。

ここまでで、監査法人と監査役がともに決算書を承認していれば、取締役会が開かれ、株主総会の日時と議案が決定し、株主へ招集通知を発送する。

株主総会で決算の承認を受ければ、有価証券報告書を内閣総理大臣に、税務申告書を税務署長に提出し、新聞やインターネットなどに決算書を公告する。

決算書（Financial Statements）3つの関係

まず、「貸借対照表」（B／S）は、ある瞬間の財産の状態（各科目ごとの「残増減残」のおわりの残）を示す。財産には、現金、株式、不動産などの「資産」と、借入金などの「負債」がある。両者の差額として「純資産（資本）」を表示する。ただ単なる差額ではなく、資本金と、いままでに積み重ねた利益の累計額だ。純資産（資本）は自己資本とも呼び、B／Sの健全性を測る目安になる。

次に、「損益計算書」（I／S）は、「収益（売上など）」から「費用（給料など）」を差し引いた利益（儲け）を計算する。この利益が期間（1日、1か月、3か月、半年、1年など）の経営成績（各科目の「残増減残」の終りの残）である。

また、「キャッシュフロー計算書」（C／F）は、現金の動きに注目し、会社の経営活動を営業・投資・財務の3つに分けて、1期間のキャッシュの残増減残の内容を示す。

利益は、まず損益計算書で算出され、その後、貸借対照表上に振り替え掲示されるのか、ということである。

実はそうではない。売上が上がると、B／Sの純資産（資本）の利益の累計蓄積である利益剰余金が増加する。また、費用が発生すると利益剰余金の減少欄に入る。

では、ここでチョット横道に入る。科目の「残増減残」のどこに着目するかである。

たとえばB／Sの科目の現金。はじめに10円があり、次に50円入ってきて、20円使うと、終りの残高（Balance）は40円。はじめの残10円とおわりの残40円の差は30円。このことは、C／F（資金運用表）を作成するときに役立つ。

入った50円（増）と、使った20円（減）の差も30円。同じ30円の差だが、経営は「50円入ってきて20円使った行動（増・減）」。この例はB／Sの現金科目だが、決算書（B／S、I／S、C／F）の各科目ごとの増加・減少を徹底的に検討して、より良い状況にするための実行が経営である。

決算書の科目には、残高しか出ていない。売上も、値引きや返品を差し引いた残高である。しかも、値引き交渉も大事な経営行動で、利益の増減に直結する。ここからも、残高だけを見ることの問題点が見れる。元の道に戻る。

実は、こうした決算書（B／S、I／S、C／F）と「残増減残」の仕組みは世界共通である。だから、私は、「B／S、I／S、C／Fの3つの決算書」と「残増減残」の基本的な関連を理解していただきたい。こ

れがわかれば、世界中どの国へ行っても日本の経理・財務の仕事（実は世界ナンバーワン）は通用する。

決算数値の確定　一般的には決算の結果が株主総会で承認されたことをもって、決算が確定したという。

決算短信　「短信」とは、①短い手紙とか、②新聞雑誌に載せる短いニュースのこと。決算短信は、株式を証券取引所に上場し、連結決算をしている会社の手短に述べた決算書のことで、東京（大阪、名古屋ほか）証券取引所に提出する。親会社だけの決算情報は、これの添付資料として個別会社の概要・財務諸表として載る。なお、連結決算をしない上場会社の場合は決算短信（非連結）。

　上場会社・店頭公開会社で連結決算を行っている会社は「決算短信（連結）」を証券取引所などに提出するが、親会社1社であって、連結決算をしていない場合は、「決算短信（非連結）」を提出する。

決算調整　所得金額を計算するには、会計上の利益に税務上の修正を加えて計算する。この修正作業のことを「税務調整」という。税務調整には、確定した決算で計上する「決算調整」と、申告書の上で行う「申告調整」とがある。

　確定決算で会計処理しなければ申告書で損金と認められない事項が「決算調整事項」である。決算調整事項は、法人税法の中で「××として損金処理したとき」などと表現されている。決算調整の対象となるのは、会社の内部で計算できる事項が中心だ。

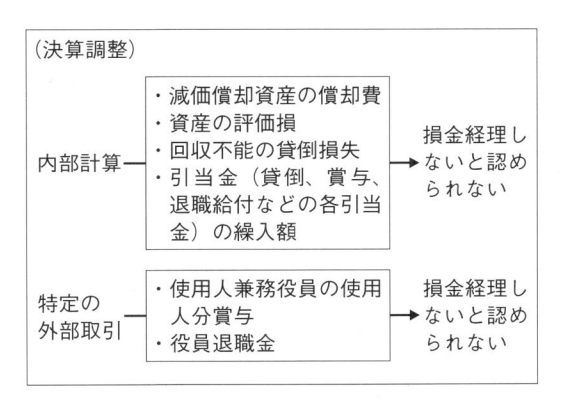

（決算調整）

内部計算	・減価償却資産の償却費 ・資産の評価損 ・回収不能の貸倒損失 ・引当金（貸倒、賞与、退職給付などの各引当金）の繰入額	損金経理しないと認められない
特定の外部取引	・使用人兼務役員の使用人分賞与 ・役員退職金	損金経理しないと認められない

決算手続　決算作業に入る前に会社の決算方針（会社が年度決算で採用する処理の方向付け）を確認する。会計方針について確認し、会計方針を変更したときにはその処理方法を確認する。あわせて、財務諸表や決算書類作成の決算手続を進めるための日程にしたがって、決算スケジュールを作成する。

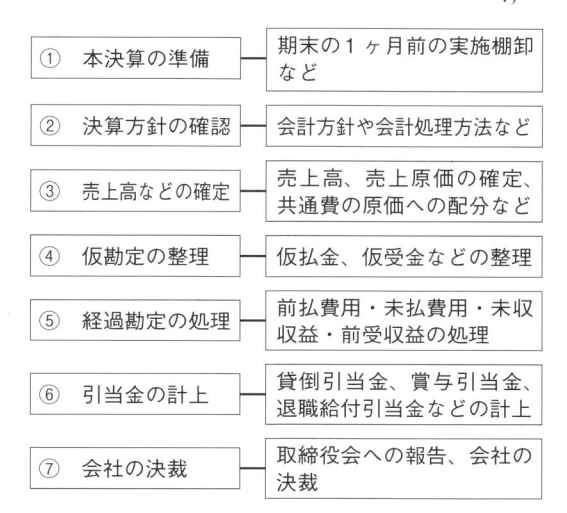

①	本決算の準備	期末の1ヶ月前の実施棚卸など
②	決算方針の確認	会計方針や会計処理方法など
③	売上高などの確定	売上高、売上原価の確定、共通費の原価への配分など
④	仮勘定の整理	仮払金、仮受金などの整理
⑤	経過勘定の処理	前払費用・未払費用・未収収益・前受収益の処理
⑥	引当金の計上	貸倒引当金、賞与引当金、退職給付引当金などの計上
⑦	会社の決裁	取締役会への報告、会社の決裁

決算と予算　3月期決算の会社は、3月に入ると、決算業務と翌期の損益予算編成で多忙になる。このため、ある程度余裕のある2月末に棚卸資産の実地棚卸を行い、3月分だけ単独に追加棚卸をする。公認会計士監査では、実際に会計士が現場の棚卸に立会いチェックし、有価証券は、期末日に実査する。

　また、前年度の法人税法改正点に留意しながら、前年4月から今年1月ないし2月までの会計処理をチェックして本決算の準備をし、新年度のための火災保険・利益保険更改の準備をし、保険対象資産の確認と保険料を確認する。

　一般に、3月中旬に開かれる経営トップ層が出席する経理・財務会議で、会社損益に大きな影響を与える決算項目の最終打ち合わせと、新年度の損益予算編成方針の検討を行う。経理・財務部は、決算に関するトップの基本的な考えを踏まえ、決算の会計処理を始める。

決算日程　財務諸表（金融商品取引法に基づく決算書類）や計算書類（会社法に基づく決算書類）作成の決算手続を円滑に進めるための日程。会社法については、監査日程や株主総会の開会期日及び招集通知発送日を考慮し、監査役への書類提出日、取締役会への付議などの日程を決定する。

決算（連結・単独）の流れ　3月31日（期末日）から6月末（株主総会）までの「決算の流れ」の1つひとつは、遅れてはならないものである（3月決算会社を念頭に説明していく）。4月には決算書の原案ができ上がり、そこから、株主や投資家向けにさまざまな手続きが始まる。決算に関連する事柄、すなわち「5月中旬」「6月末」の項目がいくつかある。

　まず第1の注目点は「6月末」。ポイントは株主総会で「決算が確定」する。

け

株主総会が終わると、すぐに3つの仕事をする。
①決算公告は、決算のあらましで、翌日に、日本経済新聞などに貸借対照表（B／S）と損益計算書（I／S）を載せる。
②事業報告の小冊子を、株主に配当金の支払い通知と一緒に、発送する。
③有価証券報告書は金融商品取引法に基づく書類で、内閣総理大臣へ提出する。経営情報の宝庫で、「連結決算」中心に、親会社の「単独決算」も記載する。公認会計士の監査報告書の添付が必要。
これらは、6月末に仕事が完了するが、準備は新しい期の4月からの月次決算を進めるなかで早めに進める。

第2の注目点は、4月から5月中旬の決算取締役会で、決算書を承認し、すぐに証券取引所と兜記者クラブで公表する。
株主総会よりずっと前の4月、5月だが、決まった内容は「決算短信（連結）」ですぐに公表する制度。その情報が翌日の日本経済新聞に載るが、決算情報も電子開示（ホームページ上での開示）が普及している。
第3の注目点は、3か月という期間。
経理・財務と総務は、細心の注意を払いながら、4月からのさまざまな書類の作成にあたる。しかし、株主総会までの3か月間に行われるこれらの仕事は、会社全体の仕事の一部、すなわち、100分の1ぐらいのウエイトでしかない。その間、経理・財務は、利益を上げる事業部門の仕事のバックアップを瞬時も忘れない。

決算発表 上場会社が証券取引所に報告する「決算短信（連結）」によって企業グループ決算の概要が公表される

決算日 1会計年度の末日のことで、1会計年度が4月1日から翌年の3月31日までとすると、決算日は、3月31日となる。日本では3月31日、9月30日が多いが、欧米では12月31日、6月30日を決算日とする会社が多い。

決算日が子会社と親会社でちがうとき

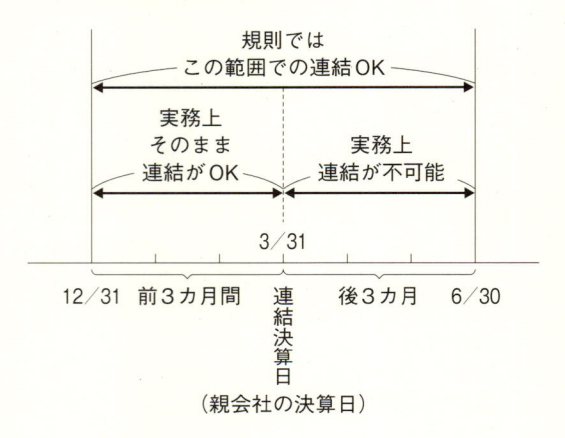

規則では この範囲での連結OK
実務上 そのまま連結がOK ／ 実務上 連結が不可能

12／31 ─ 前3カ月間 ─ 3／31 連結決算日（親会社の決算日）─ 後3カ月 ─ 6／30

決算の流れと株主への情報

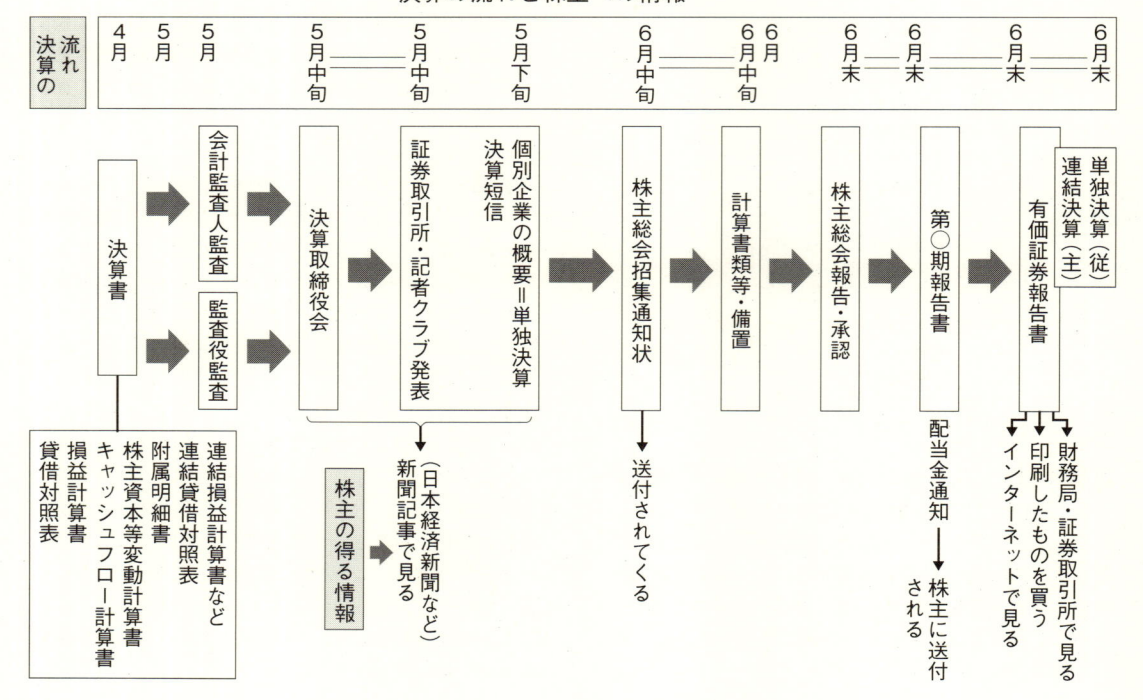

決算の流れ	4月	5月／5月中旬	5月中旬／5月中旬	5月下旬	6月中旬	6月中旬	6月末	6月末	6月末	6月末
	決算書	会計監査人監査／監査役監査	決算取締役会	証券取引所・記者クラブ発表／個別企業の概要＝単独決算 決算短信	株主総会招集通知状	計算書類等・備置	株主総会報告・承認	第○期報告書	単独決算（従）連結決算（主）	有価証券報告書

決算書の内訳：連結損益計算書など／連結貸借対照表／附属明細書／株主資本等変動計算書／キャッシュフロー計算書／損益計算書／貸借対照表

株主の得る情報：
- （日本経済新聞など）新聞記事で見る
- 送付されてくる
- 配当金通知 → 株主に送付される
- 財務局・証券取引所で見る／印刷したものを買う／インターネットで見る

決算日レート法　決算日レート法における、海外子会社の決算書の円貨への換算方法は、①資産・負債→決算日レート。②純資産→取得時または発生時レート。③収益・費用→期中平均レートを原則として、決算日レートも適用可能。ただし、親会社との取引に係るものは親会社が適用するレート。④これらの差額で求められる項目→B／S純資産の部の期末為替換算調整勘定。

決算日レート法による為替換算

海外子会社決算書		外貨建決算書(米ドル)	換算レート(円／ドル)	円換算額(千円)
B／S	現金預金	1,000	決 100	100
	売掛金	2,000	〃	200
	商品・製品	1,500	〃	150
	建物	600	〃	60
	機械装置	3,000	〃	300
	(−)減価償却累計額	−600	〃	−60
	資産合計	7,500	−	750
	買掛金	1,700	決 100	170
	未払金	600	〃	60
	長期借入金	1,400	〃	140
	資本金	1,000	発 120	120
	剰余金	2,800	S／Cより	271
	為替換算調整勘定	−	差し引き	−11
	負債・純資産合計	7,500	−	750
I／S	売上金	4,000	決 100	400
	売上原価	−2,000	〃	−200
	減価償却費	−460	〃	−46
	受取利息	60	〃	6
	当期純利益	1,600		160
利益剰余金	利益剰余金期首残高	1,400	前期末より	130
	配当金	−200	発 95	−90
	当期純利益	1,600	I／Sより	160
	利益剰余金期末残高	2,800	−	271

（注）　CR決：決算日レート　　1＄＝100円
　　　　HR発：発生時レート　　1＄＝120円

なお、海外子会社の決算日（たとえば12月31日決算）が連結決算日（3月31日）と異なる場合は、決算日レートや期中平均レートは海外子会社の決算日を基準とする。また、為替レートにはTTBレート（対顧客直物電信買相場）とTTSレート（対顧客直物電信売相場）があるが、海外子会社の決算書の換算ではTTBレートとTTSレートの中間値である仲値を使う。

決算方針　会社が年度決算に際して採用する経理・財務処理の方向づけ

決算レート　期末決算において為替差損益を算定するための仮レートをいう。

月次決算の目的　毎年の本決算や、3カ月ごとの四半期決算とは別に、経営会計の目的で月々行われる決算を「月次決算」という。これは、事業部の月次総合検討事項をまとめたもので、計数面から経理・財務部がその総合検討表を作成する。

① 毎月の損益と財産の状況が実績として明確になり、経営の問題点を早くつかみ、迅速に、その解決のための対策を検討し実行に移せる。

② 毎月の収益、費用、利益を予算と比較し、その達成度と予算・実績差異の分析が行える。前月・前年同月・前年同期との対比もできる。

③ 四半期決算の予想が確実に立てられるので、決算の会計処理を前もって考えられる。

④ 月々の帳簿の整理ができるので、四半期決算の手続きが正確で迅速になり、まさに「月次決算なくして四半期決算なし」といえる。

⑤ 全社の人々が、自ら、月々の担当の業績を把握し、それぞれの問題点を分析し、その改善、解決策に日々取り組んでいける。

⑥ 月次の販売、製造、研究の動きをつかみ、営業利益の検討ができる。

月次決算は、「毎月、必ず検討・実行すること」が経営に大変大きな力を与える。特に月次損益で赤字になったとき、これを黒字にするための対策を実行する努力が、経営の根本である。月次決算により、「継続は力なり」を実践する。

月次決算は、会社によって検討する項目に多少の違いはある。例えば、売上、売上債権回収状況、買入債務支払状況、棚卸資産在庫高と手持月数、短期・長期の借入金や社債の有利子負債の状況を分析し、評価する。

これらの中で最も重要な検討事項は、売上・損益の予算と実績を事業部別・製品別に比べることである。「事業部別・製品別の売上・損益の予算実績比較表」の例を示す。まず、売上と損益についての実態を経営的にみてよりよい状態にするための検討が行われる。

月次決算の予算実績比較　計算の対象となる「会計期間」には、大きく分けて、①経営の期間（会社の判断で決まる期間）、②制度の期間（法律で決まる期間）の2つがある。

①の「経営の期間」は、経営判断でまったく自由に決める期間のこと。1年、半年、月次（月単位）が多いが、2年1か月や5年5か月のような長い期間もあれば、週次や日次、時次、分次、秒次、瞬時といった短い期間もある。プロジェクト事業では実行期間、会社再建や超合理化では、できる限り短い期間を使うのが普通。

け

これに対し、②の「制度の期間」は会社法や金融商品取引法、法人税法などの制度のなかで決まっているもので、1年、半年、四半期がある。

究極の期間は時次でも、分次でも、秒次でもない。社長が使う「瞬時」である。すぐれた社長は瞬時に検討して判断を下し、実行する。正しく判断できる計算を瞬時に頭で描け、実行できるかどうか(「経営アタマ」)は、普段の現場体験(体)と思考の深さ(心)次第である。

ここで「経営の期間」の中心的な役割となる「月次決算」(Monthly closing)に注目する。月次決算には、3つの特徴がある。(a) 製品別→事業部別→全社の順で合計が出ている事業部制であること、(b) 実績が主役で予算対比もあること、(c) 金額が制度数字ではなく経営数字であり、本社費や社内金利もすべての製品が負担することの3つである。

重要ポイントは、月次の事業別・製品別の売上高・損益の実績である。

この経営者の視点(マネジメント・アプローチ)から考えた経営数字の内容(まさに経営会計である)を、財務会計(制度会計)上の連結決算書の売上高・営業利益という制度数字でつくったものが、「セグメント情報」(例えば事業の種類別・世界の地域別などで、会計士の監査が必要)である。これがまさに「経営の生命線」で、株主・投資家やアナリストの最大の注目点である。

(単位は百万円、△はマイナス)

事業部別	製品別	売上高		損益	
		実績	対予算	実績	対予算
A事業部	A-①	50	1	5	0
	A-②	100	10	11	1
	計	150	11	16	1
B事業部	B-①	30	△5	2	△1
	B-②	60	△6	4	△2
	B-③	90	14	12	3
	計	180	3	18	0
C事業部	C-①	120	0	14	2
合 計		450	14	48	3

月次損益予算 上場企業の事業予想(次期の売り上げ、営業利益、当期純利益、1株当たり配当)は、株価に影響する。

その大本(おおもと)は、事業部別・製品別の「損益予算編成」(Preparing Budget)である。損益予算の期間は、日、週、月、半年、年など会社が自由に決めることができるが、その代表は、「月次損益」。

いまや、企業のみならず、国・自治体や学校・病院などでも、事業運営の効率性や透明性を高めるために月別予算編成が大事になっている。

ただし、経営は、一旦はこのような目標(予算)を掲げるが、製品市況や為替、株価、原油価格などの、経営の与件(前提条件)は、時々刻々と変化する。それだけに、経営の実行では、予算と直接関係のない「責任実行目標の具体的な達成」が大切。

まず、「販売計画」(数量×単価)をもとに、コスト面から、生産、研究、人員、原料の購買、設備投資・修繕などの計画をつくる。各事業部門の責任者の指示のもと、経理・財務は、損益計算をする。販売計画は、そのまま「売上」計画になる。「費用」計画は、総費用=総原価の原価計算をする。総原価は売上原価+販売直接費(運賃・荷役費など)+本社費+社内金利(借入金で事業を行っていると仮定した場合の金利)である。単位当たりの売り上げ、総原価、利益も算出する。

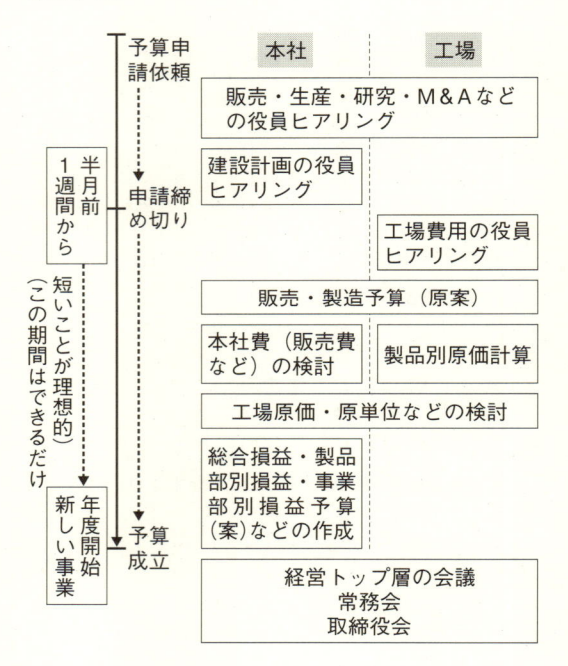

	本社	工場
予算申請依頼		
半月前 1週間から(この期間はできるだけ短いことが理想的) 申請締め切り	販売・生産・研究・M&Aなどの役員ヒアリング	
	建設計画の役員ヒアリング	
		工場費用の役員ヒアリング
	販売・製造予算(原案)	
	本社費(販売費など)の検討	製品別原価計算
	工場原価・原単位などの検討	
新しい事業 予算成立	総合損益・製品部別損益・事業部別損益予算(案)などの作成	
年度開始	経営トップ層の会議 常務会 取締役会	

費用を「総費用(A)」とし、すべての製品ごとに配分する。さらに、税引き前純利益にかかる税金(法人税等)を経営コストとして含んだ費用を「総費用(B)」とする。

この結果、総コスト(AまたはB)を負担した後の製品別損益・事業部別損益が算出される。これが経営トップ層自らが(経理・財務を従えて)経営実行をするための損益予算になる。

企業価値向上のためには予算編成にあまりエネルギーを使わないようにする。大事なのは「経営実行」である。効果がなければ予算自体は不要と考える。予算は「よりよい実行のためにある」からである。

なお、おこがましいが、拙編著『月次決算の進め

月次損益計算書　月次決算で作成される損益計算書のことで、全社分と部門別（部門別損益計算書）が作成される。経営実行資料として社内で使用するもので、実績と予算（計画）との増減分析及び達成率、前年同期の実績との増減及び比率等を表示する。

月次貸借対照表　毎月の月次決算で作成される貸借対照表のことで、財政状態の推移を把握するために当月と前月又は前年同期の実績との差額や、全体からの構成比を表示する。

月数按分償却と2分の1簡便償却（海外）
　4月1日から3月31日までの1年決算の場合で、例えば1月10日に機械を120万円で取得したとすれば、1月2月3月分として、この年度の償却費は年償却額の12分の3となる。
　これが原則的方法の「月数按分償却」といわれる償却方法。これに対して、実務の繁雑さを考慮して固定資産は期央（期の真ん中）に取得し使用しはじめたものとして、年間償却額の2分の1を、取得した年度の償却費とする考え方がある。これが、わが国の税務にはいまはない「2分の1簡便償却」である。この考え方は、国際会計を理解するときに役立つ。アメリカの税法では、以前の日本の税法での2分の1簡便償却と同様に、初年度の償却率は、資産を年度の中間で取得したとみなし（ハーフ・イヤー・コンベンション）、本来の年換算償却率の2分の1で償却する。

欠損金、繰越欠損金　欠損金とは、各事業年度の損金の額が益金の額を超える部分の金額をいう。法人税は一事業年度の所得に課されるのが原則であるが、会社の長期的な要因を法人税の計算に反映させるために、法人税法では欠損金の翌期への繰越しを認めている。繰越欠損金とは、欠損金を翌期以降7年間に発生する課税所得から控除するために繰り越したもの。

欠損金額　欠損金額とは、所得金額がマイナスとなる場合のそのマイナスの金額のこと。

決定　納税義務者が当初から申告を行っていない場合に、税務署長がその課税標準、税額を決める手続き。

原価　まず、一般の人が「原価」という場合は、商品や製品を売る場合の元値、すなわち買入値や工場の原価を指す。
　2つ目は「売上原価」。これは工場でつくった製品がいったん倉庫に入って、そのうちの売れた製品、すなわち、売上に計上された製品の原価。
　損益計算書では、売上高のすぐ下に書かれる。売上からこの売上原価を差し引いたものが、売上総利益または粗利益。
　3つ目は「総原価」。メーカーを例にとると、材料費、労務費、製造経費のトータルとしての製造費用のほか、販売費・一般管理費や支払利息をも含めた、いわゆる「総原価」を指す。

限界利益　売上から変動費を差し引いた額を「限界利益」または「貢献利益」という。
　この限界利益から固定費を引いたのが利益（業務利益）。限界利益は固定費と利益を加えたもの。したがって、変動費と固定費と利益を足したものが売上。
　「限界利益率」は、限界利益を売上で割った比率で、変動費率（変動費÷売上×100）を100%から引いても求められる。

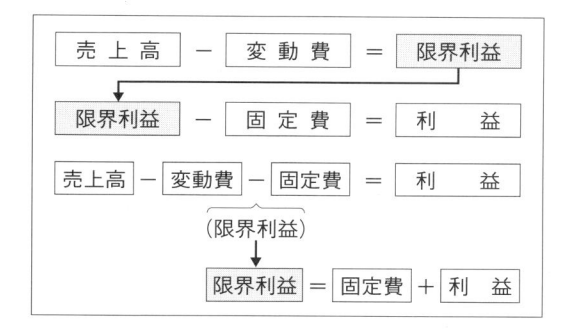

```
売上高 － 変動費 ＝ 限界利益
限界利益 － 固定費 ＝ 利益
売上高 － 変動費 － 固定費 ＝ 利益
        （限界利益）
限界利益 ＝ 固定費 ＋ 利益
```

　売上＝総費用＋利益＝変動費＋固定費＋利益より、売上－変動費＝固定費＋利益となり、この売上－変動費＝固定費＋利益を「限界利益」と呼ぶ。限界利益とは固定費を含んでいるため真の利益とはいえず、限界利益だけに注目する経営は望ましくない。

限界利益率　コストを変動費（別名、比例費）と固定費に分けると、売上と利益との意外な関係がわかる。
　いま、売上100と利益10がまったく同じであるA社とB社を並べる。A社とB社は変動費対固定費の割合が違って、A社は50対40で計90、B社は10対80で計90。ここで「売上を10%、100から110に増やすと利益はいくら増えるか」を比較する。
　A社は印刷会社である。材料の紙・インク代は変動費で50。売上が10%増えると、変動費は最初の50から5（10%）増えて55になる。給料・減価償却費・諸経費などの固定費40はそのままだ。利益は「売上110マイナス変動費55マイナス固定費40」で15である。利益は10から15へ50%も増加した。
　B社はデザイン会社である。総コスト90のほとん

けどはデザイナー給料・オフィス賃借料などの固定費80である。制作にかかる変動費はわずか10。売上が10％の10増えると変動費は11である。利益は「売上110マイナス変動費11マイナス固定費80」で19である。B社の利益は10から19へ90％も増加した。

A社とB社は同じ売上増10％でも、利益の増え方が50％対90％と違う。

これは偶然ではない。ナゾを解くカギは「限界利益率」である。2つの会社の限界利益率を比較する。

限界利益率（％）は（限界利益÷売上）×100。A社の限界利益は50（売上100マイナス変動費50）で50％。これは実際、A社で10から15へ増えた利益の増加率50％と同じである。

このことをB社で確かめてみる。B社は売上100の時に変動費が10であった。売上100マイナス変動費10で限界利益は90、そして限界利益率は90％である。実際にB社で10から19へと増えた利益の増加率90％と、やはり同じである。

限界利益率は固定費が多いB社のほうが高いのだが、売上が減少するときには、B社のほうが逆に大幅な減益になる。売上が100から90へ10％減少すると、B社の利益は10から19へと90％減少で済む。限界利益率だけで経営の優劣は判断できない。会社が、ここで説明したA社型かB社型かをしっかりと見極めた、経営の実行が大切。

売り上げ100　10％増加　売り上げ110

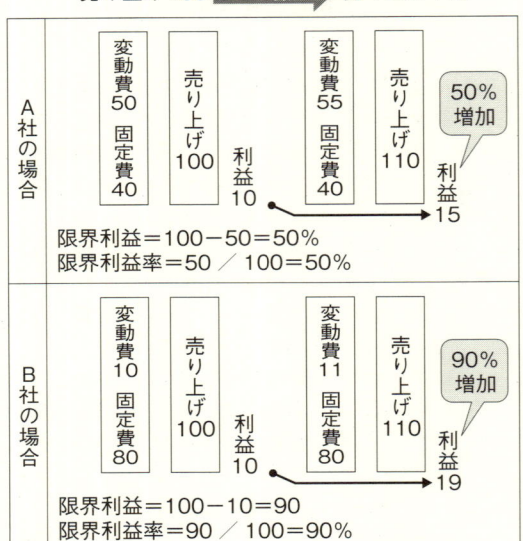

A社の場合
変動費50／固定費40　売り上げ100　利益10
変動費55／固定費40　売り上げ110　利益15　50％増加
限界利益＝100－50＝50％
限界利益率＝50／100＝50％

B社の場合
変動費10／固定費80　売り上げ100　利益10
変動費11／固定費80　売り上げ110　利益19　90％増加
限界利益＝100－10＝90
限界利益率＝90／100＝90％

原価計算　製品原価の計算は、①材料費、②労務費、③経費をもとに、①費目別計算、②部門別計算、③製品別計算の順に計算する。この手続を「原価計算」というが、常に原価に対応する利益（売上）のことを考えながら原価低減に取り組む。

原価計算の3つの要素

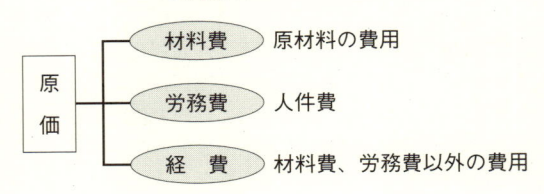

原価
- 材料費　原材料の費用
- 労務費　人件費
- 経　費　材料費、労務費以外の費用

原価計算基準　原価計算の一般基準（実際原価計算基準、標準原価計算基準）と原価差異の分析のほか特殊原価計算（特殊原価調査）についてのべた基準。

原価計算の目的　製造工場で製品を作るための費用を「製造費用」という。製造費用は、材料費、労務費、製造経費の合計である。

製品が10個できて、製造費用が100円であれば、「製品1個当たりの製造費用」は10円で、これを単位当たりの「原価」という。

製品の数量×製品1個当たりの製造費用＝製造費用
（　10個　×　　　　10円　　　　＝　100円）
↓
単位当たりの「原価」

常に、原価に対応する売上を念頭に置く必要がある。この原価を低減させていくための計算が「原価計算」。

原価計算には、次の5つ（①、②、③、④、⑤）の目的がある。

① 貸借対照表、損益計算書などの財務諸表をつくるのに必要な正しい原価を提供するため

② 原価管理、すなわち原価能率を見つめるため

③ 注文品の売値を決めるため

④ 予算編成と予算統制のため

⑤ 新製品を製造するか、販売を増やすか、製造を中止するか、設備投資をするか、など経営の重要計画の決定に役立つ

原価差額（原価差異）　実際原価計算制度では、計算する原価は実際原価だけである。これに対し、標準原価計算制度では、標準原価だけではなく実際原価をも算出し、標準原価と実際原価との差を比較・分析して製造作業の能率を測定する。この差が「原価差額（原価差異）」で、これを損益計算書の売上原価と貸借対照表の製品科目に振り分ける。

「原価差異」は、「数量によるもの」（数量差異）と「価格によるもの」（価格差異）に分けられる。例え

ば、原材料費の使用について見ると、数量差異＝（予定消費量－実際消費量）×予定単価で、価格差異＝（予定単価－実際単価）×実際消費量である。

原価の実績は、数量も単価も予算に対し減少することが望ましい。売上の実績は、数量も単価も予算に対し増加するのが望ましい。差異のプラス・マイナスは逆だが、差異の出し方・考え方は同じである。

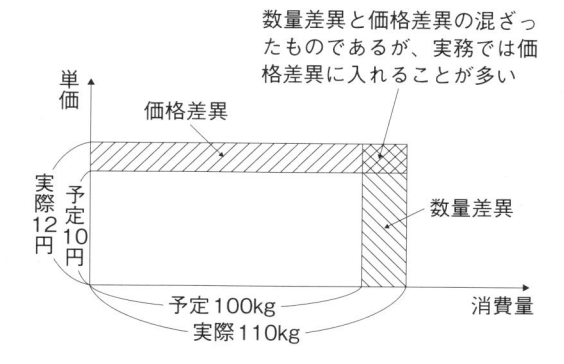

```
              数量差異と価格差異の混ざっ
              たものであるが、実務では価
              格差異に入れることが多い
単
価   価格差異
実際┌─────────────┐
予定│／／／／／／／／│
12円├─────────┬───┤
10円│         │＼＼│ 数量差異
    │         │＼＼│
    └─────────┴───┘──→消費量
       予定100kg
         実際110kg
```

数量差異＝（予定消費量－実際消費量）×予定単価＝
　　　　　（100－110）×10＝▲100円
価格差異＝（予定単価－実際単価）×実際消費量＝
　　　　　（10－12）×110＝▲220円
　　　　　　　　　　　　　計▲320円

原材料差異＝（100×10）－（110×12）＝
　　　　　　1,000－1,320＝▲320

原価差異＝標準原価－実際原価、で表され、これがマイナス（▲）になることは、好ましくない差異、プラス（＋）になれば、好ましい差異である。

好ましくない差異が生じた場合は、・どこで発生したか、・責任部門はどこか、責任者は誰か、・なぜ発生したか、その改善策と実行はどのようなものか、などを分析する。

減価償却　　固定資産の価値を耐用年数に応じて費用としていくのが減価償却であり、①取得価額、②耐用年数の2つに加えて③一定の償却方法、によって規則的に計算する手続きである。

資産には現金や貸付金などの流動資産（自分のお金、自分の債権）と、機械や土地、建物、車などの固定資産（自分が長く使うもの）がある。固定資産は何年も使えるという解釈に立っている。しかし、機械や建物などは、使用することで価値を失っていく。この価値の目減り分を費用にしていくことが減価償却。減価償却によって費用に回される部分を減価償却費と言う。

たとえば会社が180万円の機械を購入したとする。この機械の耐用（耐用とは使用に耐えること）年数を10年とすると、10年後には、機械の価値はなくなる。

買った時点では180万円の価値がある機械だが、1年目には18万円、2年目にも18万円・・・と価値が減って、10年目に、価値は0になる、と考える。

購入時の180万円を耐用年数の10年で割った価値を1年ごとに減らして（減価）いく。この減らすことを償却（消し去る→消却→償却）という。何を償却するかといえば、減って行く価値である。

法人税法上の耐用年数は、細かく財務省・国税庁の法定耐用年数表で決められている。

なお、同じ品質・性能の機械なら1円でも安く買うことが大切。180万円の機械を150万円で買えたら、年間の償却は10年間にわたって毎年3万円少ない15万円となり、現金の出も30万円少なくてすむ。

減価償却（2008）　　2007年4月1日から、法人税法の減価償却制度が約40年ぶりに大幅に改正された。おもな改正点は次のとおり。
① 有形減価償却資産について、残存価値がなくなり、1円までの償却ができるようになった。
② 定率法を適用する場合には、定額法の率を2.5倍した率を期首の帳簿価額に掛けて償却限度額を計算する（定額の率の2.5倍の率を使った定率法）。ただし、減価償却費が一定の金額を下回ることになる年度以降は、定率法から定額法に切り替えて減価償却費を計算する。
③ 2007年3月31日以前に取得した資産については、従来どおりの方法で計算するが、従来の方法による限度一杯まで償却した後、残存価額を翌年度から5年間で均等に償却できる。

これらの改正は、日本の会社の国際競争力を一層高めて、経済成長を促進するために、法人税法の減価償却制度において、残存価額をなくし、また、定率償却を前半に集中できるように見直したもの。

以上のような、会社の設備利用の実態に合わせる形で償却年数の短縮が実現したことで、会社の経営数値がより正しく表せることになった。

主な設備の法定耐用年数
（カッコ内は旧年数、旧区分け）

▽短期化		▽長期化	
自動車製造設備	9年（10）	化学調味料製造設備	10年（7）
石油精製設備	7年（8）	たばこ製造設備	10年（8）
アルミニウム製錬設備	7年（12）	▽区分	
セメント製造設備	9年（13）	55（390）　3～22年（3～25）	

出所）日本経済新聞（2008年5月2日）

減価償却（欧米）　　欧米では会計と税務で減価償却方法が別々で、日本とはちがう考え方で減価償却が行われている。

日本では、会計の帳簿に費用として計上することを

け

前提にして、税務上の損金（法人税法上の費用）として税法の定める償却限度額に達する金額まで減価償却費が認められる。その結果、日本の実務では、ほとんどすべての会社の減価償却が原則として法人税法に基づいて行われている。

一方、欧米では、会計と税務の減価償却を別々に行う。耐用年数、償却方法、残存価値などが会計と税務との間でちがっても問題ない。欧米の実務では、次のような理由から多くの会社が税務では定率法を採り、会計では定額法を採っている。

会計で定率法を採ると設備投資をしたすぐあとの費用が定額法をとった場合よりかなり大きくなる。このため多くの経営者は、税務では定率法を採って課税所得をできるだけ少なくし、会計では定額法を採って高い利益を安定的に続けることを選択している。

また、決算書の利用者にとっても、多くの会社が会計上定額法を採用していれば、同じ会社の過去の実績との比較や、他の会社との比較をするときに役立つ。

	会計上	税務上
取得価額	100	100
償却方法	定額法	2倍定率法※
耐用年数	10年	5年
残存価値	わかりやすくするため0とする	左に同じ
償却率	100÷10年＝10 償却率は0.1	100÷5年＝20 定額の率は0.2 0.2×2＝0.4 2倍定率法 （定額の率を2倍にした定率法）
初年度の減価償却費	100×0.1＝10	100×0.4＝40
初年度末の帳簿価額	90	60

※ダブル・ディクライニング・システム（欧米の2倍定率法）

減価償却計算（定額法と定率法）

定額法	定率法
・（取得価額）を耐用年数で割って、毎年同じ額の費用（＝減価償却費）を計上する方法。 ・償却額＝取得価額／耐用年数 ＝取得価額×定額法の償却率 （注）耐用年数をN年とする定額法の償却率は$\frac{1}{N}$となる。	・前期末の帳簿価額（＝未償却残高）に一定率（＝償却率）を掛けた額を費用（＝減価償却費）に計上する方法。 ・償却額＝期首の帳簿価額×定率法の償却率 （注）耐用年数をN年とすると、定率法の償却率は定額法の償却率$\left(\frac{1}{N}\right)$×2.5となる。

減価償却資産　棚卸資産、有価証券及び繰延資産以外の資産のうち次に掲げるものとする。
「建物及びその附属設備」、「構築物」、「機械及び装置」、「船舶」「車両及び運搬具」、「工具、器具及び備品」、「無形固定資産（鉱業権、漁業権、ダム使用権、水利権、特許権、実用新案権、意匠権、商標権、ソフトウェア、営業権、専用側線利用権、鉄道軌道連絡通行施設利用権、電気ガス供給施設利用権、熱供給施設利用権、水道施設利用権、工業用水道施設利用権、電気通信施設利用権）」、「生物（牛、馬、豚、綿羊及びやぎ、かんきつ樹、りんご樹、ぶどう樹、なし樹、桃樹、桜桃樹、びわ樹、栗樹、梅樹、かき樹、あんず樹、すもも樹、いちじく樹及びパイナップル、茶樹、オリーブ樹、つばき樹、桑樹、こりやなぎ、みつまた、こうぞ、もう宗竹、アスパラガス、ラミー、まおらん及びホップ）」

減価償却と法人税法の基準　法人税法で定めた法定耐用年数にしたがって会計上も固定資産の減価償却をしている。これは、日本の法人税法が設備ごとの耐用年数を定めており、会社の事業にとっても適切な年数と判断しているため、車の減価償却の耐用年数は6年としている。

減価償却は、規則的に計算して行うので勝手に増減はできない。法人税法の取扱で決められた限度額を超えて減価償却をしても、償却超過額は、税務上認められない。また、減価償却費が法人税法で認められた限度額を下回っても翌期に取り返すことはできない。

さらに、法人税法では損金経理（株主総会で確定した決算で費用または損失として会計処理すること）が減価償却費の計上を認める条件となっている。これらの理由から会社では会計上の減価償却計算は、法人税法の基準にしたがって行っている。

減価償却の手順　「取得価額」「耐用年数」が決まれば、定額法か定率法かという「償却方法の選定」を行い減価償却の「税法の限度の計算」ができる。この金額の範囲内で、限度いっぱいまで償却をして会社の体質を強めたい、と会社は考える。

① 取得価額の確定＝取得価額に含まれる金額のチェックをしたか。
② 耐用年数の適用＝資産の種類、構造、用途にマッチしたものを適用したか。
③ 償却方法の選定＝定額法か定率法か。
④ 償却限度の計算＝税法の規定を勉強しよう
⑤ 償却限度内での償却額の費用計上＝同上

減価償却費と売上・製造原価　かつては、固定資産の価額は与えられたものとして、その減価償却費

を早く大きくしようと考えた。しかし今では、同じ性能のものであれば、減価償却費が小さくなるように固定資産の購入価額を安くすることに力を注ぐ。そうすれば、会社の利益は向上する。

このことは、当り前のように見えるが、実は、固定資産回転率などの経営効率から見て非常に重要なことだ。多くの人が、減価償却費が売上の中で回収できない場合は、その減価償却費を生み出す固定資産の一部を売却するか、製品製造の操業効率を高めるか、増設の際はリース資産に切り替えるか、などを検討する。

「減価償却費」という言葉を聞いたら、まず、「売上の何％か、製造原価の何％か」ということを頭に浮かべる必要がある。このことを、経理・財務だけでなく、販売、製造、研究をはじめすべての企業人が考えることが大切である。特に、販売の第一線の人々がこれを十分理解することで、会社の体質は強くなる。

減価償却費と売上

減価償却を取り巻く問題について極端な例を考えてみる。もし、工場の減価償却費が100の場合、いくら努力しても売上が100しかなければ、その他の製造費用が仮にゼロであっても、製造原価は100となり利益はゼロとなる。

かつては、減価償却費は会社の費用であり、同時に資金回収であると考えられていた。しかしその後、「減価償却費は製品の売値の中で回収されるべき金額である」と認識されるようになった。これが「収益（売上）・原価計算」の考え方である。

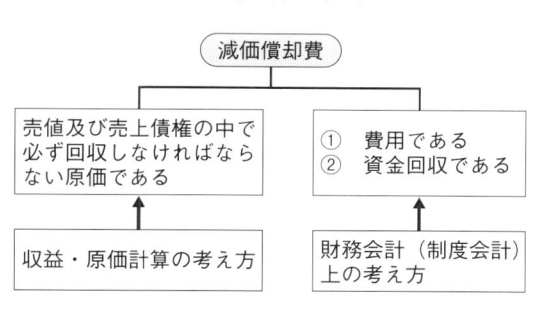

減価償却費の税効果会計

減価償却費を例にとって税効果会計を考えてみる。わが国の法人税法では、減価償却費について、資産の耐用年数、償却年数、償却方法などの規定に従って計算した金額を税務上の費用（損金）とする一方、企業会計では、税法の規定に基づかないで、自社で見積もった減価償却費を計上することがある。例えば、早く陳腐化しそうな機械・装置について、早く償却するために、法人税法の規定より多くの減価償却費を計上することがある。

たとえば、法人税法に基づいて計算した減価償却費の限度額が170で、会計上の減価償却費が250であれば、差額の80は、法人税法上の「減価償却超価額」とされる。すなわち、会計上は「費用」だが、税法上は費用（「損金」）として認められない。このため、差額の80だけ「所得」が大きくなる。

これは、前に述べた説明でいうと「税務上の所得が会計上の税引前利益より大きいケース」に当たる。実際の納税額の方が税効果により計算した会計上の理論的な税金の額より大きくなり、税金を前払いしたと考える。

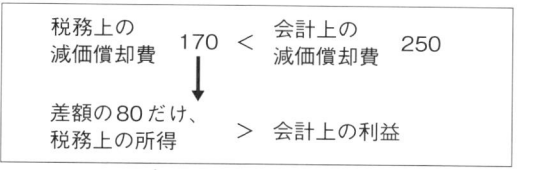

```
税務上の              会計上の
減価償却費  170  <   減価償却費  250
            ↓
差額の80だけ、
税務上の所得      >    会計上の利益
```

減価償却費は資金回収

減価償却費は費用であると同時に資金の回収と考える。固定資産は購入するときに資金が出るが、その後は「おカネの出ない減価償却費という費用」を計上する。この点が同じ製造原価でも材料費や給料などと異なる、減価償却費の大きな特徴。

減価償却費は、法人税法の規定に従って費用（法人税法では費用のことを損金という）を計上する限り、税金の支払対象にならない。費用を計上してもおカネが出ないので会社の中に資金がたまる。

減価償却累計額

毎期の減価償却費の累計額

「減価」「消去（償却）」

たとえば、自動車（固定資産）は、使っていくに従って価値が減っていく。そして、6年経つと価値が0である、と考える。いま、車1台を150万円で買ったとする。はじめは150万円の価値があるが、仕事で使っていくため、1年目に25万円、3年、4年・・・と価値が減り（減価）、6年経つと0になってしまう。

この減らすことを「償却」と言う。同じ発音の「消却」（消し去る）も、同じ意味。何を消し去っていくかというと、減っていく価値で、これが減価である。最初の150万円から1年目で25万円、価値が減っている（消し去っていく）。このため、買入れ価額（取得価額）の価値が減っていく金額を、消し去って（償却して）費用にすることを「減価償却（Depreciation）」と言う。そして、これに費用の「費」をつけて、「減価償却費」と言う。

大事なことは、減価償却費をコスト＝費用（Expense）として見ること。この動きを記録するために、経理・財務では「減価償却費計算」を行う。その目的は、車に関するコスト（費用）を計算して、損益計算書（I／S）にのせること。車は計算上、6年使って、その間のコストを使える期間全体にわたって費用として配分するのだ。

け

償却するルールには、①「定額法」（額が一定）と②「定率法」（率が一定）の2種類がある。

①の定額法は、毎年の減価する額を使用に耐える年数（耐用年数）に等しく分ける（一定額）方法。先ほどの自動車のケースで言えば、150万円を6で割った額が25万円（定額）。

②の定率法は、早めに償却を進める方法。一定の率、ここでは「0.417」を帳簿上の価額に掛けて、減価償却費を出す。1年目に大きく（63万円）、その後、6年目（9万円）まで年々小さくなっていく。

①、②ともに、お金は車を買ったときに1回、150万円を支払うだけだ。でも6年かけて150万円が費用になるわけで、その分だけ利益が減る。「利益が減るのにお金が残る」というのは不思議だが、これが減価償却費の大きな特徴である。

ときどき、「減価償却費が大きければ大きいほど、お金は残る」と間違う人がいる。でも、最初に購入するときに、150万円という大きなお金を払っていることを、忘れてはならない。

経営コストの減価償却費を小さくするために、品質の良い固定資産をできるだけ安く購入すること、これこそが経営そのもの、である。

定額法			定率法		
車150万円		150	車150万円		150
1年目	25万円	↓125	1年目	63万円	↓(150×0.417)
2年目	25	↓100	2年目	36	87 ↓(87×0.417)
3年目	25	↓95	3年目	21	51 ↓(51×0.417)
4年目	25	↓50	4年目	12	30 ↓(30×0.417)
5年目	25	↓25	5年目	9	18 ↓(18×0.5)
6年目	25		6年目	9	18 (18×0.5)
残りの額	0	残存価額	残りの額	0	残存価額

定額＝25万円　　定率＝「0.417」

原価法　棚卸資産の取得に際し、実際購入原価若しくは実際製造原価で会計帳簿に記録し、期末棚卸資産も実際購入原価若しくは実際製造原価で評価する方法である。

評価手続きの方法としては、個別法、先入先出法、後入先出法、総平均法、移動平均法、単純平均法、最終仕入原価法、売価還元法の8つの方法がある。

原価法と低価法　2008年4月から棚卸資産の期末評価の「基準」が変わった。前に説明した8つの評価方法で計算した後の手続である。

現在は、8つの評価方法で計算した期末棚卸資産の金額をそのままB／Sの計上額にするのが原則、これを「原価法」というが、このほかに棚卸資産の期末時価（市場価格）が原価法の金額よりも下がっている場合に、時価に置き換える方法がある。これを「低価法」という。

2つの評価基準はこれまで会社が選択できたが、2008年4月からは次の方法に統一された。
① 棚卸資産の取得（製造）時には、それまでに要したコストをB／Sに計上する。
② 決算期末において、棚卸資産の時価（販売市場価格）が、①のコストより下落していたら、B／S計上額を時価に置き換える。差引差額はⅠ／Sの費用とする（原則は売上原価、臨時・多額の場合は特別損失）
③ 棚卸資産の期末相場変動だけでなく、品質低下や陳腐化、長期滞留化している場合も、①のコストを回収できないほど利益性が低下しているならば金額を切下げてB／Sに反映する。

新しい評価基準は、原価法でありながら、「収益性の低下による帳簿価額の切下げの方法」と表現されるところが特徴的（実質的には低価法と同じ）。

研究開発のためのソフトウェア　法人が、特定の研究開発にのみ使用するため取得又は制作をしたソフトウェアのことをいう（研究開発のためのいわば材料となるものであることが明らかなものを除く）。

現金　現金、他人振出の小切手、預金小切手、郵便為替証書、期限の到来した公社債の利札、配当金領収書。このように通貨（国内通貨及び外国通貨）だけでなく通貨以外に通貨の代用物としての小切手、送金為替手形、一覧払為替手形、郵便及び電報為替証書などの証券、又は期限の到来した公社債の利札、配当金領収書など、いつでも通貨と交換可能なものを含む。また、会計上の現金とは、通常の経営活動に使用しうる手持ち現金を指し、支払手段のみならず物財あるいは役務との交換手段として利用される。

現金過不足勘定　現金出納帳の残高と実際の手もと現金残高に差異が発生し、その原因が不明な場合、現金出納帳の残高を実際の手もと現金残高に合わせるときに用いる勘定のこと。

現金科目の受払残表　貸借対照表の科目は、受払残表の期末の残高だけが表示されることがその特徴。

例えば、現金は期初の残高から始まって、毎日毎日、受入と払出が繰り返されるが、その期末の1日の終わりの残高だけが貸借対照表に表示される。

残	受 入		払 出		残
	㊧（借方）		㊨（貸方）		
千円		千円		千円	千円
300	①売上	1,000			1,300
	②借入	2,000			3,300
			⑤営業費	200	3,100
			⑥給料	500	2,600
			⑦借入金返済	600	2,000
	③受取利息	50			2,050
	④売上	3,000			5,050
			⑧原料費	1,500	3,550
			⑨機械	3,000	550
300		6,050		5,800	550

この中で、受入の合計額6,050千円と払出の合計額5,800千円は、前期末日の現金残高300千円と当期末日の現金残高550千円よりはるかに大きな金額である。なおかつ、その受入合計額、払出合計額は経営にとって、入金総額、出金総額という、意味のある内容をもっている。

会社の力を読むとき、決して残高だけにとらわれず、各科目の受入・払出に注目する。すなわち、財政状態より「その財政状態（残高）をつくり出した受入と払出という経営実行」に目を向けてほしい。

現金出納帳　現金管理を行ううえで、現金の出納を記録する重要な帳簿である。内部牽制の観点から、記帳担当者と現金の出納担当者は分け、処理の誤りや不正を未然に防止する。

現金の管理　現金については不正が起こりやすく、会社の実態に合った十分な内部牽制の仕組みを取り入れることが大切である。たとえば、出納業務と記帳業務の担当者を分け、入金と出金の担当者も分ける。領収書などの証拠となる書類の厳格な管理が必要。

また、現物の現金と帳簿残高が違っていることが分かった場合には、徹底して究明する。現金は盗難・紛失などのリスクが高いので、会社の入金、出金をすべて現金で行うことはない。現金を使うと不正が起こりやすく、また盗難、紛失などの危険性が高いからである。そこで銀行に当座預金や普通預金などの預金口座を作って、その口座を使う。

当座預金は無利息だが、小切手を切って自由に出し入れができる預金。また、銀行振込により自社の口座から、相手方の銀行口座に振り込むこともよくある。

現金の出納　会社の活動は、現金の入金と現金の支払の繰り返しで、徐々に現金が増加するに従い会社が発展していく。会社の基本的考え方は、「入るを計り、出ずるを制す」こと。

一般にいう現金の中の国内通貨の円にはおカネの種類としての金種がある。出納係（経理・財務）は、毎日の終わりに現金の残高を数え金種票に記録・管理する。この現物の現金と帳簿上の金額をチェックして、差額があったときは内容をしっかり確認する。

前日残高（前日繰越高）＋本日入金－本日出金＝本日残高（本日繰越高）

これは受払残表の残＋受入－払出＝残。この受払残表の考え方は、現金だけでなく、商品・製品・原料・借入金などあらゆる科目に共通である。

金種票（現金残高表）

| ○確認日時　　　年　月　日　P.M.16：00 |
| ○確認者　　　　世界一郎 |
| ○照合者　　　　日本次郎 |
| ○現金残高　　　58,971円 |

金　種	数　量	金　額
10,000 円	2	20,000 円
5,000	3	15,000
1,000	18	18,000
500	11	5,500
50	9	450
5	4	20
1	1	1
合　計	—	58,971

原材料　製品の製造に使われる原料や材料。主要材料と補助材料に分けられる。

原材料の手持月数　製品をつくるには、設備を建設し、原料を投入し、経費をかけ、人が働く。原料については、良いものを、安く、安定的に確保する。そのためには、「2社以上から購入する」という「複数購買の原則」を忘れてはならない。

また、検収、支払手段と条件、保険、受入事務も効率的かつ安全に行うために、購買倉庫、ITシステムの部門と経理・財務部は、綿密な打ち合わせを行う。

これらにより、リスクマネジメントを考慮しつつ、適正在庫を維持する。

原料在庫の手持月数の計算方法は、

原料在庫金額または数量÷1カ月当たりの使用金額または数量＝○.○カ月分

となる。1カ月当たりの使用金額または数量は、最新の生産計画に基づいた翌月以降の原料の使用予定金額または数量を使う。

け・こ

現在価値法（DCF法） 何年後かの金額が現在ならどれだけなのかという、その現時点での価値をみたものをいう。

現在価値（PV）＝将来価値÷（1＋利子率）^年数

検収基準 販売基準の一形態であって、相手方が納入された商品の数量・品質等を検査し、確認した後に売上を計上する基準をいう。これは売上（収益）に関する国際財務報告基準の基本的な考え方（売上は需要家に所有権がうつった時点で計上する）と通ずる。設置・試運転が必要な機械装置等に対しても適用される。

物品等を受け取った際、注文した規格に合わないもの・不良なものがないかを確認したうえで、そのようなものがあった場合は返品や値引き等を行い、仕入（買掛金）を計上する方法を定めた基準。返品や値引き等の実施後に買掛金計上を行う方法であり、買掛債務としては最も確実性が高く、また最も一般的な基準である。

建設仮勘定 事業の用に供する建物その他の有形固定資産を建設する場合に、完成するまでに支出された金額を一時的に計上する科目である。建設が完了すると、建設仮勘定からそれぞれ該当する有形固定資産の科目に振り替えられる。

減損会計 会社がもっている固定資産の価値が大きく下がった場合に、帳簿上の価値を現在の価値まで引き下げる会計処理。時価評価が資産の含み損益を表面化させるのに対して、減損会計は含み損だけを処理する点が異なる。減損を回避するためには常に設備の更新などを繰り返すなど、資産の生産性を維持しなければならない。減損会計では、資産が将来現金を生み出すものと考えて、現在の固定資産の価値を計算する。

固定資産の陳腐化

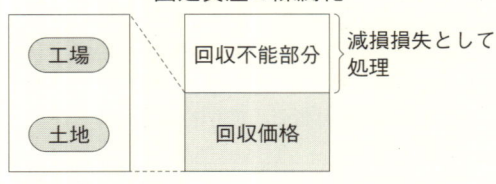

| 工場 | 回収不能部分 | 減損損失として処理 |
| 土地 | 回収価格 | |

たとえば、会社の土地や工場などの固定資産は、長い間にキャッシュフローを生み出し、投資額を回収して利益を上げる。しかし、技術革新で設備が陳腐化したり、バブル崩壊により土地が値下がりした場合に、帳簿価額から「回収可能価額」（「正味の売却価額」か「その資産を使用して得られる将来キャッシュフローの割引をした現在価値」のどちらか高い方の金額）を差し引いた額を「減損損失」として損益計算書に計上する。

ある資産グループについて

① 定められた「減損の兆候」がある場合

↓

② 定められた期間の割引前の将来キャッシュフローの総額が現在の帳簿価額を下回る場合には、減損損失を認識する。

↓

③ 減損損失の測定：帳簿価額－回収可能価額（注）＝減損損失（減損損失を原則としてⅠ／Ｓの損失に計上する）
（注）回収可能価額とは、(a)「正味売却価額」（資産の時価－処分費用見込額）か、(b)「使用価値」（資産を使用して得られる将来キャッシュフローの割引現在価値）のいずれか高い方の金額をいう。

権利行使価額 将来権利を行使するときに株式を取得できる価格をいう。

こ

交換レートの損と得 交換レートの変動の結果、物を輸出するときと輸入する場合では、得と損が生じる。これを為替差益、為替差損という。

その仕組みを、1ドル＝100円の交換レートで、1ドルのハンカチを輸入する場合について考えてみる。

1ドル100円のハンカチの輸出・輸入

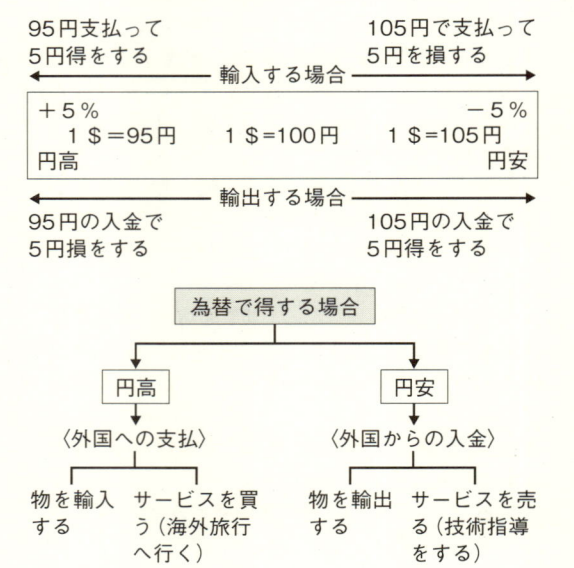

95円支払って5円得をする		105円で支払って5円を損する
←―――	輸入する場合	―――→
＋5％		－5％
1＄＝95円	1＄＝100円	1＄＝105円
円高		円安
←―――	輸出する場合	―――→
95円の入金で5円損をする		105円の入金で5円得をする

為替で得する場合
├─ 円高 → 〈外国への支払〉→ 物を輸入する／サービスを買う（海外旅行へ行く）
└─ 円安 → 〈外国からの入金〉→ 物を輸出する／サービスを売る（技術指導をする）

1ドルのハンカチを海外から買う（輸入）とき、交換レートがプラス5％動くと、1ドル＝95円の円高となる。1ドル＝100円のときだったら100円を支払うのが、95円の支払いである。だから、100円から95円を引いた5円、得をする（為替差益）。

　逆に、1ドル＝105円の円安（マイナス5％の円安）になると、100円の支払金額ですんだハンカチが、105円払わなければ輸入できない。つまり、5円の為替差損が生じる。

　円高になると、輸入品はそのぶん安く買え、仕入れ値が安くなると、ハンカチもそれに応じて値下げで、消費者もその恩恵にあずかる。

　また、たとえば、原油価格が同じでも、ドル安（円高）になれば、原油をもっと安く輸入できる。円高のときに海外旅行に出かければ、恩恵はもっとはっきりわかる。1ドルが200円と100円のときでは、同じお金で倍のものを買えるのだから。

　次にハンカチを輸出する場合、輸入とは全く逆の結果となる。

　5％の円高になると、1ドル＝95円である。見た数字は100円が95円と小さくなり、1ドルの入金に5円の損が発生する。

　また、5％の円安では、同じハンカチを1ドル＝100円のときに輸出に比べて5円高く入金するから、そのぶん得をする。

交際費　売上を伸ばしたりするときに交際費が有効に使われれば、会社の利益は増加する。しかし、法人税務では、ムダ使いには課税するとして、原則として交際費については全額に税金をかける（損金にならない）。なお、資本金が1億円以下の会社の場合だけ、無税の部分がある。

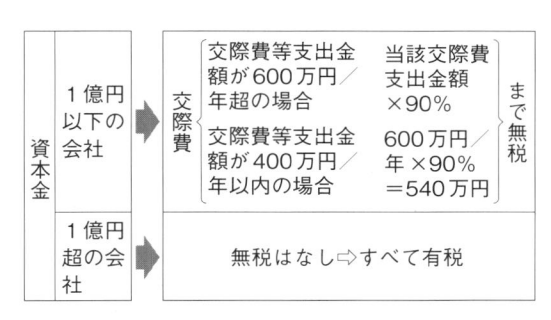

資本金		交際費		まで無税
1億円以下の会社	→	交際費等支出金額が600万円／年超の場合	当該交際費支出金額×90％	
		交際費等支出金額が400万円／年以内の場合	600万円／年×90％＝540万円	
1億円超の会社	→	無税はなし⇒すべて有税		

　なお、一見して交際費的であっても、1人当たり費用が5,000円以下の場合は、①飲食日、②飲食等の参加者、③飲食等に参加者数、④飲食等の会社場所、などを記載書類を保存している場合に限り、交際費より除外できる。

工事進行基準　工事は、着工から引渡しまでの期間が1年以上かかる長期請負工事の場合、完成時点で1度に収益（売上）に計上すると1事業年度に多額の収益が偏って計上される。そこで、このような場合には、工事の進行度合いに応じて収益を計上する方法をとる。

工事進行基準	—	長期請負工事（着工から引渡しまで1年以上）の場合、工事の進行度合いに応じて収益を（売上）計上する。

更正　納税申告所に記載された課税標準又は税額等が、法律に従っていなかったときや調査において異なっていたときに、税務署長等がその課税標準等又は税額等を修正する手続き。

構築物　土地に定着した建物以外の建造物。ドック・橋・岸壁・貯水池・煙突・トンネル・広告塔・へい・上下水道など。

交通費・旅費　交通費は、電車賃、バス代、タクシー代などで、実費が支給される。長距離出張などの旅費・日当は、最近では、出張前から内容を明確にして事務を効率化するために、明細表つきの命令書に基づいて旅費の費目で出金し、精算時に追加・返金する仕組みをとる。

交通費・旅費	—	交通費、旅費、日当など

公認会計士　国家試験に合格して、決算書類の監査・監査証明をしたり、決算書の作成、財務についての調査・立案・相談を仕事とする人。

公認会計士協会　公認会計士に合格した人はその登録をすませて、その人たちの集まりである協会に入会する。この協会は、世界の公認会計士の協会に入会し情報交換、勉学に努めると同時に、会計法規の実務に関する指針なども作成する。また、公認会計士の質を高める活動もしている。

公認会計士制度　会社の財務諸表が公正であることを証明する会計監査を手掛けるための資格。公認会計士として活動するには国家試験に合格したうえで、日本公認会計士協会の名簿に登録する必要がある。監督官庁である金融庁は粉飾決算を見逃した公認会計士に登録抹消、業務停止、戒告などの行政処分をする。

公認会計士による監査報告書　監査とは、「事の正否を監督し検査すること」である。監査報告書は、①どんな監査をしたか、②決算書の記載は正しいか、③事業報告の内容は正しいか、④利益の内容を見

て問題ないか、⑤剰余金の分配は妥当か、などの報告である。なお、「取締役の業務監査」は、公認会計士ではなくて、監査役の仕事である。

公平感（3つ）　経理・財務部では①利益にスライドした公平さを主体としながらも、②すべての人への公平さ、③判官びいきの公平さを大事にする。また、これら3つの公平感の前提として、会社全体の収益・利益向上策に照らして考えることを決して忘れてはならない。

候補企業価値評価　買収の基本合意に至るまでの重要な交渉項目は買収価格の算定である。売り手企業・買い手企業双方が、対象企業についての妥当な価格を自ら算定できなければ、賢明な交渉はできなくなる。企業買収においては妥当な価格を算定するために、企業価値評価を行う。必ずしも、価格＝価値とはならないため価値評価の絶対的な原則はない。しかし、一般的によく用いられる企業価値評価方法は、修正簿価、株価倍率、買収事例比較、DCFの4つの方法がある。

公募債　社債を不特定多数の投資家に引き受けてもらうことにより発行するものをいう。

ゴーイング・コンサーン（継続企業または継続企業の前提）　会社の経営では、種々の点から見て利益性・成長性・安全性の3つが大切である。とりわけ安全性の点から見て気をつける。しかし、株式上場企業がある日突然倒産したり、債務超過になったりという苦い経験から、従来のような気のつけ方では安心できないと皆さんが考えるようになった。そこで2003年3月期から、継続企業（ゴーイング・コンサーンで、これを「継続企業の前提」ということもある）を保証するために、決算書の注記に、自社が1年以内に破綻するかどうかを明記するべし、と規定された。例えば、①銀行にお金を返せなくなった、②売上が半分になった、③大きな営業損失が出た、④大事なお客を多数失った、⑤債務超過になった、などである。この文言のある・なしと、その文言の内容が、公認会計士の監査の対象である。公認会計士も経営者とともに、この文言に責任を負う。

コーポレート・ガバナンス（企業統治）　「企業統治」がその訳。株式会社の所有（株式保有者の所有）と経営（株式会社を株主が選んだ取締役が運営する経営）とが分離した現状からして、経営が株主（投資家）の利益に反した行動をとることを正すことを意味する。ただ、企業を統治するのは株主・投資家だけでなく従業員もその中に参加するべきであるとの意見も根強くある。これも大切。

子会社株式　親会社が持っている子会社の株式。
　子会社への出資は一般に「子会社株式」（または「関係会社株式」）として固定資産の中の「投資その他の資産」に表示される。

子会社株式・関連会社株式　子会社・関連会社に出資している株式をあわせて関係会社株式という。子会社の株式については一時的な所有であっても流動資産には載せずに、長期的所有とあわせて、すべて固定資産の「投資その他の資産」に載せて、他の株式投資などと区別する。評価方法についても取得原価で評価する。それだけ親会社にとっては大きな責任がある。

子会社（支配力基準による判定）　株式の所有によって、他の会社に支配されている会社を子会社という。親会社の側から見た時に、発行済株式の過半数（＝50％超）の株式を所有している会社を子会社という。「小会社」とは違うので間違わないこと。
　支配従属関係にある子会社を連結対象とするが、支配従属関係にあるか否かを判定する基準を支配力基準という。かつての持株基準（議決権所有割合で判定する基準）も支配力基準のひとつと考えられるが、議決権の過半数を所有していなくても事実上他の会社を支配しているケースがあるため、議決権所有割合に加え、高い比率（40～50％）の議決権を所有している会社で取締役を派遣して取締役会構成員の過半数を占めている場合や、重要な契約や資金援助を通して事実上他の会社を支配している場合には、「支配従属関係にある」と判定する。

子会社の決算日　例えば、親会社が3月決算で、米国子会社が12月の決算の場合。
　次の①②③うち、①か②が原則的な方法だが、③の方法も例外的に認められている。
　①は子会社の決算期を親会社に合わせるもの。「3月期決算とする」と決めればよいこととはいえ、欧米の会社は、6月決算か12月決算の会社が大部分なので、海外子会社のある場合は少し難しいのが現実。
　②の方法では、子会社での仮決算が正規の決算に近い合理的な手続きをするので、事務的な負担が相当大きくなる。
　③の「3カ月以内」の方法は、連結決算月の「前」だけでなく、「後」の3カ月も含んでいるが、親会社で連結財務諸表を作成する日数などを考えると、実務的には「前」にするのが望ましい。
　この③の場合は、会計期間がズレているため、連結会社間（例えば親と子、子と子の間）の取引高や、債権・債務は一致しない。これらの差異のうちで重要な

もの、さらに連結会社以外との取引や債権・債務で、連結決算等の重要な項目について、必要な整理を行った上で連結する。この場合には、子会社における月次決算が参考情報としてとても重要。

以上のことから、親会社の経理・財務部門には相当な負担がかかるが、私は③の方法が現実的であると思っている。しかしできれば、海外子会社の決算期も親会社と同じにすることが望ましい。もともと、この③は、主として海外子会社の人材不足や通信技術の未発達などを考えての妥協の産物。欧米の企業でも、日本と同様にこの③の方法を適用する会社が多いが、情報通信技術が急速に発展してきたので、欧米などではこの③のルールを廃止しようとの動きがある。

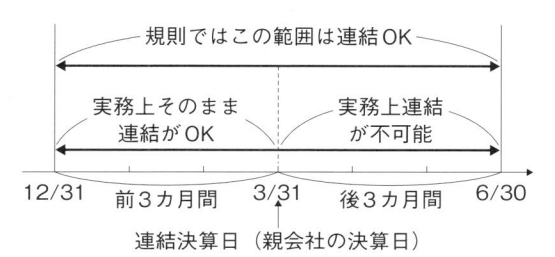

```
         ←─── 規則ではこの範囲は連結OK ───→
      実務上そのまま    ┊   実務上連結
      連結がOK         ┊   が不可能
    ├──────────────┼──────────────┤
   12/31   前3カ月間  3/31  後3カ月間  6/30
              連結決算日（親会社の決算日）
```

小切手　小切手は代金返済のために、現金の代わりとして使えて便利である。小切手には、不正取得者におカネが支払われないようにする線引小切手（横線小切手ともいう）がある。

小切手の表面に2本の平行線を引くと線引小切手となり、銀行と取引のある人でないと、その小切手を現金に換えることができない。

また、特定線引小切手といって、指定された銀行でしか支払いできないようにする方法もある。

支払取引を安全に行うための扱いだから、小切手帳をつかうときは、まず線引きすることを心がける。

国際財務報告基準　IFRS（International Financial Reporting Standards）の訳。IASにCommitteeをつけた国際会計基準委員会（International Accounting Standards Committee）によって決められた会計基準のことである。この基準を必ず守りなさいという法的な拘束力はないが、世界の国々が（その監督官庁も含めて）守っていって、会計を世界で透明に比較できるようにしようと努力している。

小口現金　企業会計において、取引先からの現金、小切手、手形などによる入金は、すべて当座預金に預け入れたうえ、支払いはすべて小切手を振り出して行えば、多額の現金を手元に保管する必要がなく、盗難・不正の発生を防止できるとともに、現金出納に伴う事務が省略できる。しかし、小切手によらない小口支払のために、少額の現金を手元に保有する必要があり、これを小口現金という。

個人情報保護法　名称は、「個人情報の保護に関する法律」。

高度情報通信社会の進展という状況下において、個人情報の適正な取扱いに関し、基本理念、基本方針等を定め、個人情報を取り扱う事業者の義務を明らかにするもので、個人の権利利益を保護するために平成15年5月30日に公布された。

コスト（原価）　コスト（原価）は、会社が製品を販売するまでの費用がいくらかの金額。

① 工場でいくらかかったか（製造原価）。
② 販売にいくらかかったか（販売費）。
③ サービスや管理にいくらかかったか（一般管理費）。
④ 利息をいくら払ったか（金利）。
⑤ 税金をいくら払ったか（法人税・住民税・事業税）。

固定資産　建物、機械・装置など、長期間にわたって使用された消耗される資産。これと対比されるのは流動資産で、現金、預金、売掛金、原材料、製品など短期間に使われたり、売られたり、入金したりする資産である。

貸借対照表の資産には「流動資産」「固定資産」に分かれる。

固定資産は、長期にわたって（1年を超えて）保有する資産のことで、機械、建物、土地などの特許権や著作権など、長期に保有する投資有価証券など。

たとえば、ある機械を長い間使い続けて製品をつくり、それを販売している間、機械は段々と古くなっていき、その価値は下がっていく。つまり、機械の価値の減少（減価）は、製品の製造に伴う。

そこで、機械が正常に使われ、製品の製造をし続けられる年数（耐用年数）にわたって、機械の購入価額を徐々に費用としていく（消却していく＝償却していく）のが、減価償却。

機械に限らず、会社が使用する固定資産は、売上の計上という会社の本業のために使われる。だから減価償却は、使用と時の経過によって価値が減少するすべての固定資産を対象として行われる。

こ

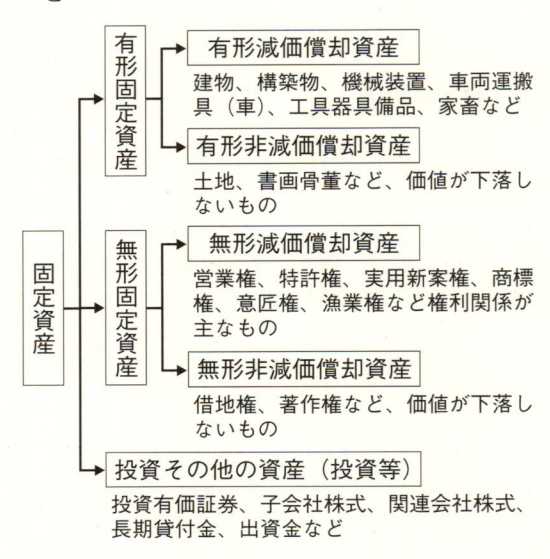

```
固定資産 ┬─ 有形固定資産 ┬─ 有形減価償却資産
        │              │     建物、構築物、機械装置、車両運搬
        │              │     具（車）、工具器具備品、家畜など
        │              └─ 有形非減価償却資産
        │                    土地、書画骨董など、価値が下落し
        │                    ないもの
        ├─ 無形固定資産 ┬─ 無形減価償却資産
        │              │     営業権、特許権、実用新案権、商標
        │              │     権、意匠権、漁業権など権利関係が
        │              │     主なもの
        │              └─ 無形非減価償却資産
        │                    借地権、著作権など、価値が下落し
        │                    ないもの
        └─ 投資その他の資産（投資等）
              投資有価証券、子会社株式、関連会社株式、
              長期貸付金、出資金など
```

固定資産課税台帳　固定資産の状況及び固定資産税の課税標準である固定資産の価格を明らかにするため、市区町村が備え付ける台帳。固定資産課税台帳には、土地課税台帳、土地補充課税台帳、家屋課税台帳、家屋補充課税台帳、償却資産課税台帳などがある。

固定資産の管理　建物や機械などの固定資産は長期間使用されるため「固定資産管理台帳」等の補助簿を用いて管理することが望ましい。管理の内容は現物管理をはじめ、減価償却費計算管理、担保資産管理、固定資産税の計算管理などと幅広い。

　建物を購入しその代金を支払ったときの仕訳は、
　　（左）（借方）建物×××　（右）（貸方）支払手形×××
となり、主要簿である建物科目に記入する。補助簿（主とする帳簿記入をいっそう明らかにするために別に備える帳簿）である「固定資産管理台帳」にも記入する。この台帳で、現物の管理を行うとともに、「固定資産および減価償却明細表・集計表」で減価償却費の額を明らかにする。その後の追加投資、大修繕で建物の価値が増加する支払いもこれらに載せていく。

　固定資産管理台帳は、現物管理、減価償却計算管理のほかに、会社外部からおカネを借入するときなどの担保の評価にも使われる。普通は、土地・建物・機械などが個別に担保となるが、工場全体が担保になることもある。これを工場財団の担保という。また、市町村に支払う固定資産税のための資産管理も忘れてはならない。

　有形固定資産の中の「土地」は、一般的に使用しても価値が減少しないので減価償却の対象としない。

固定資産の購入　建物や機械へ投資するときは事業部と工場と技術部が中心となって投資の素案をつくり、設備投資会議で投資の経済性などについて検討の

後、常務会・取締役会で決定する。固定資産は、1回の投資金額が大きい上、会社の中に長期間保有される資産で、資金も固有化するので、1つひとつの投資を、慎重に行う。しかも、いったん投資した以上、その直後から高い操業度が維持できるよう投資のタイミングにも細心の注意を払う。

　購入の手続きは、建物の場合、2つ以上の複数の建設会社から見積書をもらい、工場請負業者を決定し注文を出す。工事中は保険をかけ、工事が完了した時点で検収し、引渡しを受ける。これら発注に関係する部門は、内部牽制の観点から、それぞれ別の部門が担当する。

固定資産税の前納報奨金　市町村が条例で定めることにより、固定資産税の納税者が、納期前の納付をした場合、（例えば4月・7月・12月・2月納期の固定資産税を4月に一括納付した場合）に市町村から交付される報奨金。なお、交付されるためには、他の税金を滞納していない等の条件がある。

固定資産売却益　土地などの固定資産を売って得た利益。

固定長期適合率と固定比率　固定長期適合率は、自己資本（純資産）と固定負債との合計金額（会社の中に長期に留まっているお金）に対する固定資産の比率である。これが100％以下であれば会社の中に留まっているお金で固定資産をまかなっていると考えられ、良好である。

　固定比率は自己資本に対する固定資産の比率で、固定長期適合率より高い数値になる。同様に100％以下であれば、自己資本で固定資産をまかなっているので優良である。

固定費　「固定費」は、一定の生産能力や販売能力の下で、操業度（生産数量または売上数量）の増減に関係なく、一定期間変化しない費用である。この費用は、時の経過とともに、あるいは、生活活動の維持のために発生する費用である。例えば、従業員の給料（人件費）、減価償却費、地代家賃などがある。

　人件費はどれだけ製品を作ったかではなく、何時間働いたか、何日働いたかという労働時間によって決まる。つまり、1日に100個の製品をつくっても、1個の製品しかつくらなくても、労働時間が同じであれば、人件費は変わらない。このように製造量にかかわらず一定の金額となる費用を「固定費」という。固定費には、固定資産の減価償却費、火災保険料、工場長や従業員に払う固定給、地代家賃などがある。この固定費を、製品1個当たりの金額で見ると、生産量や販売量が増加すると減少し、逆に生産量や販売量が減少

すると増加する。

F	固定費	円	3,000	3,000	3,000
Q	生産量・販売量	個	100	200	300
F／Q	製品1個当たりの固定費	円／個	30	15	10

経営効率化の目標は、①限界利益を大きくすること、②固定費を小さくすることにある。特に、売上・直接原価計算を用いて経営計算を行う場合、限界利益のみを追求せずに固定費の節減・合理化にも必ず目を向けなければならない。

固定費の分析　限界利益（または貢献利益）の段階での「収益・費用検討」こそ売上・直接原価計算の神髄。しかし、限界利益を過大評価しすぎると、継続企業としての社会的要請コスト（雇用の安定、地域社会に対する貢献等）と、利益向上のための諸推進コストを含む「固定費」をないがしろにすることになる。

そこで、固定費を次の2つの側面から見ていく。
① 限界利益との関係における固定費

経営トップ層自らが、限界利益との関連を念頭に置いた固定費の発生に注目し、チェックし、節減する。
② 限界利益額との関係を断ち切った、固定費そのものの管理

継続する効率化の一環として、利益の大小に関係なく固定費を節減。ただし、事業部門と経理・財務部は、慎重な検討を加えた後、事業にどうしても必要な場合は、萎縮した節約主義を振り捨てる勇気をもって固定費予算の増額を行うこともある。

固定比率　固定比率＝固定資本÷自己資本×100
＝□％

□％＝100％以下をめざそう！

$$固定比率 = \frac{固定資産}{自己資本} \times 100 = \Box \%$$

□％＝100％以下をめざそう！

B／S

| 流動資産 | 負　債（他人資本） |
| 固定資産 | 純 資 産（自己資本） |

会社の中で長期間にわたって使われる建物・機械などの設備や、長期の貸付金・投資は、できるだけ自己資本で賄うのが理想。固定資産は資金そのものが固定される、という意味である。固定資産は、有形固定資産、無形固定資産、投資その他の資産、の合計だが、設備投資は自己資本で賄う、という考え方からきた比率。私は製造業で100％以下が目標と考えている。

個別会社と個々の会社　連結決算書を作成するときは、各会社は、通常、独自の勘定科目を用いているので、個別財務諸表の勘定科目を連結財務諸表の勘定科目に統一する必要がある。

組替後の親会社と子会社の貸借対照表、損益計算書及び株主資本等変動計算書をそれぞれ合算する。一般に「個別会社」は個々の会社を指すこともあるが、実際の意味は親会社のことをいう。だから、個別決算とか独立決算は、親会社決算のこと。個々の会社は1つひとつの会社のことで、その決算は個々の会社の決算である。

個別償却と総合償却　個別償却とは、1台の機械、1戸の建物といった個々の資産を償却単位として減価償却する方法をいい、総合償却とは、機械装置等の種類ごとに個々の資産の全部を総合した耐用年数を求め、それを1つの償却単位として減価償却する方法をいう。

個別消費税　消費税は、広義では物品・サービスの消費に担税力を認めて課される租税のことを指し、消費そのものを課税対象とする直接消費税と、最終的な消費の前段階で課される間接消費税に分類できる。前者にはゴルフ場利用税などが該当し、後者には酒税などが該当する。

個別法　製造原価計算の方法の1つ。製造したもの1個1個の単価を追っていく方法。現実的ではなく、実際の計算はかなり困難。

1つの例として、ダイヤモンドの加工の原価計算がある。

さ

債券 国、地方公共団体、一般事業会社などが、資金調達の手段として発行する有価証券の一般的な呼称。国債、地方債、金融債、社債、外国債などがある。

債権回収状況管理票 売掛金等の債権が順調に回収されているかどうかを確認するために作成する管理票のことをいう。

債権残高確認 得意先に当社の売掛金等の債権の帳簿残高を文書で知らせて確認し、先方の帳簿残高と合致するか、差異があればその原因が何であるかを調査すること。

債権と債務 ある人が他のある人に対して、財産の上で請求できる権利が債権である。また、ある人が他のある人に借金などをして、支払義務があるのが債務である。

債権と債務の消去 連結決算では親会社と子会社、子会社と子会社の間で発生した債権と債務は、互いに対応するものを相殺消去する。債権と債務の例は、㋑売掛金と買掛金、㋺受取手形と支払手形、㋩貸付金と借入金、㊁未収入金と未払金などである。

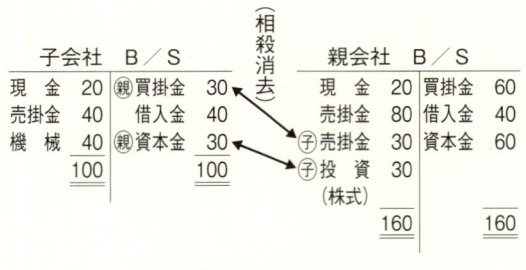

```
        子会社 B/S              (相殺消去)      親会社 B/S
  現 金  20  (親)買掛金 30              現 金  20  買掛金  60
  売掛金  40     借入金  40              売掛金  80  借入金  40
  機 械  40  (親)資本金 30              (子)売掛金 30  資本金  60
         100         100              (子)投 資  30
                                         (株式)
                                              160        160

              連結 B/S
        現 金   40  買掛金  60
        売掛金 120  借入金  80
        機 械   40  資本金  60
               200        200
```

債権申出期間 清算会社は、遅滞なく、債権者に対して一定の期間内（2ヶ月を下ることはできない）に債権申告をするよう催告（公告）しなければならない。また、公告には、債権者から一定の期間までに申出がない場合は、清算から排斥する旨付記しなければならない。ただし、知れている債権者については申出の有無に関わらず清算から除外できない。

清算会社は、原則として債権申出の公告で定めた債権申出期間内は債権者に対して弁済ができない。

在庫 製品（商品）倉庫に在ること。また、その中の製品（商品）のこと。すなわち、倉庫にある棚卸資産（製品・商品・原材料・貯蔵品・仕掛品・半製品）などの在り高を、数量や金額で表したもの。

在庫回転率 在庫管理がうまくいっているか、すなわち過剰在庫や滞留在庫が発生していないかをチェックするための数値であり、次の算式で求めることができる。商品別に求めることにより、商品の優劣を判定することができ、在庫回転率が大きいほどよく売れている商品を示す。
　（算式）在庫回転率＝出庫金額÷在庫金額
　商業、流通業を主とする会社においては、次の計算式により、会社トータルとして回転率を管理することも必要となる。
　（算式）棚卸資産回転率＝売上高÷期首・期末平均棚卸資産在庫高
　また、在庫回転率を日数に置き換えることにより在庫の滞留日数を表すことになる。
　（算式）在庫回転期間（日）＝365÷在庫回転率

在庫調整 販売計画等を考慮した需要予測等に基づいて、適正在庫数量の基準を定めて管理するが、需要の変動等により実際の在庫数量と誤差が発生する。この誤差を、受入と払出をコントロールすることにより適正在庫数量に近づけることを在庫調整という。
　在庫調整をするには、実際在庫の数量・単価・金額を正確に把握することが重要である。

在庫の手持日数

$$\text{在庫手持日数} = \frac{\text{製品}}{\text{1日当たりの売上原価}} = \boxed{}\text{日分}$$

$\boxed{}$日分は30日分以内をめざそう！（業種で異なる）

$$\text{在庫回転率} = \frac{\text{1年の売上原価}}{\text{在庫金額}} = \boxed{}\text{回}$$

で、
回転期間＝365÷回転率（何回転）＝$\boxed{}$日分となる

財産保全 財産保全こそは経理・財務の固有の仕事である。経理・財務は、トップ・販売部門が中心になって、会社の外からお金をいただいてくる事業部門の仕事に参画してバックアップする大切な役目がある。もう1つ、とても大事な役割がある。それは、他部門が上げてくれた利益とキャッシュを大事に守ること。すこし難しい言葉で言うと「財産保全」である。

これを脅かす行動をとる部門や人は厳重にチェックする。私の会社時代の師匠の小田切新太郎会長・社長は、経理・財務部門の固有の「財産保全」という機能（はたらき）を心から理解し応援して、年に2回の全社の経理・財務会議で、次のように言ってくださった。「経理・財務は、全社の財産保全に関してだけは、憎まれ役、煙たがられ役に徹して頑張ってください。私も社長も応援します」。

最終仕入原価法　商業の場合は1番最近の仕入単価で、製造業の場合は1番最近の単位当たり製造原価で、期末残高を評価する。

最終利回り（単利）　債券を満期まで所有した場合の年間利回り。従来、日本では実務的方法として単利での計算が用いられてきた。

$$最終利回り（単利）(\%) = \frac{利率 + \frac{償還価格 - 債券価格}{残存期間}}{債券価格} \times 100$$

再生産

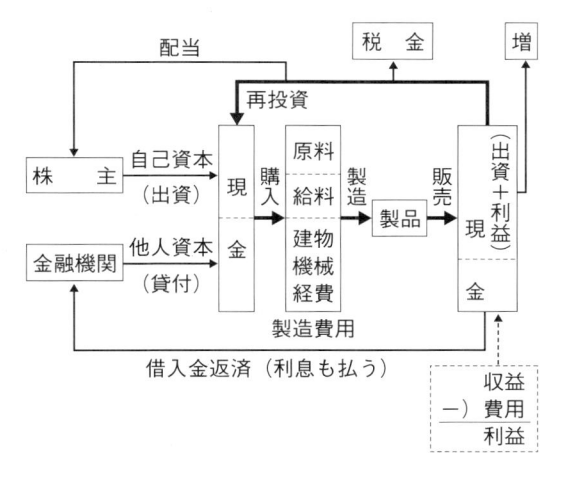

会社を設立すると、まず株主からの出資（元手＝資本の払込み金）が入る。次に、銀行からの借り入れ（借入金）も行う。この2つの現金で、会社に事業を始めるための現金の用意ができる。

こうして調達した現金を、会社のなかでは、原料・設備の購入や、給料・その他の費用（経費）などのために使う。そして、製品を生産（製造）する。完成した製品をお客様に販売することで、また現金を（会社の外から）いただき、現金が会社のなかに入り、この現金のなかから、借入金などの利息、配当金などの利息、配当金、税金を支払い、借入金の返済もする。そして、残りの現金を再び投資して、新しい製品を生産していく。この循環が、会社のはたらきである「再生産」の仕事。注目点は、①製品を販売したときに利益が発生する仕組みと、②再投資する現金を以前より大きくすること、である。会社は、毎日・毎月・毎年、この循環を繰り返しながら発展していく。利益を上げ、税金を払い、社会・国家の発展に貢献していく。

財政状態　貸借対照表に示される会社の資産・負債（純資産（株主資本等）・資本）の状況のことである。会社の中へ資金がどのように入ってきて（負債・純資産で調達）、その資金が何という資産に使われる（運用）かを示すのが財政状態。

財政状態の悪化　1株あたり純資産が、その会社の株式を取得したときのそれとを比較して相当程度下回っている場合をいう。

財テク　企業の資金調達・運用方法の多様化とともに「財テク」による利益獲得が注目されるが、「財テク」は高リスクを抱えている上、経営活動による内部成長の重視となじまない。会社は地道な本業の事業活動の中から生み出される営業利益を大事にするべきである。

差異分析　標準原価を設定して実際原価との差異分析を行うことは、原価節減に有用な情報を提供する。そのポイントは、①どこで発生したか、②責任部門はどこか、③なぜ発生したか、④その改善策と実行はどうか、である。

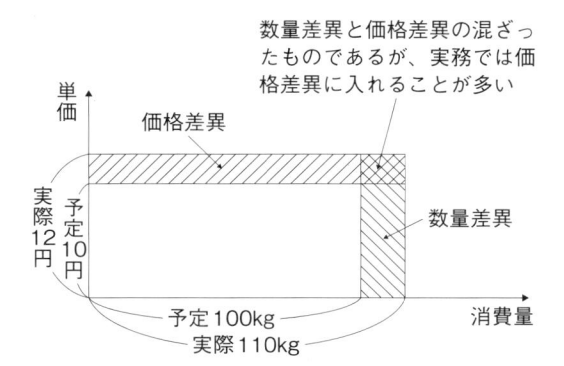

$$\begin{cases} 数量差異 = (予定消費量 - 実際消費量) \times 予定単価 = \\ \qquad (100 - 110) \times 10 = ▲100円 \\ 価格差異 = (予定単価 - 実際単価) \times 実際消費量 = \\ \qquad (10 - 12) \times 110 = ▲220円 \\ \qquad\qquad\qquad\qquad\qquad 計 ▲320円 \end{cases}$$

$$原材料差異 = (100 \times 10) - (110 \times 12) = \\ 1,000 - 1,320 = ▲320$$

差異とは、文字どおりだと、「ちがい」「相違」という意味。会計用語では、「数量差異」「価格差異」「売

さ

上差異」「原価差異」などと使われる。

経理・財務の金額は、「数量×価格」で決定される。これの予定と実際との全体の差異額は、「数量によるもの」と「価格によるもの」に分けられる。例えば、原材料費の使用について見ると、数量差異＝（予定消費量－実際消費量）×予定単価で、価格差異＝（予定単価－実際単価）×実際消費量である。

原価の実績は、数量も単価も予算に対し減少することが望ましいが、売上の実績は数量も単価も予算に対し増加することが望ましい。

財務会計（制度会計） 財務会計は、制度に基づいて行われるので、制度会計ともいう。そして、その目的は、公正で公平なルールのもとに、会社の業績の実体を外部の利害関係者（ステイク・ホルダー）に報告する。

一方、「経営会計」は、自由な発想で会社がその目的である「利益」をめざし行動すること。

「経理・財務」にも、①ルールを守るはたらきと、②利益を追求するはたらき―とがある。①が「財務（制度）」、ウエイト2の経理・財務で、②が「経営」、ウエイト8の経理・財務である。どちらも大事だが、社内ではこのように企業運営上のウエイト付けをする。2（財務）対8（経営）で、圧倒的に経営のほうに重きをおく。

「財務会計（制度会計）」2では、会社法や・金融商品取引法などが、決算書の作成方法や開示方法をルールとして決めている。会社はそれを守り、決算書を作成して、株主や投資家にわかりやすく説明する。

決算書を読むと、会社が利益を上げて税金を支払ったり配当をするまでの活動がわかる。ウエイトづけが低いからといって、決してないがしろにできない仕事で、企業として正しい行動を大事にする。財産の保全にも充分留意し、経理・財務部門が決算書の作成・開示を行う。基本的には日本の会計制度に基づくが、海外の子会社がある場合は、現地国（たとえば、ヨーロッパ）の会計制度に基づき子会社の決算をすることに留意。

これら3つの法律が「財務（制度）会計」を決定する

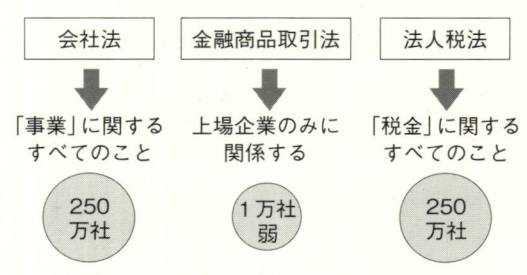

会社法	金融商品取引法	法人税法
↓	↓	↓
「事業」に関するすべてのこと	上場企業のみに関係する	「税金」に関するすべてのこと
250万社	1万社弱	250万社

注：「枠の大きさ」は、「財務1」「経営4」としてみていただきたい。

「財務会計・経営会計」と経理・財務＆CFO

経理・財務＆CFOの全実務

	項目	経理・財務＆CFO	
A	資本主義世界での重要性のウエイトづけ	財務会計 2割	経営会計 8割
B	責任部門（主役）	CFO、経理・財務部門（財産保全業務に注力）	事業部門（販売・製造・研究・M＆A部門）（経理・財務＆CFOは参画・バックアップ部門）
C	目的と役割	会計法規を守る（金融商品取引法・会社法・法人税法等）	①利益を上げて、②税金を納める（資本主義経済社会での事業に対する根本思想）
D	「会計公準」の眼	①人の正しい行動 ②貨幣で表す（円・ドル等） ③期間を定める（1年、半年、四半期等）	①人が利益を目指す ②現地通貨表示 ③事業判断期間（1日、1カ月、8カ月、2年、5年など自由）
E	日本国内か、国際か	○会計（金融商品取引法）←国際 ○会社法 ←日本国内 ○法人税法 ←日本国内・国際	国際

財務活動によるキャッシュフロー 借り入れや社債発行などによる資金の調達、それらの返済・償還などを記載する。また、配当金の支払いや自己株式の購入による支出も、企業と株主間の資金の移動であるとして、ここに含む。財務活動に関する資金収支。

財務指標 「財務」は、この場合、財務諸表と考えてよい。「指標」は、何かを指し示す目印の意味であるが、この場合は、「数値」とか「比率」と考える。従って財務指標は財務分析によって計算された財務数値あるいは財務比率である。

財務諸表 会社が行う経理・財務取引について情報を利用者に伝えようとして作られる（会計）書類全般のこと。とくに制度法規に公表が義務づけられている決算書（決算報告書）のこと。これは、会社の会計上及び一部会計外の取引を利害関係者に知らせるための決算報告書のことでもある。体系としては、貸借対

照表（B／S）、損益計算書（I／S）、キャッシュフロー計算書（C／F）、株主資本等変動計算書（S／C）など連結決算書の主なもの。上場会社や店頭公開企業では連結財務諸表が主体である。

財務諸表分析（財務比率分析・財務指標） 貸借対照表・損益計算書、キャッシュフロー計算書上の数値、あるいはそれに関連する財務数値（財務比率も含む）を分析して、会社の各面からの実力を評価する分析である。経営分析、財務分析も同様のもの。いずれも、会社の経営がどのような状態にあるかを分析し、将来どうあるべきかを検討するための重要な羅針盤である。実は、本当の会社の中身は財務比率によってはあまりわからないと言った方がよいと私は感じている。財務比率は、経営の傾向を見るのにはとても役に立つが、財務比率で会社の経営の中身がわかると判断すること、それ自体に危険性がある。

財務比率を出すのは、基本的にあくまで経営の結果の出た過去の数値である。これは「実績」。

1円の利益が実績として出たことは経営的に見て大変重要なこと。50銭税金を払えば50銭は本当の利益である。もちろん正しい計算の上にたったものでなければ意味はない。

ところが、ある会社で1億円の赤字が出た場合に、「当社はリストラクチャリングをやったために1億円赤字が出たが、来期は2億円の利益がでると思う」と、この会社の社長が発言した。社長の話だから、いったんはメディアの人も信用するだろうが、私のようなたたき上げの経理・財務マンはすぐに「これは将来の話だ」「はたしてそれは本当だろうか？」「完全に将来に向けた確率の高い計算をベースにした話なのか」と考え込んでしまう。

なぜなら、将来の財務諸表を目の前で見せられない、基本的に誰も将来の確実な予想はできない、と思うからだ。

その社長さんが自社内で、具体的な合理化策を煮つめて、従業員の人々と一致団結して実際に苦しい合理化を実行してその実績が目の前に示され、それが財務諸表の中に過去の実績として出て来た時に、はじめてわれわれは感動する。

一般に、よく社長さんの「わが社の現在のROEは1％だが、5年後には10％にしたい」といった言葉が、新聞に大きく載ることがある。私は、それは希望であると考えてしまう。ROEは分母に株主資本、分子に当期純利益。これから5年間の毎年、いや毎月毎月のROEの計画をたて、その実行策を具体的にたてて、それを毎月実績として公表するのでなければ、先程のような言葉は、空に向かって「私は希望する！」と言っただけになる。

実際の経営はそんなになまやさしいものではなく、売上（数量×単価）でも血の出るような苦労が必要だし、総費用の1つひとつの節減も具体的に実行するのは相当な痛みが伴う。

経営比率による予想経営と、仮に1円の合理化であっても絶対値のはっきりした合理化実績とは、天と地の差ほど違うのが本当の経営である。だから私は正しい実績の財務諸表は、"宝もの"だと考えている。

- 株価＝○円／1株

- 連結1株当たり利益＝$\dfrac{連結当期純利益}{発行済株式数}$＝○円／1株

- 連結ROE（リターン・オン・エクイティ）＝$\dfrac{連結当期純利益}{株主資本}$×100＝○％

- 配当性向（個別決算）＝$\dfrac{支払配当額（年）}{当期純利益}$×100＝○％

- 連結ROA（リターン・オン・アセッツ）＝$\dfrac{連結当期純利益}{総資産}$×100＝○％

- 流動比率＝$\dfrac{流動資産}{流動負債}$×100＝○％

- 株主資本比率＝$\dfrac{株主資本}{総資産}$×100＝○％

- 営業キャッシュフロー比率＝$\dfrac{営業収入}{営業支出}$×100＝○％

- 株価収益率＝$\dfrac{株価}{連結1株当たり純利益}$＝○倍

- 時価総額＝現在の株価×発行済株式数＝○円

債務超過 「負債」が「資産」を超過していたら、「負債超過」と、私だけが言う。一般的には、「債務超過」と言っているが。

資産超過と負債超過（債務超過）

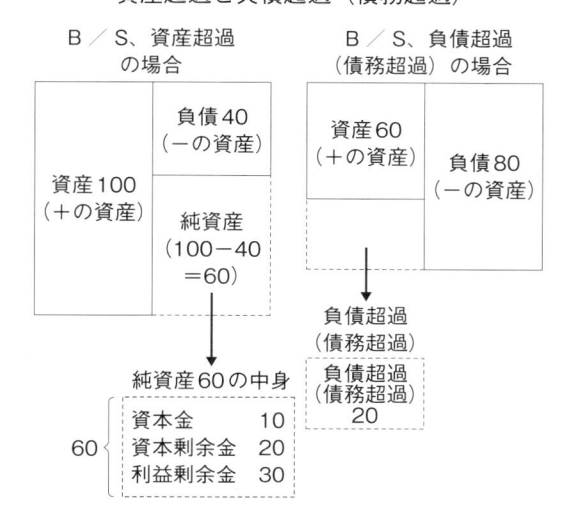

B／S、資産超過の場合

| 資産100（＋の資産） | 負債40（－の資産） |
| | 純資産（100－40＝60） |

純資産60の中身
60 { 資本金 10 / 資本剰余金 20 / 利益剰余金 30

B／S、負債超過（債務超過）の場合

| 資産60（＋の資産） | 負債80（－の資産） |

負債超過（債務超過）20

国のバランスシート（2007年3月末）

資産 704兆円	負債 981兆円
	債務超過 277億円

債務の確定　売上に関連する費用としては、売上原価のほかにも、販売費・一般管理費など、種々の費用がある。これらは、減価償却費を除いて、期末までに債務が確定しているものを計上する。期末までに債務が確定しているためには、①②③の要件のすべてに当てはまることが必要。

① 契約などで債務のあることがはっきりしていること
（おカネを払わなければならないことが決まっていること）

② 物の引渡しや役務の提供があること
（その債務に基づいて給付すべき原因となる事実があること）
（例えば、こわれた物を直してもらったというような事実があること）

③ 債務の金額が合理的に見積もれること
（例えば、代金を請求されているような場合であること）

債務保証　支払保証ともいい、主たる債務者が債務を履行しない場合、保証人がその債務を履行する責任を負うことを契約することにより債権者の債権を担保するもの。債務保証が実行され、保証人が弁済その他によって主たる債務を消滅させたときは、保証人は主たる債務者に対して求償できる（銀行等が債務保証を行う場合、対価として保証料を徴収する）。

差額原価による意思決定・経営実行　いくつかの特殊原価のうち、「未来」の概念をもった「差額原価」について、特殊原価計算による原価比較のやさしい例を見てみよう。

	B機械を使ったとき（現在）	A機械を使ったとき（これから未来）	差額（B−A）
材料費	100	100	—
加工費	300	200	100

先入先出法　実物の流れとは別に、先に倉庫に入ったものから先に払出されると仮定して払出単価を計算する方法。

先日付小切手　実際の振出日よりも先の日付を記載して振り出す小切手のことをいう。この小切手を振り出す場合には、小切手金額だけの資金の準備はないが、何日か後には資金手当の目処がつくような場合、その日付に取立てに回してもらう約束をして振り出すものである。
　振り出されたらすぐにでも現金化できるというのが小切手の特徴であり、先日付小切手も例外ではない。その際、資金不足で不渡ということになると振出人の信用は失墜することになる。

雑収益　事業活動以外のことから生ずる金銭的にさほど重要性のない収益。
　雑収入ともいう。

雑収入　営業活動以外のことから生ずる収益。金額的にさほど重要性のないもの。雑収益ともいう。

雑損失　事業活動以外のことから生ずる金額的にさほど重要性のない費用。

三角合併　合併とは、2つ以上の会社が一緒になって1つの会社になることで、新しく会社をつくる場合（新設合併）と、片方の会社が残ってもう片方の会社を吸収する場合（吸収合併）がある。このとき、消滅する会社の株主に対しては、存続する会社の株式が渡される。
　会社法では、米国企業の日本にある子会社が日本の会社と合併するとき、その対価を外国企業である親会社の株式で払っていいことになった。これが三角合併。親会社が外国の会社であると、日本の会社をどんどん子会社化するのでは、と心配されている。
　実質的には、外国企業の日本にある子会社の合併という形を使った株式交換による買収である。
　三角合併は、消滅会社の株主に対して、存続会社の親会社の株式を交付する形で行われる合併である。たとえば、A社の子会社のB社が、同業のC社と合併する際に、A社の株式をC社の株主Yに交付して、A社は現金を使わずにC社の全財産を手に入れることができる。つまり、A、B、Cの各社の関係が三角形になるので、三角合併と呼ばれる。
　このように、三角合併は現金を1円も使わずに、ほかの会社を傘下に収めるので、企業グループの強化には便利な方法である。
　また、合併の対価として全額現金を支払う場合を、キャッシュ・アウト・マージャー（現金合併）とい

う。この場合は、消滅会社の旧株主には株式が交付されないので、存続会社（やその親会社）の株主になれない。存続会社は、消滅会社の財産を完全に支配する。

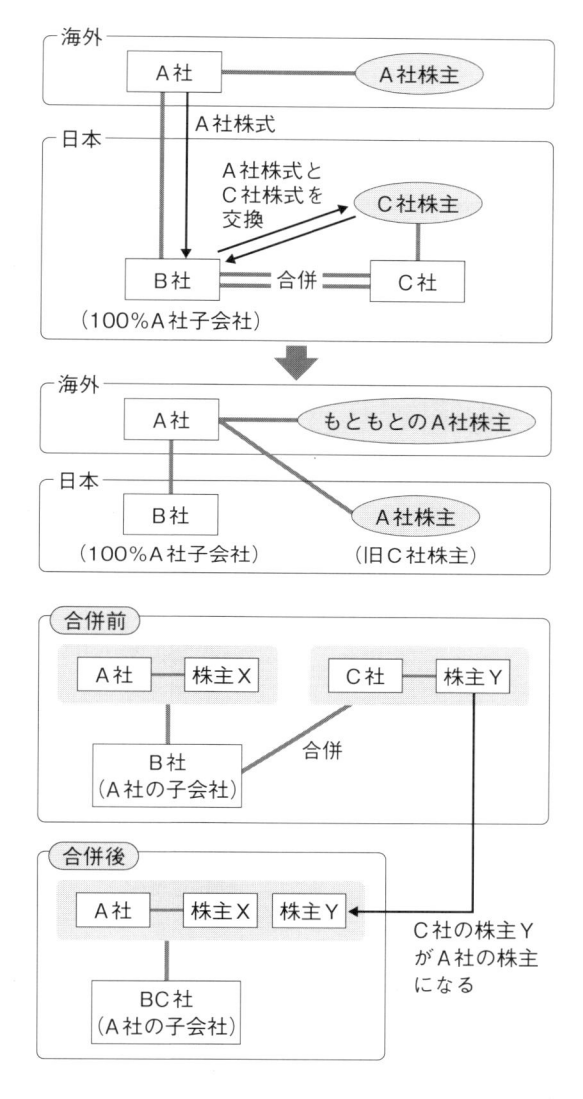

部分に注目。ほかの部分が優れていても、経営力（ブキ力・事業力・契約力）の実行がなければ、よい経営成果は残せない。

このマネジメント・サイクルにおける経営の主役は、「販売」「製造」「研究」「M＆A」部門である。それぞれが右肩上がりに拡大し、「利益の向上」をめざす。参画・バックアップ部門の「経理・財務」は、これくらいのウエイトだという意味で、細い線1本で示す。しかし経理・財務には、「金庫番」という固有の大きな役割がある。

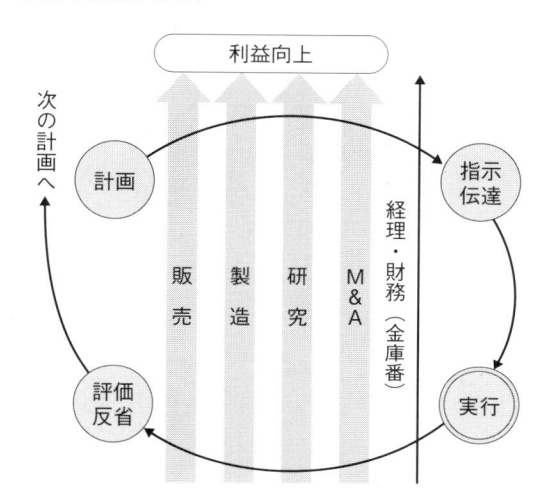

参画・バックアップ

経営のマネジメント・サイクル（Management Cycle）は、個人でも会社でも、目標を立てて行動する場合は同じである。たとえば「1か月目標」へ到達するために、まず今日の計画を立てて実行する。そして1日の結果を反省し、2日目の計画に進む。これを1日ごと、1か月ごと、3か月ごと、半年ごと、1年ごとを区切りに繰り返し、当初またはその時々の目標を達成していく。

会社の場合は「①計画→②指示伝達→③実行→④分析・評価・反省→⑤次の計画」と進む。会社は個々人が能力を発揮するほか、組織でも動いて実行しているので、「指示伝達」のステップが必要。③「実行」の

「残・増・減・残」

日々の経営は、数字の「残・増・減・残」であらわせる。会社を起こしたときは、最初の残はゼロだが、経営を続けていけば、必ず最初に「残」がある。今年、行動をはじめるときは去年の残があり、今月の行動の前には先月の残がある。今日、活動をはじめるときは、昨日の残があり、今月の行動の前には先月の残がある。今日、活動を始めるときは、昨日の残から始まる。

だから、はじまりはいつでも「残」である。そして、今日1日、「増・減」の行動を行って、今日の最後に「残」が残る。この「残」が明日のはじまりの「残」となって、経営は続いていく。バランス・シートは、さまざまな行動を行っている会社のある一瞬の財産（借金も含む）の残の状況をあらわす表である。バランス・シートに載っている数字は、ある一瞬の最後の「残」をあらわす数字にすぎない。バランス・シートのバランス（Balance）とは、まさにこの「残」のこと。

そして、私が毎日、懸命に書いていた仕訳伝票は、何らかの「増・減」「減・増」という何百・何千・何憶という経営の動きをあらわしたものである。

残増減残・残減増残

「残増減残・残減増残」は、生まれながらに、「科目の四マス」の流れの中で

使ってもらう運命がある。「残増減残」を分解すると、「はじめの残（Biginning Balance）と「増加（Increase）」「減少（Decrease）」「終わりの残（Ending Balance）」。ちょうど、人間が0、生まれて成長し、おとろえ、終わりはまた0になる、と同様。①資本金10を現金で入金。②銀行から20を現金で借りた。③コンサルタントとして15を現金入金。④旅費が5かかって、現金で払った。⑤A社に現金で7貸付けた。⑥法人税等4を現金で払った。

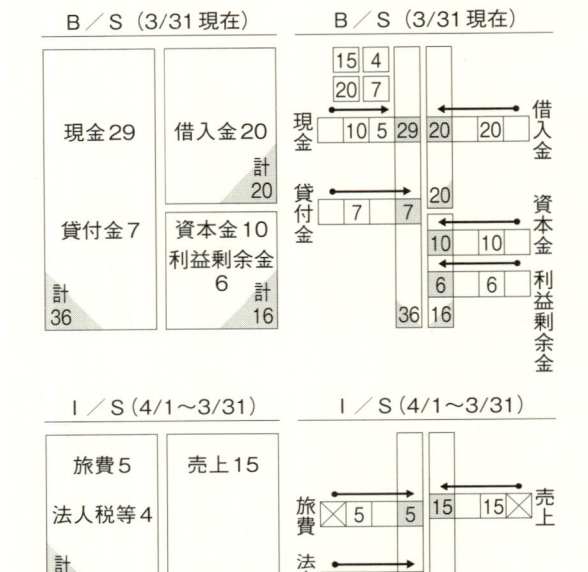

バランス・シート（B／S）も損益計算書（I／S）も両方とも「科目の四マス」と「残増減残・残減増残」の「科目の終わりの残」を示している。なお、簿記で、このB／S・I／Sの試行の残高表すなわち残高試算表を英語では Trial Balance（試行の残）と言う。

連結B／Sも連結I／Sも、重要な決算書だが、個別会社の科目の増減・減増や、科目の㊧、㊨こそが「経営そのもの」であることを失念してはならない。B／SもI／Sも科目の残高であることを、全ビジネスパースンに、理解してほしい。

なお、「残増減残」は、2004年11月19日の金児の商標登録（登録4818389号）。

（仕訳）
① ㊧（借）現金　　10／㊨（貸）資本金10
② ㊧（借）現金　　20／㊨（貸）借入金20
③ ㊧（借）現金　　15／㊨（貸）売上　15
④ ㊧（借）旅費　　 5／㊨（貸）現金　 5
⑤ ㊧（借）貸付金　 7／㊨（貸）現金　 7
⑥ ㊧（借）法人税等4／㊨（貸）現金　 4

「残増減残」（タテとヨコの「受払残表」）

「残増減残」というのは、「残高→増加→減少→残高」の頭文字をつなげた私の言葉。「残増減残」は少し大袈裟に申して、「宇宙の流転（因と果が続き合って限りないこと）」と「人間の栄枯盛衰」をあらわした文言である。この残増減残（Balance at the beginning, Increase, Decrease, Balance at the end ＝ BIDB）は人間社会のあらゆるところで、物や心の動きに使われている。会社の仕事では、数量や金額のタテやヨコの動きに関係する。

タテとヨコの「残増減残」のうち、タテ方向は、ある月の製品（科目）の動き、すなわちタテの残増減残。科目欄は数量（kg）、単価（円／kg）、金額（数量×単価）の3つに分かれる。

まず、数量。当月初めの製品在庫は20でこれは前月末の繰り越しである。次に当月中に工場で製品が80製造され、「増加」が80。これら20と80の計100のなかから、当月中に90の製品を販売した。これは「減少」である。その結果、「おわりの残」である当月末

の製品在庫は10である。

本当は、製造も販売も毎日しているので、増加も減少も日々、さらに短く、時々刻々、変化する。

次に、単価の欄を見る。前月末(当月初)の製品の単価は1あたり10だが、当月に製造した製品は、原料費などのアップにより15円。

販売した90の1あたりの原価(単価)はいくらかを見る。ここで、一度、1,400円を、計の100で割って、平均単価14円を出す。そして、当月出荷(販売)の90の平均単価は14円と考える。当月末に残った在庫の単価も14円。金額も、数量に単価をかけて表わし、これが金額の残増減残である。

会社の動きは、モノもお金も、残増減残。でも、経営の動きは「増」と「減」である。「残」はその結果に過ぎない。「増」と「減」の中身の真剣な検討・実行が、経営。

実は、貸借対照表(B／S)、損益計算書(I／S)の全科目の金額は、経営活動(増・減)の結果の「おわりの残」の金額である。

以上のことを、ヨコの「残増減残」でも、しっかり確認してほしい。
(注) 残増減残は金児昭の商標(登録第4818389号)。

「残増減残」と「科目の四マス」について

"「残増減残」と「科目の四マス」はコロンブスの卵である"とのお言葉を、井上良二青山学院大学大学院教授からいただいた。これは「税経通信(2007年6月号・税務経理協会)」の中で、拙書『ビジネス・ゼミナール 会社「経理・財務」入門』(日本経済新聞出版社)の書評をしてくださった際のお言葉である。また、2005年には、加古宜士早稲田大学教授から、"「科目の四マス」は金児さんの素晴らしい発明です"とのお手紙をいただいた。多謝である。

残高試算表 すべての勘定科目を集計・整理して一覧表にしたものが残高試算表(trial balance＝試行の残)で、「資産＋費用」＝「負債＋純資産＋収益」の等式が成り立つ。これに利益を入れて整理すると、「資産－負債－純資産」＝「収益－費用」＝「利益」となる。

タテの受払残表

残増減残	数量×単価＝金額	数量(kg)	単価(万円／kg)	金額(円)	説明
残	前月末在庫	20	10	200	前月末＝当月初のB／Sの製品残高
増	当月生産分	80	15	1,200	当月、工場で生産した製品の製造原価(当月の製品費用)
計(残増の計)		100	14 (1400÷100＝)	1,400	当月に出荷可能な製品の計
減	当月販売分	90	14	1,260	実際に出荷した製品の原価＝I／Sの売上原価
残	当月末在庫	10	14	140	当月末のB／Sの製品残高

ヨコの受払残表

残増減残	残 前月末在庫			増 当月生産分			計 (残増の計)			減 当月販売分			残 当月末在庫		
	数量	単価	金額	数量	単価	金額	数量	単価	金額	数量	単価	金額	数量	単価	金額
数量×単価＝金額	kg	万円／kg	円	kg	万円／kg	円	kg	万円／kg	円	kg	万円／kg	円	kg	万円／kg	円
	20	10	200	80	15	1,200	100	14 1400÷100	1,400	90	14	1,260	10	14	140
説明	前月末＝当月初のB／Sの製品残高			当月、工場で生産した製品の製造原価(当月の製造費用)			当月に出荷可能な製品の計			実際に出荷した製品の原価＝I／Sの売上原価			当月末のB／Sの製品残高		

し

仕入（買入・購入・購買は同じ意味）　これらは、いずれも物を買うことである。物を買う時の行動は次の5つである。①注文する〔品名・数量・単価・金額・納期（納める期限）・代金支払条件〕、②検収（納入するときの検査）する、③受入〔物を受け取り代金を支払う義務（＝債務）が発生〕する、④請求書（代金の支払を請求する書類）をもらい、代金（買い手が売り手に払うおカネ）を現金・預金・手形等で支払う。⑤領収書（代金受領の印をついて出す書類＝レシート）を受け取る。

仕入先別元帳　仕入先別に買掛金の発生・消滅を記録して仕入先別の残高を明らかにした補助元帳のことであり、主要簿である元帳が買掛金の合計額を記帳するのに対して、その内訳となるものである。仕入先別の残高合計額は、元帳と一致することを確かめる。

仕入（高）　仕入高は、企業の事業目的に関わる商品又は製品製造用の原材料等の購入高であり、売上高に対応する主たる営業活動を示す主要な項目である。

　会計上、仕入原価として処理する取引は、商品又は原材料等の仕入によるものであるが、通常、外注加工等の任務提供の受入も購買業務の一環として処理される。

仕入値引　仕入商品の量目不足、品質不良、破損等の理由により代価から減少される金額のこと。したがって、商品仕入高の減少（㊉貸方）と処理する。しかし、商品仕入値引として処理する場合もある。その場合には、最終的な決算書の表示においては商品仕入高から直接控除するか、あるいは、間接控除として表示する。

仕入割引　仕入代金を約定支払日前に支払った時に支払額の減額を受けること。すなわち、代金支払期日前の支払に対して仕入先から受け入れる買掛金の一部免除のこと。すなわち、仕入取引ではなく代金支払取引から生ずる収益である。したがって、金融収益として処理し、商品仕入高をマイナスとする処理はできない。

仕入割戻し　特定の仕入先から一定の期間に多額又は多量の仕入取引をしたときに、仕入先から受け入れる仕入代金の返戻額をいう。すなわち、多額又は多量の仕入を行った場合に、仕入高又は仕入数量を基準として受け取る報奨金のこと。仕入リベートともいう。財務諸表等規則ガイドラインによると仕入割引に準じて取り扱うので、商品仕入高の減少の仕訳（㊉貸方）と処理する。また、商品仕入割戻しとして処理する場合もある。その場合には、最終的な決算書においては商品仕入高から直接控除するか、あるいは、間接控除として表示する。

時価　公正な評価額であり、取引を実行するために必要な知識をもつ自発的な独立第三者の当事者が取引を行うと想定した場合の取引価格。

時価会計　会社の貸借対照表の左側の資産と右側の負債について、取得原価（取得（＝手に入れること）した時に帳簿につける価格のこと）ではなく、ある日現在（例えば3月31日）の時価で、資産（例えば在庫や有価証券）や負債（例えば借入金）を評価（＝値段を決めること）する会計のことをいう。

　会社の資産を決める基準は、日本の20世紀では「取得原価主義」だった。これは価値を購入価格で決めるもの。この方式で、何年か経っても取得時のままで貸借対照表に載せるのは正しい会計情報ではないとして、現在の価値で決める会計が「時価会計」。取得原価に含み損が出た資産（特に上場株式などの金融資産）を常に決算期末（例えば3月末）に時価で評価（決めること）し直す。時価会計で重要なのが「有価証券」の時価会計である。

　日本の時価会計では、取得原価主義を原則としながらも、含み損が出ている資産については、時価で評価をし直する。そして、会社が保有する資産と負債のうち、株式などの金融商品に適用されている。

　金融商品とは、現預金、保有する株式、公社債、金融派生商品といわれるデリバティブ取引による債券などの金融資産と買掛金、受取手形や社債、デリバティブ取引による債務などの金融負債のことをいう。

　このうち、金融資産は、原則としてすべてに時価会計が適用されるが、金融負債は時価評価をしないで、デリバティブ取引による債務のみが時価会計の対象になる。

し

仕掛品　製造する中途にある（仕掛中）生産物で、まだ売れる状態にはないもの。建設業や造船業では半成工事・未成工事という。

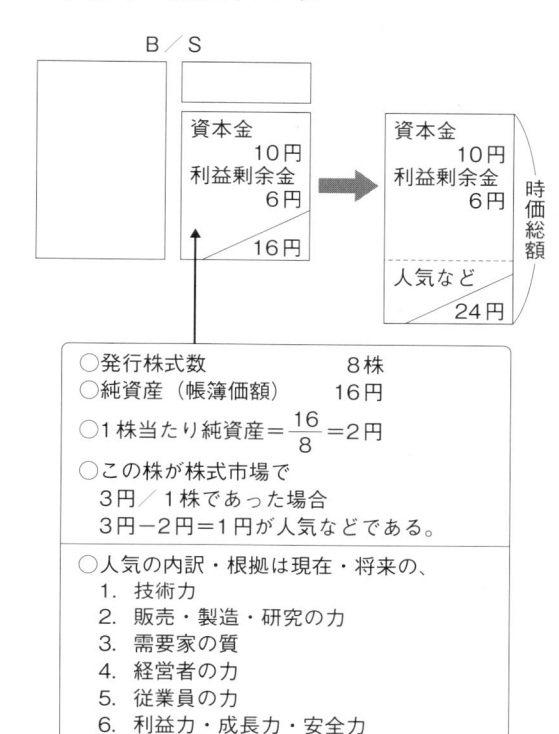

```
         B／S
┌──────┬──────────┐
│      │ 資本金       │
│      │    10円      │
│      │ 利益剰余金   │
│      │    6円       │──┐時
│      ├──────────┤  価
│      │              │  総
│      │    16円      │  額
│      ├──────────┤
│      │ 人気など     │
│      │    24円      │
└──────┴──────────┘
```

○発行株式数　　　　　　　8株
○純資産（帳簿価額）　　　16円
○1株当たり純資産＝$\frac{16}{8}$＝2円
○この株が株式市場で
　3円／1株であった場合
　3円−2円＝1円が人気などである。
○人気の内訳・根拠は現在・将来の、
　1. 技術力
　2. 販売・製造・研究の力
　3. 需要家の質
　4. 経営者の力
　5. 従業員の力
　6. 利益力・成長力・安全力
○株式の時価総額24円（＝3円／株×8株）

時価のある有価証券の減損処理　4つの有価証券のうち、「売買目的有価証券」以外の有価証券（すなわち、満期保有目的の債券、子会社株式及び関連会社株式、その他の有価証券）のうち、時価のあるものについては、買った時の値段の半分未満になり、そして、当分元に戻らないと考えられる場合には、評価損の検討が必要。

　買ったとき　100株　＠1,500円　150,000円
　期末時価　　100株　＠ 500円　 50,000円
　評価損の仕訳
　㊧（借方）株式評価額　100,000円
　　　　　㊨（貸方）有価証券（株式）　100,000円

時価のない有価証券の減損処理　市場価格のない株式は、取得価額をもって期末の評価額とする。そして、次に述べる評価損を常に考える。市場価格のない株式の会社の財政状態が悪くなったときには、その悪くなった状態を評価して、買った時の価格と比べ、期末の純資産が半分未満になった時、評価損を計上する。この期末の純資産の額を「実質価額」という。（この頁の下段を参照）

　当社がX社の株式を全株（1,000株、＠4,000円、投資額400万円）もっていたとすると、期末のX社の純資産が150万円なので、250万円価値が下落したことになる。

　買った時　1,000株　＠4,000円　400万円
　期末　　　1,000株　＠1,500円　150万円
　評価損の仕訳
　㊧（借方）株式評価損　250万円
　　　　　㊨（貸方）X社株式　250万円

事業計画　会社の事業部門（販売、製造、研究、M＆A）は、毎日の活動のなかで、売上と利益の向上をめざして、数えきれないほどの数の経営項目を世界中で毎日実行している。この「実行可能性の研究」が、「フィージビリティ・スタディ」（FS＝Feasibility Study）。FS（エフ・エス）は、世界中の会社で、毎日行われている。

　たとえば、「百億円の設備投資計画を立てて、人員を50人投入して、銀行からお金を借りて、この設備投資をいつ完成し、いつから生産・販売を実行したら、売上と利益が1か月どれだけになるか」ということ。

　このときに大切なことは、事業部門が「目に見える形で徹底的に検討すること」。経理・財務は、固有の公平なはたらき（機能）をもって、FSに参画する。

　短期間（月単位）で解決・実行するべき事項や、中期（12か月以上）で期間を分けて検討・実行するべき事項がある。これらは、日常の経営上の問題点の1つひとつの解決と並行して進められる。

　そして、FSで検討し実行した結果は、必ず将来の決算書に反映され、会社の業績に結びつくが、FS自体への経理・財務の参画は、会計取引になる前、つま

資産の評価

買った時　B／S（X社）		期末B／S（X社）	
資　産　1,000万円	負　債　600万円 純資産　　400 （資本金　200）	資　産　450万円	負　債　300万円 純資産　　150 （資本金　200）
1,000	1,000	450	450

1株当たり純資産＝$\frac{400万円}{1,000株}$＝4,000円／1株

1株当たり純資産＝$\frac{150万円}{1,000株}$＝1,500円／1株

り「仕分け（仕訳）以前」の非常に大切な仕事。

検討のなかでは、事業部門の責任と権限で提出される計画の「前提条件」は、必ず3つある。

1つ目は、「楽観的な計画」（Optimistic Plan）。

2つ目は「最もあり得べき計画」（Most Probable Plan）。3つ目は「悲観的な計画」（Pessimistic Plan）。これには必ずカントリー・リスクを入れる。経営はこの3つ目の「最悪計画」を覚悟して、決断・実行される。

そして、実行を決めた途端に、1つめの楽観的な計画が努力目標になる。これは経営行為として、一見すると矛盾するように見えるが、決して矛盾しないことを、第一線の人からトップのリーダーまでの全員に理解してほしい。

なお、この前提条件にもとづく事業損益の計算は、経理・財務がどこにも左右されない客観的な計算と、独自性をもって行う。

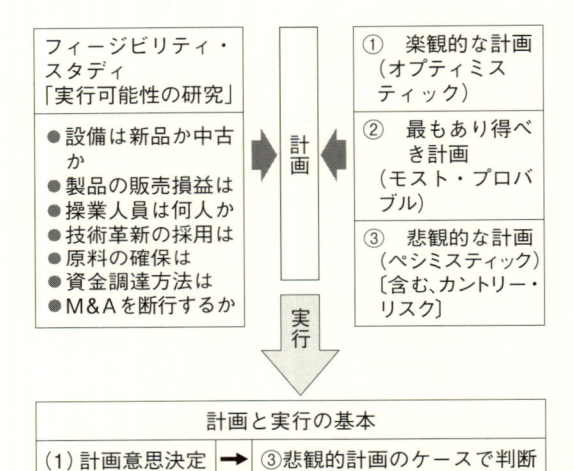

フィージビリティ・スタディ「実行可能性の研究」
● 設備は新品か中古か
● 製品の販売損益は
● 操業人員は何人か
● 技術革新の採用は
● 原料の確保は
● 資金調達方法は
● M＆Aを断行するか

→ 計画 ←
① 楽観的な計画（オプティミスティック）
② 最もあり得べき計画（モスト・プロバブル）
③ 悲観的な計画（ペシミスティック）〔含む、カントリー・リスク〕

↓ 実行

計画と実行の基本	
(1) 計画意思決定	→ ③悲観的計画のケースで判断
(2) 経営実行	→ ①楽観的計画のケースが目標

事業と「経理・財務」（企業会計）

事業100（販売25・製造25・研究25・M＆A25）と経理・財務2。

われわれ会社全体の事業のウエイト＝重さ（Weight）を100とした場合、私は経理・財務（＝企業会計）のウエイトづけ（Wとする）を2と考える。さらに、企業会計2の中身のウエイトづけは、財務会計0.4（2割）、経営会計1.6（8割）。

事業（販売・製造・M＆A）と経理・財務（企業会計）

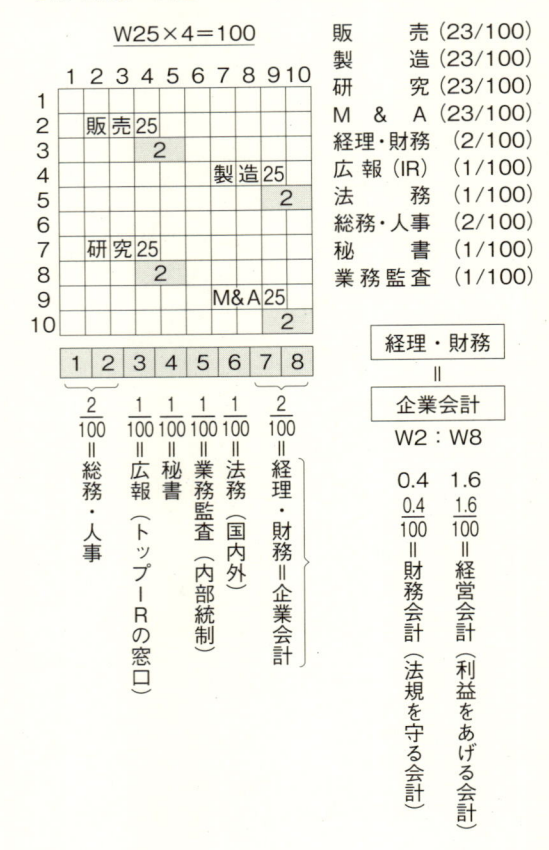

W25×4＝100

（10×10のマス目：販売25、製造25、研究25、M＆A25）

- 販　　　売 (23/100)
- 製　　　造 (23/100)
- 研　　　究 (23/100)
- M＆A (23/100)
- 経理・財務 (2/100)
- 広報（IR） (1/100)
- 法　　　務 (1/100)
- 総務・人事 (2/100)
- 秘　　　書 (1/100)
- 業務監査 (1/100)

8区分：
1. 2/100＝総務・人事
2. 1/100＝広報（トップIRの窓口）
3. 1/100＝秘書
4. 1/100＝業務監査（内部統制）
5. 1/100＝法務（国内外）
6. 2/100＝経理・財務＝企業会計

経理・財務＝企業会計
W2：W8
0.4　1.6
0.4/100＝財務会計（法規を守る会計）
1.6/100＝経営会計（利益をあげる会計）

事業部制　製品別、地域別、得意先別に分けられた「利益責任」を持った会社の経営単位のこと。会社の中の事業部を、あたかも1つの会社であるように考え、その会社の社長のことを「事業部長」と呼んで、その人が全責任を持つと考えればよい。

会社は規模が大きくなり、いろいろな事業を行う。すると自然に、販売、製造、研究、M＆Aと責任担当の分野が分かれる。業績管理も、分野別になる。

販売を中心にして、利益向上に責任をもつ組織「単位」の「事業部」（Division）には、製品別、地域別、得意先別などがある。

製品別の事業部制では、主役となる販売、製造、研究、M＆A部門も、それぞれ所属する事業部に分かれる。また、バックアップ部門の人事、経理・財務も事業部ごとになることもある。

事業部制では、部門ごとに他社と業績を競い、売上・利益を上げる気風が出てくる。自分たちの業績が明瞭になり、「儲け」の程度が数値ではっきりと示される。一方、この事業部制は、会社のなかに、あたかも、いくつもの小さな会社をつくることになり、かえって経営の効率性を欠くこともある。

事業部制の「長所」と「短所」の特徴は、対ではな

いが、短所（下図の右側）には、特に気をつける。責任部門のことを一生懸命に考え、行動するので、つい、他の部門や全社のことを慮れなくなる。気をつけたい。

　私は、事業部制の長所は短所をはるかに上回っていると考えている。この事業部制のもとで、利益の向上には、収益の向上とあらゆる費用（コスト）の節減に、めりはりのある検討を積み重ねる。工場では、原料の品質を落とさずに安く買う、製造の作業能率を上げて人手のかからない工程にする、1個当たり運送費を最低にするなど、まさしく、しらみつぶし（hands-on）の検討を行う。

　本社でも、販売を伸ばすために得意先と交渉し、経費の節減を徹底する。

　経理・財務はこうした事業部制の特徴を理解したうえで、「事業部門の国内外での利益をめざす経営実行」に積極的に参画して、バックアップする。

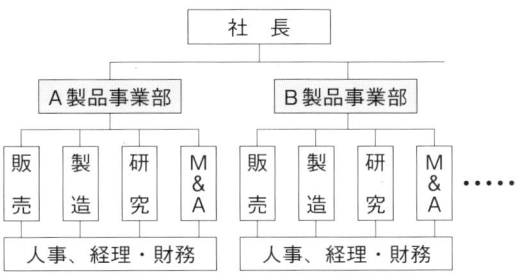

```
            社長
      ┌─────┴─────┐
   A製品事業部    B製品事業部
   ┌─┬─┬─┐    ┌─┬─┬─┐
  販 製 研 M    販 製 研 M    ……
  売 造 究 &    売 造 究 &
           A              A
   人事、経理・財務   人事、経理・財務
```

長　所	短　所
①責任と権限の明確化	①競争意識が過剰になる
②利益増加、損失減少対応に効果的	②部門間の協調性が欠如
③販売力強化、シェア拡大	③人件費増加、業務の重複化が進む
④勤労意欲向上、幹部養成に効果的	④全体最適の考え方が希薄になる
⑤新製品の開発促進	⑤利益責任部門は間接部門をわずらわしく思う

事業部別・製品別損益表

	A事業部	B事業部
売　上　高	100	160
売　上　原　価	70	100
販　売　費	5	15
社　内　金　利	5	10
直接統制利益	20	35
本社費配賦	10	16
業　務　利　益	10	19

（注）1. 本社費は26とする
　　　2. 本社費配賦基準＝事業部売上高
　　　　$A = 26 \times \frac{100}{100+160} = 10, \ B = 26 \times \frac{160}{100+160} = 16$

事業報告　会社の1事業年度における事業の概要及び会社の状態についての報告書で、事業の内容や株式の状況、役員の状況等について記載されている。

資金　現金・預金（キャッシュ）を中心とする資金の管理は、経営のリスクマネジメントを考える上で、欠かすことのできないポイントで、資金不足から経営の行き詰まりを招かないよう常に気をつけていく必要がある。

資金運用表（簡単な）

資金の運用（需要）		資金の調達（供給）	
機械の購入	100	当期利益	20
		減価償却費	50
		小計	70
		借入金の増加	30
計	100	計	100

資金運用表　前期と当期の貸借対照表の各科目残高の増減額から、資金の調達と運用状況を分類し、資金全体としての動きを見るための表（間接キャッシュフロー計算書）で、一般に資金の源泉（使途）を把握する際には、その資金が一時的な余資である流動資金（運転資金）によるものか、確固とした固定資金によるものか区分することができる。なお、現金等の流れ（増・減）や残高を的確につかむには、手間はかかるが、資金繰表（直接キャッシュフロー計算書）の方が有効である。

　資金運用表では、期首と期末の貸借対照表の差額に注目する。売掛金が「期首残10→増加50→減少40→期末残20」なら、未回収債権が10増えたので、当期中に資金が10減少したと考える。

　資金運用表は、科目ごとの資金の増減を「資金の調達」（源泉）と「資金の使途」（運用）に分けて観察する表である。

　簡便に資金運用表を作るときには、当期純利益と減価償却費を加えた額を自己資金による資金の調達とする。売上債権や在庫、仕入債務の変動が少なければ、これで営業で獲得した自己資金がほぼ正確にわかる。

　資金運用表は、資金の動きを経営の大枠として把握できる便利な表。ただし、実際の現金の動きとは異なる「みなし」の考え方で作成するため、繰り返すが、日々の厳密な資金管理は、資金繰表により、取引1件ごとにチェックして改善していく必要がある。

資金運用表の作り方　会社のお金（資金）の流れを見る方法は、「資金繰表」のほかに「資金運用表」がある。資金繰表は直接お金の入金・出金を見るが、資金運用表では、お金の「使い方（使途）」や「集め

し方（源泉）」に注目する。たとえば、在庫が増加するとお金を使ったと考え、借入金の増加は使えるお金が入ったと考える。

貸借対照表（2期比較）

科目	前期①	当期②	差し引き②−①	科目	前期①	当期②	差し引き②−①
現金	3	3	0	買掛金	23	30	+7
売掛金	32	40	+8	借入金	25	35	+10
原料	5	7	+2	資本金	30	30	0
機械	40	50	+10	純利益	2	5	+3
合計	80	100	+20	合計	80	100	+20

使った資金の内訳
- 売掛金の増加 ……… 8 → 8
- 原料の増加 ……… 2 → 2 合計25
- 機械の増加 ……… 10 → 15
  I／Sの減価償却費… 5
  （お金の出ない費用）

在庫や借入金の増減は、貸借対照表（B／S）の同じ科目の前期との当期を2つ並べて、残高を比較する。これは「残増減残」の「はじめの残」と「おわりの残」の比較で、期中の「増」「減」の差額でもある。これは当然だが、重要なことである。

左側（資産）は、当期のお金の使い方を示す。「売掛金＋8」「原料＋2」「機械＋10」は、これらにお金を使ったことを意味する。売掛金の増は未入金の売上が増えることになるので、お金を使ったと考える。

一方、右〔負債と純資産（資本）〕は、お金を集めたと考える。「買掛金＋7」と「借入金＋10」「純利益＋3」は、お金を集めたことを意味する。「純利益＋3」は当期中の現金増加と同じではないが、お金の源泉であるため、いったん純利益と同じお金が入ったと考える。

資金運用表やキャッシュフロー計算書は、資金全体の状況をザックリと見るには都合のよい表だが、会社が本当の危機のときには使えない。本当に資金不足になったときには資金繰表で毎日、毎週、毎月の現金の入金・出金を正確に把握して経営を実行する。これは超短期経営実行である。

ここで、資金運用表内在している最も簡単なキャッシュフロー（簡略キャッシュフロー）を説明する。それは、I／Sの「純利益＋減価償却費」である。キャッシュフローである理由は、第一に純利益はお金の源泉で、第二に減価償却費はお金の出ない費用の代表選手だからである。これは会社が借入せずに自分の力で、毎年確保できるお金である。

簡略キャッシュフローの8（たとえば純利益3＋減価償却費5）は自己資金だ。だから、10の設備投資をするとき、不足分の2は借り入れを実行する。

資金繰表　現金・預金の入金出金の状況を把握するために作成されるのが資金繰表で、予算と実績を比較し、将来の資金計画を早めに考えていくことが望ましい。これが、欧米の直接キャッシュフロー計算書をベースにしたキャッシュフロー経営の基本である。

資金繰りは、おカネの「入」と「出」で「入金」と「出金」をとらえ、そのつり合いを図ること。だから資金繰りとは家計のやり繰りと同じである。

ただ、家計のやり繰りと違って、経理・財務が多少ややこしいと感じるのは、売掛金、未収入金、買掛金、未払金などのように、債権や債務が発生してからおカネが入り、出るまでに少し時間がかかるものがあるからである。これらは、債権や債務が発生した時でなく、実際におカネが会社に入り、出る時の額を把握する。

資金繰表は、ある期間の資金の収入と支出を、「現金売上」や「買掛金支払」などの科目で分類・集計し資金の動き、資金の過不足の調整、繰越金額などを明らかにするための表である。資金繰表の最も簡単な形は、月単位のもので、「前月繰越＋当月収入−当月支払＝翌月繰越」という形になる。

資金繰表では、予算と実績を分析・検討し、資金の状況を把握し、資金が不足することのないよう、常に事前に、早めはやめに対策を立てる。

	項目	1月 予算	1月 実績
I 事業活動に伴う収支	収入		
	売上回収（現金）	240	244
	受取手形決済	55	60
	その他	5	6
	収入計①	300	310
	支出		
	原料費	110	117
	人件費	50	48
	経費	40	41
	設備購入	10	12
	配当・法人税等	8	8
	支払手形決済	40	40
	その他	42	41
	支出計②	300	307
	事業収支尻③＝①−②	0	3
II 資金調達に伴う収支	収入		
	借入金・増資	9	10
	割引手形	2	1
	収入計④	11	11
	支出		
	借入金返済	5	6
	支出計⑤	5	6
	資金収支尻⑥＝④−⑤	6	5
III	総合収支尻⑦＝③＋⑥	6	8
IV	前月資金残高⑧	73	73
V	当月資金残高⑦＋⑧	79	81

資金繰表と残増減残　資金繰表の仕組みは家計簿や小遣い帳と同じで、お金の動きを見つめて「残増減残」の形で示す。増は「入金収入」、減は「出金支出」。この２つをまとめて「収支」「収入支出」「入出金」と言う。

資金繰表は、上場企業に限らず全国250万社すべてでつくり、使っている。経営者はだれでもお金の大切さを身にしみて感じている。今日入ってくる売上代金（入金）で、明日借入金を返す（返済）約束でいたところ、今日の入金が明後日まで遅れてしまったら、それこそ大変だ。

だから、お金の「残増減残」の動き、すなわち、やり繰りに力を注ぐのである。

このお金のやり繰りをまとめた表が「資金繰表」。この「残増減残」ははじめにあったお金（残）、入金（増）、出金（減）、おわりにあるお金（残）を示す。

大きく分けて、Ⅰの「事業活動の収支」とⅡの「資金活動の収支」がある。Ⅰは事業（販売・製造・研究）活動の入金・出金で、Ⅱはトップと経理・財務が行う銀行借入や資金活動の入金・出金である。

そして、ⅠとⅡの合計が全社の動きを示すⅢの「総合収支尻」になる。「尻（じり）」は結果のことだ。これに「はじめの残（Ⅳ前月の資金残高）」を加えると「おわりの残（Ⅴ当月資金残高）」になり、資金繰表が完成する。

Ⅰ 事業活動の収支			Ⅱ 資金活動の収支		
収入	売上代金の回収（現金）	240	収入	借入金の調達	9
	受取手形決済入金	55		増資（資金の調達）	2
	その他の収入	5			
	（計）①	300		（計）③	11
支出	原料費	110	支出	借入金の返済	5
	人件費	50			
	経費	40			
	設備の買い入れ	10			
	配当・法人税等	8			
	支払手形決済支出	40			
	その他の費用	42			
	（計）②	300		（計）④	5
	事業の収支尻（①－②）	0		資金の収支尻（③－④）	6
Ⅲ　総合の収支尻（Ⅰ＋Ⅱ）					6
Ⅳ　前月の資金残高					73
Ⅴ　当月の資金残高（Ⅲ＋Ⅳ）					79

（注）残 はじめの残＝前月の資金残高＝73
　　　増 当月の増＝①300＋③11＝311
　　　減 当月の減＝②300＋④5＝305
　　　　　（増減＝311－305＝6）
　　　残 おわりの残＝73＋311－305＝79

さて、ⅠとⅡについて、入金・出金をよく知るために、さらに細かい科目に分ける。小遣い帳の支出の内訳に食事代とか映画代を記入するのと同じように、予算や前月との比較のために、主な科目は決めておく。出づるを制す（お金が出ないようにする）気持で支出科目を多くに分ける。

事業活動の入金は売上代金の回収がほとんどである。小売業では現金売上が一般的だが、メーカーなどでは売上の時点ではなく、売掛金になってからの振込みや小切手による入金が多い。受取手形は支払の期日までに現金にならないので、期日に決済したものだけを記入する。

キャッシュフロー計算書は主に「貸借対照表・損益計算書」と、「お金の出ない費用である減価償却費」からつくられる。そして、そのつくり方は、「資金繰表」と「資金運用表」（お金の使い方と集め方）を学べば、自然にわかる。

資金繰表は家計簿と同じ　資金繰表は、ある期間の「収入」と「支出」を科目で分類・集計して、資金の動きと過不足の調整、繰越金額などを明らかにする表である。基本は家計簿と同じである。

ただし、会社の仕事ではいったん売上債権や仕入債務などが発生してから、後でおカネが入ったり出たりするので少し時間が遅れる。

資金繰表では、実際におカネが入り、出るときの額で把握する。

経理・財務では、資金繰表の予算と実績の違いを分析して資金の状況を把握し、資金不足が発生しないように早目に対策を立てる。

資金対策　資金不足を招かないためには、資金の調達方法を研究する以外に簡単な形式のものでよいから資金繰表を必ず作成し、特に、借入金等は必ず返済するべきものであることを認識し、収益・利益の向上策を真剣に進めることが大切である。これは企業だけでなく、国家、家計も同じである

資金調達　冒頭にまず、ひと言申しておく。

会社をつくり、事業（販売・製造・研究）に必要なお金は、株主が払い込む。これが純資産（Net equity）の資本金と追加払込資本（additional paid in capital）である。このお金で、設備を買い入れ、人を採用する。これでお金が足りないときには、銀行からお金を「借入」（Borrowing）する。

借入金と純資産（資本）は、お金が入る点（調達）では同じである。しかし、借入金は必ず期限に返すが、純資産（資本）は返さなくてよい。また、借入金の「利息」は約束どおり貸し主に支払うが、純資産（資本）の「配当」は、利益が出たときを原則として、

し今までに蓄めた利益剰余金から株主に払う。

借入れのときには、銀行へ「担保」を出す。期日に現金で返せないときには、この担保はそのまま銀行のもの（所有）になる。通常は、株式などの有価証券や土地などの不動産が担保に使われる。だから、借入と担保はセットなのだ。この担保という用語については、日常ではもう少し広い意味で使われている。「約束すること」「保証すること」を「担保する」表現する。

会社は株主から自社の株式（自己株式）を買う（取得する）ことができる。こうすることによって、会社は株主に資金を戻すのだ。資金の調達・返済という点では、借入金と似ている。

会社は、「借入の調達」と「純資産（資本）の調達」とを使い分け、検討・実行する。

ザックリ言うと、「お金が足りないときは、銀行から借り、株主から払い込んでもらう。お金が余ったら、銀行に返し、株主に戻す」のだ。

なお、自己株式の増加・減少は、貸借対照表の純資産（資本）取引である。だから、損益計算書の損益取引ではない。これが「資本（純資産）取引と損益取引のしゅん別」である。これこそが、全国の小中大250万社の「経理・財務のいろはの『い』」である。

	項目	借入	純資産（資本）
違う点	お金の出し手	銀行など	株主
	実行手続き	申し込み、銀行の審査	法律上の新株発行手続き
	期間	あり	なし
	返済の必要性	あり	なし
	担保	基本的に必要	いらない
	B／Sへの計上区分	負債の部	純資産（資本）の部
	お金の出し手への見返り	利息	配当
同じ点	お金を集める働き（調達）		

資金調達の多様化　会社は少しでも有利な調達コストの資金を求める。近年は、資本市場が充実してきたため、従来の銀行借入のほか、新株予約権、コマーシャル・ペーパーなどの資金調達を国内外で活発に行い、調達方法の多様化を図る。

資金不足　「勘定あって銭足らず」（利益が出るがお金が足りないこと）をしっかり理解するということは、資金経営の神髄である。たとえば、今月、商品を100円で買入れて、これを130円でツケ（掛け）で販売した。利益は30円で決まり。売上の130円は1週間後にいただく約束で、買入れ代金の100円は2週間後に支払う約束である。予定どおりにいけば、2週間後に30円のお金が手元に残る。

ところが、約束の1週間を過ぎて2週間後も販売元からの支払い（入金）がなかったら、支払いの期日が先に来てしまう。そうなると、利益は30円出ているが、お金が足りないため、このままでは倒産。

このように、お金で一番気をつけるべきことは、お金の不足（a shortage of funds）を絶対に起こさないことである。大切なのは、「資金不足の原因」と「自力での対策」である。

資金が不足したときは、銀行や他人を当てにする前に、まず自力で資金の工面をする。経費の節減や効率化にはすぐに着手する。

また、手持ちの在庫を少なくすると、買入れるお金がいらなくなり、販売されてお金が増える。こうすると、お金のやりくりに余裕ができる。設備投資も、不要不急のものは先に延ばして、支払うお金を手元に残す工夫をする。

売上の拡大や買入れ条件の改定で、真剣に交渉する。これは「簿記の仕訳以前の重要な経営実行」である。借り入れの保証は、契約・押印する前に「自分自身の借り入れと同じである」と考え、慎重に行動する。事故や災害など、不測の事態にも必ずお金の出るリスクを事前に検討する。まさに、「お金の危機管理」である。

そこで、日次や月次の資金繰表や損益計算書を必ずつくる。将来のお金の動きにつながる正確な決算書に基づいて、経営判断・実行するのである。

これらの対策ノウハウは、資金不足のときだけではなく、日常の仕事にも必ず役立つ。

資金不足の原因	自力での対策を実行
・売り上げの減少 ・原料費の増加 ・人件費の増加 　（人員・工数・単価） ・販売直接費の増加 　（運賃ほか） ・一般管理費（本社費） 　の増加（肥大） ・広告宣伝費の増加 ・貸し倒れ損失の発生 ・棚卸し資産の増加 ・返済能力（純利益＋ 　減価償却費）の減少 ・過大な設備投資 ・子会社・関連会社への投資 ・保証による債務肩代わりの増加 ・災害など臨時巨額の損失発生	・売り上げ拡大の努力、入金を早める ・複数購入先と買い入れの条件交渉 ・適正人員・適材適所の検討 ・経費節減、効率化（ゼロベース実行） ・債権保全の工夫（担保） ・販売数量の増大、在庫を抑える ・返済可能額に見合う借り入れ ・設備投資の延期・中止 ・優先度を考えて設備投資を抑える ・保証は借り入れと同じと考え慎重に契約 ・リスクでキャッシュの出が伴う場合を覚悟

自己資本比率

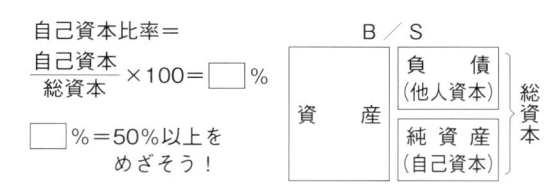

自己資本比率＝
$\frac{自己資本}{総資本} \times 100 = \boxed{}$ ％

$\boxed{}$ ％＝50％以上をめざそう！

```
     B／S
┌─────┬─────────┐
│     │  負  債  │
│     │ (他人資本)│ 総
│ 資 産│─────────│ 資
│     │ 純 資 産 │ 本
│     │ (自己資本)│
└─────┴─────────┘
```

　自己資本は資本金の払込みと、今までに留保した利益（税引利益の累計＝利益剰余金）の合計額で、原則として株主に返すことのない資本。つまり自己資本比率とは、会社の中へ入ってきたお金の中で、基本的に返さなくてよい元手がどのくらいあるかを示す数字。

　自己資本は、純資産で、貸借対照表から数値をとるが、もともとこれが、損益計算書の税引き後純利益の累計額によって増加するのが、経営の本筋であることを知っておこう。そして、将来どうしたらこの比率が改善されるのかを考えてみよう。なお、他人資本は借入金とか買掛金・未払金などで、返すか支払うかする資本。

　銀行の場合の自己資本比率は、国際的業務を行う銀行は8％以上、国内業務のみの場合は4％以上と決まっているが、一般の事業会社であれば30〜50％が良好水準になる。できれば50％を超える水準が望ましい。

　自己資本に対する当期純利益の比率のＲＯＥ（自己資本当期純利益率）は10％以上であれば優良であるが、5〜10％で良好である。

　当期純利益がどうか、利益剰余金で過去の純利益蓄積がどの程度あるか、の2つを見た上で、Ｉ／Ｓ、Ｂ／Ｓをこれまで述べた方法で分析し、企業経営を総合的に判断するのが私の流儀である。

　なお、あまりこの自己資本比率にこだわりすぎるのも、設備投資を進める気持がうすくなるのでよくない。私は30〜50％を目標と考えている。

　自己資本純利益率（ＲＯＥ）
　純利益を自己資本で割って求める重要な指標。
　自己資本純利益率（ＲＯＥ）（％）＝純利益／自己資本×100

資産　会社の＋（プラス）の財産である。会社全体の経営活動に用いられ、①貨幣的財産（金融資産）と、②非貨幣的財産（非金融資産）とに分けられる。①は現金・預金、売掛金、有価証券、貸付金、投資などで、②は、原材料、仕掛品、半製品、土地、建物、機械・装置など、製品の製造の準備のために待機しているものである。Ｂ／Ｓの左側に記入する。

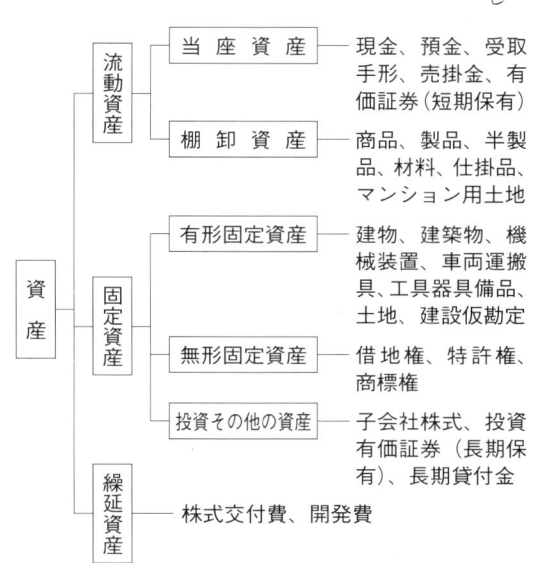

```
                 ┌─当座資産──現金、預金、受取
                 │              手形、売掛金、有
          ┌流動資産┤              価証券（短期保有）
          │      │
          │      └─棚卸資産──商品、製品、半製
          │                    品、材料、仕掛品、
          │                    マンション用土地
          │
          │      ┌─有形固定資産─建物、建築物、機
          │      │              械装置、車両運搬
  資産────┤      │              具、工具器具備品、
          ├固定資産┤              土地、建設仮勘定
          │      │
          │      ├─無形固定資産─借地権、特許権、
          │      │              商標権
          │      │
          │      └─投資その他の資産─子会社株式、投資
          │                      有価証券（長期保
          │                      有）、長期貸付金
          │
          └繰延資産──株式交付費、開発費
```

資産の科目

	科目	内　容
当座資産	現金	現金、他人振出の小切手、預金小切手、郵便為替証書、期限の到来した公社債の利札、配当金領収書。
	預金	金融機関に預け入れた当座・普通・通知・定期などの預金、貯金、定期預金。
	受取手形	営業取引から、支払を約束して受け取った手持の手形。
	売掛金	製品・商品を販売し得意先から、未だ入金していない、すなわち未収債権。
	有価証券	手持ちの資金を利殖のために一時的に投資する有価証券。
棚卸資産	商品	販売を目的として、他者から買入（購入）した物品。
	製品	製造業で販売を目的として製造した生産品、完成品。
	半製品	生産品（完成品）になる途中の中間生産品で、外部に販売できる状態のもの。
	原材料	製品の製造に使われる原料や材料。主要材料と補助材料に分けられる。
	貯蔵品	包装材料、消耗工具器具備品その他生産品の基幹を構成しない棚卸資産。
	仕掛品（半成工事・未成工事）	製造する中途にある（仕掛中）生産物で、まだ売れる状態にはないもの。建設業や造船業では半成工事・未成工事という。
その他	前払費用	一定の契約（たとえば建物賃貸借契約）で継続的に役務の提供を受ける（建物を借りる）場合、未だ提供されていない役務（家を使っていない）に対して払われる対価（すなわち前払家賃、前払利息など）。
	繰延税金資産	将来戻してもらえる、と考えられる前払税金。

し

	科目	内容
有形固定資産	建物	工場・事務所・店舗・倉庫・社宅などの所有建物。
	建物附属設備	建物に附属する設備で、電気設備、給排水・ガス設備、冷暖房・ボイラー設備、エレベーターなど（表示上は建物勘定に含められる）。
	構築物	土地に定着した建物以外の建造物、ドック・橋・岸壁・貯水池・煙突・トンネル・広告塔・へい・上下水道など。
	機械装置	製品を製造するための設備。機械と装置の区分は必ずしも明確でないので両者は一括してとらえられる。
	工具器具備品	耐用年数1年以上で相当額以上の製造用のスパナ、ハンマーや機器、家具、机、椅子、映画フィルム、棚、寝具など。
	土地	工場・営業所・倉庫などの所有地。
	建設仮勘定	建設中または制作中の有形固定資産。建設が完了すればこの勘定科目からそれぞれの有形固定資産勘定へ振替えられる。
無形固定資産	特許権	特許発明を独占的に15年間利用できる権利。有償で取得したり、有償で創設したものにかぎる。
	借地権	建物を所有するための地上権および賃借権。ほとんどが賃借権でこれは他人の土地を使う権利である。土地と同様償却できない。
	のれん	純資産の時価を上回る価額で買収した時の上回った金額をさす。
投資その他の資産	子会社株式	親会社が持っている子会社の株式。
	投資有価証券	一時的でなく長期的投資のための有価証券（株式、社債、国債、地方債、その他の債券）。
	長期貸付金	貸付金で1年以上の期間にわたって貸し付けるもの。
繰延資産	株式交付費	新株発行のために直接支出した費用（広告料・金融機関の手数料など）で次期以降に繰延べられたもの。
	開発費	新技術または新経営組織採用、新資源の開発、新市場の開拓のための費用で次期以降に繰延べられたもの。

試算表（残高試算表）　取引を仕訳し、それを元帳に転記し、直ちに決算書を作成するのではない。元帳の記録をもとに、各勘定科目の残高だけを記録した「残高試算表」を作成する。

　残高試算表は、貸借対照表と損益計算書の勘定科目順に並んでいる。「資産」「負債」「純資産」「費用」「収益」といった各項目の勘定科目とその残高を、貸借対照表と損益計算書の各項目の部分に当てはめれば、月次の決算書が完成する。

自社株買い　企業などが市場で発行した株式を買い戻すことを「自社株（自己株式）買い」という。買い戻した自社株を消却することで、市場の株式数を減らすことができる。買い戻した自社株は、バランス・シートでは、純資産の部でマイナス表示される。

　20世紀までは、自社株（式）を買うのも車を買うのも同じだった。自社株を現金で3買えば、現金が3減って、資産グループの科目の自社株式が3増えた。

　ところが、21世紀になってからは、現金が3減るのは同じだが、自社株3は一瞬、資産グループの科目の仮の自社株となり、すぐそれが変身して純資産グループのマイナス科目の自己株式（自社株）となる。それが純資産でマイナス表示される。

　株を発行して資本金が増えれば、純資産の「増」である。しかし、自己株式を買ったので、株を発行して会社に入ってきていた10のうち、3が出ていった。だから、自分の株の分、純資産が減らなければならない。だから、純資産の控除項目になるのだ。これが正しいやり方になった。

　近年、自社株買いが増えているが、自社株買いは株を出しすぎたことの修正である。出しすぎて株が安くなりすぎたから、それを自分で買って修正するのだが、これが経営の本道であるとは、私には思えない。ただ、市場に出ている株の数が減れば、株価が安定して経営の安定につながることは確かである。

　以前は自社株の売却を行っても、総資産の変動はなかったのだが、今は総資産も純資産も減るから、全体がダウンサイズされる。そして、過剰株式が市場にないために経営が安定する。

　もしも、高くなったときに自社株式を売って利益が出れば、現金が「増」となり、資本剰余金が「増」となる。

市場金利　市場で決められる金利のことで、経済、社会、政治、金融情勢により絶えず変動している。代表的なものとして次のようなものがある。

　LIBOR（ライボー）・・・ロンドン市場で資金を貸し出す側が提示するレートで、金融機関が資金調達する時の基準金利。英国銀行協会が集計して平均値を公表している。

　TIBOR（タイボー）・・・東京市場で資金を貸し出す側が提示するレートで、金融機関が資金調達するときの基準金利。全国銀行協会が集計して平均値を公表している。

　実際の借入金利は「市場金利＋一定のスプレッド（利ざや）」となる。

下請代金支払遅延等防止法（下請法）　親事業者と下請事業者の公正な取引を目指し、立場の弱い下請事業者の利益を害することを防止するために、独占禁止法の特別法として制定された法律のこと。

実現主義　①企業外部の第三者に対して財貨又は役務を提供し、②その対価としての現金又は売掛金等の現金等価物を受領することをもって、収益を認識することをいう。これら2つの要件を満たすことで、客観性・確実性のある収益が認識されることになる。

会社の目的は、品物を売ったり、サービスを提供したりして利益を上げ、税金を払うこと。そのために販売先を開拓し、そこから注文を受けて販売し、売上に計上する。

売上をいつ収益に計上するかで、それぞれの事業年度の利益が異なる。売上収益の認識は、「実現」の時点で収益を認識する「実現主義」による。「実現」とは、品物またはサービスを提供し、その対価として現金または売掛金、受取手形などの現金に代わるものを受け取ること。

実現利益　実現の元の意味は実際に現れることであるが、会計では次のように考える。実現利益は収益から費用を差し引いて求めるが、この計算の基礎になる収益（例えば売上）は、製品を売り先に引き渡した時に実現する（実現主義）。

実効税率　税効果会計で使用する税率は実際に納税額を計算する際の税率ではなく、法人税の他に道府県民税、市町村民税、事業税を考慮した実効税率を算出し、この税率を用いて計算する。

実効税率は、以下の算式で求める。

（算式）実効税率＝〔法人税率×（1＋住民税率）＋事業税率〕÷（1＋事業税率）

実効税率（理論値での税金）　税引前利益が100であるとする。法人税の「税率は30％」だから、「法人税」は100×30％で、30。

（法人）住民税の「税率は20％」だから、「住民税」は、30×20％で、6。

事業税の「税率は11％」なので、100×11％＝11が「事業税」。

税額は、法人税30＋住民税6＋事業税11＝合計47、これを111で割った（事業税は支払時の損金である）もの、すなわち実効税率は42.3％。

それは、損益計算書（I／S）の税引前当期利益の下に正式に示される。

繰り返すが、100の税引前当期利益の下に42が「法人税・住民税・事業税、あるいは、「法人税等」として表示される。

この42を会計上の（理論上の）税金と考えて表示することこそ「税効果会計」の上での税金の表示である。

これは、「発生主義」としての税金42であって、当期分として支払うべき税金47が「現金主義」と考えられるのと対照的である。

損益計算書（I／S）［X期］〔会計上のもの〕	
売上高	○○○○
貸倒れ引当金繰入	（－20）
経常利益	100
税金等調整前当期純利益	100
法人税等	47　⎫
法人税等調整額	△5　⎬ 42（金児注）
当期純利益	58　⎭

貸借対照表（B／S）［X期末］〔会計上のもの〕	
資産の部	
繰延税金資産　5※	

（注）※翌朝（X＋1期）以降に繰延される。これは会計と税務の「期間」のずれが生じている部分の税金の金額である

「税金調整前税引前純利益」（100）とか「法人税等調整額」（5）という言葉が出てくる。調整されたのは、もしおカネを貸した会社がX＋1期（翌期）に倒産した場合は、X期に準備した（引き当た）税務上損金として認められなかったものが認められ（難しい言葉だが容認という）て、払っておいた税金5は国や県・市町村から戻ってくる（厳密には支払う税金から差引かれる）ので、X期には、「法人税等調整額」5の相手科目として貸借対照表（B／S）の左側に「繰延税金資産」として表示する。

```
税引前純利益を100とする。
 法人税率＝30％ ⎫
 住民税率＝20％ ⎬ の場合
 事業税率＝11％ ⎭

 法人税：100×30％＝30
 住民税： 30×20％＝ 6
 事業税：100×11％＝11
「法人税＋住民税＋事業税」＝47
47÷111＝42.3％……実効税率「法人税等」
```

- 会社が理論値として計算した42.3％が会計上の法人税等である
- 事業税は支払ったときの損金性がある（11％）

実際原価と標準原価　原価計算において、標準原価計算制度を取り入れ、原価低減のための経営の実行に役立てる。標準原価計算では、あらかじめ良好な能率のもとで達成されるのぞましい標準原価を設定する。そして、標準原価と実際原価とを比較して、製造の能率を測り、今後の能率改善のツールとして使う。

し

| 実際原価 | 原材料の使用量（消費量）と単価を、実際の数量と価格で計算した原価 |

| 標準原価 | 過去の経験、統計的・科学的調査に基づいて、製造原価の能率尺度として決めた原価 |

↓

| | 工場で製品をどれだけ生産するか（操業度）、どれだけ原材料を使うか、その単価はいくらか、などによって決まる。 |

原材料についてみる。
標準原価＝標準原材料使用量×標準原材料単価

　標準原価の計算では、異常なことは除かれているが、平常時の経営目標的な要素は加えられている。標準原価は、ある種の理想値と考えてもよい。標準原価は、原材料費のほかに労務費と製造経費にも使われる。
　実際原価は、操業度によって単位当たりの製造原価が大きく振れる。だから、実際原価は必ずしも正しい原価とは見られない。しかし、標準原価は、良好な能率の下で達成されることが望まれる原価で、通常の仕損、手待時間などを含んで、半年ぐらいの短期の予定価格、予定数量、予定操業度を考えて設定される。操業度による振れはなく、棚卸資産の評価や原価低減を目的とする経営の実行に役に立つ。

| 実際原価 | ① 操業度により単位当たりの製造原価が大きく振れる。
② 必ずしも正しい原価とはみられない。 |

| 標準原価 | ① 操業度による単位当たりの製造原価の振れがない。
② 良好な能率のもとで達成されるのぞましい原価を設定する（半年ぐらいの予定価格、予定数量、予定操業度を考えて原価を設定する）。
③ 棚卸資産の評価や原価低減を目的とする経営の実行に役立つ。 |

実質基準　形式基準をクリアした会社が受ける公開適格性の審査を実質基準といい、公開申請会社が公開会社としてふさわしい「実質的な内容を備えた会社であるか等に重点をおいて審査を行う基準」である。

実態　ありのままの状態。実質のこと。「実体」とも書く。使われる例を知っておくとよい。「実態を明らかにする」「正確な実態をつかむ」「生活の実態調査をする」「実態に触れる」「実態に即して」などと使われる。

実地棚卸　棚卸資産の残高を確定するために、実際に現物を点検・計量することをいう。実地棚卸は棚卸資産の在高を各事業年度終了時に実際に点検・計量することで、在庫を確定し、売上原価を確定するとともに、不良品や滞留品を発見して必要な経理処理を行うための手続きである。ただし、実際の点検・計量においては、期末一時点での実施が困難な場合は棚卸資産の性質などに応じ、継続適用を条件に部分計画棚卸その他合理的な方法により、期末棚卸資産の在高を算定することも認められる。

質問検査権　税務署等の当該職員が、税務調査について必要がある場合に、納税者に対して質問をし、帳簿書類等を調査することができる権利。

使途秘匿金課税　企業が相手先を秘匿するような支出は、違法又は不当な支出に繋がりやすく、ひいてはそれが公正な取引を阻害することにもなるため、そのような支出を極力抑制するために、政策的に追加的な税負担を求めるものである。具体的には、通常の法人税の額に使途秘匿金の支出額に対する40％の追加課税をするもので、赤字法人であっても使途秘匿金の支出があればそれに対して40％の法人税が課される。

支配力基準　会社の株式の50％超の所有割合がなくても子会社とするという基準。たとえば、重要な営業や財務の方針決定を支配する契約があるなど、議決権の所有割合以外の要素を考えた基準を支配力基準という。

支払手形　商取引の支払いを約束した手形のこと。振り出したことによって債務が生じる。

支払配当金　株主（株式会社の）や出資者などに対して支払う配当金のこと。株式会社の定時株主総会の決議によって決まる。

支払利息　短期借入金および長期借入金などに対し支払われる利息

四半期報告制度　四半期財務報告の対象は、基本的に上場会社等とされている。
　この四半期決算の導入に伴って中間決算はなくなり（会社が定款で中間配当を決めることはある）、四半期決算（第1四半期、第2四半期、第3四半期）と年度決算だけに統一された。内容は、損益計算書、貸借対

照表、キャッシュフロー計算書、セグメント情報など本決算並みの情報を開示。

損益については、四半期ごとの「3カ月単位」と「期初からの累計」の開示となる。年度決算を除いて、各四半期末から45日以内に開示するため、経理・財務システムの社内体制の整備が必要になる。

これで、各社は「月次決算」に最も注目する。四半期報告制度では、年次決算、9カ月決算、6カ月決算、3カ月決算の開示が求められているが、このいずれの決算も、その基礎は「月次決算」。さらに、本当の元の「日次決算である日計票」の作成が大切。

月次決算は、4,000の上場会社のためだけではなく、全国250万社のためにある。

3月期決算企業のモデルケース

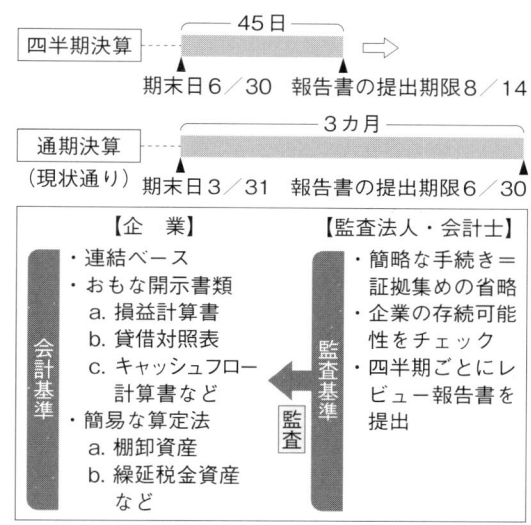

```
┌──────────┐  ┌────── 45日 ──────┐⇒
│四半期決算│
└──────────┘   期末日6/30  報告書の提出期限8/14

┌──────────┐  ┌────── 3カ月 ──────┐
│通期決算  │
│(現状通り)│  期末日3/31  報告書の提出期限6/30
└──────────┘
```

【企業】	【監査法人・会計士】
・連結ベース ・おもな開示書類 　a. 損益計算書 　b. 貸借対照表 　c. キャッシュフロー 　　計算書など ・簡易な算定法 　a. 棚卸資産 　b. 繰延税金資産 　など	・簡略な手続き＝ 　証拠集めの省略 ・企業の存続可能 　性をチェック ・四半期ごとにレ 　ビュー報告書を 　提出

（左：会計基準　右：監査基準　中央に←矢印、監査）

出所：日本経済新聞、2006年11月18日付

私募債　公募によらず、少数特定の投資家を対象として発行される債券のことをいう。

資本　重要度が上がって、資本充実の原則がよみがえった。

私は、いまから30年前の1976（昭和51）年に、アメリカのM＆Aのうちの買収で、資本金（Common Stock）5ドルの会社を1千万ドルで買収するという体験をした。アメリカでは、このとき、すでに資本金は1ドルでもよかった。当時から、アメリカでは資本金はその程度の意味しかなく、最近の日本の考え方がすでに取り込まれていたのである。昨今は、利益も含めた純資産（資本）全体に目を向けることが多く、「資本金」自体の重要さは低くなっていた。100年以上前から会社法で最も重視されていた「資本充実の原則」が、2008（平成20）年になって突如として大復活したのである。

2007年春から始まった米サブプライムローンの証券化商品問題は、2009年の12月の今となっても世界中の経済・経営に大きな影響を与えている。サブプライム・ウィルス（私の造語）の発生原因の究明がされていない。まず、米国が世界に謝罪をしっかりした上で、世界中の各国に対して問題解決への協調を要請するべきである。このプロセスを通らずに、起きたことはしょうがないとして、欧米金融機関への資本注入（増資により資本金が増加し自己資本比率の向上）だけを進めていては、証券化商品問題の再発は妨げないと考える。この会計（学）的・ミクロ経済（学）的なウィルスに対するワクチンは日本の「経理・財務」である。

資本金　株主などが出資した資金の額。明治時代からはじまって、この100年の間、日本の会社法（旧商法）は、「資本（金）の充実の原則」を金科玉条としてきた。

一般的にも、資本金の大きな会社ほどいい会社、安定した会社というイメージだった。

今や、資本（金）充実の原則を放棄してしまって背骨をなくす一方で、バランスシートの「資本」とか「資本の部」という言葉もなくなってしまった。米国の真似を30年遅れで取り入れる日本の会社法に、私は理念を感じることができない。そうした「理念なき会社法」に振り回される小中大の全国250万社は可哀想で、いい迷惑である。

赤字の会社を買って吸収すると、資本金がなくなってしまうことがある。そうすると資本金はゼロでもいい。また、1円で会社を始めて、必要な分は追加してすぐに振り込む会社もある。そうすると、後から用意した99万9,999円は、いわば準資本金となる。これを資本剰余（金）という。

なんで、後から振り込んだりするかというと、会社にお金がなくなると、減資といって、資本金を減らさなければならなくなることがある。減資する（資本金を減らす）というのは、とってもイメージが悪くなるので、会社はできるだけやりたくないのだ。

そこで元手である資本金とは別に準元手としてお金を用意しておけば、いざというとき資本金を減らさなくても済む。資本剰余金には、そういう資本金を補強する意味がある。

資本（純資産）　元手を出している株主の持ち分。算式でみると、資産－負債＝資本である。資本の中には、資本金、剰余金、自己株式、その他有価証券評価差額、為替換算調整勘定などがある。

資本については一気に学ぼうとしないことが大切である。資本の別名は沢山ある。資本の部、株主資本、自己資本、純資産などであるが、英語の場は、Net

し
Equity（ネット・エクイティ）一本なのでわかりやすい。

資本剰余金　一般的なのは払込剰余金。払込額と資本金繰入額との差額。資本準備金は法定準備金。

資本注入　米サブプライム問題で米大手銀行に資本注入。この問題はミクロ経済と会計の大問題。会社が、過去から今までの純利益の累積額があるうちは順調だった。これはちょうど個人が十分な蓄金をもっているのと同じだからである。資本（純資産）は大きく見ると資本金＋利益剰余金。近年、この資本金は会社を設立しやすくするために、1ドル、1円、1ユーロでよいとなった。また純資産（エクイティ）が注目され資本金（キャピタル）の地位が後退した。ところが、2007年春から始まったサブプライムローン証券化商品問題で、事情が一変し、欧米の巨大銀行・証券会社・保険会社に、さらに大手自動車会社に大損が発生し、資本が大マイナスになるので資本金の大事さが注目された。これらの銀行などのキャピタル（資本金）を増やさないと倒産の危険がでてきた。そこで、オイル産油国の資金が資本金として投入された（資本注入と言うが、別名で資本金の増強＝増資）。増資では、誰かから「現預金」を入れてもらい、これで「資本金」が増加する。これによって資本がマイナスまたは相当減った会社が息を吹き返すかが注目されている。

資本的支出　法人税法において、固定資産の修理、改良等のために支出した金額のうち当該固定資産の価値を高めたり、耐久性を増すと認められる部分に対応する金額を資本的支出という。ただし、資本的支出に該当する場合であっても、20万円未満の場合は、修繕費として損金経理できる。

資本的支出と修繕費　法人税法において、固定資産の修理、改良のために支出した金額のうち当該固定資産の価値を高めたり、耐久性を増すと認められる部分に対応する金額を資本的支出という。ただし、資本的支出に該当する場合であっても、20万円未満の場合は、修繕費として損金経理できる。有形固定資産の修理・修繕の支出は常に費用になるとはかぎらない。その中に資産の価値を高めたり、耐用年数を長くする支出が含まれていると、その部分は新たな固定資産の購入として会計処理をする必要がある。

資本取引・損益取引区分の原則　資本取引（増資など）＝資本金・資本剰余金の増減と、損益取引（利益の増減）＝利益剰余金の増減＝収益・費用の増減とを区別すること。

事務用消耗品費または事務用品費　消耗品は、1年分までしか費用にならない。それ以上のものは貯蔵品として資産に計上する。1コ10万円未満の場合には、机やイスなど固定資産に見えるものでも事務用品費として処理する。しかし、費用で処理しても財産としては価値があるのだから、台帳をつくり、数量を管理する。

　工場での消耗品には、事務用消耗品のほか、ドライバーなどの工具や計器などがある。

| 事務用消耗品費または事務用品費 | 1年以内の事務用品費、工場での消耗品費など |

借地権　建物を所有するための地上権・賃貸借権。ほとんどが借地権でこれは他人の土地を使う権利である。土地と同様に償却できない。

社債　社債とは、社債券を発行して、一般の人から長期にわたって借り入れる負債。返済期間、利率等を決めて発行される有価証券の一種。株式に転換できる権利が認められたものを新株予約権付社債というが、これは純資産に入る。

社債管理者　社債を一般募集して発行する会社から委託を受けて、社債を受託する会社等のこと。

社債管理者不設置債　社債管理者不設置債とは、会社法第702条但書に基づき、①各社債の金額が1億円以上の場合、②社債の総額を社債の最低額で除した数が50未満の場合に、社債管理者を設置せずに発行される社債である。

社債発行差金　社債を社債金額よりも低い価額又は高い価額で発行した場合など、入金額と債務額とが異なる場合の差額のこと。

　社債が割引で発行されるのは、社債の利率が一般金利よりも低い場合、それによって利回りを実質的に引き上げ、募集を容易にするためである。

社債発行費　社債を発行するための、募集のための広告費や社債券の印刷費など、その発行時に要した費用のこと。

社内金利　社内金利とは、銀行の借入金に対して払う支払金利に対し、事業部制、独立採算制の下で利益責任部門に賦課される金利。会社は、会社内で使われる総資本（他人資本と自己資本）の認識と社内金利を確実に収益の中で回収するという経営目的のために、事業部門が運営する債権（一部の債務を差し引く）や資産に対して「社内金利」を賦課する。これは

銀行に支払う金利とは異なる。

支払金利は現金で実際に支払われ費用になるが、社内金利は、経営会計（マネジメント・アカウンティング）で計上され、実際に現金で支払われないので、決算上は費用計上されない。この社内金利を業績評価に利用するシステムが「社内金利制度」。これは、財務会計（制度会計）の支払利息や受取利息・受取配当金に直接的には関連せず、事業部制度下の製品別損益・総原価の中で、経営会計（管理会計）項目の「社内金利」として把握される。

社内与信基準　与信判断を一定のレベルで的確に実施するために、あらかじめ社内で設定している判断基準のこと。取引先の会社概要や信用調査の結果に対応する与信可否基準・与信限度額などについて定めたもの。

車輌・運搬具　乗用車・トラック・バスなど。

「収益・原価計算」の設備投資3原則

```
              設備投資の3原則
        （性能については検討済みという前提）
┌─────────┬─────────┬─────────┐
│① 設備投資 │② 設備資金の│③ 決定した設備│
│  金額の圧縮│  有利な条件で│  投資は無税償却│
│           │  の調達    │  を多く行う  │
├─────────┼─────────┼─────────┤
│コストとし │特に資金コス│増加償却・割増│
│ての減価償 │トについての│償却・特別償却│
│却費を少な │検討が必要 │耐用年数の正確│
│くし、資金 │           │な適用・耐用年│
│を節約する │借りたお金は│数の短縮等   │
│ために行う │必ず返す   │             │
└─────────┴─────────┴─────────┘
```

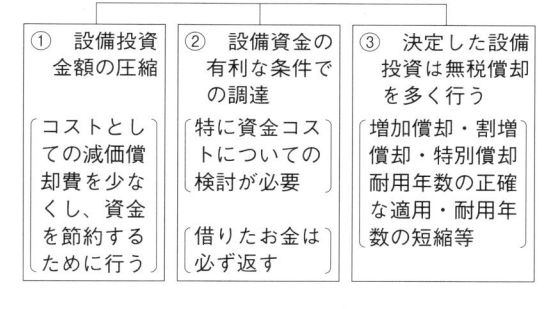

事業部制のもとで利益に責任をもつ事業部門は、製品のコストには減価償却費が含まれていることを理解する。さらに、製品を販売して売上を計上した後の売上債権の滞留期間や手形の回収日数などにも気を配る。経理・財務部でも、事業部門が収益と利益を確保するために、現場の関係者の要望を聞いていろいろな種類の収益・原価計算を行う。

設備投資に責任をもった人が将来の収益を真剣に考えて原価を検討する。そして、その時々の利益を確保するための原価計算が、今後ますます会社経営の中で求められる。

売上・利益に責任を持つ販売の人は、経理・財務部のバックアップを得て、「収益・原価計算から見た設備投資の3原則」を考える。設備投資は製造・技術だけの仕事ではなく、むしろ売上・利益に責任のある販売の人の問題である。

収益（＝収入）　会社によって「収益」とは「収入」のこと。「利益」ではない。よく耳にする収益性・収益力というときの「収益」は「利益」を意味する。しかし、実は、私は、日本国中で「収益」という言葉の使い方を直していただきたいと思っている。会社では、収益（Revenue）と言ったら、利益（Profit）ではなく「収入」。これは経理・財務の「イロハ」の「イ」。

収益（＝収入）とは具体的に何か。それは、売上、受取利息、受取配当金など。たとえば、1個100円のパンを2個販売したら、「収益」は200円、1個当たり20円もうけがあれば、「利益」は40円。生きた企業実務では、収益の代表選手の「売上」、その売上を上げることで得る「利益」、この両方が大事。

「売上」は、英語ではセールス（Sales）だが、よく、ターンオーバー（Turn over）ともいう。「何回も繰り返し入金して、さらに売って、会社が大きくなっていく」ということ。

一方「当期純利益」（税引き後の純利益）はネット・プロフィット（net profit）である。世界中で、この「売上」と「純利益」という二つの科目の内容が、会社の業績を示す損益計算書〔Income Statement（I／S）またはProfit and Loss Statement（P／L）〕のエッセンスである。

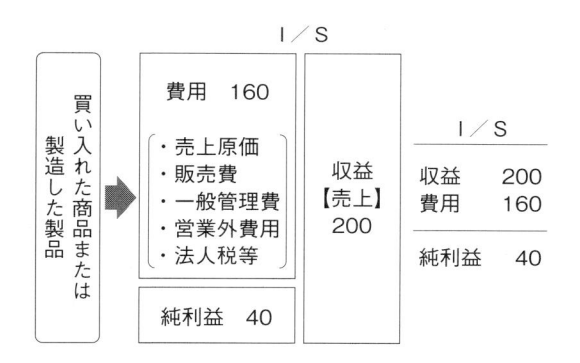

```
                              I／S
  買              ┌──────────────┐
  い              │  費用　160      │
  入              ├──────────────┤         I／S
  れ  製造した    │・売上原価       │
  た  商品または  │・販売費         │  収益   収益  200
  商              │・一般管理費     │ 【売上】費用  160
  品              │・営業外費用     │  200
  ま              │・法人税等       │         純利益  40
  た              ├──────────────┤
  は              │  純利益  40     │
                  └──────────────┘
```

収益性（利益性）　資金調達にかかるコストや回収に伴うリスクに見合う貸付利息を付して貸付金を回収するという利益のこと。貸付は何らかの方法で調達した資金を資金源として、自らの計算とリスクにおいて資金を融通するものなので、資金調達にかかるコストが高く、回収に伴うリスクが高い場合は、収益性（利益性）もそれに応じて、高く設定する必要がある。

終身雇用　会社の従業員に支払う人件費はコストである。会社の業績（＝成績）が大きく落ち込んだ場合には、人件費を削減するために人員をリストラし会社の利益を確保して株主に報いる、という考え方が欧米流の考え方。これに対して、いったん採用した従業

し
員は定年まで（終身）雇用していこうというのが終身雇用の考え方である。

修正申告　税務申告を行った後、納税者が、その納税申告書に記載された納税額、還付額、損失額等について誤っていたことに気がつき、追加の納税や還付金の返却等をするために申告書を変更する手続き。

修繕費　会社で車を使い続ける場合、最初の買い入れ代金以外にもお金がかかる。保険、税金、車検は当然だが、タイヤやバッテリー交換、キズの補修なども必要である。

こうした消耗品の交換や補修に使ったお金は費用だから、貸借対照表（B／S）の固定資産には計上しない。「修繕費」という科目（費用チーム）で、損益計算書（I／S）の費用科目に直接計上する。

建物や機械、車などの固定資産は、耐用年数が来るまで安全に使うために、補修等のメンテナンス（保守）が欠かせない。壊れた箇所の「修繕」だけでなく、機能（はたらき）低下の防止のために、ペンキの塗り替えや消耗部品を交換する費用もかかる。このような、固定資産の「値打ち」を増すことにつながらない修繕費を、広く「費用的支出」と言う。

一方、固定資産を買い入れた後に追加して支出するお金でも、その結果、値打ちが増えて新たな資産増となることがある。たとえば、建物にエレベーターを取り付けたり、機械のモーターを増やすのは、固定資産の追加である。これらの支出を「資産的支出」（学問では「資本的支出」だが、私はこれを変えるべきだと思っている）と、私は言う。

このように、固定資産への追加の支出には「費用的支出」と「資産的支出」がある。経理・財務では、どちらの支出に区分するか判断の難しい場合がある。たとえば、車に荷物を載せやすいように内部を改造したり、建物の塗装ペンキを耐水性の優れたものに変更する場合はどうか。これはやはりその資産の値打ち（価値）を増やすことになるから、資産的支出である。

資産の価値を高めたり、耐用年数を延ばす支出は固定資産の追加、すなわち「資産的支出」で、そうでない支出は、現状の機能（はたらき）の維持にとどまる「費用的支出」である。

費用的支出は、I／Sにおける費用となり、その分だけ利益が減る。一方、資産的支出は、B／Sの固定資産となるので、減価償却費としてI／Sに計上するまで、利益は減らない。

実は、アメリカのエンロンやワールドコムといった会社では、2001年、本来費用的な支出であった数百億円を1枚の伝票で資産的な支出にして、それだけ利益を大きく見せかけていた。

なお、これらのことに関して申し添えれば、経営において固定資産、たとえば機械を安全に操業することが最優先の仕事である。費用であれ資産であれ、不可欠な支出を怠ったり削減するのは危険なこと。メーカーでは工場事故で大きな損害が出ることもあり、安全操業対策には細心の注意を払っている。

	I／Sの費用となるもの	B／Sの資産となるもの
やさしい名称	費用的な支出（修繕費）	資産的支出（固定資産）
支出（内容はすべて同じ）	固定資産の維持管理のために支出するもの	
	・復旧、維持 ・価値を高めない ・耐用年数が延びない	・改良 ・価値を高める ・耐用年数が延びる
I／S計上	支出時にすぐ計上（修繕費）	減価償却費として分割計上
【適正な修繕費】 操業の安全を守る「修繕費」を削減してはならない		

修繕費と資本的支出の区分（法人税法上）

修繕費か資本的支出かは、支出の効果をもとにして実質的に判断する。

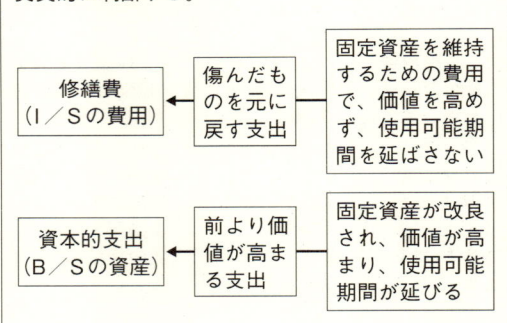

- **修繕費（I／Sの費用）**　←　傷んだものを元に戻す支出　←　固定資産を維持するための費用で、価値を高めず、使用可能期間を延ばさない
- **資本的支出（B／Sの資産）**　←　前より価値が高まる支出　←　固定資産が改良され、価値が高まり、使用可能期間が延びる

実務では、修繕によってどれだけ使用期間が延びたか、価値が高まったかを算定するのは困難である。そこで、法人税法では、「修繕費か資本的支出か」についての判定基準を設けている。

経理・財務の実務では、固定資産を修理・補修・改良したときの支出の中に修繕費の部分と固定資産（資本的支出）の部分が混在している。修繕によってどれだけ使用期間が延びたか、価値が高まったかを算定するのは容易ではない。それでも、必ずそのいずれかに区分しなければならない。

そこで、法人税法では、明らかでない「修繕費か資本的支出か」について、次の判定基準を設けている。
① 1つの固定資産に支出した金額が20万円未満の場合（修繕費）
② おおむね3年以内の周期で修繕を繰り返す場合（修繕費）

③ 支出額が60万円未満の場合
④ 支出額がその固定資産の前期末の取得価額のおおむね10％以下である場合（修繕費）
⑤ 継続的に適用する場合で、その支出額の30％相当額とその固定資産の前期末の取得価額の10％相当額とのいずれか少ない金額（修繕費）

実務上は、これらの修繕費と資本的支出の判定は簡単ではなく、経験と知識が求められる。I／S費用の修繕費を多くできれば、税金を節約できる。

なお、修繕費と資本的支出の考え方と会計上の取扱いを理解することは重要である。

収入・支出（収支）は損益計算書の原型

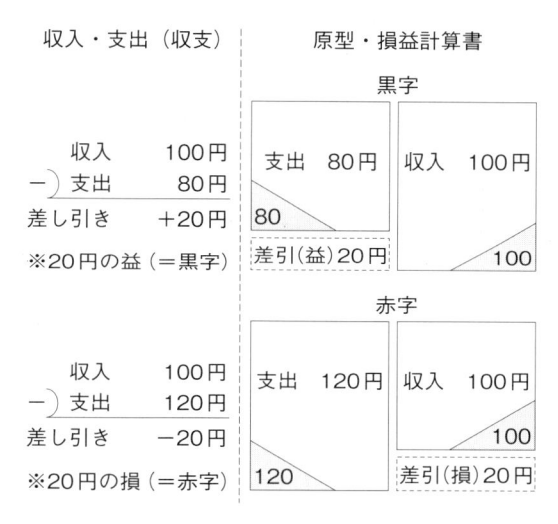

収入・支出（収支）

　　収入　　　100円
－）支出　　　 80円
差し引き　　 ＋20円
※20円の益（＝黒字）

原型・損益計算書

黒字
支出　80円　　収入　100円
80
差引（益）20円　　　　100

　　収入　　　100円
－）支出　　　120円
差し引き　　 －20円
※20円の損（＝赤字）

赤字
支出　120円　　収入　100円
　　　　　　　　　　100
120　　　　　差引（損）20円

（注）赤字（損）か黒字（益）かを計算する

支出が収入より大きい（収入＜支出）ときは赤字、つまり損になる。なぜ「赤字」かと言えば、昔は損のときには赤インクで帳簿に数字を書き込んでいたからだ。

収入が支出よりも多い（収入＞支出）ときは黒字、つまり益になる。なぜ「黒字」かと言えば、益のときには黒かブルーブラックのインクで帳簿に書き込んでいたからだ。

赤字＝損、黒字＝益で、収入と支出を比べたとき、
① 収入のほうが大きい
② 収入イコール支出
③ 収入のほうが小さい

小遣い帳もプラスマイナスを考えてお金の計算をして記録しているので、家計簿と原理は同じ。

上の2つの表は、収入のほうが支出よりも大きいときと、収入のほうが支出よりも少ないときを並べたもの。

収入マイナス支出が差引である
　上はプラス20円（益）黒字。
　下はマイナス20円（損）赤字。

形はきわめて単純だが、2表とも原理は損益計算書と同じ。
① ある期間の収入を考えて支出をする
② 支出を踏まえて収入を増やす方法を考える
③ 支出は収入より絶対に増やさないか、可能なかぎり収入とイコールにしていく

この3点が、家計を営んでいくときにも大切。
要するに、収入から支出を引いたとき、マイナスにならないようにする。

重要性の原則　　金額や勘定科目などにつき、その重要性にウエイトをつけ、その内容の重要性が大きいものを省略してはならない。重要性の小さいものの表示は、簡便な方法を採ることができる。

受注　　「売上」の前に「受注」あり、である。
「売上」も「純利益」も会計上の取引から出たものだが、実はこれよりもっと大事なものがある。それは「受注（お客さまから注文を受けること）」。

会社は毎日、お客さま方からの「受注」をめざして全力投球している。しかし、受注はまだ財産の「増・現」がないということで「会計取引」には入らない。

会社では、「受注」→「売上」→「入金」の流れのなかで得るお金＝売上が、売上原価から法人税務までのすべての費用をまかなっている。そして最後に残ったものが純利益である。

受注金額　　受注金額には必ず2つの要素が伴う。
① 数量×単価＝金額
② 入金条件（現金での入金か、小切手・手形での入金か）

金額を①の視点から見る大切さは、いくら強調してもしすぎることはない。「金額」と聞いたら、すぐに①の式を思い出す。つまり、受注金額とうひとつの数字で考えるのではなく、その金額を、必ず数量と単価に分解して意味を吟味する。

100円と聞いたら、
数量×単価＝金額の組み合わせを考える
　　100kg×　　1円／kg＝100円
　　　1kg×100円／kg＝100円
　　 50kg×　　2円／kg＝100円
　　　2kg× 50円／kg＝100円
　　 25kg×　　4円／kg＝100円
　　　4kg× 25円／kg＝100円
　　 20kg×　　5円／kg＝100円
　　　5kg× 20円／kg＝100円
　　 10kg× 10円／kg＝100円
　　　8kg×12.5円／kg＝100円

し

　　12.5kg × 　8円／kg ＝ 100円
などなど。
　金額を見たときに、数字を分解することは、販売のときに非常に役立つ。
　どれだけのスピードで、どれだけの組み合わせを思いつき、それを商売の折衝にどう結びつけるかが大事。努力すれば誰にでもできるが、その努力は難しい。

出荷基準　　販売基準の一形態であって、商品を出荷した日をもって売上を計上する基準をいう。

「出資の関係」と「持分法適用会社」

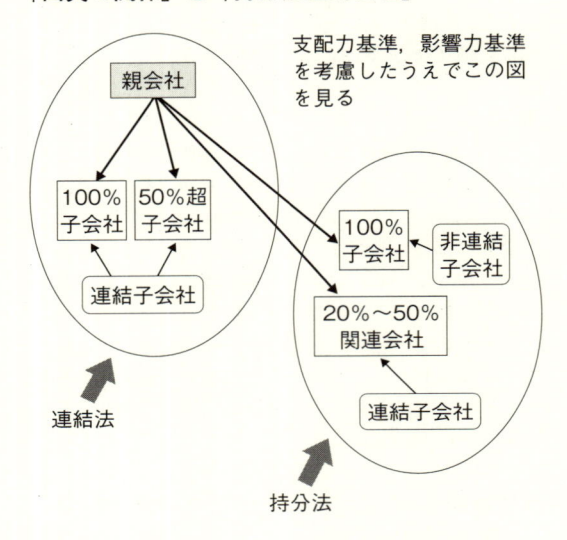

支配力基準、影響力基準を考慮したうえでこの図を見る

親会社 → 100%子会社、50%超子会社 → 連結子会社 〔連結法〕

親会社 → 100%子会社、非連結子会社、20%〜50%関連会社 → 連結子会社 〔持分法〕

取得価額　　減価償却をする資産には、他から購入するものと、自社が建設・製造するもがある。購入の場合の取得価額は、その代金に引取運賃などの購入費用を加えた金額で、自社製の場合は、建設・製造にかかった原価が取得価額になる。

純資産　　貸借対照表の資産から負債を差し引いた額で、別名で自己資本、資本、株主資本等などともいわれる。資産はプラスの資産、負債はマイナスの資産、であることから、この差額は純資産という。

純資産≒株主資本

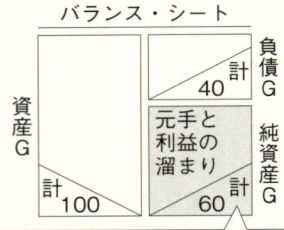

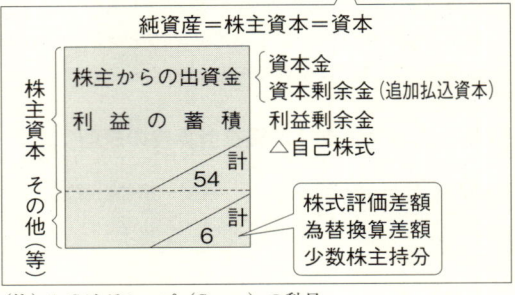

バランス・シート

資産G 計100 ／ 負債G 計40、元手と利益の溜まり 純資産G 計60

純資産＝株主資本＝資本

株主からの出資金 → 資本金、資本剰余金（追加払込資本）
利益の蓄積 → 利益剰余金、△自己株式　計54

その他（等）→ 株式評価差額、為替換算差額、少数株主持分　計6

（注）1. Gはグループ（Group）の科目
　　　2. 資産G－負債G＝純資産G

純資産純利益率

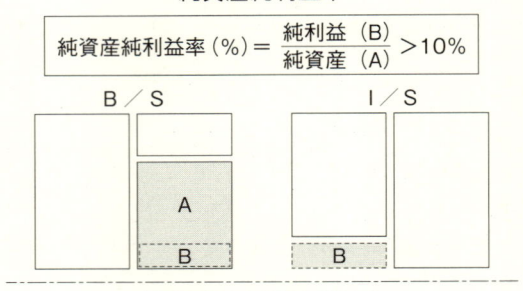

$$純資産純利益率(\%) = \frac{純利益(B)}{純資産(A)} > 10\%$$

B／S：A、B　　I／S：B

利益；売上総利益
　　　営業利益
　　　経常利益
　　　当期純利益（B）

（注）当期純利益BはB／SとI／Sにあらわれる！

「純資産」五つの説明（帳簿価格＝簿価）

1. バランス・シートの「資産－負債」が純資産。
2. 純資産の99％が株主資本。
3. 株主資本＋αが純資産（αは「等」という）。
4. 株主資本≒資本金＋資本剰余金＋利益剰余金。
5. 利益剰余金は、会社のはじめから今まで［累計］の純利益。

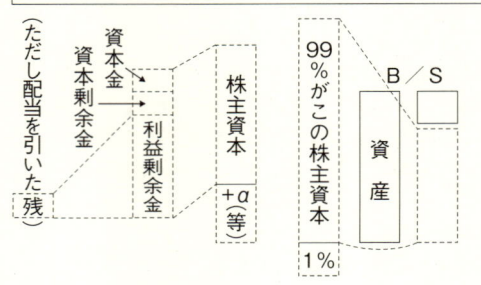

資本金、資本剰余金 →利益剰余金（ただし配当を引いた残）→ 株主資本＋α等

99％がこの株主資本　B／S　資産　1％

「当期純利益」を「純資産」で割ったものが、「純資産純利益率」である　簡単にいえば、純資産と当期純利益の比率のことで、自前のお金（純資産）で、1年間にどれだけ純利益を上げたかを見る指標。

この数字は、企業活動のもっとも基本的な活動の効率を測るもの。これまで頑張って利益剰余金を貯めてきた会社が、なんとかその貯金を守ろうと守りに入ると、純資産の割りに純利益が少なくなってくる。そうすると活気がなくなり、徐々に資産も縮みがち、しぼみがちになる。

私は、「純資産純利益率」10パーセント超を目指すのがよいと思う。

なお、この純資産純利益率と後述するROE（株主資本純利益率）は、ほぼ同じと考えてよい。ただ、ROEの分母の株主資本の定義はチョッとわかりにくいので、純資産純利益をおすすめする。

純資産回転率

$$純資産回転率（\%）＝\frac{売上高（B）}{純資産（A）} > 200\%$$

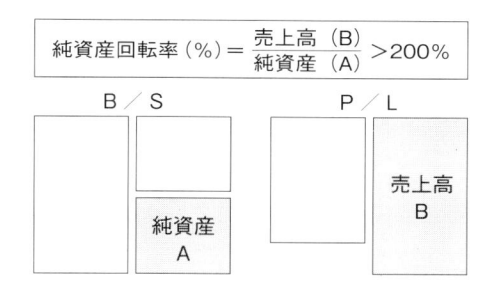

B／S　　　P／L

純資産A　　売上高B

「売上高」を「純資産」で割ったものが、「純資産回転率」。

売上を上げるのに、どれだけ効率よく純資産が使われたかを示す指標。売上を獲得するために何回純資産を使ったかを見る。

純資産が一定期間にどれだけ効率よく使われたか（回転したか）を示す指標で、回転が多いほど効率がよい。

たとえば、純資産100円の会社が300円の売上を上げれば、回転率は3回転。同じ300円の売上高でも純資産が200円の会社であれば、回転率は1.5回転。少ない元手（純資産）でたくさんの売上を上げたほうが、効率のよい経営をしているのである。

私は純資産回転率は、2回転（200％）超がよいと思う。

純資産の科目

純資産	資本金		株主などが出資した資金の額
	資本剰余金		一般的なのは払込剰余金。払込額と資本金繰入額との差額。資本準備金は法定準備金。
	利益剰余金	利益準備金	現金配当、役員賞与など社外流出額の10分の1以上の金額を、資本準備金と合わせて資本金の4分の1になるまで積み立てるもの。
		その他利益剰余金	株主総会で剰余金の配当の対象となる利益。前期までの繰越利益剰余金と当期純利益の合計額。
	（※当期中の儲けで、すべての収益からすべての費用（法人税等を含めて）を差し引いたもの＝当期純利益）。		

純資産増加率

$$純資産増加率（\%）＝\frac{当期の純資産（B）}{前期の純資産（A）}$$

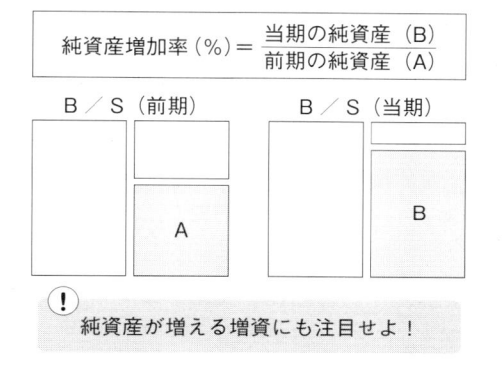

B／S（前期）　　　B／S（当期）

A　　　B

!　純資産が増える増資にも注目せよ！

「当期の純資産」を「前期の純資産」で割ったものが、「純資産増加率」。

これは、会社の成長性を見る指標。売上高が順調に大きくなっていることを前提に、純資産増加率が大きければ、会社は順調。

ただし、売上高が伸びていないのに、純資産が大きくなっているときは要注意。増資によって増えているときは、その目的をしっかり調べる。

純資産が増加していても、負債がもっと増加していることもある。そうしたときは、利益は増えていても、お金の回り（キャッシュフロー）が悪く、借入れを増やしている場合がある。

成長性を見るときは、売上高増加率〔当期売上高÷前期売上高〕や売上高利益率とあわせて見るとよい。

純資産中の利益剰余金　Ｉ／Ｓの当期純利益5円は、やさしく考えて、B／Sの資本金（元手）にプラスされる「利益剰余金増と減の差」（儲け）である。するとＩ／Ｓの当期純利益5円はB／Sの純資産の中の利益剰余金が5円増えたもの。1873（明治7）年に福沢諭吉さんがアメリカの専門学校のBook-Keeping（簿記）の本を訳して、名著「帳合の法」を出版して以来、表立って、私のようにいう人はいままでいなかった。

| 宣言 | 真の儲け5円は、B/S（の利益剰余金）とI/S（の当期純利益）の中に同時に同額（5円）が現れる！ |

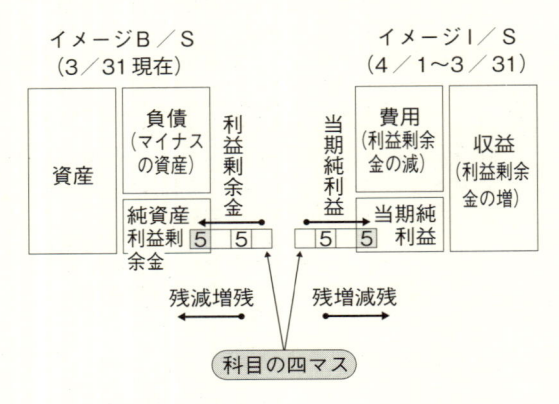

イメージB/S（3/31現在）

イメージI/S（4/1～3/31）

科目の四マス

　私の38年間の経理・財務（私の1989年の造語）生活の中で、どうしても今の世界の簿記のイメージを変えたいと願いつつ、2004（平成16）年に『リーダーのための簿記の本』（中経出版）を書き、2006年秋には『日経式　おとこの「家計簿」』（日本経済新聞社との共編）、さらに、2007年（平成19）年2月に『これでわかった！バランス・シート』（PHPビジネス新書）2007年9月に『日本一やさしい英文簿記・会計入門』（税務経理協会）で、このようなイメージ図をふくらませた考えを打ち出した。

純資産と企業価値

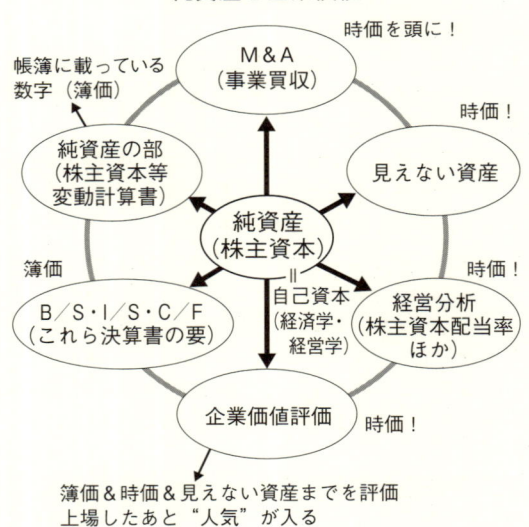

「純資産」十の価値

（簿価±含み損益＝時価
　知＝第三の価値
　±人気＝上場株価）

1. 企業価値と聞いたらまず純資産と考えよう。
2. 売上、費用、その差（損益）が純資産の利益剰余金の中でとらえられる。
3. 現場（販売、製造、研究、M&A）が純資産を増やしていく。
4. 「現場の経営力」のウエイトは純資産99％、ブランド1％。
5. 純資産の真の意味を知る。ブキ（Book-keeping＝決算書＝経営）の要は純資産。
6. M&Aは純資産の売買である。
7. 「のれん」は時価純資産を超える「知＋人気」である。
8. 企業買収（アクイジション）の最重要ポイントは「簿外純資産の人間」である。
9. 三角合併の底力は親会社（海外も）の純資産の本当の価値である。
10. 会社の真の利害関係者（ステークホールダー）（株主、従業員・経営者、社会）は純資産の真の理解者である。

資本（純資産）〔会計・会社法・税法〕の違い

会　計	会社法	法人税法
I　資本金	左の会計に同じ	I　資本金
II　資本剰余金 　　資本準備金 　　その他資本剰余金		II　資本積立金 III　利益積立金
III　利益剰余金 　　利益準備金 　　その他利益剰余金 　　○○積立金 　　繰越利益剰余金		

純資産評価方式　一般に取引所の相場のない小企業の株式を評価する場合によく使われる方式の1つ。ただし、持株割合が50％未満の株主については、この額の80％評価とする。この方式で算出した評価額を純資産評価額といい、これは、会社の純資産の部を評価する基本的な評価方法である。この方式の考え方は会社評価の基本であり、大・中小会社、上場会社、外国会社のいずれの評価の場合にも使える。

〔算式〕

$$評価額 = \frac{資産価額 - 負債価額 - 清算所得に対する法人税等}{株式数}$$

（注）清算所得に対する法人税等＝資産の評価益（時価－帳簿価額）×42％

　これらの算式は、相続税法で決まっている。法人税法では、このような規定がないので、この考え方を参考にする。また税法にとらわれなくても、このような相続税法上の考え方は、平常の経営の中で大いに参考になる。

純資産比率

収益（収入）・・・現金10万円（現金＋10万円）
費用（経費）・・・現金8万円（現金－8万円）
　　　　　　　　　　　　　　　　　　＋2万円

バランス・シート（3月31日付）

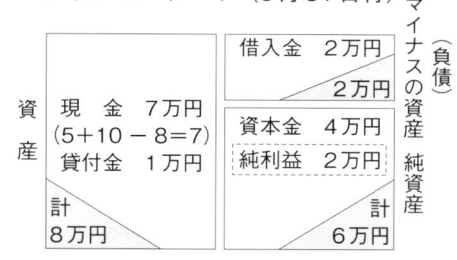

| 資産 | 現　金　7万円
(5+10－8=7)
貸付金　1万円
計　8万円 | 借入金　2万円　計 2万円　（負債）マイナスの資産
資本金　4万円
純利益　2万円　純資産
計　6万円 |

損益計算書（4～3月分）

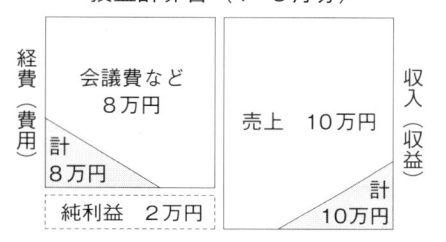

| 経費（費用） | 会議費など
8万円
計 8万円
純利益 2万円 | 売上　10万円
計 10万円　収入（収益） |

純資産比率＝6万円（純資産）／8万円（資産）×100＝75％＞30％

純資産（連結）

純資産	
Ⅰ　株主資本	
1　資本金	×××
2　資本剰余金	×××
3　利益剰余金	×××
4　自己株式	△×××
株主資本　計	×××
Ⅱ　評価・換算差額等	
1　その他有価証券評価差額金	×××
2　繰延ヘッジ損益	×××
3　土地再評価差額金	×××
4　為替換算調整勘定	×××
評価換算差額等　計	×××
Ⅲ　新株予約権	×××
Ⅳ　少数株主持分	×××
純資産合計　計	×××

純粋持株会社　会社のなかには、子会社の株式だけを保有して事業を行わない会社がある。
　これを持株会社（ホールディングカンパニー）という。
　持株会社はさらに、純粋持株会社、金融持株会社、事業持株会社の3つに分類される。
　純粋持株会社は、子会社の株式を保有することにより、子会社の事業活動を支配することを目的とする会社。
　金融持株会社は、純粋持株会社とほぼ同じだが、金融機関に限定されている。
　事業持株会社は、自らも事業を行うが、同時に子会社の株式を保有し、子会社の事業活動を支配する会社。
　2005（平成17）年に、イトーヨーカ堂、セブン-イレブン、デニーズの3社を傘下に収める、セブン＆アイ・ホールディングズが誕生した。この会社には、西武百貨店とそごう（両社の持株会社であるミレニアムリティリング）も傘下入りしたので、日本を代表する小売業をいくつも子会社に持つ純粋持株会社となった。

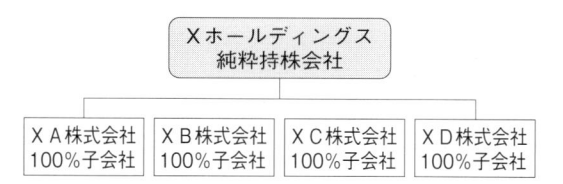

```
         ┌─────────────────────┐
         │  Xホールディングス   │
         │    純粋持株会社      │
         └─────────────────────┘
          │       │       │       │
    ┌─────┐ ┌─────┐ ┌─────┐ ┌─────┐
    │XA株式会社│ │XB株式会社│ │XC株式会社│ │XD株式会社│
    │100％子会社│ │100％子会社│ │100％子会社│ │100％子会社│
    └─────┘ └─────┘ └─────┘ └─────┘
```

少額減価償却資産　法人が事業の用に供した減価償却資産で、使用可能期間が1年未満又は取得価額が10万円未満のものをいう。当該資産の取得価額に相当する金額を損金経理したときは、その金額は、損金に算入できる。

償却原価法　取得金額と債券金額との差額（取得差額）を、償還期に至るまで毎期一定の方法で貸借対照表価額に加減する方法。

償却資産　固定資産税とは、償却資産の所有者が、資産の価値（課税標準額）に応じて市町村に収める税をいう。償却資産とは、土地・家屋以外で事業の用に供することができる資産（その減価償却額又は減価償却費が法人税法又は所得税法の規定による所得の計算上損金又は経費に算入されるもの）をいう。ただし、①鉱業権、漁業権、特許権その他の無形固定資産、②耐用年数の1年未満の減価償却資産又は取得価額が10万円未満の減価償却資産で、法人税法の規定により一時に損金算入しているもの、③取得価額が20万円未満の減価償却資産で、法人税法の規定により3年間で一括償却しているもの、④自動車税が課税される自動車、軽自動車税が課税される軽自動車は除く。

証券取引所　全国に5ヵ所ある株式を上場している取引所のこと。この上場株のほか、証券業協会に「店頭株」として登録（公の帳簿に記入されること）されている銘柄（取引する株式の名前のこと）もある。

し

証券取引所と記者クラブでの発表　3月期決算の会社の経理・財務部は、4月から5月にかけて証券取引所およびその記者クラブで発表する資料を作成する。取締役会が終了すると、経理・財務担当役員と経理・財務部は、東京に本社のある上場会社ならば東京証券取引所へ決算報告を行う。東京証券取引所からは、決算発表用のフォームとその内容が「決算短信」として要請されているので、会社はそれにしたがって作成する。

東京証券取引所での報告の後、直ちに、兜町記者クラブで決算発表を行う。またこの時、会社にとって、厳しい鋭い質問がたくさん出る。考えられる質問については、事前に広報部門や経理・財務部で検討・準備しておく。全社の人々の協力のもとに事業別、製品別などの説明用資料を用意しておく。この決算発表の後、決算説明会を、業界新聞記者、雑誌記者、さまざまの経済研究所などの人々に向けて行う会社もある。

招集通知　株主各位への株主総会への出席を求める招集通知には、株主が報告を受けたり、承認の是否を判断する決算書（案）が記載されている。この大切な決算書の数値・文言に誤りがないよう、経理・財務部は何度も読み合わせを行い、慎重な検討を加えている。

上場会社　東京証券取引所などに株式を公開している企業を、上場企業という。自社の株式を、市場で取引できる会社のこと。上場企業は、金融商品取引法により、連結決算書（キャッシュフロー計算書を含む）の公開を求められている。

上場株式の評価　株式会社の中で、証券取引所に株式が上場されている会社を上場会社という。

株式を上場するためには、証券取引所と契約を結び、上場基準を満たす必要がある。また、会社の財務内容について厳重な審査を受ける。

上場基準として、①上場株式数、②浮動株などの株式の分布状況、③設立後の経過年数、④純資産額、⑤損益の状況・推移、⑥配当、⑦財務諸表の監査意見、⑧株式事務代行機関、⑨株券の様式、⑩株式の譲渡制限がない、などのすべての項目をクリアーする必要がある。

原則として、上場株式の価値は、証券取引所において公表される毎日の株価。株価は、不特定多数の人が、さまざまな観点から評価したものなので、上場株式の株価には、純資産評価方式のほか、その会社の将来性や人気などのいろいろな方法や考え方で評価された結果が表れる。

上場株式、店頭株式　上場株式とは、証券取引所に上場されている株式。

店頭株式とは、証券取引所を通さずに証券会社の店頭で売買される株式。

証書借入　借入の内容や条件などを記載した金銭消費貸借契約証書に基づいて借入する方法。主に1年を超える設備資金などの長期借入金に使われる。

証書借入	金銭消費貸借契約証書により借り入れる。 （主に1年を超える長期借入金に使われる）

1年を超える長期借入金には、通常、金銭消費貸借契約証書による証書借入金が使われる。金銭消費貸借とは、借主が同じ金額の金銭を返還することを約束して貸主から金銭を受け取ることによって成立する契約。借主は借入契約書（金銭消費貸借契約証書）に基づいて利息を付けて貸主に返済する。

借入契約書には、借入金額、借入年月日、返済期限、返済方法、借入利率、利払方法などを記載する。

少数株主が存在する債務超過子会社における当期純利益の帰属　少数株主が存在する子会社が債務超過となっている場合においては、少数株主へは損失を帰属させず、親会社に全額帰属させる。また当期純利益は債務超過状態が解消するまでは、全額親会社に帰属させる。

少数株主持分　100％子会社でない場合、子会社には、親会社以外の株主（少数株主という）がいる。少数株主はその持株数に応じて、その会社の資本（株主資本のこと）や利益についての権利がある。連結決算は、少数株主いるいないにかかわらず、子会社は100％所有の会社と見なして連結するが、・子会社の当期純損益・会社の純資産＝資本（株主資本等）・子会社の支払配当金・未実現利益の4項目については、少数株主の持ち分の振替の作業を行う。

　　　　　　　　少数株主持分

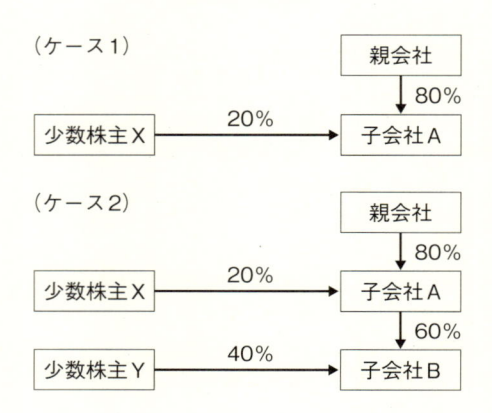

（ケース1）

```
                           親会社
                             │80%
                             ↓
少数株主X ──20%──→  子会社A
```

（ケース2）

```
                           親会社
                             │80%
                             ↓
少数株主X ──20%──→  子会社A
                             │60%
                             ↓
少数株主Y ──40%──→  子会社B
```

	P社（親会社）の決議権保有率					
	51%	60%	70%	80%	90%	100%
S（子会社）の純資産の金額 百万円 100 / 親会社持分	百万円 51	百万円 60	百万円 70	百万円 80	百万円 90	百万円 100
S（子会社）の純資産の金額 百万円 100 / 少数株主持分	百万円 49	百万円 40	百万円 30	百万円 20	百万円 10	百万円 0

ケース1の場合、Xが子会社Aの少数株主。ケース2の場合、Yが子会社Bの少数株主。子会社の純資産、当期純損益（利益や損失）の取り分は、・親会社の取り分が「親会社持分」。・少数株主の取り分を「少数株主持分」。

ケース2の子会社Bの、・親会社持分は、80%×0.6で計算して48%となり、・少数株主の持分は、100%－48%で52%となる。

親会社 I／S
費用 700
収益 1,000
純利益 300

子会社 I／S（親会社持分比率80%）
費用 500
収益 600
純利益 80／20
100

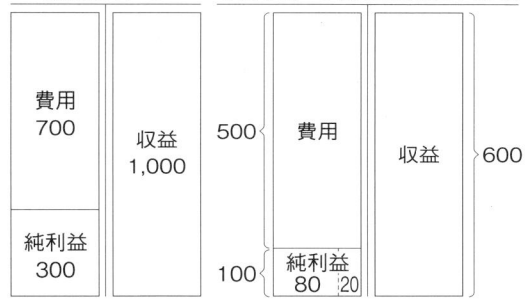

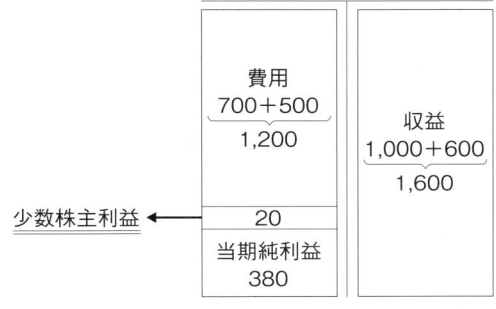

連結 I／S
費用 700＋500 1,200
収益 1,000＋600 1,600
少数株主利益 ← 20
当期純利益 380

消費税　・基本的な仕組みと計算

消費税は、会社や事業者の売上高と仕入高の差額（付加価値）に課税される。会社は次々と価格に上乗せ（転嫁）し、最終的には消費者が税金を負担する。

輸出品に課税すると、外国の消費者が負担することになるので免税。輸入品は国内品と整合性をとるため課税される。その計算は、課税対象の売上高に5％の税率を掛けた額から、仕入高に5％を掛けた額を差し引いて納税額を出す。

仕入には、設備投資や販売管理費・流通費・光熱費などの経費も含める。一方、仕入として差し引けないのは、従業員の給料や金利・地代など、もともと消費税の課税対象外だったり非課税だったりで、税金が上乗せされていない支出。

消費税の会計処理　消費税の取扱いについては、「税込方式」と「税抜方式」の2方式があり、会社はどちらかを選択できる。この2つの方式は、税額を売上高、仕入高と合計したままで計算するか、税額を売上高、仕入高と分けて処理するかの点がちがう。

消費税の会計処理には、・税込方式と・税抜方式の2つの方法がある。

消費税の会計処理には、①税込方式と②税抜方式の2つの方法がある。

① 税込方式
(a) 販売価格、仕入価格とも消費税を含めた金額をそのまま計上する。
(b) 消費税の納付額は一般管理費の中の「租税公課」として扱う。

② 税抜方式
(a) 売上にかかる消費税を仮受消費税（負債）として扱う。
(b) 仕入にかかる消費税を仮払消費税（資産）として扱う。

消費税の計算　消費税の計算は、課税対象の売上に税率を掛けた額から仕入高に税率を掛けた額を差し引いて納税額を出す。消費税と地方消費税を合わせた税率は、5％である。仕入には、設備投資や販売管理費・流通費・光熱費などの経費も含める。一方、従業員の給料や金利・地代などは、もともと消費税の課税対象外だったり非課税だったりして税金が上乗せされていないので、仕入として差し引けない。

なお、簡易課税制度で、売上高5,000万円以下の会社は事務負担を軽くするために、仕入高に関係なく売上高だけで簡単に消費税額を計算できる。この制度では売上高の一定割合を仕入高とみなす。そのみなし仕入率は卸売業で90％、小売業は80％である。また、製造業は70％、飲食業は60％、サービス業は50％。したがって、例えば、小売業者の場合、付加価値は売上の20％とみなされ、それに5％を掛けて計算される売上高の1％を納税する。

し

① 消費税の仕組みのあらまし

| 消費税の課税 | 事業者の売上高と仕入高の差額に課税する。 |

↓

| | 次々と価格に上乗せし、最終的には消費者が税金を負担する。 |

② 消費税の計算のあらまし
　その課税期間中に預かった消費税額から、その課税期間中に支払った消費税額を控除した金額を納税する。
　(a) 消費税額＝課税売上にかかる消費税額（税率4％）－課税仕入等にかかる消費税額（税率4％）
　(b) 地方消費税額＝(a)消費税額×25％

　地方消費税＝(a)消費税額×25％なので、(a)の消費税と(b)の地方消費税を合わせた税率は5％となる。

(注) 簡易課税制度
　売上高5,000万円以下の会社は、売上高の一定割合を仕入高とみなす（みなし仕入率：卸売業90％、小売業80％、製造業70％、飲食業60％、サービス業50％）。

消費税の中間納付額　　消費税法48条（中間申告による納付）の規定により納付すべき消費税の額（その額につき、修正申告書の提出または更正があった場合には、その申告又は更正後の消費税の額）をいう。

証憑書類　　請求書や領収書のことを証憑書類といい、これは実際に取引が行われたのか、その取引が正当であったのか、入金や支払が正しい手続きのもとで行われたかなどについての客観的な証拠書類となり、その取引についての根拠や裏付けとなる。
　証は証明すること、憑は証明のよりどころとなる事実で、証拠とかあかしのこと。領収書や請求書はその典型。日付順に綴じて厳重に保管する。領収書には、正しい①内容と金額、②年月日、③領収者名、④領収印、⑤宛先が大事で、請求書には、同じように正しい①請求の内容（品名と数量・単価・金額）、②年月日、③請求者名、④品物を納めた日（納品日）、⑤検収（検査をして収める）合格月日が大事。契約段階からのチェックが大切。

商品　　販売を目的として、他社から買い入れた物品。

正味運転資金　　流動資産とは1年以内に現金で収入になる予定の資産のことを、流動負債は1年以内に現金で支出が予定される負債のことをいい、1年以内に発生する見込のある資金収支の残高のことを、正味運転資金という。

剰余金の配当　　株主に対する会社決算の剰余金の配当の情報としては、大きく分けて、①新聞、専門誌等を通じて公表される情報、②招集通知、事業報告等、直接送付される情報、③有価証券報告書、決算短信（連結）など所定の備置場所やインターネットで閲覧できる情報の3つがある。

将来減算一時差異　　税効果会計で、当該一時差が解消するときにその期の課税所得を減額する効果を持つ一時差異をいう。

所得　　所得金額とは、法人税の課税標準のことであり、その事業年度の益金の額から損金の額を控除して算定する。
　益金の額には、法人税法に別段の定めがあるものを除き、無償による資産の譲渡、無償による役務の提供、無償による資産の譲受け等の収益の額も含まれる。
　損金の額には、原価の額のほか、その事業年度の販売費、一般管理費等の費用の額が含まれるが、償却費以外の費用の額でその事業年度において債務の確定していないものは除かれる。
　会計上の利益と税法上の利益とは異なる。会社法や適切な会計慣行によって導き出された決算利益をもとに、「税法特有の修正を加える」ことによって税務上の利益（所得）が算出される。この所得金額は、具体的には次の手順で導き出される。
　・決算利益を前提として、
　・これに、法人税法に定められた益金算入、損金不算入の項目を加算する。例えば、過大な役員報酬は、会計上は費用だが、法人税法上は損金に算入されない。
　・益金不算入、損金算入の項目を減算する。例えば、受取配当金。会計上は収益（営業外）に計上されるが、法人税法上は益金に算入されない。
　このように、税務は会計に似通っているが、全く同じではない。

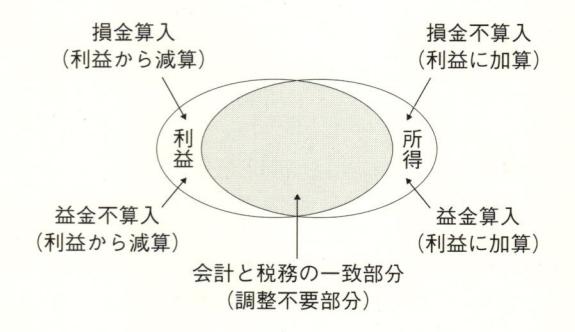

```
　損金算入　　　　　　　　　　損金不算入
（利益から減算）　　　　　　　（利益に加算）
　　　　　　╲　　　　　　　　　╱
　　　　　　　利　　　　　　所
　　　　　　　益　　　　　　得
　　　　　　╱　　　　　　　　　╲
　益金不算入　　　　　　　　　益金算入
（利益から減算）　　　　　　　（利益に加算）
　　　　　　　会計と税務の一致部分
　　　　　　　　（調整不要部分）
```

　考えの元は、所得と税引前の利益は同じものであるはず。なぜかというと、会計は、金融商品取引法関係

の会計規定や会社法上の会計規定、そして、公正な会計慣行で決まることになっている。

そして、法人税でも、所得を計算するための「益金」（≒会計の収益）や「損金」（≒会計の費用）も"公正妥当と認められる会計処理の基準"に従って計算されると決めている。

原則的にそうなっている税法に、１つ特別な言葉がある。すなわち「別段の定めのあるものを除き」その基準に従うとなっている。

「別段の定め」は、法人税法の中にも、租税特別措置等の中にもいろいろ定めてある。

これで、企業会計の目的を税務会計の目的の違いから「別段の定め」が決められていて、「利益」と「所得」が異なる。

だからよく新聞などで見る「貸倒引当金の有税引当」は「利益」と「所得」が異なる原因の１つである。

会計上引当てる貸倒引当金が30必要なのに対して、法人税法の引当繰入限度額が10であれば、30－10＝20の引当繰入額（会計上の費用30のうちの20分）を税務申告書（税務会計の決算書）で税引前利益にプラス（加算）して、所得としなければならない。そして利益と所得に20の差ができるのである。

別段の定め

第１のケース	企業会計とは違った観点からの法人税法独特の考え方 ● 受取配当金の益金不算入 ● 役員賞与の考え方 ● 圧縮記帳の考え方
第２のケース	企業会計と多少関係づけながら、法人税法独自の考え方を打ち出しているもの ● 貸倒引当金の限度額 ● 減価償却の方法と耐用年数

所得調整項目（法人ごとに計算する調整項目）

連結所得金額の算定にあたり行う申告調整については、特別の定めのあるものを除き、単体納税と同様の方法により、連結納税グループ内の法人ごとに算定する。法人ごとに計算する項目が残された理由は、主に、損金経理を要件としているものについて、連結ベースでの計算がなじまないからである。

所得と利益　　税法上の「所得」は、会計上の税引前利益に相当する。所得は、決算書上（会計上）の利益に税法特有の修正（申告調整）による加算・減算を行うことによって算出される。

・会計上の税引前利益からスタートして、
・法人税法の規定にしたがい、次の項目を会計上の利益にプラス（益金不算入の説明を省略）。
(a) 会計上には収益ではないが税務上は益金と認められる項目を、会計上の利益にプラス。
（これを「益金算入」といい、利益に加算する）
(b) 会計上は費用となるが税務上は損金と認められない項目を、会計上の利益にプラス。
（これを、「損金不算入」といい、利益に加算する）
・法人税法の規定にしたがい、次の項目を、会計上の利益からマイナス。
(c) 会計上は収益となるが税務上は益金と認められる項目を、会計上の利益からマイナス。
（これを、「損金算入」といい、利益から減算する）

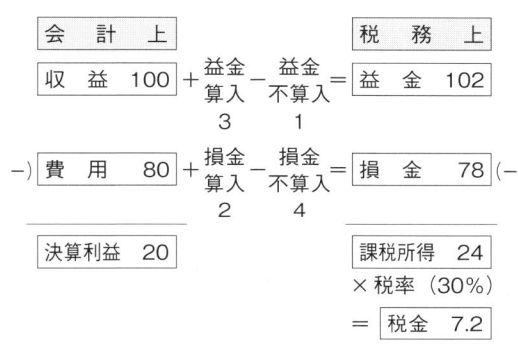

会計上		税務上
収益 100	＋益金算入 3 －益金不算入 1	＝益金 102
－）費用 80	＋損金算入 2 －損金不算入 4	＝損金 78（－
決算利益 20		課税所得 24 ×税率（30％） ＝税金 7.2

（注）〈収益－費用＝決算利益〉　（注）〈益金－損金＝課税所得〉

知れている債権者　　知れている債権者とは、帳簿その他により会社に知れている債権者をいい、債権額が確定している必要はない。

仕分（訳）け以前の取引　　経営者や従業員、とりわけ事業部（販売、製造、研究、Ｍ＆Ａ部門）は、原油価格、為替、株価の３つから目を離せない。これらはすべて経済・金融・経営の「与件（前提条件）」（Condition）である。

この前提条件に基づいて会社経営が行われることを、経理・財務はかたときも忘れることができない。事業部への参画・バックアップも、前提条件の短・中・長期の検討をすることで、的確な貢献ができる。

前提条件と似ているものに、「仕訳以前の仕事」（Before Journalizing）がある。「仕訳」は経理・財務用語なので、ここでは「仕分け」と言い換える。会社では会計取引（Accounting Transaction）が発生したときに、その取引を２つの科目に（同金額で）仕分けして記録する。

よく「会計取引って何？」と聞かれることがあるが、これは財産や権利の移動のことである。商品を掛け（ツケ）で売れば、商品はお客様のものだが、売掛というお金をもらえる権利をこちらがもつ。こうした

動き〔㊧ 売掛、㊨ 売り上げ〕を仕分して記録する〔伝票の記帳（書くこと）とも言う〕のは、会社の中でいったい誰の仕事か？ 実は、これは事業部の人々の仕事である。日本中の多くの方々が驚くかもしれないが、これがメインテーマの「会社をよくする」ことと関連がおおありだ。では、「経理・財務の仕事がなくなってしまうのでは？」と思う方もいるかもしれない。実は21世紀になって、日本のしっかりした会社では、この仕事がどんどん経理・財務の仕事ではなくなっている。では、経理・財務の仕事はなんだろう。そうです。「正しい仕分けをしているか、正しい伝票記帳かをチェックする」だけでよいのである。これこそが経理・財務の仕事になっている。

たとえば、販売取引が記録される前に、会社にとってずっと大事な「一般の取引」がある。それは「受注」（注文を受けること）である。受注を得るために、販売、製造、研究、M&A部門の人たちが協力・努力し、そこへ経理・財務も参画・バックアップする。先の前提条件も十分に検討する。

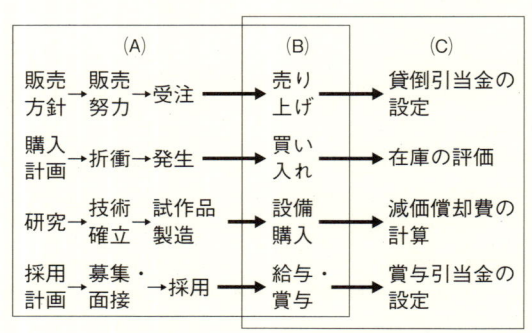

```
        (A)              (B)         (C)
販売    販売                売り      貸倒引当金の
方針 → 努力  → 受注 →    上げ   →  設定
購入    折衝                買い      在庫の評価
計画 →        → 発生 →    入れ   →
        技術    試作品      設備      減価償却費の
研究 → 確立  → 製造  →    購入   →  計算
採用    募集・              給与・    賞与引当金の
計画 → 面接  → 採用  →    賞与   →  設定
```

(A)＝仕分け以前の取引、(A)＋(B)＝一般にいう取引、(B)＋(C)＝経理・財務（企業会計）の取引、(C)は純粋な経理・財務（企業会計）の取引

会社には、(A)(B)(C)の3つの取引がある。経理・財務以外では(A)＋(B)を一般取引と呼び、特に事業部門は(A)に全力を注ぐ。(B)＋(C)が経理・財務の取引（企業会計の取引）だが、経理・財務は(A)の取引にも参画しバックアップする。

受注など「仕分け（仕訳）以前の仕事」が(A)である。また、仕分け記録する会計取引を(B)とすると、(B)のあとで経理・財務に固有な会計取引(C)がある。

たとえば、販売先から資金繰りが苦しくて代金支払いをストップされる可能性があったら、経理・財務では、貸倒れ（代金の回収ができなくなる状況）という不測の事態に備えて「貸倒引当金」を計上する。これが(C)で、純粋な「企業会計取引」（仕分け記録）で、経理・財務固有取引である。

仕分（訳）け前と仕分（訳）け後

◎1個80円でアンパンを買い入れる（仕入）

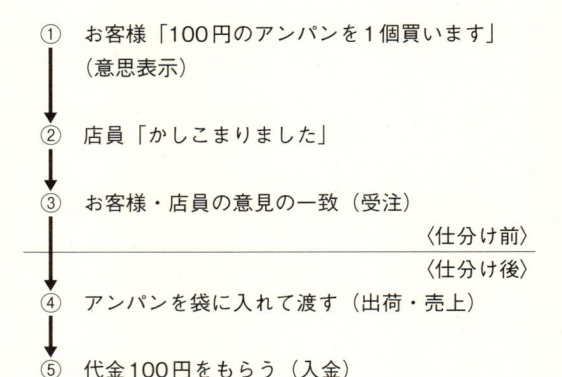

① お客様「100円のアンパンを1個買います」（意思表示）
↓
② 店員「かしこまりました」
↓
③ お客様・店員の意見の一致（受注）
〈仕分け前〉
――――――――――――――――――
〈仕分け後〉
④ アンパンを袋に入れて渡す（出荷・売上）
↓
⑤ 代金100円をもらう（入金）

たとえば、80円でアンパンを買い入れ（80円で買い入れたことはお客様には見えない）それを100円でお客さんが買ってくださると決まれば、100円と80円の差額が利益になる。

利益率は受注金額に占める利益金額の割合なので、

（利益金額÷受注金額）×100＝利益率

となり、このアンパンの場合なら、100円分の20円、つまり20％が利益率。

利益率は、20％より多ければ多いに越したことはない。利益率を上げるには、たとえば買入金額（仕入金額）が80円と決まったら、受注金額の100円を、110円、120円と上げていく。そうすれば、利益率も20％をどんどん上回る。

取引を帳簿に記入する際、取引を2つの要素に分けて、それぞれを、つぎのようにき記していく。
㊧（よく借方と言う）
㊨（よく貸方と言う）

この2つに分けるので、こうした作業を仕分けと言う。

要素とは、なにが増えて、なにが減ったと考えるとわかりやすい。

たとえば、商品のアンパンを現金80円で買い入れたとき、パン屋さんではアンパンが増えたが、現金80円が減る。つまり、商品が増えて、現金が減った。これを㊧と㊨に分けて帳簿に記入する。

では、「仕分け前」と「仕分け後」では、そのような違いや変化が起きていて、なにを基準に前と後を分けているのか。

それは資産の（所有権の）移動である。

契約はすんでいるが、仕分け前では、資産の移動はまだない。受注の段階では、商品やその代金の移動がない。将来の移動の約束はするが、約束を交わしただけで、まだなにも移動はしていない。

仕訳前の仕事　現代の経理・財務パーソンには、経営行動に対して事前的に参画し、計数をもってバックアップする機能が求められている。

仕訳前の税務　日常の税務処理の中で、科目の仕訳の時に何が会社にとって最もプラスになるかを考え、費用化を早めて節税につなげることが大切である。

例えば、ある工場で、従来の工場のほかに研究開発部門を設置することになったとする。製造部門で購入した同じような機械の法定耐用年数が10年であっても、研究に使う機械の耐用年数は4年にできるという法人税の取扱いがある。

このように、研究開発用の機械の耐用年数を採用すれば、償却を早めて、収益・資金両面で体力をつけ財務体質を強化できる。

これはほんの一例で、節税をあらゆる面から徹底的に検討するかどうかで会社への影響に大きな差が出る。「毎日、毎年、継続して節税に心がけている会社とそうでない会社とでは、5年、10年、20年の間に企業体質に大きな差が出ること」を、経営トップ層に本当に理解してもらうよう経理・財務の人は努力しなければならない。

新株予約権　株式に対して権利を行使することで、当該株式会社の株式の交付を受けることができる権利。

新株予約権はそれ自体を単独で発行できるのはもちろんのこと、金融商品と組み合わせて発行することもできる。また、新株予約権の付与対象者に制限はないので、取締役・従業員・株主のみならず第三者に対しての発行も可能である。さらに、新株予約権の権利行使期間に会社法上制限はないので、会社が自由に定めることができる。

新株予約権の利用方法としては、①ストックオプションを付与するため、取締役・従業員に発行する、②融資を受ける際、その条件を有利にするため融資先に対し発行する、③社債とともに発行する（従来の分離型新株引受権付社債に相当）といった方法が挙げられる。

新株予約権の場合、株式が発行されるのは将来であるが、通常の新株発行の場合、株式が発行されるのは現在である。このように、両者は、株式発行時期に違いがある。その他は共通する点（既存株主に与える影響等）が多い。このため、会社法上、新株予約権は通常の新株発行の手続に準じて統制されている。すなわち、新株予約権は、公開会社（株式譲渡制限のない会社）においては、原則として取締役会の決議で発行できる。ただし、株主以外の者に対し特に有利な条件で新株予約権を発行する場合は、株主総会特別決議が要求される。

ストックオプションは新株予約権を、株主以外の者に対し特に有利な条件で発行する場合に該当するから、ストックオプションの付与に際しては、株主総会特別決議が要求される。

新株予約権付社債　株式に転換できる権利が認められた社債（以前の転換社債）

人件費　給料・賞与・退職金などの人件費の計上は、支払われた時期、場所において計上するのではなく、働いた時期、場所に基づいて計上し、その人の行った仕事に対しての人件費を負担するよう会計処理を行う。

申告期限の延長　消費税の確定申告書や中間申告書については、国税通則法に定める災害等を受けた場合の申告期限の延長制度の適用がある。

申告調整　申告調整とは、所得金額を計算するために、法人税法の規定に従って申告書において決算利益を調整すること。

具体的には、申告書別表4において、「損金の額に算入した法人税」、「減価償却の償却超過額」等を当期利益に加算したり、「受取配当等の益金不算入額」、「欠損金又は災害損失金の当期控除額」等を当期利益から減算したりすること。

「利益への加算」項目7（益金算入3と損金不算入4）と「利益からの減算」項目3（益金不算入1と損金算入2）により、決算利益20が課税所得24に申告書の上で調整される。これが申告調整。

決算利益	20
益金算入	+3
損金不算入	+4
益金不算入	−1
損金算入	−2
課税所得	24

（益金算入+3、損金不算入+4、益金不算入−1、損金算入−2 ……申告調整）

（注）課税所得＝益金−損金＝102−78＝24＝20＋3＋4−1−2＝24

申告納税　税金の納め方には、納税者が自分で所得金額や税金を申告して納める「申告納税方式」と、税務当局が決定した税金をそのとおりに納める「決定納税方式」とがある。法人税は、申告納税方式がとられている。すなわち、自分の会社で所得と税金を計算して自ら申告し納税する。

真実性の原則　真実な経常成績、財政状態、キャッシュフローの報告を行うこと。

す

出納（すいとう） 「出納」とは金銭や物の出し入れ、すなわち支出と収入のことである。「金銭出納簿（簿＝帳簿）」「小遣い出納帳」「図書の出納」などと使われる。小規模の会社では現金の出し入れで利益が上がるのが目に見えてわかる。これが会社活動の源である。この出し入れのシステムは大会社も中・小会社も全く同じ。現金が入ってくる。出ていく。では、残った現金はどれだけ前より増えたか。すなわち、「残高・受入・払出・残高」、すなわち「残受払残」または「残増減残」、この動きの中で現金・預金が増加することを会社は願うのである。

ステークホルダー 会社を取り巻くさまざまな利害関係者を総称してステークホルダーという。具体的には、株主、社債権者、債権者、取引先、従業員等が該当する。

ステークホルダー（利害関係者）

ステークホルダー（利害関係者）20

① 経営者	② 従業員	③ 監査役	④ 社外取締役
⑤ 株主・投資家	⑥ 顧客	⑦ 取引先	⑧ 社会
⑨ 会計学者 会社法学者 経営学者	⑩ 国家	⑪ 企業会計基準委員会	⑫ 公認会計士（協会）
⑬ メディア（新聞社ほか）	⑭ 経済評論家 経営評論家 エコノミスト	⑮ アナリスト	⑯ 格付会社
⑰ 政府	⑱ 政治家	⑲ 官庁（金融庁ほか）	⑳ 日本版SEC（証券取引等監視委員会）

利害関係者と訳される。もともと、ステークは、掛け金、賞金、掛金などを意味して、Stakesというと賭け競馬のこと。ステークは、また、掛金などを預かる人のことも指す。そして、企業では従業員、得意先、仕入先、債権者、地域社会などの利害関係者を指すことが多い。「～に利害関係がある」は「have a stake in～」で、事業に出資するという意味も含む。

◆株主・従業員・社会のために

どんな会社やお店にも、その会社やお店が成り立っていくために必要な人々や組織がある。それを、ステークホルダー（利害関係者）と言う。私はステークホルダーとして、左のように20挙げている。

この中で、「会社は誰のもの？」と問われたとき、私はいつも、「お金を出した人、そこで働く人、そしてお店や会社が活動して影響を受ける人」とお答えしている。株式会社でいえば、「株主」「従業員（経営者を含む）」「社会」の3つである。会社やお店は、これらの人々のためにある。

「株主」は会社の元手（資本金）を出している人、「従業員（経営者も含む）」はその元手を使ってモノやサービスを生み出し、「社会」に提供していく人である。会社やお店が生み出したモノやサービスが「社会」にとって価値あるものと認められたとき、モノやサービスが売れて、会社や元手を増やし次の活動を続けていける。

ストックオプション 会社が取締役・従業員に対して、将来の一定期間内に所定の価額でその会社の株式を取得できる権利を付与する報酬制度のことをいう。将来、株価が上昇した時点で取締役や従業員は権利行使を行い、会社の株式を取得し、売却することによって、株価上昇分の報償が得られる。

正規の簿記の原則　正規の簿記の原則で会計帳簿を作成すること。

請求　売主が買主に対して代金の支払を促すこと。実務上は、得意先に対して請求書を発行することによりなされる。通常は得意先の締日に合わせて作成される。

税効果会計　会社の税金を、税務上「支払った金額」ではなく、会計上の利益に対して「本来支払うべき金額」実効税額で損益計算書に示す会計をいう。これにより、「税金はコストである」という考え方が大勢を占め、明治時代から商法学者が固執した「税金は債務である」という考え方は消滅した。

　会計と税金計算は、とても密接な関係がある。それは、税法独自の方式で算出する所得計算と、会計の税引前純利益とが、9割がた共通するからである。実際には、会計の税引前純利益→税法の調整を加える→所得、となる。この所得に税率をかけて「収める税金（法人税、住民税、事業税の3つで約40％）」を計算する。

　「収める税金（法人税等）」は、計算後に再び会計のI／Sに戻ってきて、税引前純利益の下に表示される。

　20世紀のI／Sでは、税金の表示はこれで終わりだった。しかし、1999年から日本にも、欧米から30年以上遅れで「税効果会計」という会計ルールができた。少しかたく説明すると、企業会計における収益又は費用と、課税所得計算上の益金又は損金の認識時期の相違等により、企業会計上の資産又は負債の額と課税所得計算上の資産又は負債の額に相違がある場合に、法人税その他利益に関する金額を課税標準とする税金（以下「法人税等」という）の額を適切に期間配分することにより、法人税等を控除する前の当期純利益と法人税等を合理的に対応させることを目的とする会計手続きをいう。おわかりかな。私もよくわからないのだ。

　会計では、税引前純利益100に対する理論税率40％を「税金費用40」として計上し、当期純利益は60である。しかし、実際のI／Sでは、税引前純利益100の下にまず納める税金55をいったん書く。そこから実行税率に合わせるための15を差し引いた40をI／Sの税金費用にする。最後の「当期純利益」は60である。

　このように、税効果会計は「税金の効果を会計で表す」ルールである。

　利益計算と所得計算は一部異なる。この異なる部分から「一次的な差異の税金」を抜き出す。そして、この差異15（55－40）をI／Sの「税効果の調整額」に表示するだけである。

　ここでチョッと横道に入る。少し「ややこしや」なので飛ばし読みしてよい。

　「税効果の調整額」で差し引いた15は、B／Sで「繰延税金資産」として次の年度へ繰り越す。そして将来、差異が解消する年度で、I／Sの税金費用にもう一度振り替える。この手続きが税効果会計である。

　一次的な差異の代表は、不良債権に対する損失（貸倒引当金）である。税法の損金に対する条件はかなり厳しくて、会計上はこの条件を満たすまで待てない。そこで、会計では損失を早めに計上し、税法の条件を満たすまでは一次的な差異（いつか一致）にする。

　なお、もう1つの差異は「永久差異」。会社の交際費や寄付金のように、税金計算で常には損金でない費用は、永久に差異を解消できないので、税効果はない。

　ここで元の道に戻る。

　税効果会計の導入で、I／Sの税金費用はわかりやすくなった。ただし、注意する点が1つある。税効果会計は、利益や所得を将来も十分出せる会社が使えるしくみで、そうでない会社は、納める税金もないので、一次的な差異がどれほどあっても、将来の税金への効果は望めない。会社の目的は「しっかりと利益を出し、税金を納めること」であることを、いま一度、頭に置いてほしい。

（20世紀のI／S）	
売り上げ	800
⋮	
税引前純利益	100
納める税金	55
純利益	45

（21世紀・税効果会計のI／S）	
売り上げ	800
⋮	
税引前純利益	100
納める税金	55
税効果の調整	△15
純利益	60

（利益計算）
収益－費用＝税引前純利益→
×税率＝会計の税金費用
800－700＝100（40％）＝40
（税金計算）
益金－損金＝所得→
×税率＝実際の税金費用
820－682＝138（40％）＝55

一時的な差異　15

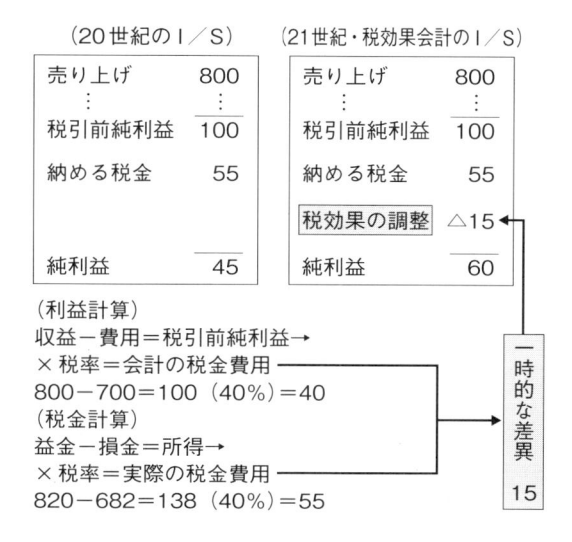

税込方式　「税込方式」では、販売価格、仕入価格とも消費税を含めた金額をそのまま計上し、消費税の納付額は一般管理費の中の「租税公課」として扱う。「税込方式」は税額を分ける手間がかからないので、

せ

中小企業などでは納税事務の簡素化になる。

例えば、税込みで仕入価格5万円、販売価格7万円の場合、販売価格に5／105を掛けた3,333円（売上にかかる消費税）から仕入価格に5／105を掛けた2,380円（仕入にかかる消費税）を控除した953円が納税額となる。

(a) 販売価格70,000円×5／105＝売上にかかる消費税3,333円
(b) 仕入価格50,000円×5／105＝仕入にかかる消費税2,380円

　(a)売上にかかる消費税3,333円－(b)仕入にかかる消費税2,380円＝税額953円
　→租税公課（一般管理費）として扱う。

清算　　清算とは、会社が解散した後、既存の法律関係を処理するための手続きである。また、清算手続きがとられることなく会社の法人格が消滅する場合として、合併がある。

誠実

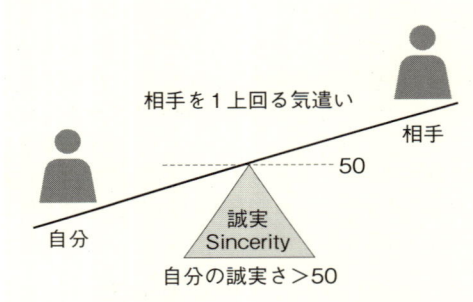

相手を1上回る気遣い
相手
自分
50
誠実 Sincerity
自分の誠実さ＞50

自分の誠実さ		相手の誠実さ
50	＝	50
51	＞	49
52	＞	48
53	＞	47
54	＞	46
・		・
・		・
・		・

経営計画を立て、売上・利益を上げることを目的とする会計を、法定の「財務会計（制度会計）」に対して「経営会計（管理会計）」と言う。

相手の信用を勝ち取ってこの仕事を進めていくには、3つの精神が欠かせない。
① 正確さ（アキュラシーaccuracy）、
② 迅速さ（スピードspeed）、
③ 誠実さ（インテグリティーintegrity）

このなかでも③の誠実さが最も大切で、これなくして説得力のある交渉はできない。

誠実という意味は同じでも、シンセリティーとインテグリティーとではちょっとニュアンスが異なる。誠意を持って人に接することに違いないが、インテグリティーには「どこに行っても、誰に対しても、いつでも同じことを言う」という意味が込められている。

あることを伝えるのに、相手、場所、時にかかわらず同じことを話す誠実さで常に一貫している。とくに交渉においては、このインテグリティーを天秤ばかりの支点にして相手を上回ることを考える。それが商売の成否にもつながっている。

ところで、会社、お店、個人営業にかかわらず、それを維持していくには「経営力」がかかせない。

経営力は、次の3つのキーワードから成り立っている。
① 事業力、
② 契約力、
③ ブキ力

①の事業力とは、利益をあげて税金を納める実力。利益を上げ続けていけば、おのずとこの力はついてくる。事業状況を文章で報告する「事業報告」という言葉がこれからどんどん使われる。

②の契約力は、契約を会社のために結べる実力を意味し、常識をベースに法律を扱う力である。とくに民法。常識を法律にしたのが民法だから。

実務では、弁護士・会計士を使い切る力が求められる。弁護士・会計士を「先生様」と奉らずに、弁護士・会計士には会社のために徹底して働いてもらう（監査担当の会計士は別）。はっきり言えば、「首根っこを持って遠心力で振り回して会社のために働いていただく」のである。

そのぐらいの力がなければ、国際競争力で負けてしまう。

③のブキ（簿記）力は、決算書に基づく経営のこと。

話は1874年（明治7）年の福沢諭吉さんの勘違いにまでさかのぼる。

英語で簿記はbook-keeping。bookは「決算書」、keepは「経営する」を表し、book-keepingは「決算書（で進める）－経営」＝このブキが「経営簿記」である。

製造業　　物品をつくるメーカー業務をしている会社。製造業の会社が製造した品物を「製品」という。これに対して、商品を仕入れてそれを販売する会社を「商社」「小売業」という。

製造原価　　製造部門（工場）でかかった原価のことをいう。具体的には、原材料費や組立労賃といった製造に直接かかった費用を直接製造原価といい、工場の事務員の給与や清掃費用といった製造に間接的にかかった費用を間接製造原価という。

① 経理・財務パースンは、ある金額100円と聞いたら、すぐに、これは、例えば「数量10個」と「単価1個当たり10円」のかけ合わさったものだと考える。

② 1個1,000円で3個売ったときの売上金額は3,000円、1kg2,000円の品物を5kg仕入たときの仕入金額は10,000円、日当5,000円の人が10日働いたら賃金は50,000円、1キロワット10円の電気を500キロワット使うと電気料は5,000円、などとなる。

③ 製造原価の「原材料原価」「労務原価」「経費原価」のうち、原材料原価を考える。
原材料の単価が1,000円／kgで、この原材料を製品をつくるために500kg使った場合、原材料原価、すなわち原材料費は、
　500kg×1,000円／kg＝500,000円
となる。だから、材料消費量×原材料単価＝原材料費である。

製造原価計算書

原材料の受払残表（7月度）

残			受入（増）			払出（減）			残		
数量	単価	金額	数量	単価	金額	数量	単価	金額	数量	単価	金額
						t 600	万円/t 5	万円 3,000			

6月末のB／S　　　　　　　　　　　　　　　　　　7月末のB／S

- 当月中に購入した原材料。
- よい原材料を安定的に、できるかぎり安く買う行動

- 原材料が原料倉庫から払い出されて、製造現場で使われる。
- 製造費用の中へ入っていく数量・単価・金額である。

製造原価計算書（7月度）

科目	数量	単価	金額
原材料費	600 t	@ 5万円	3,000万円
労務費			2,000
経費			1,000
減価償却費			3,000
⋮			
当月製造費用	1,000 t	@ 10万円	10,000万円

製品の受払残表の「受入（増）」の欄に入る。

製造費用　まず、製造費用と製造原価は違うことを頭に入れてほしい。

材料費、労務費、経費の合計が「製造費用」、つまり、製造費用は、「製品を製造するための費用」である。

しかし、製造費用は、製造原価そのものではない。決算期の末日に、工場のなかに、まだ製品になる途中の仕掛品が残っている。

これらの残高を「期末仕掛品」という。また、仕掛品は決算期の初めにも存在するので、期首の残高を「期首仕掛品」という。

つまり、期首仕掛品に製造費用を加えた金額から、期末仕掛品の金額を差し引いた金額が、製造原価である。

　期首仕掛品＋当期製造費用－期末仕掛品＝製造原価

製造原価は、製造原価報告書という書類に示される。

製品製造原価

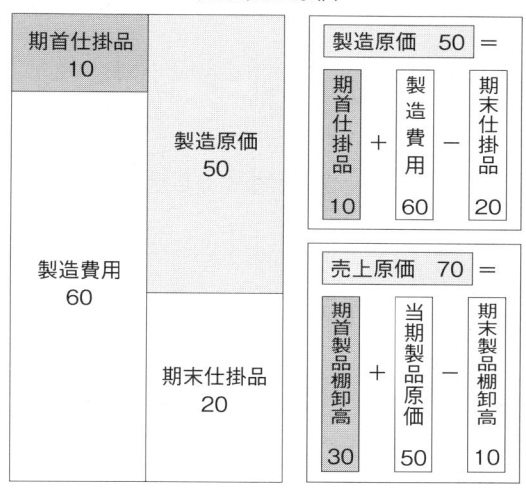

期首仕掛品 10	製造原価 50
製造費用 60	期末仕掛品 20

製造原価 50 ＝ 期首仕掛品 10 ＋ 製造費用 60 － 期末仕掛品 20

売上原価 70 ＝ 期首製品棚卸高 30 ＋ 当期製品製造原価 50 － 期末製品棚卸高 10

制度としての連結決算　わが国の連結決算制度は主に金融商品取引法において要請されており、会社法も制度としてB／S、I／Sを取り入れている。しかし、連結決算を行う会社は、上場会社等にかぎられており、連結決算書・連結納税を主体に考える会計が広く制度化されている欧米とは普及の程度が異なっている。

税抜方式　「税抜方式」を選択した場合は、売上にかかる消費税を仮受消費税（負債）、仕入にかかる消費税を仮払消費税（資産）として扱い、損益に影響させない。

税込方式で同じ仕入価格および販売価格で、税抜方式を選択した場合には、売上にかかる消費税3,333円は仮受消費税（負債）、仕入にかかる消費税2,380円は仮払消費税（資産）として処理する。

(a) 販売価格 70,000円 × 5／105 ＝ 売上にかかる消費税 3,333円
　　→ 仮受消費税（負債）として扱う

(b) 仕入価格 50,000円 × 5／105 ＝ 仕入にかかる消費税 2,380円
　　→ 仮払消費税（資産）として扱う。
　　仮受消費税と仮払消費税は相殺して、差額を未払消費税（負債）として計上する。

製品　製造業で販売を目的として製造した生産品、完成品。

―― Column ――

製品勘定の数量、単価、金額を加味した受払残表

昨年の4月1日から今年の3月31日までの製品勘定の動きはどうであったか。まず数量だけ見ると、昨年の4月1日（＝3月31日の夜）の数量は50kg、そして、この1年間にこの製品を製造した数量が500kgであるとする。

この2つの数量、すなわち50kgと500kgとを足した550kgの中から、お客さんへ売れた数量は450kgだとすると、この製品勘定の受払残表が作れる。

製品勘定の数量の受払残表

B／S

製品勘定（数量のみ）	昨年の3/31の残	4/1～3/31 製造	4/1～3/31 出荷＝販売	3/31の残
	50kg	500kg	450kg	100kg

この受払残表には、はじめの残が50kg、1年間につくった数量500kg、1年間に売った数量450kg、おわり（3月31日）に残った量が100kgであることが表示される。

①まず、この1年間に製品の在庫が50kg増えていることがわかる。そして、在庫増50kgは一般に、製品が売れなかったので望ましくない。もちろん、世の中に製品がよく売れる場合は、いつもより余分に在庫をもつべきである。

②この1年間で作った製品が500kgであるのに対し、出荷（売れた）のが450kgであるのだから、売れた数量は作った数量より50kg少なかったことがわかる。このことで、3月末（期末）の在庫が1年前と比べて50kg増加してしまった。

③前の①と②のことは内容としては同じことを示していることを理解してほしい。（100－50＝500－450）

次にこれらの数量に単価（仮に10円／kg）を入れてみる。すると、製品勘定の受払残表は、数量・単価・金額の入ったものになる。

―― Column ――

製品勘定の受払残表の売上原価と売上総利益

ここで、単価10円／kgについて考えてみる。昨年末の製品在庫が必ず10円／kgとはかぎらない。仮に、昨年末の製品在庫の単価が9円／kgであり、4月1日～3月31日までに製造した製品の製造原価（製造した製品単位当たりの原価）が11円／kgであったとする。（次頁参照）

この受払残表の中の払出欄の
　450kg × 10.82円／kg ＝ 4,868円
が、会社の外へ「売れた製品の原価」という意味で、損益計算書では「売上原価」という科目で4,868円のみが表示される。

この売上原価の出荷数量は、この製品の売上金額（例えば450kg × 15円／kg ＝ 6,750円）の中の売上数量450kgと一致する。

そして、売上6,750円から売上原価4,868円を差し引いた金額1,882円が売上総利益（または粗利益）である。

B／S 3/31

昨年3/31残			4/1～3/31受入			4/1～3/31払出			3/31残		
数量	単価	金額	数量	単価	金額	数量	単価	金額	数量	単価	金額
kg	円／kg	円	kg	円／kg	円	kg	円／kg	円	kg	円／kg	円
50	10	500	500	10	5,000	450	10	4,500	100	10	1,000※

↑昨年3/31にあったもの　↑1年間に造ったもの　↑1年間に売れたもの　↑3/31に残ったもの

（注）このB／Sに最終的に載る数値は、最後の※印のついた1,000円のみであるが、真の財務分析はここまで考えなければならないのである。

損益計算書（4／1〜3／31）

売上高	6,750円
－）売上原価	－）4,868円
売上総利益（粗利益）	1,882円

仮に数量・単価も表示すると次のようになる。

売上高	450kg	15／kg	6,750円
－）売上原価	450kg	10.82円／kg	－）4,868円
売上総利益（粗利益）			1,882円

製品の受払残表と期末評価方法（一例）

受払残表		製造（受入＝増）			払出（減）	残高
		数量	単価	金額		
		個	円	円	個	個
	繰越高	50	100	5,000		50
	○月○日　買入	40	80	3,200		90
	○月○日　売上				30	60
	○月○日　買入	40	120	4,800		100
	○月○日　売上				20	80
	合　計	130		13,000	50	80

〈総平均法のケース〉

前期末残			受入			払出			残		
数量	単価	金額	数量	単価	金額	数量	単価	金額	数量	単価	金額
kg	円／kg	円	kg	円／kg	円	kg	円／kg	円	kg	円／kg	円
50	9	450	500	11	5,500	450	10.82	4,868	100	10.82	1,082

（注）1. 払出欄の単価の算出方法は色々あるが、この場合は総平均法を採って、残と受入のそれぞれの数値を足し算して、払出単価を計算した
- 数量の足し算：50kg＋500kg＝550kg
- 金額の足し算：450円＋5,500円＝5,950円
- 総平均法による払出単価＝$\frac{5,950円}{550kg}$＝10.82kg
- 払出価額＝450kg×10.82円／kg＝4,868円
- 期末在庫は数量＝100kg、単価10.82円／kg、金額1,082円

2. この場合B／Sに計上される数字は下のようになる

B／S　　3/31

製品	1,082円

期末評価方法とその計算	売上原価について
① 先入先出法（期首在庫を先に出荷したと考える） （期末は後から入ったものが残る） 80個 { 40個×120円＝4,800円 　　　40個× 80円＝3,200円 　　　　　計　　　8,000円	売上原価5,000円は2番目に大きい
② 総平均法（期首在庫と当期買入れを加算平均単価で出荷する） 13,000円÷130個＝100円／1個当たり 80個×100円＝8,000円	払出単価と在庫単位はイコール。 売上原価は上記と同じ5,000円
③ 最終仕入原価法 80個×120円＝9,600円	売上原価3,400円は1番小さい

（計算例）

製品受払残表（よこの受払残表）　　〈残増減残の単価はすべて10万円／tとする〉

残			受入（増）			払出（減）			残		
数量	単価	金額	数量	単価	金額	数量	単価	金額	数量	単価	金額
t	万円／t	万円	t	万円／t	万円	t	万円／t	万円	t	万円／t	万円
200	10	2,000	1,000	10	10,000	800	10	8,000	400	10	4,000

・6月末（すなわち7月初め）の製品の残高で、6月30日付のB／Sの製品の残高である。	・7月中に工場で製造されたもの。 ・製品に着目すれば製品倉庫に入ってくる意味で受入となる。 ・製造費用である。	・一般には7月中に売れた製品の原価はどのくらいかを示す。 ・製品倉庫から払い出すことになる。 ・I／Sの売上原価は8,000万円である。	・一般的には7月30日現在の在庫高を示す。 ・B／Sの製品の在庫高である。 ・原価でtあたり10万円の製品が400tあって、金額は4,000万円であることを示す。 ・8月初めの在庫でもある。

受払残表は、貸借対照表（B／S）と損益計算書（I／S）につながりのある基礎的な表であることを徐々にわかっていただけると思う。

↓たての製品受払残表↓

製品受払残表（たての受払残表）

		数量	単価	金額
（残）	前月末在庫（残高）	t 200	万円/t 10	万円 2,000
（増）	当月生産分（受入）	800	15	12,000
	合　　計	1,000	14	14,000
（減）	当月販売分（払出）	900	14	12,600
（残）	当月末在庫（残高）	100	14	1,400

---Column---

製品・商品の受払残表（残増減残）の作成が経営実行に役立つ

売上のつど売上原価を計上する方法（継続記録法）をとる（製品・商品科目の残増減残の動きをしっかり1つひとつフォローすることになる）と、次に挙げるメリットが得られ、経営全体に必ず役立つ。

①個別製品・商品の貢献利益の分析が可能となる。②無償・サンプル・ロス・棚卸消耗損など、製品科目以外の他科目への振替え等も明確になり、財産管理が的確に行える。③製品・商品の期末残高（理論値）が明らかになる。それを踏まえて実地棚卸をしっかり行えば、帳簿上の残高をはっきり修正できる。④これらにより、多少手間はかかるが、会計面からも製品・商品の管理を、毎日・毎月レベルで行える。⑤直接原価計算（私の造語では「（売上・）直接原価計算」）を使った経営を実行できる。この④と⑤を含んだ損益分岐点を念頭に置いた、（売上・）直接原価計算の日次決算を実行すれば経営は確実に向上する。

製品の管理　製品の在庫管理を在庫日数分析にのみ頼ることは、望ましくない。毎日の売上および製造製品をしっかり見て、製品の毎日の製造、出荷、在庫内容を毎日吟味することが大切である。

製品別原価計算　製造部門に集計された原価を製品別に計算し、各製品あたりの製品製造原価を計算する。ここで製造が完了し、製品ができる。

製品別計算の仕訳は、例えば次のとおり。

㊧（借方）製品　　20,000円
㊨（貸方）製造　　20,000円（または仕掛品）

この仕訳は、製造工程の中へ材料費、労務費、経費が投入され、つくっていた仕掛品が製造（仕掛り）の段階を終えて製品として完成することを意味する。

製品・商品の受払残表の作成が経営判断に役立つ
「継続記録法」（売上計上のつど売上原価を計上する方法）をとると、製品・商品科目の受払残表の動きをしっかり1つひとつフォローできる。この方法は、次に挙げるメリットが得られ、経営判断に必ず役立つ。

① 無償サンプル・棚卸消耗損などが明確になり、財産管理が的確に行える。

② 製品・商品の期末残高（理論値）が明らかになり、実地棚卸をしっかり行えば、帳簿上の残高をはっきり修正できる。

③ これらにより、多少手間はかかるが、会計面からも製品・商品の管理を、毎日・毎月レベルで行える。

税務　会社の目的は、利益（この場合は税引き前の純利益）を計上して、その約30％の法人税（Income Tax）を納めること。そして、正確には、納める税金は、「利益×税率＝税金」ではなく、「所得×税率＝税金」。

利益と所得はどのような関係にあるのだろうか。左側の大きな楕円が利益で、右側の大きな楕円が所得。楕円の重なる部分は同じで、ずれている部分が異なる。

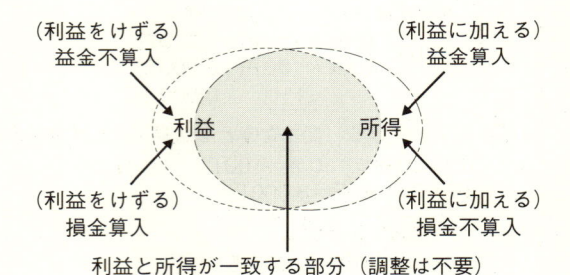

（利益をけずる）　　　　　（利益に加える）
益金不算入　　　　　　　　益金算入
　　　　　利益　所得
（利益をけずる）　　　　　（利益に加える）
損金算入　　　　　　　　　損金不算入
利益と所得が一致する部分（調整は不要）

（利益計算）　　（所得・税金計算）

損益計算書 {
収益 100 ＋益金算入3－益金不算入1＝ 益金 102
（－）費用 80 ＋損金算入2－損金不算入4＝ 損金 78 （－）
利益 20　　　　　　　　　　　所得 24 ×税率（30％）
　　　　　　　　　　　　　　　税金（法人税）7.2
} 所得計算／税金計算

利益は「収益マイナス費用」だが、所得は、法人税法の言葉で「益金マイナス損金」である。

でも、重なる部分が多いので、実際の所得は、「益金マイナス損金」計算を最初からやり直さずに、損益計算書（I／S）の税引前純利益を利用する。円のず

れている部分を会社が自分でプラス・マイナスして、所得を計算する。これが「調整」である。

決算利益20を出す、収益100と費用80のなかには、所得計算で益金や損金とならない部分（ずれる部分）がある。それにプラス（＋）・マイナス（－）の調整をして、益金102と損金78になり、所得は24（＝102マイナス78）。法人税は、この所得24に税率30％をかけて7.2となる。

会社は、できる限り節税（税金の節約）し、設備投資や配当にまわすお金を残す。それには、法規を守りつつ、益金は小さく、損金は大きくなるように行動する。

一方、税金をもらうほうの国税局や税務署は、会社にきて、法規にてらして正しく納税しているか帳簿や資料を調査することがある。これが「税務調査」。税務調査に立会い、資料の説明や質問の回答をするのは、事業部（販売、製造、研究）だが、窓口・まとめ役は経理・財務である。

会社と税務官庁とは、税金を払う側ともらう側で、立場は違う。だから、議論になり、短期的にはお互い辛い場合もあるが、中・長期的には会社のなかに「守りに強く、物事から逃げない」立派な経理・財務パースンが育っていく。

また、税務官庁には、徴税だけでなく、いつも会社の将来を考えて、経営的に望ましい提言をしてもらいたいと、私は期待している。

税務会計　「法人税務は経営の中の極めて重要な部分」である。しかし、経営トップ層や経理・財務部の人々が、税務だけを中心にして経理・財務の仕事を進めることは望ましくない。

税務を正しく理解するために、税務の経営全体の中でのウエイトづけをしっかり把握しよう。経常利益や税引前純利益は、販売、製造、技術、研究、購買、人事総務などに関係した多くの人々の汗と脂の結晶である。経理・財務部は、この利益にかかる法人税をコストとして節減する大切な役割を負っている。

ただ、経営全体の中で税務があまりにも重視されると、経営の方向を見誤る。特に、従業員数が少なく、経営トップがワンマンの会社では、必要以上に税務を重視する傾向がときとしてある。「税金を支払う前の段階の経常利益を計上する努力が大切である」ことを忘れる恐れがあり、経営を見誤る。このことは、赤字になって会社の存立の基盤がゆるんできたときにはじめて体で理解できる。赤字のときは、経営の中における税務のウエイトが、黒字のときに比べると、著しく小さくなる。

全国250万の会社の約5割は赤字である。恒常的に赤字の法人は、税金を払わないことになる。したがって、このような会社は、「税金を支払う前の営業利益や税引前純利益がほしい」と望んでいる。私は「経営なくして法人税務なし」と言う。これは「利益なくして法人税務なし」といい換えることもできる。

往々にして、大幅黒字のときは、節税、節税と考えるが、営業利益のあるありがたさ、税金を払うことができるくらい経営基盤がしっかりしていることに感謝する気持ちを忘れてはならない。そして、会社が黒字であればなおさら「営業利益が向上することの重要性」を再認識する必要がある。会社は常に1円でも税金を支払えるような状態にしたい。

20世紀までは、経理・財務部が税務の総括部門だった。しかし、21世紀は、日本と海外のすべての企業グループの人々が、基本的な税務知識をもって、それぞれの立場で結束して事業にあたる時代である。

税務の重要性　販売・製造・技術・その他の部門の多くの人々が日々努力して獲得した利益を、無駄に社外に流出させてはならない。そのために、経理・財務部には、「法人税をコストとして考え、全社で節税に努める」という雰囲気をつくり出す役目がある。

ある会社の売上高営業利益率が10％、税率が40％と仮定して、40万円の節税ができたとする。これは、税引前純利益（営業利益も同額とする）では100万円になり、売上高に換算すると1,000万円になる。

経理・財務部がこれだけの節税の努力をしたとすれば、ほとんど経費をかけずに、1,000万円の売上を計上できるのと同じ効果が出る。

一方、会社の中には、利益があり、税金を4割も支払うのだから、経費を増やすために大いにおカネを使ったほうがよいと考える人がいる。望まし予算制度の中で、必要なものを節約しながら購入することはよいのだが、「税金を支払うのに比べればいい」と考えて無駄遣いをすることがあれば、それは大きな間違いである。

税務上の減価償却　わが国の減価償却の経理・財務の実務では、法人税法に基づく償却計算が一般的である。経理・財務パースンとしては税法の規定をしっかり学ぶとともに、経営体質強化のために償却限度額一杯の償却および複数選択できる耐用年数の有利な選択などを心がけ、早期償却をめざす。

税務調査①　会社は、申告納税制度により税金を納付するが、国税局（大法人の場合）または税務署（中小法人の場合）の税務調査がある。立場の違いもあって税務官庁の意見と会社の意見が食い違うことがよくあるが、税務官庁の人たちも、会社の将来を考え、経営的に見て望ましい提言をしてくれる。

せ

税務調査の立ち会い未経験の人にとっては、会計理論が会社実務で処理され、税務上問題ないかどうかを実地に勉強するよい機会。

税務調査に何十日間も立ち会って、税務官庁の人と意見を交換したり議論を交わすことは、実務そのもの。短期的には辛い場合もあるが、中・長期には、経理・財務パースンが立派に育ち、会社にも適正な会計理論や制度が取り入れられ、適切な会計制度が確立されていく要因となる。

また、会社の保守的会計を理論的かつ合法的に遵守していく「守りに強い、物事から逃げない経理・財務パースン」(監査法人原会計事務所の公認会計士・原勘助氏の言葉) の育成にも役立つ。

税務調査② 税法上の所得を確定させるためには、申告書で必要な「申告調整」の前に、減価償却計算など決算書であらかじめ処理する「決算調整」を行っておかなければならず、これには日々の会計処理において、節税の観点から取り組むことが大切である。

税務調査③ 税務申告及び納税が、法律に基づき、適法・適正に行われているか否かを確認し、必要な書類を収集するために、税務当局が行う調査。

会社は、申告納税制度により税金を納付するが、大法人の場合は国税局の、中小法人の場合は税務署の税務調査がある。税務調査とは、会社の税務申告と納税が、適法・適正に行われているかどうかを国税局や税務署の職員が確認すること。税務申告と納税が法律に照らして誤っているときには、更正を実施するか、または修正申告の提出を求める。更正とは、申告された課税標準 (税額を算出する対象となる金額) や税額が、法律にしたがっていなかったときや課税庁の計算と異なっていたときに、課税庁が計算などの誤りをただす手続である。また、修正申告とは、申告を行った後、納税者が、申告書に記載した内容が誤っていたことに気づき、申告書を変更する手続きである。

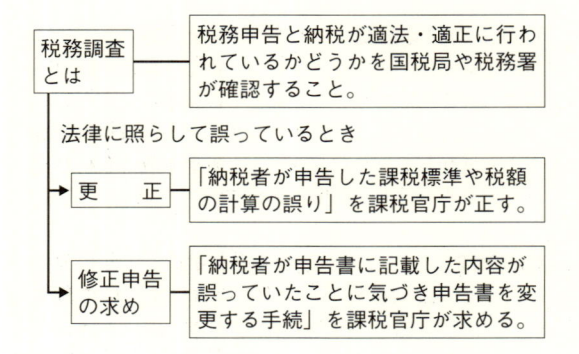

税務調査とは	税務申告と納税が適法・適正に行われているかどうかを国税局や税務署が確認すること。
法律に照らして誤っているとき	
更正	「納税者が申告した課税標準や税額の計算の誤り」を課税官庁が正す。
修正申告の求め	「納税者が申告書に記載した内容が誤っていたことに気づき申告書を変更する手続」を課税官庁が求める。

税務調査の指摘 税務調査では、税務官庁との立場の違いもあり、税務官庁の意見と会社の意見が食い違うことがよくある。税務官庁の人たちも、会社の将来を考えて経営的に見て望ましい提言もしてくれる。税務調査への立ち会いの経験がない人にとって、税務調査は、会計理論が会社実務で処理され、税務上問題ないかどうかを実地に勉強する良い機会である。税務調査に立ち会って税務官庁の人と意見を交換したり議論を交わしたりすることは実務そのものである。税務調査は、短期的には辛い場合もあるが、中・長期的には経理・財務の人が立派に育ち、また、会社にも適正な会計理論や制度が取り入れられて適切な会計制度が確立されていく良い機会ともなる。

税務調査の受け方 税務調査が行われる場合、通常は、事前に会社に連絡がある。税務調査を受けるにあたり、事前に関係する書類を準備しておく。調査の対象期間に、業績が大きく変動したり、多額の費用や損失を計上した場合などには、特にその内容を証明する資料を整えておくことが重要である。また、前回の税務調査で指摘を受けた点については、その後どのように対応したかを確認しておく必要がある。調査官から質問を受けたときには、明確に正確な回答をする。即答できない場合には、その場であいまいな回答をするのではなく、別途回答させて欲しい旨の了解を得て、早急に調査したうえで正確な回答をする。指摘された内容が会社の手続とちがう場合には、帳簿、証憑類、証拠資料などを示して事実を具体的に説明する。税法の解釈について意見が異なる場合には、努力して感情的な対立を避け、必要に応じて税理士と十分に協議した上で、できるかりぎ早く回答する。

税務と会計 会計は、会計実務の慣習をまとめた「一般に公正妥当な会計処理基準」による計算を求めている。会社法もまた同じ考え方をとっている。税法も益金 (会計上の収益にあたる) と損金 (会計上の費用にあたる) を公正妥当な会計処理基準により計算する。

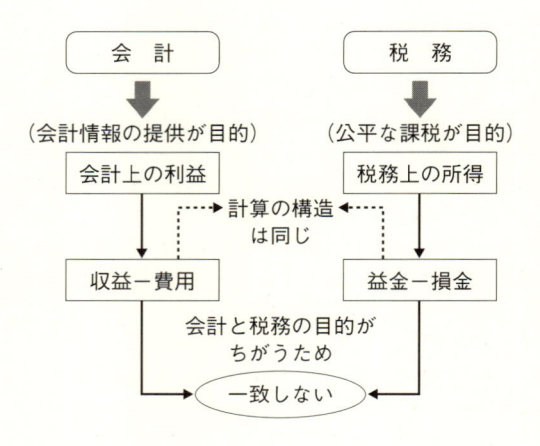

```
    会  計                      税  務
       ↓                          ↓
(会計情報の提供が目的)      (公平な課税が目的)
   会計上の利益              税務上の所得
       │      ←---計算の構造---→      │
       │          は同じ              │
       ↓                              ↓
    収益－費用                    益金－損金
              会計と税務の目的が
                  ちがうため
                ( 一致しない )
```

しかし、税法は、あくまで徴税の立場から公正妥当であるかどうかを決める。会社の会計処理のままでは、税法上、正しい所得の計算ができないと考える時には、税務当局が会社の会計処理を認めず更正する。ただし、税法は所得を計算するときに、自ら規定を設けていない部分については、「一般に公正妥当な会計処理基準」に基づいて計算することにしている。

会社の会計上の利益（決算利益）と税務上の所得（法人税が課税される所得）は一致しない。会計上の利益は、会社法や金融商品取引法に基づいて、当期の収益から費用を差し引いて計算される。これに対して、税務上の「所得」は、法人税法に基づいて、当期の「益金」から「損金」を差し引いて計算される。

税務上の「益金」と「損金」の計算は、会計上の収益、費用をもとに計算する。「所得」は会計上の税引前純利益に、「益金」は会計上の収益に、「損金」は会計上の費用に、それぞれ相当する。したがって、会社の会計上の利益も税務上の所得も基本的には同じような計算構造だが、利益と所得は、会計の目的（会計情報の提供）と税務の目的（公平な課税）の違いから、一致しないのだ。

税理士等による立会い　税理士・弁護士が、税務調査の実地調査において、納税者の代理者として現場に立会い、課税庁に対して主張、陳述を行う行為。

---Column---

世界最大の会計問題

サブプライムは会計（学）的・経済（学）的問題である。

2007年春からの米国発のサブプライムローン問題は、第2次世界大戦終了（1945年）以後の世界最大の会計（学）的かつミクロ経済（学）的問題。あまりにも大問題なので、ミクロ経済（学）がマクロ経済（学）を襲撃したのだ。ここでは紙面の都合でポイントのみに触れる。一般の会計・経済問題と同じように、①、まず原因を究明するべき。②、すると、米巨大銀行・投資銀行（証券会社）・格付会社の行動が分析される。③、企業会計（学）上の時価会計と損失が把握される。④、（私は自由主義が大好きだが）、資本主義・自由主義に重大な欠陥があったと考える。⑤、米国とこの関係者は世界へ謝罪すべき。⑥、この経過を通って世界中が共同して、サブプライム問題の解決に全力投球する。⑦、「起きたことはしょうがない」という会計（学）者、経済（学）者、経営（学）者、法律（学）者、政府関係者はこの問題への取り組みから逃亡している。私がいまここでこの問題について記する理由は、「特に若い学徒にとって」、今こそ生きた経済や生きた会計を学ぶ絶好の機会であるからである。祈る勉学！

セグメント情報（あらまし）

セグメント情報の種類

セグメントとは、全体をいくつかに切った場合の各断片。
切り方によって各断片（セグメント）の内容は異なってくる。
（例）羊かん（連結会社全体）の切り方

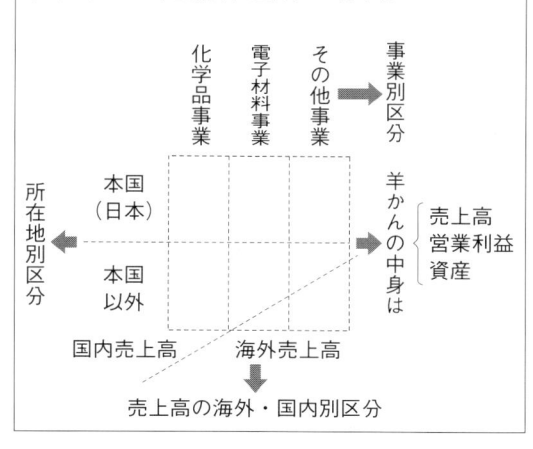

私はセグメント情報も重要な財務指標だと考えている。セグメント情報とは、連結決算の経営者が必要と考えた情報を国内・国外や製品別などに分類したもの。

連結決算書の注記として、連結決算でのみ公表されている。簡単に言うと、何がどこでもうかっているかがわかるのがセグメント情報。事業別の成長、海外発展度、国際的な競争力といった、連結決算書だけでは知ることのできない情報を得ることができる。

セグメント情報　これまで、日本での連結決算の実務では、次の3つ（事業別、場所別、海外依存度）がセグメント情報。経営者がその企業を立派にしようとその企業独自のセグメント情報を考える場合にこの3つはとても有用である。

・事業別（＝事業の種類別）セグメント情報・・・事業別セグメント情報とは、連結決算書の中身としての売上と営業損益を事業の種類別に示したもの。
・場所別（＝所在地別）セグメント情報・・・これは、日本と北米、アジア、欧州など日本以外の売上と営業損益を示す。
・海外依存度（＝海外売上高）・・・この海外売上高は、日本からの輸出高と海外子会社の売上高（日本向けは除く）の合計。これによりグループ全体でどのくらい海外市場に積極的に進出しているか、または、依存しているか、が分かる。

せ

事業別の売上と営業損益

セグメント	売　上	営業損益
A事業	2,859 百万円	232 百万円
B事業	1,314	76
その他事業	788	17
消去又は全社	－) 352	－) 4
合　計	4,609	321

場所別の売上と営業損益

セグメント	売　上	営業損益
本国	3,844 百万円	265 百万円
本国以外※	969	91
消去又は全社	－) 204	－) 35
合　計	4,609	321

海外依存度（海外売上高）

	売　上
連結売上高Ⓐ	4,609 百万円
海外売上高※Ⓑ	1,451
Ⓑ／Ⓐ×100% 海外売上高の連結売上高に占める割合	31.5 ％

（注）※は実際は北米、アジア、欧州など個別に分ける。

セグメント情報は（財務会計と経営会計の）楕円形の融合体　セグメント情報は、財務会計上の会計情報だから、個々の連結会計（親会社＋子会社）の作成する資料は財務諸表に一致させる必要がある。

　実際の資料の元の元は、経営会計上の「事業部別・製品別損益計算書」のような資料、すなわち内部（社内）管理用に作成している情報からそのまま使用できる項目もあれば（大部分はこれである）、修正をする必要のある項目・組み替えの必要な項目・すべて新たに作成することが必要になる項目など、多くのものが入り混じっている。

　事業（・製品）の種類別セグメント情報の資料は、グループ個々の会社で、財務会計と経営会計が融合しているもの。しかし、最終的にできあがるものは制度会計上の財務諸表であることを忘れてはならない。セグメント情報は、いわば財務会計と経営会計が図のように楕円形になった融合体である。

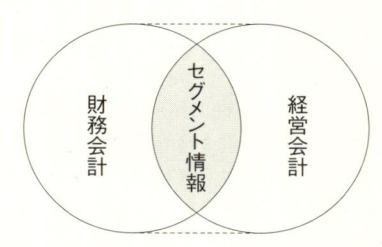

（注）楕円形については日立キャピタル㈱の花房正義会長の「楕円形型経営方式」からヒントを得て使わせていただいた。

　ほんの少し横道にそれるが、実際の企業運営の中では、仕事をして行く上で、「これが財務会計」、「これが経営会計」という区別は全くしていない。常に現在を含んだ将来に向けて、利益・キャッシュを中心とした業績の向上を目指し、コンプライアンスを守りつつ、会社を運営していく。

　私は、今後、日本の経営会計は財務会計と重なる部分（融合部分）が大きくなっていくと思う。会計法規をしっかり守りつつ、会社の業績を伸ばし、法人税・住民税・事業税を支払って真に社会に貢献する会社を目指してほしいと思う。人間の幸せを目指すのが会計の目的だから。

節税　節税は税法が認める範囲内で会社の税金負担を最も小さくする努力であり、会計上の仕訳をする前（および、する）時に税務上の検討を行うほか、税法の体系的な勉強や専門家への相談など、継続的な取り組みが重要である。

　節税には、①売上に対応する原価や当期発生の費用の当期中の処理など、毎期継続して保守的に処理していくものと、②各種の税額控除など、当期に処理しなければ税法の規定で税金を納めるものに分けられる。

　納税は国民の義務だが、合法的な節税は、納税する会社の権利である。会社は継続していくものであり、無駄な税金を支払っていては体力が弱まる。日々手を抜かない節税を継続することで、自然と会社の体力は増強される。

税務申告　会社が国に納める法人税は、会社利益の大小に比例する。そこで当期の利益に税法特有の調整を加えた上で、納付すべき税額を自己の計算によって算出し、税務申告書として税務署に提出する。利益の額に影響するこの税額計算は経理・財務部の重要な業務である。

　税引前当期純利益に基づく所得について、会社自らが税額を計算して納税するもの（申告納税）に、法人税・法人住民税・事業税がある。

　法人税は、決算日（事業年度の終了日）の翌日から2カ月以内に確定申告書を税務署に提出し、税額を納める。確定申告書には、貸借対照表や損益計算書などを添付する。

　ただし、会計監査人の監査を受けるために、2カ月以内で申告書を提出することが難しい場合には、税務署長に申請して3カ月以内とできる。

　会社には、このほかにも消費税や固定資産税などのさまざまな税金がかかるが、これらは税引前当期純利益から算出されるものではない。消費税や固定資産税は、法人税などとは別の計算による税務申告をする。

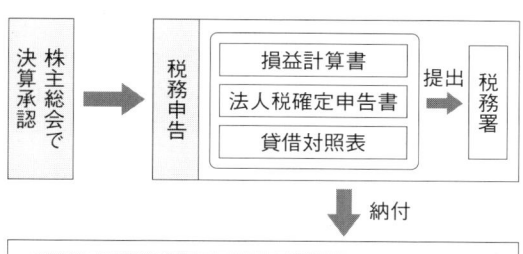

```
株主総会で決算承認 → 税務申告 [損益計算書/法人税確定申告書/貸借対照表] 提出 → 税務署
                          ↓ 納付
会社の税引前当期純利益≒所得、にかかる税金（申告納税）
法人税〔税率は30％（資本金1億円を超える場合）〕
法人住民税、事業税
```

説得力　人に話を理解してもらうには、日常から正確にやさしく考える、話す習慣が大切。

　日本は法治国家である。会社には株主をはじめたくさんの利害関係者（ステークホルダー、Stakeholder）がいるので、内部統制を念頭に置き、法律を守るべし、との要請が強くなる。会社法で会社に「監査役」を置くのは、このためである。

　監査役は、社内に法律や定款（会社の憲法）に違反する行為がないか、取締役の「業務（仕事）を監査」する。十分な監査を行うために、大会社では4人以上の監査役が置かれている。取締役会、中でも社長はそ

「現在」から30年前の「1976（昭和51）年の米国企業買収、子会社化時」の経営・企業会計［金児　昭の体験］

No.	10項目	米国企業会計・会社法	米国と日本の比較		
			当時の米国企業会計	その後の日本の企業会計・会社法	30年間、日本は、米国の企業会計を真似てきた実績を見て、米国会計をベースとせざるを得なかった（金児の反省）
①	資本金	資本金は1＄でよし、同時払込金は追加払込資金として資本剰余金となる。	シンテック資本金10＄＝1,000円	2006年から資本金1円	
②	連結決算・連結納税	1984年に世界で初の連結、GE社（日本の制度は1977年にできたが画餅）	持株基準による完全連結決算	1997年から実施。支配力基準	
③	持分法	大リーグ（ア・リーグ）のテキサスレンジャーズが持分法の関連会社	テキサスレンジャーズの勝ち負けで持分利益が増減	1997年から実施。影響力基準	
④	会計独自（脱・税法）減価償却	会計独自の耐用年数と償却方法（定額法）	企業会計の耐用年数（10年）と定額法 税法の耐用年数（5年）と2倍定率法	いまだに、米国の考え方と違う	
⑤	税効果会計	繰延税金負債が圧倒的に多かった	税法の減価償却＞会計の減価償却であるから、未払の税金、繰延税金負債	会社法学者が「日本の会社法にもこの考えはあったと表明」	
⑥	次期業績予想	訴訟リスクを恐れて公表せず	予測＞実績 ＜実績 の場合、訴訟リスク大	いまだに、米国の考え方と違う	
⑦	役員賞与は一般管理費処理	役員は従業員と同様で報酬・給料はコスト	働いた対価は費用（コスト）と考えていた	2006年に実施	
⑧	買収価額の完全時価会計とのれん	子会社・関連会社の時価評価	一般に買収価額＞純資産の時価⇒のれん	平時の子会社株式は取得原価主義 のれん（営業権）は 日本：20年以内で償却 米国：償却せず；減損	
⑨	自己株式の自由取得	自己株式取得は有償減資で、配当	自己株式は資産ではなく純資産控除	21世紀から自由取得	
⑩	ストック・オプション	株を与え、株価と連動して働く意欲	業績大→株価大→役員・従業員報酬大	30年前に導入検討したが（商法210条で禁止だった）	

（注）
1. 納税も「連結納税」が行われていた。
2. 結合会計は合併する会社を買うというパーチェス法が主流。
3. 純資産（資本）はNet Equity一本。（別名Stockholders' Equity, Shareholders' Equity）
4. 財政状態変動表（純資産の各科目毎の「残増減残」）は30年前に米国に存在。

せ

の仕事を理解し、名実ともに監査役を大事にすべきである。さもないと、監査役は画餅に帰す。

また、公認会計士（CPA）や監査法人（Auditing firm）が会計監査を行う。監査法人は、公認会計士が監査の仕事のためにつくった組織。会計士監査では、会社が会計法規を守って決算書を正しく作成しているか、を専門的な目でチェックする。

ビジネスパースンは、監査役・公認会計士からの質問にも法律力、文章力で的確に対応し、自らが取り組んでいる事業行動の説明をする。しっかりした説明力がないと、会社の実務を信頼してもらえない。日常、自ら、正確にやさしく考える、話す習慣が大切である。

私は、今から約35年前の1973（昭和48）年の経理・財務課長時代から、国際企業の信越化学工業の国際事業部門（販売・製造・研究・M＆A）の業務に「経理・財務」の一人間として約35年間「参画・バックアップ」してきた。そして、今から33年前の1976（昭和51）年の米国企業買収時〔信越化学の子会社シンテック社（2007年12月期、①売上2,300億円、②当期純利益230億円③人員230人、〈結果として、1人当たりの純利益は1億円〉④生産能力（塩化ビニル）年産230万トン、⑤設立（1973年）から2008年までの成長率2,300％〈生産量10万トン→230万トンで23倍〉）〕の企業会計実務（経理・財務）を表す前頁図表をみていただきたい（この拙図表は、税務研究会発行・週間〔経営財務〕2005年10月24日2743号〔企業会計基準委員会副委員長の西川郁生氏との対談〕に載せたもの。30年前の当時の世界経済・企業経営は、すでに、このような企業会計（経理・財務）のファウンデーションの上（今話題の国際財務報告基準はすでにあった）に成り立っていた、と私は考えている。

設備投資の成功に向けて　新しく設備を買い入れて建設する設備投資は、メーカーにとって、大きなおカネを使う大事業。必ず成功させようと全力で取り組む。

この設備投資の実行には、経営会計の観点から、3つの原則がある。

第一の原則。投資金額をできるかぎり安く抑えることである。もちろん、これは安全面や技術面では完璧なレベルを保ったうえでのこと。そのうえで、同じ性能・能率の設備を世界中のライバルよりも安く買う努力をする。買い入れ先と徹底的に価格交渉・折衝を重ねる。

買い入れ・契約の時期も重要。一般的に景気の良いときよりも悪いときのほうが、安く買うことができる。しっかりと近い将来の販売・生産の見通しを立て、景気が底を打つ直前に世界中に目を向けて買い入れ先を選ぶのが鉄則。

性能の保証を得た設備投資が、ふつうの場合100億円かかるところ80億円で済めば、20億円ものおカネを節約できる。期間5年で減価償却すると、毎年4億円ずつ減価償却費が少なく、大きなコストダウンになる。

第二の原則。それは、買入資金を長期で有利な条件で調達することである。銀行からの借り入れは、返済期限が8年以上の長期で支払い金利も長期間低いことをめざす。しかも、必ず自社のオプションでの期限前の返済条件（たとえば2年借りたら、その後はいつでも返済できるなど＝プリペイメント条項付き）で契約をする。

経営は、世界中の現場を見ながら、将来金利が高くなっても、事業として成功できる計画をつくる。借入金利5％でも採算の合うことが、大切な目安。たとえ自己資金で実行する場合でも、投資判断は金利5％（世界のどこでも事業を進める力を秘める率）を考えて行う。

第三の原則。投資の実行後には無税の減価償却費をできるだけ大きくする。これで、資金回収の効果が高まる。

さて、設備投資を実行するなかで、「三原則」とは切っても切れない大事なことがある。それが、設備投資の完了直後の「フル販売・フル生産（稼働）」である。設備の完成後、すぐにフル販売→フル生産→フル稼働になることをめざす。

実際には至難の業だが、フル稼働を絶好のタイミングで実行すれば、事業の最大効率すなわち生産1キログラムあたりの原料数量（原単位）、作業人数／時間、などがわかる貴重なデータが得られるからだ。しかも、「フル販売・フル生産・（稼働）」は、経営成績を向上させたうえで会社の士気を大きくあげ、経営をよりよい方向に進ませる。

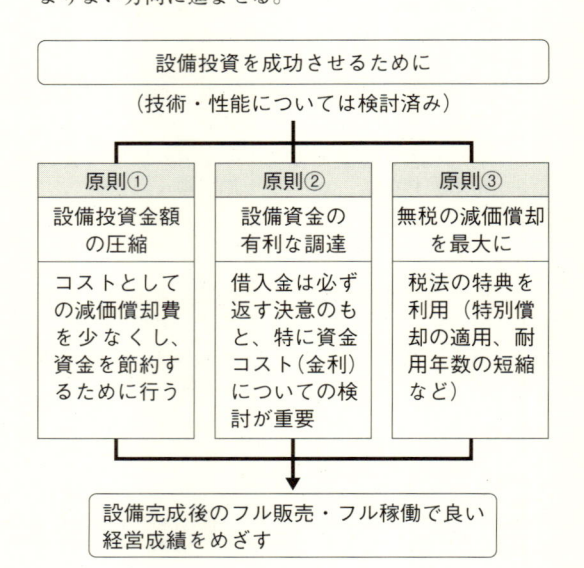

```
          設備投資を成功させるために
         （技術・性能については検討済み）

   ┌────────────┼────────────┐
  原則①         原則②         原則③
 設備投資金額    設備資金の     無税の減価償却
  の圧縮         有利な調達      を最大に

 コストとして   借入金は必ず   税法の特典を
 の減価償却費   返す決意のも   利用（特別償
 を少なくし、   と、特に資金   却の適用、耐
 資金を節約す   コスト（金利）  用年数の短縮
 るために行う   についての検    など）
                討が重要

         設備完成後のフル販売・フル稼働で良い
         経営成績をめざす
```

設備投資（連結）キャッシュフロー　経営には、「正しい、透明性ある過去」が大切だが、基本的に大切なのは、「現在とそれに続く未来」。だから、これからの5年間の企業グループの設備投資予想額など誰にもわからない。この点は、当期純利益と減価償却費にもピッタリあてはまる。

これをまとめると、①将来の設備投資額（概略予想）60億円（投資キャッシュフロー）ほど当てにならないものはない。②将来の当期純利益＋減価償却費＝35億円（営業キャッシュフロー）ほど当てにならないものもない。

したがって、②－①＝赤字の△25億円のフリーキャッシュフロー（経営者が自由に考えることのできるとする、営業キャッシュフロー－投資キャッシュフローである）も当てにならない。

これらそれぞれの将来値が「全く当てにできない」というのが本当の経営者の気持ち。だから、現在及び将来の数値は当てにならない。

しかし経営は生きもので、わからないながらも何とかしなければならないと思い、個々のグループ企業に再度見直し、しかも厳密な見直しをお願いした。

当期純利益と減価償却費が35億円あるのは心強い。しかし、設備投資45億円の数値はいかにも大きい。だが、この何千件もある設備投資を1つひとつその採算性・販売力を検討しつつ成功させたら会社は大きく発展する可能性がある。ここは10億円クラスのエクイティファイナンスを実施すべきかどうか、トップの決断をあおぐ。

トップは1日の熟慮の末、5億円の日本国内の新株予約権と5百万ドルの海外での新株予約権発行の決断を下した。

1. 今後5年間の　　予想設備投資額　　　　　45億円
   （5年間）　　（投資キャッシュフロー）

2. 今後5年間の　　予想当期純利益
   （5年間）　　　　　　＋
   　　　　　　＋）予想減価償却費
   　　　　　　計（営業キャッシュフロー）　35億円

2－1＝3　　　　　　差引　　　　　　△10億円
　　　　　　　　（フリーキャッシュフロー）

（注）1. 当初に比較して予想設備投資は15億円の減少で45億円
　　　2. 予想営業キャッシュフローは、厳密な見直しにもかかわらず、当初と数字は変わらず35億円
　　　3. 会社に今あるキャッシュ約7億は別に考えて、上記の前提からすると10億円資金が不足する〔フリーキャッシュフローは△（マイナス）10億円〕

設備投資のフィージビリティ・スタディ　有形固定資産の取得は、単に良い建物や機械を安く買えば良いのではない。その資産を使って生産される製品を高価で売り切り、利益を得て、さらに再生産に持ち込み、のぞましい経営循環を実現する。

設備投資は、ときに大規模な事業で、会社の命運をかけるという場合が珍しくない。したがって、設備投資を決める前には、徹底的なフィージビリティ・スタディ（事前詳細調査）を行う。フィージビリティ・スタディでは、事業ないしプロジェクトが実行可能であるか、利益があるかを検討する。

① 事業・プロジェクトの目的を決める。

② 事業・プロジェクトの責任者を決める。

③ ビジネス・リスクを検討する。
　　・マーケット・シェアーが得られない
　　・競争が激しすぎる
　　・人が確保できない
　　・主要原料の供給が受けられない
　　・海外事業でカントリー・リスクがある

④ 市場調査、需要調査、技術力評価を行う。

⑤ ROI（投下資本利益率）を測定する。
　　1 楽観的ケース
　　2 最もありうべきケース
　　3 悲観的ケース
　　の3つのケースで計画を作る。

⑥ 悲観的ケースに基づいて経営判断を下す。

フィージビリティ・スタディを始めるためには、まず事業ないしプロジェクトの目的を決める必要がある。大型設備投資の場合には、事前調査に時間と費用をかける。次に、事業ないしプロジェクトを遂行する責任者を決めることが重要。マーケット・シェアが得られない、競争が激しすぎる、人が確保できない、主要原料の安定的供給が受けられない、海外であればカントリー・リスクがある、などの「ビジネス・リスク」を検討する。

いずれ経営計算、利益計画計算などの前提条件の詰めが経理・財務に要請されるため、経理・財務は、必ず、事業部門の経営計画に、この段階から参画する。次に、「市場調査」と「需要調査」が必要。さらに、「技術力の最終評価」を行う。そして、「どれだけ利益が上げられるか」をROI（リターン・オン・インベストメント＝投下資本利益率）という尺度で測る。

ROI＝R／I

ここで、I（Investment）は、初期の投下資本で、その原資は資本金と長期借入金。R（Return）は、

せ・そ

毎年の税引後利益（当期純利益）。これは、初期の投下資本を何年で回収できるかという尺度。分母のIはほぼ予測できるが、分子のRは、販売量・生産量、販売価格・生産コストによって左右される。

①楽観的ケース、②最もありうべきケース、③悲観的ケースの3つのケースを出したうえで、③「悲観的ケース」により、安全性のある堅めのケースで経営判断を下すことが望ましい。経理・財務部は、この3つのケースの前提条件に基づいたＲＯＩを算出して、事業・プロジェクト関係者に今後ののぞましい検討を要請する。

設備投資を安く　経理・財務部は、固定資産勘定の受入欄の数値をできるだけ圧縮して、効率的でぜい肉のない固定資産を取得するよう働きかける。有形固定資産は、取得時にいったん固定資産に計上するが、期末には減価償却費を差し引く。

会社は収益（売上）・利益の向上をめざすので、資金の面からは高い固定資産は買えない。また、高い固定資産を買うと減価償却費が大きくなり、利益が減少してしまう。

潜在株式　「潜在」とは内に潜んで存在すること。新株予約権付転換社債の発行により、将来、発行済み株式に代わる株式のことをいう。株価が転換価格（当初い定められた価格）を上回ってくることを想定して、発行株式数が増える場合の情報を前もって出す。

先端分野　先端とは、時代・流行の先頭のこと。分野とは、ものごとの方面・範囲や人の活動範囲のこと

前年度実績による予定申告　前年度実績による予定申告とは、前事業年度の法人税額を基礎として以下の算式により計算した法人税額を中間分の税額として申告する方法。

（算式）事業年度開始の日以後6ヶ月を経過した日の前日までに確定した前事業年度の法人税額×6／前事業年度の月数

線引小切手　線引小切手は、盗難・紛失の危険防止に役立つ。小切手には、「上記金額をこの小切手と引き替えに持参人へお支払いください。」と書いてあるので、もし落としたり、盗まれたりすると、小切手を不正に取得した者におカネが支払われてしまうことがある。これを防止するために線引小切手が使われる。

そ

総額主義の原則　費用や収益は、総額で記載し、相殺してはならない。

操業度　「操業」とはもともと、「工場で機械を動かして作業すること」で、操業短縮、操業率低下などと使われる。これに「度」がつくと、「操業度」となり、操業している度合を示す。

例えば、ある製品の生産能力が1,000kg／月の機械・装置で、その月に800kg製造したとすると、機械の操業度は「80％操業である」という。このときに、％だけでなく、生産数量800kgもまた操業度といい、「操業度は800kgである」ともいう。さらに進んで、生産数量だけでなく、販売数量についても操業度と考えて、「販売数量すなわち操業度は900kgである」という。これは、最も多く販売できる量1,000kg（100％販売操業度）に対して、900kgを販売（すなわち90％販売操業度）したことで、フル販売能力に対して90％販売能力を発揮したことを意味する。だから、「販売量が多いか少ないか」も「操業度が高いか低いか」と同じ意味である、と考える。

したがって、変動費は販売量（という操業度）に比例して発生する費用で、固定費は販売量（という操業度）とは関係なく発生する費用である。「変動費」、「固定費」と「売上」（あるいは操業度）そしてその結果得られる「利益」の関係を、グラフで示す。

まず、横軸に数量（操業度・売上数量）、縦軸に金額（売上高・コスト）を取る。「固定費」は操業度にかかわらず一定の金額で、横軸に水平なグラフ。「変動費」は操業度に比例して費用が増えるので、右上がりのグラフになる。この2つのグラフを合わせたものが「総費用」のグラフ。

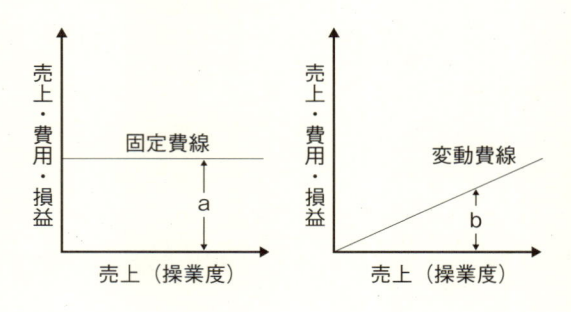

増減・減増が経営

増・減と減・増

- 資産（Assets）チームの「現金・商品・機械などの選手」
- 負債（Liabilities）チームの「買掛金・借入金などの選手」
- 純資産（Net Equity）チームの「資本金・利益剰余金などの選手」

いよいよ選手入場。資産チームの選手（科目）たちは3塁側（西側）のタッグアウトから、負債・資本チームの選手は1塁側（東側）のタッグアウトから、登場。

選手は胸に「はじめの残」「増㊧」「減㊨」「おわりの残」（科目の四マス）をつけている。

選手は胸に「おわりの残」「減」「増」「はじめの残」（科目の四マス）をつけている。

矢印の方向は「はじめの残」から「おわりの残」へ、である。矢印の向きは、逆になっていることに注意しよう。「増減（左右）」「減増（左右）」欄の左右は仕訳のときのルールである。このように「左右」はいつも「左右」で、そのまま変わらない。試合（取引）はチームごとではない。選手は、自分のチームの選手とも他のチームの選手とも対戦（取引）する。現金で商品を買う取引では、現金は減少し商品は増加する。これを選手は胸に記録する。試合が終わったとき、選手の胸には増加と減少の記録が残る。

なお、B／Sの利益剰余金の「増」の内訳がI／Sの収益で、利益剰余金の「減」の内訳がI／Sの費用であることを理解してほしい。

売上（収益チーム）と費用チームとを今までの3チームに加える。これで、資産・費用、負債・純資産・収益の5チームが出そろう。

このように見てくると、貸借対照表（B／S）と損益計算書（I／S）のすべての科目の金額は、「おわりの残」しか示していない。すべての「科目の四マス」の増減（左右）・減増（左右）こそが経営なのである。

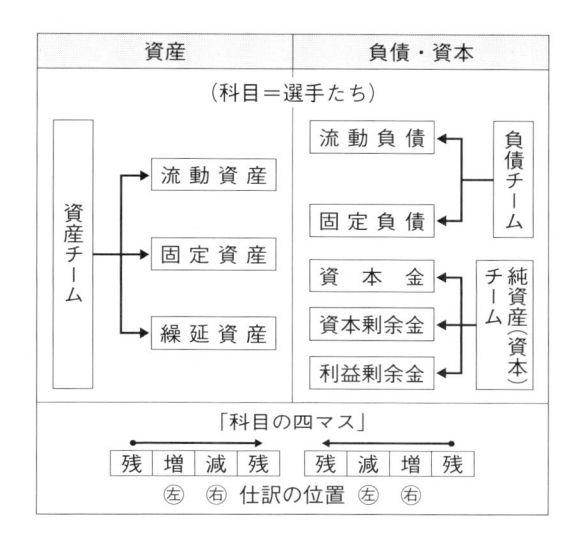

総合計画と部門別計画　総合計画は計画の対象が会社全体に及ぶものである。それに対して、部門別計画は事業部や支社など組織単位に基づくものや、販売部門や製造部門など機能単位に基づくものである。

増減・減増が経営

残増減残、残減増残 の増減、減増が「経営の動き」である

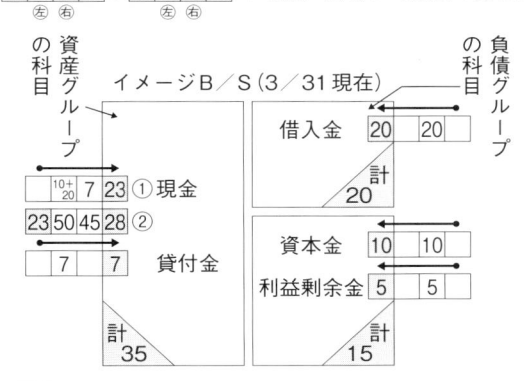

（注）
① 資本金10を現金で会社に払い込む。
② 銀行から20を借り、現金で入金した。
③ A社に7を現金で貸し付けた。
（注）利益剰余金（の増が売上、の減が給料）とI／Sの当期純利益に同時に同額の5が記入される。

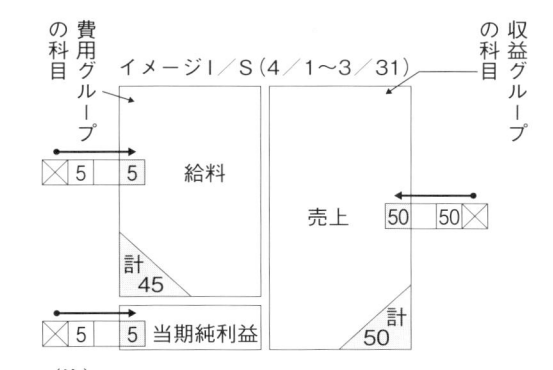

（注）
④ コンサルタントをして50現金をもらった。
⑤ 給料を現金で45払った。
（注）この結果、利益剰余金の増5と当期純利益は5である。

そ
　総合計画は単なる部門別計画の集合体ではなく、部門別計画が会社全体の目標や計画と合致しているかどうかを調整する機能をもっている。

総合損益予算　3月期決算の会社は、3月の初めに、損益予算の基本となる生産・販売計画から始める。正月に発表された経営目標を念頭に置き、3月初めに各事業部門へ生産・販売計画作成の要請をする。

　まず、各事業部門は、原単位（製品1単位当たり製造するのに使う原材料の量）、原材料購入、人員、総費用節減などのコストダウン目標を検討した上で、経理・財務部へ、事業部門別・製品別・工場別の損益試算に関する協力を求める。

　これに応じて、経理・財務部は、計数面から事業部の収益・利益向上目的のさまざまな手段の検討に協力する。この段階で、各事業部は、工場、研究所、支点、営業所、サービス部門と連絡・連携をとり、損益責任単位としての各事業部の収益・利益向上目標を内定する。

　これらと並行して、売上単価、工場原価、労務単価、工場経費、研究費、販売費、一般管理費などの予算ヒアリング・査定が全社的に進められる。第1次査定は、予算を客観的に検討する専門的能力のあるそれぞれの担当部門に任せる。各部門では担当役員が加わって、第1次素案を作成する。ここで、各部門と経理・財務部との間で、予算編成にあたっての基本的な考え方の打ち合わせ、検討が行われる。

　次に、経理・財務担当役員および本社・工場の経理部門により総合損益予想を勘案しながら、第2次査定が行われる。これを経営トップ層と常務会・取締役会に提出し、決定される。経理・財務部は、常務会等に提出する前段階の「第2次予算査定案」を作成する。なお、予算とは、短期的な経営の目標を数量・単価・金額・比率などの具体的な数値で表したもの。「予算」は単なる計画ではなく、「決められた枠」で、この枠を守ることが予算統制の基本ルール。予算は、事業が会社にとって望ましい方向に進むこと、すなわち、より効果的で具体的に会社の利益向上に貢献するように事業が実行されるために作成される。

総合振込制度　いろいろな支払いのとき、相手方に小切手を1枚1枚渡すのではなく、銀行に頼み、まとめて相手方の銀行口座に振り込んでもらう総合振込制度がある。この制度を使うと、ミスが少なくなり、領収書を発行しないで済む利点がある。ただし、振込手数料がかかり、取引先と接触する機会が減る、などのマイナス面もある。

　総合振込制度をとるには、まず取引先から銀行振込によって代金を決済することと、領収書は必要ないとの依頼書をもらっておく。

```
        総合振込依頼書
         ××年1月10日
A銀行B支店御中
振込口数 30口  振込金額合計  451,200円
```

下記のとおりそれぞれ預金者の口座へお振込みください。ただし送金手数料は預金者の負担とします。

振込銀行名	店名	振込先（預金者名義）	口座当座	口座普通	金額 円	科目	備考
A	B	X ㈱	✓		56,300	研究機器	
A	B	Y商店	✓		7,500	事務用品	
C	D	㈱ P		✓	100,000	商　品	
E	F	㈲ Q	✓		15,800	図書費	

倉庫の残増減残　製品の出荷時には売上を計上するが、売上原価（売上た製品の原価）も、すぐに計算する。そこでは、製品を出し入れする「倉庫部門」が主役だ。

　モノの動き（残増減残）を見ると、たとえば、はじめ5個の製品があり、当月に2回の製造・増（4＋

残増減残	○月	製造（入り） 数量（個）	製造（入り） 単価（円）	製造（入り） 金額（円）	売上（出） 数量（個）	残 数量（個）
	前月繰越(残)	5	100	500		5
	○日製造(入り)	4	80	320		9
	○日出荷(出)				3	6
	○日製造(入り)	4	120	480		10
	○日出荷(出)				2	8
	合　計	13	—	1,300	5	

3つの評価方法（残の計算のしくみ）	売上原価について
① 総平均法　総平均→平均的にものが残る	1,300−800 =500
1,300円÷13個＝100円（1個） 8個×100＝800円	1個当たり売上原価と在庫単価が同じ
② 先入先出法　先入先出→後から入ったものが残る	1,300−800 =500
8個 { 4個×120円＝480円 / 4個× 80円＝320円 / 計　800円 }	

（注）左の表で「はじめの残＝前月繰越(残)の5個×100円／個＝500円」は、○月に製造（入り）したのでもないのに、「製造（入り）」の欄に記入されています。実務界では、このような記入方法の習慣があることを知っておいてほしい。

4）個と、2回の出荷・減（3＋2個）があった。月末の残は8個である。

一方、経理・財務では、（数量×単価＝金額）の増減で「倉庫の計算」を行う。この倉庫のなかの動くものが、製品などの「棚卸資産」（Inventory Assets）。姿は同じでも、製造単価は変わり、製造単価の違う製品が倉庫のなかにいくつもあるのだ。倉庫から出荷した残りが在庫（残）。まず残りの在庫（8個）がいくらかの計算（「在庫の評価」）を先にする。この場合の評価とは「評論して、いくらかの価額を決める」こと。

主な計算方法は次の2つ。

①②「総平均法」（在庫金額800円）は、違う単価の製品を合計して加重平均する。これは、数量は数量で足し算をし（A）、金額は金額で足し（B）、B÷Aで単価を算出する。

②「先入先出法」（在庫800円）は、はじめにあった製品の単価を、先に倉庫から出す単価にする。

①、②とも実際の製品の動きとは関係なく、そう動くと「みなす」のである。

出荷した製品の売上原価は、受け入れた全体の製品（1,300円）から、①か、②か、在庫の金額を差し引いて出す。損益計算書の売上から、この売上原価を差し引くと「売上総利益」（粗利益）。在庫の評価方法を変えると、利益まで変わるのである。

「倉庫の計算」は、倉庫の気持ちになって、「数量」の残増減残と「金額」の残増減残のしくみを理解するとよい。

相殺消去　相殺とは互いに差し引きしてゼロにすること。消去とは消し去ること。相殺と消去とあわせて、「差し引きして消し去ること」となる。「売り上げと仕入れを相殺消去する」「債権と債務を相殺消去する」「投資と資本を相殺消去する」などという。

相殺消去（売上と仕入）　売り上げと仕入れなどの相殺消去は、親会社が販売子会社に製品を販売するといったグループ内の取引についての相殺消去。いったん売上高の金額で売上原価と相殺消去する。この後で、未実現損益を消去する。

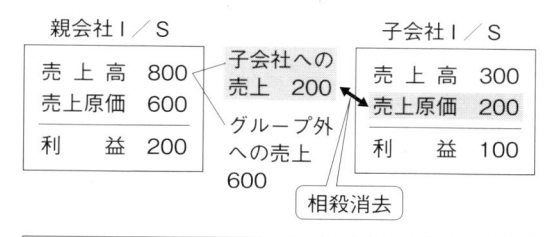

親会社 I／S		子会社 I／S	
売上高	800	売上高	300
売上原価	600	売上原価	200
利益	200	利益	100

子会社への売上 200
グループ外への売上 600
相殺消去

いったん売上高の金額で売上原価と相殺消去する（その後、親会社の未実現損益を消去する）

相殺消去（受取配当額と支払配当額）　子会社は利益を上げると、その株主（親会社）に対して、出資比率に応じた配当金を支払う。この配当金は、外部から見るとグループ内の内部取引となるので、相殺消去する。

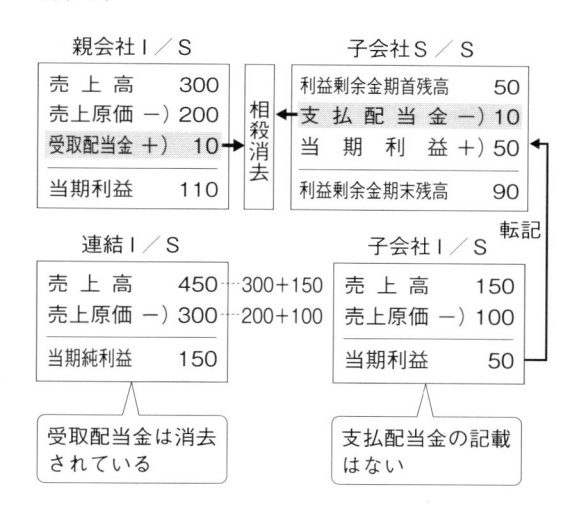

親会社 I／S		子会社 S／S	
売上高	300	利益剰余金期首残高	50
売上原価 －)	200	支払配当金 －)	10
受取配当金 ＋)	10	当期利益 ＋)	50
当期利益	110	利益剰余金期末残高	90

相殺消去

連結 I／S		子会社 I／S	
売上高	450	売上高	150
売上原価 －)	300	売上原価 －)	100
当期純利益	150	当期利益	50

450＝300＋150　300＝200＋100

受取配当金は消去されている　　支払配当金の記載はない

相殺消去（投資・資本と債権・債務）

個々の決算書を合算した後に一番初めに行うのが、

〔親会社が「子会社株式（30）」と「子会社への売掛金（30）」を持っているケース〕

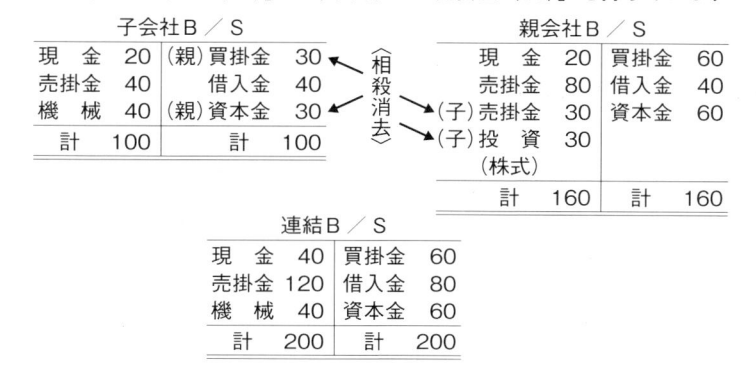

子会社 B／S			
現金	20	(親)買掛金	30
売掛金	40	借入金	40
機械	40	(親)資本金	30
計	100	計	100

〈相殺消去〉

親会社 B／S			
現金	20	買掛金	60
売掛金	80	借入金	40
(子)売掛金	30	資本金	60
(子)投資(株式)	30		
計	160	計	160

連結 B／S			
現金	40	買掛金	60
売掛金	120	借入金	80
機械	40	資本金	60
計	200	計	200

投資と資本の相殺消去である。これは「資本連結」とも呼ばれ、連結B／Sを作る上でもっとも大切な手続き。

親会社のB／Sの資産の項目に「子会社株式」科目で示されている子会社への投資と、子会社のB／Sの資本の項目全体とが相殺消去の対象になる。その結果、資本金は親会社の資本金だけが示される。

債権と債務の相殺消去の対象は、連結会社間の「売掛金⇔買掛金」「貸付金⇔借入金」「受取手形⇔支払手形」「未収入金⇔未払金」「前受金⇔前受金」といった債権・債務である。実務では、未達取引、値引・リベートの未決定、返品の未処理、手形の割引・裏書といった原因によって債権と債務の不一致が生じることがある。

増資　株式会社が資本金を増加させること。増資には、株主から払込みを受けて株式を発行する有償増資と、払込みを受けずに剰余金を資本金に組み入れる無償増資がある。増資は設備資金や営業資金を調達する時、借入金増加により資本構成が悪化した時、会社が債務超過（負債超過）になった時、等に行われる。

有償増資による資金調達は借入れや社債の発行等と比べ、資金の返済義務がないこと等のメリットがある。有償増資の種類としては、株主割当増資、第三者割当増資、公募増資がある。

総資産　総資産＝総資本と考えてよい。会社の中で使われている総資産がどれだけうまく運用されているかは、総資産額を分母とし利益を分子とする総資産（本）利益率（％）で表わされる。一般に総資産額は（期首資産額＋期末資産額）÷2で計算する。

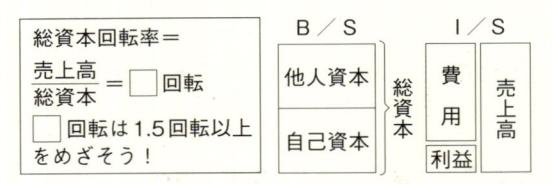

```
総資本回転率＝
売上高        ＝□回転
総資本
□回転は1.5回転以上
をめざそう！
```

B／S　　　　　I／S
他人資本　　　費用　　売上高
　　　　総資本　　　
自己資本　　　利益

回転率という言葉は、率ではなく、何回とか何回転の意味で使われる。売上に対し総資本が何回利用されたかということで、この回転数が大きければ、事業が活発なことを意味する。これは業種によって数値が違う。商業は数回転するし、不動産業などは0.3回転などと低くなる。私は製造業で1.5回転ぐらいを目標と考えている。

総資本純利益率　会社で使用している資本総額に対する純利益の比率で、経営者が使用している資本の総額がどれだけうまく運用されているかを示す指標である。「この資本の総額」＝「資産の総額」であるから、資産の運用状況を示すともいえる。

総平均法　繰越残額と当期製造原価の金額を合計し、数量も合計して、平均払出単価を出す。

ソフトウェア　コンピュータを機能させるように指令を組み合わせて表現したプログラム等をいう。なお、システム使用書・フローチャート等の関連文書はソフトウェアに含まれ、コンテンツは含まれない。

ソフトウェアのバージョンアップ　ソフトウェアの価値を高めるための活動であり、見込販売数量（収益）の増加、残存有効期間の延長などの効果を期待して実施される。

損益計算書（I／S＝Income Statement）

1年間の利益や損失を計算する書類である。製品や商品の売上（＝収益）が100万円で、その製品や商品の原価（費用の一部）が70万円であると利益は30万円である。「費用＋利益＝収益」という等式が、損益計算書等式である。これを表にしたのが損益計算書（I／SまたはP／L）である。I／Sはプロフィット（益）・アンド・ロス（損）ステートメントの略。

損失と利益が損益。損益計算書の内容は「売上－費用（税金を含む）＝利益」である。1期間の会社経営の成績（どれほど売っていくら儲けたか）を表す。会社の営業期間の損益取引を示す表。すなわち、会社の経営成績を表す計算書（一覧表）である。収益・費用・利益とタテに並べる時に、一番上の行が売上高（Sales、Turn over）で一番下の行が当期純利益（Net profit）である。

損益計算書（X－1年4月1日からX年3月31日まで）

（単位：百万円）

	科目	X年3月期 (X－1／4～X／3)
営業損益	売上高	697,248
	売上原価	574,672
	売上総利益	122,576
	販売費・一般管理費	41,375
	営業利益	81,200
営業外損益	受取利息	759
	受取配当金	3,719
	その他	2,114
	営業外収益計	6,598
	支払利息	438
	その他	7,281
	営業外費用計	7,719
	経常利益	80,075
	税引前当期純利益	80,075
	法人税・住民税・事業税	34,760
	法人税等調整額	（＋）5,770
	当期純利益	51,085

損益計算書の科目

損益分岐点 利益がゼロで、それ以上売れば利益が出て、それ以下だと赤字になる売上高の分岐点のことを「損益分岐点」という。この損益分岐点では固定費＝限界利益（売上高－変動費）の等式が成立している。

「変動費」は、「比例費」に置き換えて考えたほうがいい。「固定費」「変動費」というと、頭をもう一回りさせなければならないが、「固定費」は固定して決まっているもの、「比例費」は売上に比例してかかる費用、このように考えたほうが簡単に理解できる。

固定費プラス比例費が総コストだから英語で言えば「トータル・コスト」である。

次に、0の始点から45度の線を引く。これが「売上線」S（セールス）になる。「総コスト」TC（トータル・コスト）がかかるから、はじめは赤字。1個目、2個目、3個目、4個目と売れていくにしたがって赤字が減っていく。そして、5個目になったら赤字はかなり少なくなる。6個目になったら売上線と総コストの線が一致した。

7個になったら、売上線が総コスト線を越えた分だけ、もうかる。数が増えれば、増えるほど、もうかる。増えているのは「利益」である。

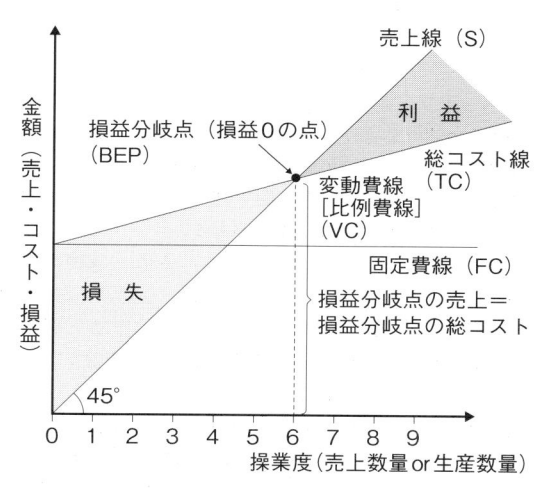

S=Sales, V=Variable Cost, F=Fixed Cost
BEP=Break Even Point, TC=Total Cost

損益計算書の科目

各科目の終わりの残	B／Sの利益剰余金の増加額の内訳		科　目	内　訳
		収益	売　上　高	商品や製品の販売、加工料収入（役務提供）などで得意先からもらえる金額。収益であって利益ではない。
			受 取 利 息	預金や貸付金で発生する利息の受取額。これも収益である。
			受取配当金	株式（投資）に関する配当の受取額。これも収益である。
			雑　収　入	営業活動以外のことから生ずる金額的にさほど重要性のない収益。

各科目の終わりの残	B／Sの利益剰余金の減少額の内訳		科　目	内　訳
		費用	売 上 原 価	売上に対応する商品、製品の元値（原価）および役務収益の元値（原価）。
			販　売　費	商品や製品を販売するための費用。これはさらに販売手数料、運賃、荷造費、保管費などに細分される。
			一般管理費	会社の全般を管理するための費用。一般管理費は会計用語。組織の上から見れば、企画、人事、総務、経理・財務、研究といった部門の費用がすべて含まれる。役員報酬・役員賞与、管理部門の従業員の給料、賞与、退職金、福利厚生費、その他販売費の勘定科目と同じ科目がある。
			支 払 利 息	短期借入金および長期借入金などに対し支払われる利息。
			手形売却損	受取手形を、手形期日に銀行にもち込み、売却し、割引日からの利息分を差し引いて（割引料）、現金化するときの料金。
			雑　損　失	営業活動以外のことから生ずる金額的にさほど重要性のない費用。
			法人税・住民税・事業税	法人の所得にかかる法人税・事業税と、法人税額から計算される住民税（都道府県民税・市町村民税）。これらを法人税等という。

| | | | 当期純利益 | 当期中の儲けで、すべての収益からすべての費用（法人税等を含む）を差引いたもの。損益計算書と貸借対照表の純資産の利益剰余金に、同時に同額が発生する。 |

そ

損益分岐点図表　売り上げ－総費用（総コスト）＝利益、すなわち、Sales − Total Cost = Profitである。この総コストを変動費（Variable Cost）と固定費（Fixed Cost）に分ける。

　　S − （V + F） = P

　　だから

　　（S − V） − F = P

　経営会計でよく使う「限界利益」の考え方は、利益の向上・総コストの節減にとても役立つ。利益の計算には、①「売上－変動費＝限界利益」と、②「限界利益－固定費＝利益」の二段階がある。

　三本の太い線（SとTCとF）のうち、総費用線（TC）と売上線（S）が交わるところ（点）を「損益分岐点」（Break-Even Point）という。これが「経営会計上の利益がゼロの点」で、すなわち「損益トントンの売上高を示す」点である。

　ゼロから出発して、総費用線が売上線を上回っている間は、利益ではなく「損失」が発生している。しかし、右のほうへ進んで関係が逆転し、総費用線が売上線を下回ると、今度は「利益」が発生する。

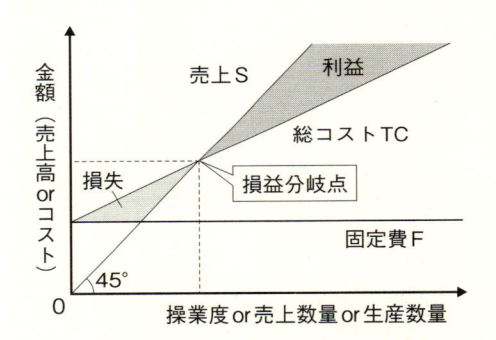

損益分岐点は、「限界利益＝固定費」の点で、損益トントンの売り上げをさす

①　売上高－変動費＝限界利益
売り上げを大きく・変動費を小さく→限界利益の増加
②　限界利益－固定費＝利　　益
限界利益を大きく・固定費を小さく→利益の増加

　損益分岐点の図表を使うと、利益を簡単に計算できて便利である。

　変動費（V）は、たとえば製パン会社の場合で言ったら小麦粉である。固定費（F）は、人件費・減価償却費・諸経費。この総コスト（TC＝V＋F）を売り上げ（S）から引いた残りが、利益（P）である。だから、最初に述べた（S − V） − F = Pで、P = 0のときS − V = Fで「利益がゼロのときは、限界利益＝固定費」となる。

　損益分岐点の図表は、利益の構造を理解するのに役立つ。利益を増やすには、限界利益を大きくして、固定費を小さくする。限界利益を増やすには、売り上げを大きくして、変動費を小さくする。

　しかし、図表には危険な面がある。図表上では簡単に、売り上げを右側へ増やせるが、現実に売り上げを増やすのには、大変な努力が必要である。だから、「図表の上で経営（の検討）をしてはならない」。

　なお、限界利益の損益計算では、在庫はすべて変動費だけ（たとえば、本の在庫は紙だけで、パンの在庫は小麦粉だけ）でできるとみなしている。在庫の動きも計算に反映する場合には、財務会計（制度会計）の損益計算書とは異なる利益がでるので注意が必要。

　また、その2つの利益を無理に合わせる必要はない。

損益分岐点図表の見方　損益分岐点を表している費用と売上の金額が一致しているので、この点の位置では利益も損失も出ない。いわばプラスマイナスゼロの状態。この点から少しでもずれると利益、もしくは損失が発生する。このため、「損」と「益」を分岐させる点という意味で、「損益分岐点」と呼ばれる。この損益分岐点を総費用と売上との関係で示した図を損益分岐点図表という。

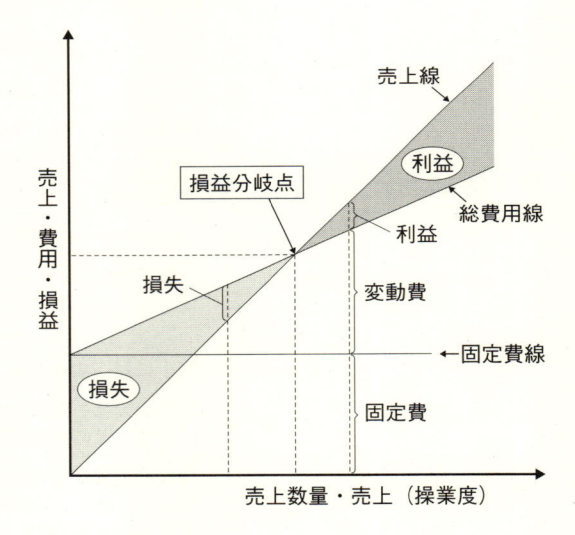

　損益分岐点より左側、すなわち、「総費用」が「売上」を上回っている状態ならば損失が発生している。一方、損益分岐点より右側、すなわち「売上」が「総費用」を上回っている状態ならば利益が出ている。つまり、企業は、より右側に売上数量を持っていって利益を増やしたり、同じ売上数量でもコストを下げることでより多くの利益を上げることをめざす。

　この損益分岐点図表を使うと、損益計画を立てるときに、「いくらの売上を上げるといくらの利益が出る、最低限これだけ売上を上げなければ赤字になってしまう」ということが図の上でわかる。

とはいっても、売上数量を右側に移動させたり、コストを下げたりすることは簡単ではない。グラフで見るとすぐに実現しそうだが、実際には売上を1％上げるにはかなりの努力が必要。コストを少し下げるにも大変な努力がいる。利益を考える時には、グラフに惑わされず、きちんと数字を見て、会社の実態を考えながら分析することが大切である。

損金　損金とは、次の原価、費用、損失などをいう。
① 商品・製品の売上原価、製造原価、建設会社が工事を完成するのに要した費用（完成工事原価）、有価証券の譲渡原価など。
② 製造費用、販売費・一般管理費、営業外費用などの費用で、償却費以外の費用は、期末までに債務が未確定のものは損金にならない。したがって、債務未確定の費用を未払金などの負債に計上することはできない。①、②から、会計常識を守れば自然に税法にも合致することがわかる。

た

大会社と中小会社の区分　大会社の場合は、社会の多くの人々に影響を与えるから、会計監査人によるB／SやI／Sの監査が必要。

大会社とは、資本金が5億円以上または負債が200億円以上の会社で、中小会社とは、大会社以外の会社で、数字でいえば資本金が5億円かつ負債が200億円未満の会社。中小会社でも会計監査人を置くことは可能だが、現在、そのような会社は少数。

代金回収　ツケ（カケ）で製品を売る、この状態を示す科目が「売掛金」（Accounts receivable）。この売掛金をお金に換える代金回収は販売業務そのもの。

代金の回収には、①現金や振り込み入金、②手形の受け取りがある。でも、②は支払期日に現金になるまで、本当の回収ではない。さらに、手形は銀行で期日前に「割り引いて」現金にできるが、金利を支払わなければならない。割引は借入れと同じで、本当の回収とは言えない。

	残 →	＋増（左）	△減（右）	→ 残
売掛金	7月から繰り越されて来た金額	製品を出荷し、売上げを計上したが、代金回収がまだの債権（ツケの状態）	現金、預金、小切手　で代金回収した入金額	9月へ繰り越す金額
	120万円	＋40万円	△60万円	100万円

計算	〈代金回収日数の計算〉 月別売上げ内訳 8月　①(31日)＝40万円 → 差し引き　60万円 7月　②(31日)＝30万円 → 　　　　　30万円 6月　　(20日)＝50万円 → 引き切れない 　　　　③(30日)×30／50万円＝18日　日数を按分 代金回収日数は、 　　①＋②＋③＝31＋31＋18＝80日

ある月の売上げが90で、売掛金90とする。翌月に、現金で10、受取手形で50回収したとすると、30は売掛金のままだ。そして、受取手形50のうち30を銀行で割り引くと、現金回収した10以外は売掛金30、受取手形20、割引手形30となる。

このとき、「未回収の売上債権はいくら？」と聞かれたら、売掛金30に、受取手形20と割引手形30も加えて、合計で80である。最初の売掛金は、その後、姿（科目）がいろいろな科目に変わるのである。

次に、予定どおりに回収が進んでいるかどうかを調べる。「債権は古い売上げ分から回収が進む」ことを前提に、「引き算」をする。

たとえば、8月末の売掛金100から8月の売上げ40と、7月の売上げ30をまず差し引き、残が30となる。

いま、計算して知りたいのは「何日分の売上代金が未回収か」ということ。

6月は引き切れないので、「6月の30日分×30／50」＝18日分が未入金だ。8月から6月までの代金回収の日数は、31＋31＋18＝80である。

これは製品別、顧客別に毎月計算し、回収状況を調べる。もし、予定外に日数が長かったら、すぐに原因を調べ、対策を講じる。

貸借対照表　一定時点の財産の状態を示す表で、左側右側に勘定科目の残高（バランス）が載っている表なのでバランス・シート（B／S）という。あなたが3月末に自己資金50万円と、銀行から借入金100万円で車を買ったとする。簡単に3月末のB／Sで表すと、左側に車150万円、右側に借入金100万円と資本金50万円という表ができる。

大きく分けて、資産は流動資産と固定資産、負債は流動負債と固定負債になる。純資産（資本）は資本金、資本剰余金、利益剰余金に加え、時価会計を適用した投資有価証券の評価・為替換算差額等や、自己株式がある。この自己株式を、どれだけ資本の控除項目としているかを確認する。

貸借対照表の科目

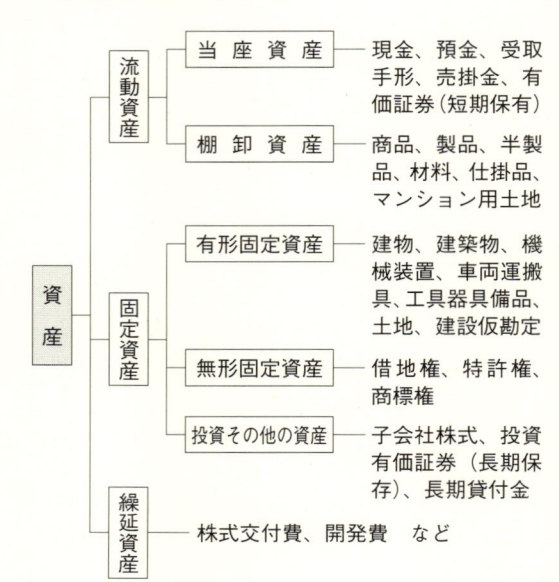

- 資産
  - 流動資産
    - 当座資産 — 現金、預金、受取手形、売掛金、有価証券（短期保有）
    - 棚卸資産 — 商品、製品、半製品、材料、仕掛品、マンション用土地
  - 固定資産
    - 有形固定資産 — 建物、建築物、機械装置、車両運搬具、工具器具備品、土地、建設仮勘定
    - 無形固定資産 — 借地権、特許権、商標権
    - 投資その他の資産 — 子会社株式、投資有価証券（長期保存）、長期貸付金
  - 繰延資産 — 株式交付費、開発費　など

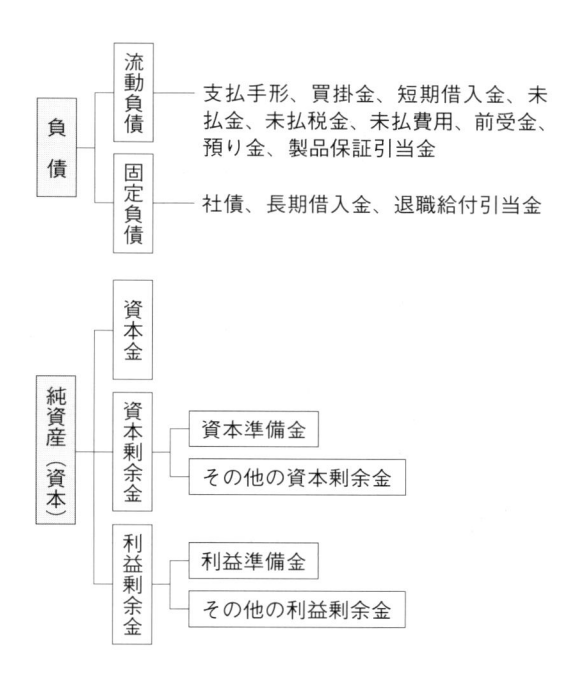

つの額を算出し、それを合計して全体の額を算出する。退職給付債務は、何十年も先の支出を計算することになるので、支払見込額を現在の通貨価値に割り引くなどの、ややこしい計算が必要になる。

退職一時金制度を採用している会社の場合、たとえば、あなたの10年後の退職時に支給される額が600万円だとする。20÷30を600万円にかけた400万円が現在までに発生している退職給付債務となる。

この200万円があくまでも10年後の価値だから、現在に価値に割り引く計算をすることになる。割引計算は複雑なので、ここでは省略する。

企業年金制度の場合も、基本的な計算は一時金の場合と同じ。ただし、年金は毎年同額を支給するので、退職時の額に、さらに退職後に支給し続ける年数による割引価値を反映した額が、退職給付債務となる。

退職給付会計（その1） 　会社が将来、従業員の年金や退職一時金を支払うために、どれだけ手元に資産を用意しておく必要があるのか開示する会計制度。

積み立てある資産が将来の支払所要額に比べ下回っている場合には、積立て不足が生じ、この制度が導入された2000年度から最長15年で穴埋めしなければならない。

退職給付会計（その2） 　2001年3月期から導入された退職給付会計では、企業年金や退職一時金を社員の労働に対する賃金の後払いととらえる。退職給付債務は、社員の現在までの労働に対して会社が支払うことを約束した年金・退職金。会社が退職給付債務の総額を求めるには、社員ごとに年金・退職金の支払額を算出し、それらをすべて足し合わせる。

退職給付会計（その3） 　上場会社に年金・退職金の積立て不足の開示と処理を義務付ける会計基準。積立て不足は「将来の年金・退職金の支払いに必要な金額を現在の額に引き出した退職給付債務」から「年金資産と計上済みの退職給付引当金」を差し引いて算出する。年金・退職金の給付水準を引き下げることで積立て不足を縮小する動きもある。

退職給付引当金 　従業員の退職に備え、退職給付規定によって準備した（引き当てた）累積額。企業年金資産を採用している場合には、退職給付に充てるために積み立てられている資産の額（年金資産）の額を控除した額が引当金計上額となる。

退職給付引当金の計算は、原則として従業員1人ず

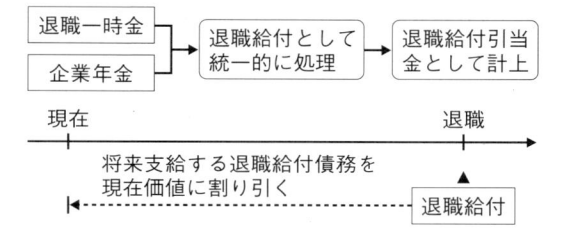

耐用年数 　耐用年数は、本来、会社がその資産の使用状態に応じて適正に見積もるべきだろうが、そうすると会社の都合の良いように見積もることも考えられるので、課税の不公平を招く可能性がある。そこで、法人税法では、減価償却資産の耐用年数等に関する省令の別表第一～第九で、資産の種類、構造、用途などが異なるごとに耐用年数を法律で定めている。これを「法定耐用年数」という。別表第一～第四までは、一般的な減価償却資産、別表第五～第九までは、特殊な減価償却資産の耐用年数が定められている。

滞留売掛金 　回収の滞っている売掛金をいう。その発生原因として、①顧客からのクレームによるもの、②顧客側が管理する債務額との相違によるもの、③顧客の経営状態悪化によるもの、④顧客の経営の破綻によるもの等があげられる。

多角化 　多角形とは3本以上の線で囲まれた平面図形である。そこから、「多角化経営」とは、1つの会社が、いろいろな（多種多様な）事業の経営を行うこと。多角化した企業、経営の多角化、などとも使われる。

建物 　工場・事務所・店舗・倉庫・社宅などの所有建物。

た

建物附属設備　建物に附属する設備で、電気設備、給排水・ガス設備、冷暖房・ボイラー設備、エレベーターなど（表示上は建物科目に含められる）。

棚卸減耗費　決算に際して実地棚卸により現物を確認し、帳簿残高に対して不足が生じ、かつ原因究明ができなかった場合に「棚卸減耗費」として処理する。「棚卸減耗費」は、原価性の有無により、製品製造費用、売上原価の内訳科目（原価性あり）と営業外費用（原価性なし）に表示する。

棚卸資産　棚卸資産とは、商品、製品、半製品、仕掛品、原材料、消耗品で貯蔵中のもの、などである。これらは、「いま、現にある製品や商品の数を調べること、すなわち棚卸すること」のできる資産である。

　棚卸資産は、①製品など販売するために保有するもの、②仕掛品など製造中のもの、③原材料など製造に使われるもの、④消耗品など一般管理活動に使われるもの、の4つに大きく分けられる。なお、事業の用に供する前の減価償却資産や取り外した減価償却資産で売却を予定して貯蔵中のものは、棚卸資産には含めない。

　このうち、製品科目を見ると、〔売上原価＝期首製品棚卸高＋当期製品製造原価－期末製品棚卸高〕の式で、売上原価の数値が決まる。

　棚卸資産の評価は利益に直接影響を与えるので、企業会計原則、会社法、法人税法のいくつかの評価方法・考え方の中から会社が選択し継続して採用していくことが求められる。

商品	販売を目的として、他者から買入（購入）した物品
製品	製造業で販売を目的として製造した生産品、完成品
半製品	生産品（完成品）になる途中の中間製品で、外部に販売できる状態のもの
仕掛品	製造する途中にある（仕掛中の）生産物で、まだ売れる状態にはないもの
原材料	製品の製造に使われる原料や材料
貯蔵品	包装材料、消耗工具器具備品など

棚卸資産の評価　原材料や製品を期末にいくらで評価するかは、B／Sだけでなく、売上原価の計算を通じてI／Sの利益額に直接影響を与える重要な事項である。そこで経理・財務では、棚卸資産の評価につき一定の方法を継続して適用している。それには大きく分けて「原価法」と「利益性の低価による簿価切下げの方法」（一般の言葉では低価法）がある。

棚卸資産8つの取得原価

①個別法	製造したもの1個1個の単価を追っていく方法。現実的ではなく、実際の計算は困難。
②先入先出法	実物の流れとは別に、先に倉庫に入ったものから先に払い出されると仮定して払出単価を計算する。
③後入後出法	後から製造し倉庫に入ったものから先に払い出されると仮定する。実際の流れとは異なることと、在庫の単価が時価と異なるという理由（私はあまり納得できない）で採用されなくなった。
④総平均法	繰越残額と当期製造原価の金額を合計し、数量も合計して、平均払出単価を出す。
⑤移動平均法	新しい受入（製造）があるたびに、残高金額と合計し、合計数量で平均単価を出す。
⑥単純平均法	数量のことは念頭に置かず、製造原価の単位当たり金額を、単純に平均した平均単価を払出単価とする。
⑦最終仕入原価法	商業の場合は1番最近の仕入単価で、製造業の場合は1番最近の単位当たり製造原価で、期末残高を評価する。
⑧売上還元法	期末の棚卸分を原価から評価するのではなく、売価に原価率をかけて逆算する。デパートや小売業など、商品などの種類が多いところで使われる。この計算は、種類や差益額が同じ資産ごとに行う。 ・原価率＝$\dfrac{期首在庫高＋期中購入高}{期末在庫品の予定販売価額＋期中売上高}$

短期借入金　銀行などから借り入れた借金で、借入金のうち1年以内（貸借対照表の翌日から起算して1年以内の日）に返済するものをいう。通常決算資金、納税、賞与資金、その他一時的な資金の借入れに利用する。

短期プライムレート　銀行が短期資金を貸し出す際のプライムレート。レートは、各金融機関が自らの資金調達コストや市場の金利動向をもとに決定をしている。現在は、新短期プライムレート（新短プラ）と呼ばれており、中小企業や個人への貸出金利として適用されることが多くなっている。

単純な売上高合計　連結決算の中に入る個々の会社の売上げをそのまま、手を加えずに、ありのまま足

し算した合計の金額のこと。

単純平均法　数量のことは念頭に置かず、製造原価の単位当たり金額を、単純に平均した平均単価を払出単価とする方法。

単一性の原則　株主総会、銀行、納税、それぞれ用に形式は異なっても、内容は正しい会計記録で作成すること。

単体決算の承認手続　企業単独の決算。自社とその子会社等を合わせたグループ企業ベースの決算を「連結決算」というのに対する用語。
　3月期決算の大会社（資本金が5億円以上または負債が200億円以上の会社）では、次のとおり単体決算の承認手続きが必要である。
(a) 計算書類とその附属明細書の監査役と会計監査人への提出
　取締役は、おおむね4月に提出
(b) 事業報告とその附属明細書の監査役への提出
　ほぼ同時に、取締役は、監査役への事業報告とその附属明細書を提出する。
(c) 監査報告
　大会社の監査役は、業務監査と事業報告の監査は自ら行うが、会計監査については会計監査人の監査に依存し、その結果に基づいて自らも監査報告をする。
(d) 取締役会での承認
　監査終了後の計算書類や事業報告は、取締役会の承認を受ける。
(e) 株主総会への報告と承認
　事業報告は、株主報告へ報告する。貸借対照表、損益計算書、株主資本等変動計算書などの計算書類では、大会社だけが「報告」で、会計監査人のいない中小会社は株主総会での「承認」が必要である。

担保の設定　担保とは、債権者の特定財産が、法律上ある債権者の債権の引当（準備）になっていることをいう。すなわち債権者が将来生じるかもしれない不利益に備えて、あらかじめその債権の弁済を確保するために講じる方法のことである。

担保付社債（私募債）　担保付社債信託法に基づき、発行会社が物上担保を賦して発行する社債をいう。

ち

知の資産

見える財産	見えない資産（知的資産）
・資本金 ・原材料 ・機械装置 ・製品 ・売上 ・借入金	・人 ・製造技術 ・製造ノウハウ ・販売ノウハウ ・正確さ ・迅速さ ・誠実さ 　⋮ 　etc
〔決算書に載っている〕	〔決算書に載っていない〕

⇒ 見えないものを活用する経営力（知の資産）

　知の資産とは、「見えないもの活用する経営力」である。知の資産については、いろいろとある。なかで1つ例をあげるとすれば、日々、行われる社長の瞬間的な事業的判断と実行の積み重ねこそが、最大の会社の目に見えない「知」である。たとえば、買収のとき、純資産の積み上げではなく、その会社の価値を探って突き止める「勘」。これに基づく実行は、まさに「知の資産」である。これは「知的資産」とは違った「勘」である。
　では社長の「知」とはどこから出てくるのだろうか。
　「知」と一言で言っても、知力、能力、責任感、誠実さ、いろいろある。それは、長年の経験の積み重ねの中から生まれてくる。もちろん生まれもった資質も必要。しかし、いくら生まれつきの資質があっても、それは一所懸命努力してこなければ出てこない。苦労して努力している長年の経験があればこそ、もって生まれた資質が伸びるのだ。
　そうした素晴らしい天性に加えて努力を重ねる社長がいる会社は強い。

地方税　損益計算書（I／S）に出てくる税金科目は、実際納付額の法人税等「（法人税・住民税・事業税）」と税効果会計の「法人税等調整額」である。「法人税等」というのは、「法人税・住民税・事業税」を省略した呼び方のこと。
　I／Sのなかで、この3つの税金だけが特別な科目で表示されるのは、いずれも税務上のもうけである「所得」をもとに計算する税金だからである。所得はI／Sの「税引前純利益」に加えたり減らしたりする調整をして算出する。でも、両者は兄弟のような関係

であるので、税引前純利益の下に、所得から計算する税金科目を表示する。

　3つの税金は所得をもとに計算するのが共通である。しかし、計算の中身や取扱いが異なる。もっとも金額の大きい「法人税」は所得の30％、これは国へ納めるので国税である。

　つぎに「住民税」は地方自治体に納める地方税で、1つが都道府県民税、もう1つは市町村民税である。この2つは税率が違い、納める自治体も違う。会社では、全国に工場や支店があると、基本は従業員の人数比で自治体別に税金を分割する。

　I／Sでは2つまとめて「住民税」と表示する。住民税は所得ではなく、「所得から計算した法人税をもとに計算する」点が特徴である。所得→法人税→住民税の順で計算するので、「間接的に住民税も所得をもとに計算する」と言える。

　「事業税」は、「会社では自治体の様々な施設・サービスを利用して事業を営む」との考えで納める税金である。やはり所得に応じて計算し、都道府県に納める。2004年から、事業税には一部だが、所得とは関係のない資本金や給与などをもとに計算する部分が設けられた。

　法人税・住民税は、税金を支払っても所得には何の関係もないが、事業税は払った金額だけ所得から差し引きできる。税務上の「損金」になるのだ。

　20世紀に3つの税金は「儲けた所得にかかる税金だからコストではない」と考えられていた。しかし、いま21世紀は違う。世界中の経営者の感覚では「税金も間違いなくコスト」である。

　事業を検討するときは、投資に対する採算計算で税金はコストと見る。利益から40％も差し引かれる税金の検討を欠いては、採算もキャッシュフローも見誤る。税金を負担した後の純利益をいかに増やすか、税金はどうすれば節約できるかをしっかり検討するのが真の経営である。

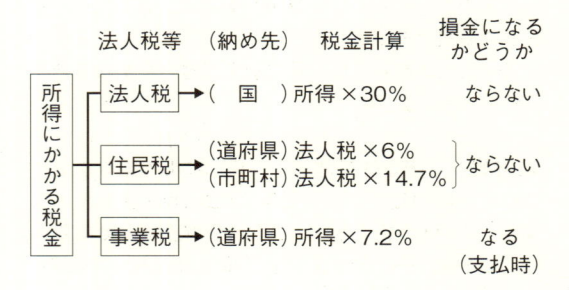

法人税等	（納め先）	税金計算	損金になるかどうか
所得にかかる税金 — 法人税	（国）	所得×30％	ならない
所得にかかる税金 — 住民税	（道府県）（市町村）	法人税×6％ 法人税×14.7％	ならない
所得にかかる税金 — 事業税	（道府県）	所得×7.2％	なる（支払時）

長期前払費用　前払費用のうち、決算後1年を超えた後に費用になるものをいう。たとえば、リース代金の長期前払分や家賃・地代など長期にわたる賃借料の前払分、火災保険・自動車保険など保険料の長期前払分をいう。

長期前受収益　前受収益のうち、決算後1年を超えた後に収益になるものをいう。たとえば、外貨建社債を発行し、これに為替予約が付された場合における、為替予約差益の次期以降に配分される分が該当する。

長期貸付金　貸付金で1年以上の期間にわたって貸し付けるもの。

長期借入金　銀行などから借り入れた借入金のうち1年を超えて返済するものをいう。設備資金（土地・建物・機械などの購入や長期投資のための資金）や長期運転資金（運転資金に関して長期に借り入れる資金）の借入に利用する。

長期資金　自己資本と固定負債（社債＋長期借入金）を加えたもの。

長期プライムレート　銀行が1年以上の長期資金を貸し出す際のプライムレートで、長期借入金の金利指標となる。長期の信用銀行等が発行する利付金融債（5年債）に金利0.9％に上乗せして決定されている。

直接費　直接材料費（主要材料費、買入部品等）、直接労務費（製造に直接関わった人員の賃金）、直接経費（外注加工費）。

直接原価計算　「直接原価」（プロダクト・コスト）とは、製品の製造数量に正比例して変化する原価（直接原材料費、直接労務費、直接経費など）と、製造数量にはほぼ比例して製品に賦課や賦賦ができる原価の合計額。この直接原価に対する原価を「期間原価」（ピリオド・コスト）といい、製品の製造量・販売量に関係なく発生する労務費や減価償却費をいう。この2つの原価は損益分岐点図表で使われる変動費と固定費の考え方ににている。

　売上に関連して使われる変動費と固定費の概念を、工場の製造原価に当てはめる計算を「直接原価計算」という。これは、製品原価を計算するときに、すべてのを固定費と変動費に分け、変動費のみを製品原価とし、固定費は期間費用として処理する計算手続。

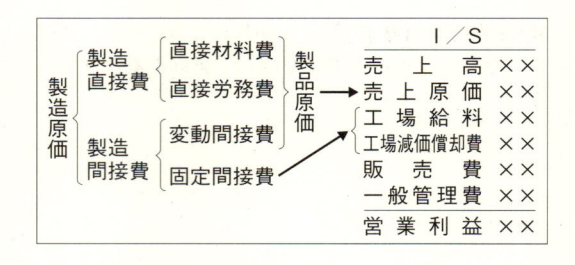

製造原価			I／S	
製造直接費	直接材料費	製品原価	売上高	××
製造直接費	直接労務費	製品原価	売上原価	××
製造間接費	変動間接費		工場給料	××
製造間接費	固定間接費		工場減価償却費	××
			販売費	××
			一般管理費	××
			営業利益	××

直接原価計算の長所と短所　直接原価計算には

長所だけでなく短所もある。
① 長所
　直接原価計算によるI／SやC／S（Cost Sheet＝製造原価計算書）は、経営者・管理者の利益向上の考え方と結びついている。そして、利益計画に必要な、売上（操縦度）と原価と利益に関する資料が、I／Sの変動費（比例費）と固定費と連動するので便利。
　また、利益が在庫品の増減で変動することなく、売上に比例して増減し、損益計算書上の固定費の増減が利益にどのように影響するかはっきりわかる。したがって、製品別、得意先別などの業績評価に大いに役立つ。
② 短所
　変動費と固定費の区分が難しく、また在庫品が変動費で計算されるので制度会計（財務会計＋税務会計）になじまない。
　しかし、なんといっても、直接原価計算の短所は、「限界利益にばかり目が行き、固定費について深く理解し、それが経営的に、最小値にすべきものであることが失念される」こと。会社に対して使命感が薄いと、固定費の合理化に目をつむり、固定費を念頭に置かず、限界利益の大きいこと、限界利益が増大することのみが強調される。

直接控除方式　減価償却累計額を、当該資産の金額から直接控除し、その控除残高を当該資産の金額として表示する方法。

直接償却法と間接償却法　減価償却費の計上方法には、直接償却法と間接償却法の2つがある。
　「直接法」は、償却額を固定資産の帳簿価額から直接差し引き、貸借対照表には償却後の残高を載せる。〔間接法〕は償却累計額を引当る（準備する）。
　仕訳は次のとおり。
　　㊣（借方）減価償却費　25
　　　　　㊣（貸方）減価償却累計額　25
　この方法だと、①機械の取得価額、②いままでの償却累計額、③未償却残高（①－②）、の3つがよくわかるという点で、直接法より優れている。
　有形固定資産は原則として間接法で償却をするが、同じ固定資産でも無形固定資産は直接法で償却する。
　有形固定資産の貸借対照表の上での表示方法は、①控除方式と、②注記方式があり、原則は、①の方法の中の、科目別の控除方式だが、一般には、②の方法の中の、科目を一括した注記方式が採用されている。

```
①控除方式（科目別）
　建　　　物　　　　　120
　　減価償却累計額　△ 30　　90
　機械・装置　　　　100
　　減価償却累計額　△ 25　　75
　合　　計　　　　　　　　　165
②注記方式（科目一括）
　建　　　物　　　　　　　　 90
　機械・装置　　　　　　　　 75
　合　　計　　　　　　　　　165
〔脚注〕建物、機械・装置から減価償却累計額55を
　　　　控除してあります。
```

直接利回り　債券投資元本に対し、直接的に得られる年間のクーポン収入の割合。

$$直接利回り（\%）＝\frac{年間クーポン収入}{債券価格}×100$$

帳簿の記載事項と保存　課税事業者は、仕入れに係る消費税額および地方消費税額の控除を受けるためには、課税仕入れ等の事実を記載した帳簿及び課税仕入れ等の事実を証する請求書を保存しなければならない。
　ただし、災害その他やむを得ない事情により、その保存をすることができなかったことをその事業者において証明した場合は、仕入税額控除を受けることができる。

帳簿組織　会計の取引を記録する帳簿の第1段階に仕訳帳と元帳があり、必要に応じて各々、補助簿を設けることがある。第2段階に、残高試算表、精算表、B／S・I／S・C／Fがある。

貯蔵品　包装材料、消耗工具器具備品その他生産品の基幹を構成しない棚卸資産。

中間申告　1年決算の会社は期のはじめから8カ月以内に、法人税・法人住民税・法人事業税について中間の仮納税をする。納める税額は「予定方式」といって、原則として前期の確定納付額の2分の1である。
　しかし、今期の業績が前年と比較してよくない場合には、「仮決算方式」といって、上半期の決算に基づく所得を出して税額を計算して納付する。「予定方式」による所得よりも「仮決算方式」による所得の方が少なければ、会社にとって有利な「仮決算方式」で税金を納める。なお、「前年度実績による予定申告」により納付すべき法人税額が10万円以下の場合は中間申告の提出は不要（仮決算による中間申告の場合は10万円以下であっても中間申告が必要）。

ち・つ・て

中長期計画　中長期計画は企業が成長していくために将来進むべき目標を明らかにし、それを実現するためにどのように行動していくかを設定したもので、経営構造の改革を目的としている。一般的に、3年から5年の期間の計画を策定する。それに対して年度計画は業績目標の達成を目的としている。

中長期資金計画　3〜5年程度先の事業計画について各年度の長期的な性格を持つ支出と収入を明確にし、資金不足をきたさないように管理するための計画。

つ

通常清算と特別清算　株式会社の清算には、通常清算と特別清算がある。通常清算とは解散の場合に通常行われる清算であり、特別清算とは清算の遂行に著しい支障を来たすべき事情があると認められる場合又は会社に債務超過の疑いがあると認められる場合に裁判所の命令により行われる清算である。

て

ディスクロージャー（Disclosure）　これまでに秘密にされてきた事柄を公開すること。
「取締役は株主に対してディスクロージャーの義務がある」などと使う。

低価法　棚卸資産の取得に際し、実際購入原価若しくは実際製造原価で会計帳簿に記録し、期末棚卸資産額は実際購入原価若しくは実際製造原価と時価のいずれか低い方の価格で評価する方法である。
〈参考〉
「棚卸資産の評価に関する会計基準」が2006年7月5日に企業会計基準委員会から公表された。
この基準は、「通常の販売基準（販売するための製造目的を含む。）で保有する棚卸資産は取得原価をもって貸借対照表価額とし、期末における正味売却価額が取得原価よりも下落している場合には、当該正味売却価額をもって貸借対照表価額とする。」としている。世に一般に言う低価法という文言は使っていない。

定款　会社法に基づき制定する、会社の組織・活動を定めた根本規則。いわば会社の憲法。公証人の認証を受ける必要がある。
会社の種類を表す株式会社などの文字を入れた会社の名前を「商号」という。

例えば、日本電信電話株式会社。
会社の目的も定められ、会社の発行する株式の総数も決められている。このような会社の根本の事柄は、実は、会社の憲法ともいわれる「定款」に書くことになっている。会社をつくる（設立する）ときは、発起人が定款をつくるが、発起人は全員この定款に署名または記名押印する必要がある。

定款に記載すべき内容は3つ。①必ず記載すべきもの、②記載しなければ効力のないもの、③法と公序良俗に反しなければ何を決めてもよいもの。難しい言葉では、①絶対的記載事項、②相対的記載事項、③任意的記載事項、という。

①の例は、目的、商号、会社が発行する（＝発行を予定しているの意）株式の総数（この4分の1は設立時に発行しなければならない）、本店の所在地など。②の例は、株主総会の議長、現物出資、発起人の報酬。③の例は、事業年度（4月1日から翌年3月31日まで等）、取締役の員数、定時株主総会の招集の時、名義書換など株式についての手続き、など。

定額法と定率法という償却方法　償却額の計算方法（償却方法という）は主に2つある。1つは毎年均等額を償却する「定額法」で、もう1つは毎年一定率で償却していく「定率法」。

車の例で見ると、取得金額150万円を6年間にわたって、①定額法（150万円÷6年＝25万円）か、②定率法（帳簿価額に掛ける率が一定で0.417）のいずれかの方法で償却していく。

私は、毎年の「額が一定が定額法、率が一定が定率法」と覚えるとよいことに気がついた。

定額法 車150万円		定率法 車150万円	
1年目	25万円	1年目	62.55万円	150×0.417
2年目	25万円	2年目	36.46万円	(150−62.55＝87.45) ×0.417
3年目	25万円	3年目	21.26万円	(87.45−36.46＝50.99) ×0.417
4年目	25万円	4年目	12.39万円	(50.99−21.26＝29.73) ×0.417
5年目	25万円	5年目	8.67万円	(29.73−12.29＝17.34) ×0.417 (1/2)
6年目	25万円	6年目	8.67万円	(29.73−12.29＝17.34) ×0.417 (1/2)

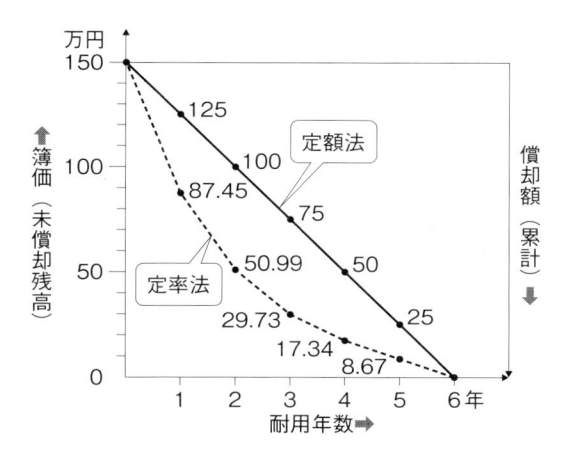

[グラフ: 定額法と定率法の減価償却比較。縦軸 万円（簿価/未償却残高）、横軸 耐用年数。定額法: 150, 125, 100, 75, 50, 25, 0。定率法: 150, 87.45, 50.99, 29.73, 17.34, 8.67。償却額（累計）]

提携先　「提携」とは手をつなぐこと、協同して仕事をすることで、英語ではTie up（タイアップ）という。「先」は相手の会社のこと。「提携先」は一緒に仕事しようとする会社。

定額法　償却費が毎年同額となるように、取得価額から残存価額を控除した金額を耐用年数で除して減価償却費を計算する方法。次の算式では残存価額を0とした。

（算式）取得価額÷耐用年数

新規取得時、除却時には稼働月数も考慮する必要がある。

定時株主総会　会社は事業年度ごとに、一定の時期に株主総会を開催する必要があり、この株主総会を定時株主総会という。

通常、代表取締役が株主に対して、計算書類等を提出したうえで、事業報告について内容を報告し、計算書類について総会の承認を受ける。

定率法　償却費が毎年一定の割合で逓減するように、取得価額（第2回目以後の償却の場合は、当該取得価額からすでに償却した額を控除した金額）に耐用年数に応じた償却率を乗じて計算する方法。

（算式）（取得価額－すでに償却した金額）×償却率
……新規取得時、除却時には稼働月数も考慮する必要がある。定率法の償却率を「定額法の償却率×2.5」にする

（注）平成19年度税制改正により、平成19年4月1日以後に取得する減価償却資産について残存価額が廃止された。

手形　支払いを約束した「紙」が手形である。

約束手形（trade note receivable）は昔、証文に手の形（手形）を押していたことの名残。もちろんいまは、様式の決まった「紙」を使う。

手形とは、すぐには支払わないが、「将来のある日、ある場所で、ある金額の支払いを約束する」「ツケ」を紙に表したもの。その紙1枚が便利な理由は、①支払いを強制する力があり、②受け取った手形を他の支払いに使え（裏書き）、銀行でお金にしてもらえる（割り引ける）——からだ。

手形は、銀行預金の口座を使って支払うので、約束どおり支払えない（不渡り）と、銀行が取引を断る。すると、会社の信用がなくなり、倒産にまで陥る。手形を発行する会社（支払側）を「振出人」といい、受け取る会社を「受取人」という。支払う日は「期日」、支払場所は銀行の口座。経理・財務での科目は、手形を振り出したときに「支払手形」で、受け取ったときには「受取手形」である。

約束手形（国内の仕事で使う）
（支払手形）

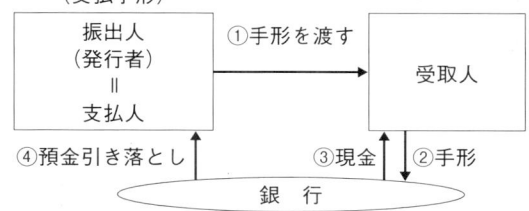

振出人（発行者）＝支払人 →①手形を渡す→ 受取人
④預金引き落とし　③現金　②手形
銀行

為替手形（国際の仕事で使う）

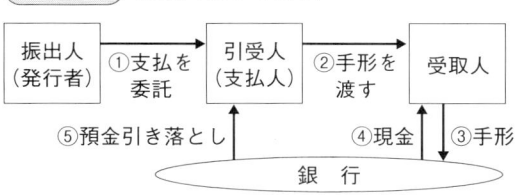

振出人（発行者）→①支払を委託→ 引受人（支払人）→②手形を渡す→ 受取人
⑤預金引き落とし　④現金　③手形
銀行

毎日の取引ごとの支払では、手数がかかる。そこで、たとえば「毎月20日締め（締め切る）、月末日起算（計算をし始める）の90日手形払い」のように、取引をまとめ、効率化を図る。

もう1つの手形は、輸出入によく使う「為替手形」。これには「引受人」が登場して、振出人は引受人に支払を依頼する。

外国との取引では、よく「荷為替手形」（船積み書類付きの為替手形という意味）が使われる。輸出の売上代金の回収をしっかりするために、自分を受取人とする為替手形を振り出して、外国の輸入先に引き受けてもらう。これに銀行の保証が付いているものが「信用状（L／C）」付き取引で、これがあることで安心して外国会社へ輸出できる。

このほか、手形と似ているものに、「小切手」がある。小切手は、支払期日がなく、いつでもお金に替えられるので、小額の支払に利用する。現金の代わりになるので、不正取得者が悪用しないように、「線引き

（2本線を書く）」をする。線引きは、銀行口座のある人にしか支払わないという重要な効果がある。

手形借入
借主が約束手形を振り出して借り入れること（主に1年以内の短期借入金に使われる）。

借用証書の代わりに、借主が、銀行あてに借金の返済を約束する約束手形を振り出し、これと引き換えに銀行から借入する方法。主に1年以内の運転資金などの短期借入金に使われる。

手形借入は例えば次のような約束手形を振り出す。

銀行から5,000万円を、9月30日に返す約束で借りるとき、
① 金額（手形の金額）5,000万円
② 振出人は借主、受取人は銀行
③ 振出日は5,000万円借りた日
④ 支払期日9月30日
という内容で約束手形を振り出す。

手形借入の場合、借入にあたり支払手形を銀行に渡しているからといって、支払手形科目で仕訳しないように注意。

例えば、5,000万円を1年の短期借入金で借りて、5,000万円の支払手形を貸主に渡した場合の借主の仕訳は次のようになる。

㊧（借方）　　　　　　　　　㊨（貸方）
現　預　金　5,000万円　　　短期借入金　5,000万円
　　　　　　　　　　　　　（または手形借入金）

銀行からの手形借入金の場合は、原則として期日が来た場合でも、手形を手形交換所に回さないで、期日前に借主と銀行が、返済か継続かを話し合う。借入が継続される場合には、古い手形を銀行から回収し、借主は新しい手形を振り出して銀行に渡す。

手形の裏書と割引
受取手形は、それ自体に流通性がある。期日の前に、別の取引先などへ支払に充てて譲渡できる。その旨を手形の裏側に記載するので、「裏書譲渡」といわれる。

また受取手形を裏書きして支払期日前に金利にあたる割引料を差し引いて、銀行に買い取ってもらうこともできる。これを手形の「売却（割引）」という。会社は、期日前に資金を得ることができるというメリットがあるが、金利にかかる点は銀行からの借入れと同じである。

手形の売却
手形は、その支払期日がくる前に銀行にもっていって売却し現金に替えてもらえる。本来現金がもらえる支払期日より早くおカネがもらえるので、早くもらうための料金（金利が主）を払って、手取分は手形金額より少なく当座預金に入金される。これを「手形を割り引く」、この料金を「割引料」、この手形を「割引手形」という。

手形の割引を利用すると、手形の受取側は期日前でも現金が入手できるし、支払側（発行者）は期日までに支払のための現金がいらないという、双方にメリットがある。

手形を売却したとはいっても、その手形が不渡りになった場合には、手形受取人は手形を割り引いた銀行に手形代金を支払わなければならない。これを、受取手形遡及義務という（「手形受取人は元に遡って受取手形について責任がある」という意味）。すなわち、手形について、満期日に無事決済が終わるまでは、手形を受け取った人（会社）が責任を負う。

手形を保有している時にこの危険があるときには、貸倒引当金を計上して万一の場合に備える。

手形の不渡りと銀行取引停止処分
資金不足などの理由により、銀行が手形金額の支払を拒絶することを「手形の不渡り」という。銀行への取立に出した手形は、そのまま会社が引き取る。その手形は2度と使えないので資金にはならない。

割引を依頼した手形が不渡りになった場合には、会社は、銀行に手形代金を支払わなければならない。

このように、手形の満期日に決済されるまでは、手形の受取人が信用取引に責任を負う。言い換えると、手形受取人は、手形が不渡りとなった場合に、損失を蒙るリスクから開放されない。

不渡りの原因を起こした支払側の会社が、6ヶ月以内に2回目の不渡りを起こすと、その会社は信用力がないため銀行取引停止処分となり、事実上の倒産とみなされる。

手形の割引
受け取った手形を支払期日より前に銀行に売却し現金をもらうことを「手形の割引」といい、手元現金が増加する。銀行へは手形を売却して、割引料という料金を支払う。これが「手形売却損」である。これは、一種の資金調達である。割引料は支払期日までの利息のほか、手形振出人や受取人の信用力により決定される。

| 手形割引 | → | 商取引の受取手形を銀行に買い取ってもらう（支払期日までの金利相当分が差し引かれる）。|

適時開示規則
会社の経営に重大な影響を与える事実及び上場有価証券に関する権利等に係る重要な決定の適時開示に関して各証券取引所が定めた規則。適時開示が求められる事項は、概ね以下の4つに区分される。

1．上場有価証券に関する権利等に係る重要な事項についての協議又は決定の情報（決定事項に関する情報）
2．経営に重大な影響を与える事実の発生に係る情報（発生事項に関する情報）
3．重要な会社情報として認められる決算情報（決算に関する情報）
4．その他

上記各区分の具体的項目としては、次のようなものがある。

1……「株式及び新株予約権の発行」「資本金の減少」「自己株式の取得」「株式分割」「事業譲渡」「合併」「業務上の提携又は業務上の提携の解消」「上場廃止申請」「子会社の異動を伴う株式又は持分の譲渡又は取得」「固定資産の譲渡又は取得」「公開買付又は自己株式の公開買付」「代表取締役の異動」「決算期の変更」等

2……「債権の取立不能」「手形の不渡」「災害による損害」「上場廃止の原因となる事実」「行政庁による処分」「資源の発見」「親会社及び関連会社の異動」等

3……「決算内容」「業績予想の修正」「剰余金の配当についての予想値の算出」等

4……「四半期開示」「事業の現状、今後の展開及び事業計画の改善」「コーポレート・ガバナンスに関する事項」等

適正在庫　欠品を起こさずに市場ニーズに対応できる必要最小限の在庫量のことで、適正在庫にするためにはきめ細やかな管理を行う必要がある。

デッドストック　資産価値のない売れ残り品や不良在庫のことで、そのまま放置しておくと在庫全体に占める割合が高くなり、在庫回転率の低下や現品管理の余分なコストがかかるので、早期に処理する必要がある。

デュー・ディリジェンス

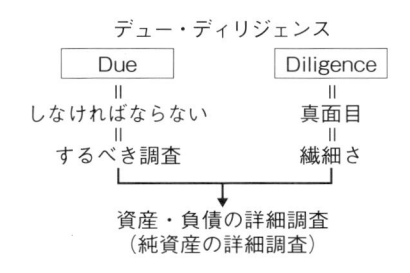

```
          デュー・ディリジェンス
    ┌─────────┬─────────┐
    │  Due    │Diligence│
    │   ＝    │   ＝    │
    │しなければ│ 真面目  │
    │ ならない │         │
    │   ＝    │   ＝    │
    │するべき調査│ 繊細さ │
    └─────────┴─────────┘
              ↓
       資産・負債の詳細調査
       （純資産の詳細調査）
```

デュー・ディリジェンスの調査するために、会社は弁護士や会計士にお金を支払う。会社にしっかり調べる力がないと、買収金額の数パーセントぐらいが、弁護士や会計士にいってしまうこともある。

会社は、力のない弁護士や会計士は使わないようにする。もともと「力のある弁護士・会計士の襟首をつかんで、遠心力のごとく振り回して使う力（働いてもらう力）」が会社の力である。M＆Aの中でのデュー・ディリジェンスの役目はとても少なく、デュアリングM＆A（買収業務）の中でのウエイト付けは100分の1もない。

確かにデュー・ディリジェンスは大事だが、過大評価してはならない。

デュー・ディリジェンスで見ているのは、結局は純資産の時価である。純資産を調べるために、純資産のほかに、資産、負債、収益・費用の内容を見る。

たとえば収益で、架空売上を計上していれば純資産は膨らんでいる。そうしたことがないように、バランス・シートの資産・負債、損益計算書の収益・費用を過去5年間なら5年間、詳細に調査する。帳簿に載っている「純資産」が正しいかどうかを調べるためである。

買収のときに、はたして本当に資産があるのか、果たして負債はこんなに少なくていいのかを調べることを、「デュー・ディリジェンス」（詳細調査）という。資産と負債が正しいかどうか調べないと、純資産もわからない。

もともと「デュー」は「○○しなければならない」の意味で、「ディリジェンス」は「まじめ」という意味である。この2つがくっついて、「まじめにしなければならない」という意味になる。「資産」や「負債」をきちんとまじめに表示しなければならないので、それを調査するリサーチのことを「詳細調査」と日本語に訳す。

くり返すが、デュー・ディリジェンスは、まじめでなければならない、まじめであったらきちんと帳簿をつけるべきである、ということ。

これが、買収の初期の段階でとても大事。資産と負債がきちんとしていれば、きちんとした帳簿上の純資産の額が出てくる。

デリバティブ　既存の金融商品（株式、債券、為替）から派生してできた取引に付けられた総称で、正式には金融派生商品（Financial derivative product）と言う。金融派生商品は、先物取引、スワップ取引、オプション取引の総称で、予約の一種で、将来の時点で商品を売買する約定であり、将来に損益（差金）部分のみやりとりするところに特徴がある。

① 先物取引……将来の売買についてあらかじめ現時点で約束をする取引。前もって売買の価格決定ができるので、価格変動する商品の売買につきものの価格変動リスクを回避できる。

② スワップ取引……投下のキャッシュフローを交換する取引。金利スワップ、通貨スワップ。

て・と

③ オプション取引……ある商品を将来の一定期日に、あるいは一定期間内に特定の価格で買う、又は売ることができる権利の売買取引。

転換社債型新株予約権付社債　「社債」と「株式」の2つの性格を持った有価証券である。普通社債と比較して利率は低めに設定されるのが一般的である。転換社債型新株予約権付社債は成長企業にとって、低コストかつ自己資本の充実を展望しながら資金調達ができるメリットをもった資金調達手段である。

と

統一手形用紙　銀行などと当座勘定取引契約を結ぶと手形用紙を綴った約束手形帳が交付され、振出人は、この用紙を使って手形を振り出すこととなる。統一手形用紙を使わずに手形を振り出した場合でも、法律上は必要事項が満たされていれば特に問題はないとされるが、実務上では決済されない。この手形用紙は、昭和40年に定められた規格に基づいて作られている。手形用紙を統一することで、コンピュータ処理を可能にしたり、信用のない手形が出回ることを防止している。

投下資本利益率法（ROI法）　投資金額に対するフリーキャッシュフローの比率で、その投資がどれだけフリーキャッシュフロー（又は利益）を生み出すかを示すものをいう。

　　投下資本利益率（ROI）＝投資案の平均フリーキャッシュフロー÷投資金額

当期、前期、前々期　3月31日が決算期の会社で、きょうが4月10日だとしよう。「当期の決算」といったら、今年の4月1日から翌年の3月31日の決算を意味する。前の期を「前期」、前の前の期を「前々期」という。

当期純利益　法人税・住民税・事業税を差し引く前の「税引前当期純利益＝税金等調整前当期純利益」から法人税等を差し引いた後が「税引後当期純利益」すなわち「当期純利益」である。当期間中の全収益の中から全費用・損失を差し引いた金額。

同業他社比較　同業他社の財務諸表と比較することで、会社の業績が、業界のなかでよいのか悪いのかということがわかる。これを同業他社比較という。

　また、自社の2～3期の財務諸表を当期と比較検討することで、当期の業績が、よいのか悪いのかがわかる。これを同一社の経年比較という。

　同業他社比較と同一社の経年比較は、財務諸表分析の基本。

当座借越　当座預金の預金者が、あらかじめ決められた限度額まで、いつでも当座預金の残高を超えて小切手を振り出して借入れる方法。

| 当座借越 | 決められた限度額まで、当座預金の残高を超えて小切手を振り出して借りる。 |

当座比率　当座資産はすぐ現金になる資産、つまり現金・預金と受取手形と売掛金。当座比率は当座資産と、流動負債とを対比したもの。

　当座比率は、会社の安全性を見る比率として、いわば流動比率の子分の比率です。当座資産の中にも、借入金の見合いの預金（昔の）とか、質に入った定期預金などが含まれるから、これも念頭に置き、簡単にうのみにしないように。私は100％を目標と考えている。

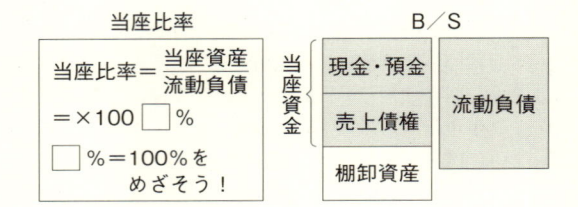

当座比率

当座比率＝当座資産／流動負債
＝×100　□％

□％＝100％をめざそう！

B／S

当座資産：現金・預金、売上債権
棚卸資産
流動負債

当座預金　小切手を振り出し当座預金で支払う。たとえば、2万円までは現金で、50万円までは小切手で、それ以上は小切手と手形とを併用して支払うというルールをつくると、現金扱いが少なくて済み、不正が防止できる。小切手もいったん発行されると現金と同じなので、当座預金のある銀行からもらってきた小切手帳と小切手印（代表者印）は、別々に保管する。

　銀行でもらう全国銀行協会連合会の統一小切手用紙に、振出人は、(1) 支払う金額（小切手金額）(2) 振出日（小切手発行の日付）(3) 振出人（代表取締役）の署名・捺印の、3つを記入し小切手を作成して受取人に渡す。

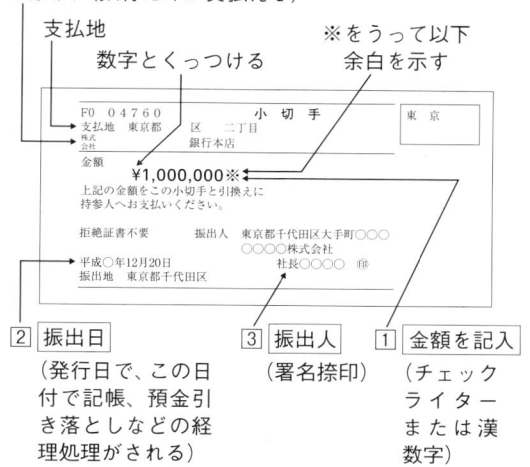

```
支払人（銀行だけが支払える）
  支払地
    数字とくっつける
              ※をうって以下
              余白を示す
```

```
┌─────────────────────────────────────────┐
│ F0  04760          小 切 手      東 京   │
│ 支払地 東京都 ○○区 二丁目              │
│   株式                                   │
│   会社          銀行本店                  │
│ 金額                                     │
│    ¥1,000,000※                          │
│ 上記の金額をこの小切手と引換えに         │
│ 持参人へお支払いください。               │
│                                          │
│ 拒絶証書不要   振出人 東京都千代田区大手町○○○│
│                     株式会社            │
│ 平成○年12月20日                         │
│ 振出地 東京都千代田区  社長○○○○  ㊞ │
└─────────────────────────────────────────┘
```

② 振出日　　　　　　　　③ 振出人　　　　① 金額を記入
(発行日で、この日　　　　(署名捺印)　　　(チェック
付で記帳、預金引　　　　　　　　　　　　　　ライター
き落としなどの経　　　　　　　　　　　　　　または漢
理処理がされる)　　　　　　　　　　　　　　数字)

小切手は、振出から支払までの期間が短く、現金の代わりとして使われて、手形とは性格が違うので、印紙税はかからない。

小切手を書き損じた時は会社外部に小切手が出ないように、細心の注意を払う。控に本紙小切手ナンバーを切ったものを貼って廃棄（切断など）する。

投資家　　投資とは、利益を得る目的で資金を出すこと。投資家は、その資金を出す人や会社のことをいう。「投資家が株式に投資する」などと使う。

投資活動によるキャッシュフロー　　キャッシュフロー計算書では、投資活動に関する資金収支がわかる。設備投資による有形・無形固定資産の購入や、投資有価証券の購入・売却、資金の貸付・回収などを記載する。将来のためにどの程度の資金を支出・回収したかを示す。

投資勘定　　もともと、投資は、利益を得る目的でお金を出すことである。利益には利子などの果実のほかに元本の値上がりもある。一般には投資有価証券、出資金、関係会社株式などがある。

投資信託　　投資家から少しずつ資金を集めて大口の資金にまとめ、それを専門家（と考えられる人々・会社）が株式や債券などの有価証券で運用し、その結果得た利益を還元する金融商品。投資家は資金運用の専門家にその運用を任せることになる。

投資と純資産の消去　　親会社の投資と子会社の純資産を相殺消去すること。

投資有価証券　　有価証券を購入したとき、一時的に投資して利息・利益を得る有価証券を流動資産の「有価証券」科目に計上する。長期投資目的の株式、社債、国債、地方債などは、固定資産の「投資その他の資産」の中の「投資有価証券」科目に計上する。「投資有価証券」には、長期に保有する銀行や取引先の株式や社債、会社同士や会社・銀行同士のいわゆる「持ち合い株式」も含まれる。取引所などに上場していない市場性のない株式も「投資有価証券」に含まれる。

得意先元帳（売掛金元帳）　　得意先の数が多い場合、その管理のために得意先ごとに口座を設けて、そこに個々の掛売りを記録整理する帳簿（補助元帳）をいう。

特殊原価計算　　「特殊原価計算」は「特殊原価調査」ともいい、これには差額原価、増減分原価、未来原価、機会原価、付加原価、回避可能原価、埋没原価などがある。

特殊原価計算が実際に使われる例は、
①特別注文に応じるか、②自社内製作にするか、外注にするか、③人手に頼っていたものを機械化するか、④設備を新設するか、増設するか、⑤A、Bいずれの製造方法をとるか、⑥おカネを預金するか、建物をつくって他社に貸すか、⑦他人資本と自己資本のいずれで事業を行うか、などの場合。

独立採算制（事業部制）　　会社が継続的に利益を出して成長してくためには、利益獲得に貢献している部門や商品・製品を、あるいは逆に赤字の部門や商品・製品を把握することが、経営計画を考えるうえで大変重要である。

そこで、社内の各部門を1つの独立した経営組織と考え、その部門ごとの損益計算を行い、部門や商品・製品の業績向上、存続、廃止、撤退などを判断しようとする制度が、独立採算制度。

独立採算制度では、総務・人事や経理・財務部などの間接部門をバックアップ部門（バックオフィス）と呼び、1つの独立した組織と考え、販売・製造・研究などの事業部門は、事業活動を行う組織と考える。

このように各事業部を一種の独立した会社のように考えて、個別の損益計算を行っていくシステムのことを事業部制という。

土地　　工場・営業所・倉庫などの所有地。

特許権　　特許発明を独占的に15年間利用できる権利。有償で取得したり、有償で創設したものにかぎる。

トライアングル体制　　会社は全国で小中大会社あわせて250万社ある（そのうち株式市場への上場会

と社は4,000社)。これらすべての会社の財務(制度)会計を取り巻く法律は3つあり、これを「トライアングル体制」という。

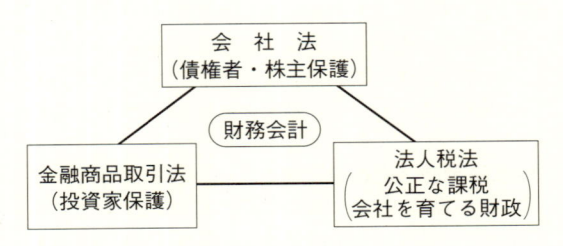

```
         会 社 法
     (債権者・株主保護)
           │
        財務会計
       /        \
  金融商品取引法    法人税法
  (投資家保護)    公正な課税
                会社を育てる財政
```

法人税務について一言説明する。

法人税のかかる所得(会計の税引前利益に相当)が正しく計算されることは、国民全体にとって大事だが、会社は自社にかかる税金はなるべく安くしたい。これを節税という。しかし、それはあくまでも法人税法という法律を守って行う節税で、脱税であってはならない。そして、実際に行われている財務(制度)会計は3つの法律に基づいて、内容の異なる3種類の会計帳簿や決算書をつくっているのでない。

<table>
<tr><th rowspan="9">上場会社の個別財務諸表</th><th>法律名</th><th>会社法</th><th>金融商品取引法</th><th>法人税法</th></tr>
<tr><td>呼び方</td><td>計算書類</td><td>財務諸表</td><td>決算書</td></tr>
<tr><td></td><td>貸借対照表</td><td>貸借対照表</td><td>貸借対照表</td></tr>
<tr><td></td><td>損益計算書</td><td>損益計算書</td><td>損益計算書</td></tr>
<tr><td></td><td>株主資本等変動計算書</td><td>株主資本等変動計算書</td><td>株主資本等変動計算書</td></tr>
<tr><td></td><td>個別注記表</td><td></td><td></td></tr>
<tr><td></td><td>事業報告</td><td></td><td>法人税の別表</td></tr>
<tr><td></td><td>附属明細書</td><td>附属明細表</td><td>勘定科目内訳表</td></tr>
</table>

<table>
<tr><th rowspan="6">上場会社の連結財務諸表</th><th>法律名</th><th>会社法</th><th>金融商品取引法</th><th></th></tr>
<tr><td>呼び方</td><td>連結計算書類</td><td>連結財務諸表</td><td></td></tr>
<tr><td></td><td>連結貸借対照表</td><td>連結貸借対照表</td><td>…グループの財政の状況</td></tr>
<tr><td></td><td>連結損益計算書</td><td>連結損益計算書</td><td>…グループの売上や利益</td></tr>
<tr><td></td><td>連結株主資本等変動計算書</td><td>連結株主資本等変動計算書</td><td>…グループの純資産の残増減</td></tr>
<tr><td></td><td>連結注記表</td><td>連結キャッシュフロー計算書</td><td>…グループのキャッシュの残増減</td></tr>
</table>

取締役　「取り締る」という言葉の感じがあまりよくないが、会社法という法律で定められている重役で、社長もそのうちの一人である。

取締役は、会社の仕事を大きな立場から監督し、また会社の外部に対して責任をもつ役の人である。社長、副社長、専務取締役、常務取締役、取締役営業部長なども、皆、取締役である。

取締役会　取締役会は、代表取締役の選任、新株の発行、の決定などを行うほか、決算案の承認を行う。

取締役会を設置する株式会社の業務の執行に関する株式会社の意思決定及び監督機関。取締役全員により構成される合議体である。

取締役会を設置する株式会社は取締役の決議で選任される代表取締役という機関が業務を執行し、会社を代表する。取締役会を設置しない株式会社の場合は取締役が会社を代表することから、この点が異なる。

このうち会社法の計算書類及び事業報告ならびに附属明細書の承認のために開催されるのが決算取締役会という。

取締役会・代表取締役　会社の業務を執行する(仕事をする)機関で、取締役会は業務執行を決議する、国で言う内閣、代表取締役は取締役会で決められた業務を具体的に執行する、国で言えば内閣総理大臣に、相当する。代表取締役は取締役会で決められ、取締役の代表者でもあり、会社の事業に関する包括的な代表権をもっている。

小さな会社では、代表取締役は社長だけのことが多い。大きな会社では、社長と何人かの副社長・専務などが、代表取締役となるケースが多い。

取引　一般の「取引」は売買行為(商取引)だが、会計の「取引」は、現金、借入金、資本金などの「資産、負債、純資産が増加・減少」するか、売上、経費などの「収益、費用が発生」する取引だけに限られる。

たとえば、商品を購入する契約書を締結したとしても、まだ「資産の増減」がないので、会計上の取引にはならない。商品が売買されてはじめて「会計上の取引」が発生する。

また従業員を雇ったり、事務所を借りる契約を結んだとしても、その時点では会計上の取引とはならず、給料や家賃が発生した時点で初めて「会計上の取引」が発生する。

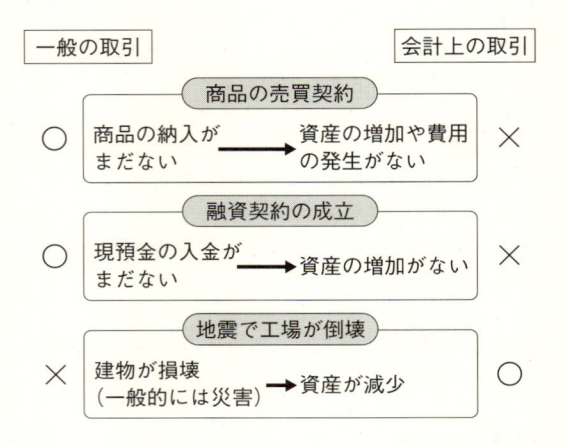

一般の取引			会計上の取引
○	商品の売買契約 商品の納入がまだない	→ 資産の増加や費用の発生がない	×
○	融資契約の成立 現預金の入金がまだない	→ 資産の増加がない	×
×	地震で工場が倒壊 建物が損壊 (一般的には災害)	→ 資産が減少	○

取引条件　受注契約の締結における契約書に定め

るべき内容で、給付の内容、給付完了の時期、危険負担、契約金額、納期、検収方法、支払方法、支払期限、瑕疵担保責任、遅延利息、違約金、紛争の解決方法、解除条件などの各条件のこと。

取引・仕訳から決算書まで 経理・財務部は、①取引（Transactions）、②仕訳（journalizing）、③元帳（ledger）、④残高試算表（trial balance）、⑤決算書（financial statement）という会計特有の仕事の流れの中で、会計処理を取引・仕訳・元帳・残高試算表（試行の残）・決算書の5つの段階で、どのように具体的に進めるかを、やさしく理解できるようにしたい。これは経理・財務の基礎の基礎だ。

取引の仕訳 会社は毎日多くの取引を一定のルールで簡潔に記録する。そのルールが簿記（Book-keeping）である。

簿記では、取引（Transaction）ごとに会社の活動を記録する。簿記の取引では、資産グループ・負債グループ・純資産グループの科目の増減、および収益グループ・費用グループの科目の増減（発生）である。

簿記では、取引を効率的に記録して計算するために、その記録・計算の単位である科目（Accounts）を使う。科目は、資産（たとえば、現金科目）・負債（たとえば、借入金科目）・純資産（たとえば、利益剰余金科目）・収益（たとえば、売上科目）・費用（たとえば、給料科目）のいずれかに属す、と考える。

簿記は取引（Transactions）の仕訳（Journal Entry

①取引	(1) 現金100万円の元手（資本金）で会社をつくった。 (2) 商品を現金50万円で買い入れた。 (3) 買入れ商品の全部を70万円で売って現金をもらった。
②仕訳	(1) 左（現　　金）100　　右（資本金）100 (2) 左（商　　品）50　　右（現　　金）50 (3) 左（現　　金）70　　右（売　　上）70 (3) 左（売上原価）50　　右（商　　品）50……売った商品の原価を出す
③元帳（Tフォームで整理の場合）	現　金 (1) 100 ｜ (2) 50 (3) 70 ｜ 資本金 　　　｜ (1) 100 商　品 (2) 50 ｜ (3)' 50 売　上 　　　｜ (3) 70 売上原価 (3)' 50 ｜
④残高試算表	B/S項目：現金 120／商品 0／資本金 100 I/S項目：売上 70／売上原価 50 計 170　170 （勘定）科目の左、右の差額（残高）を書く
⑤決算書 B/S・I/S	貸借対照表（B/S） 現金 120／商品 0／資本金 100／利益 20 120　　120 ↔ 一致する 損益計算書（I/S） 売上原価 50／売上 70／利益 20 70　　70

と
＝仕訳帳へ記入）から始める。仕訳とは1つの取引を科目を使って2つの要素に分け左（レフト）と右（ライト）に記録すること。仕訳を記入する帳面のことを仕訳帳（Journal）という。

　簿記ではこれらの科目の期首（会計期間のはじめ）の残高、期中の増加・減少の仕訳（Journal Entry）、期末（会計期間の終わり）の残高（これらをまとめて「残増減残」と言う）を記録する。

ドルベースの連結決算書　日本の親会社が連結決算をするから、法規上の決算の通貨単位は円に直す。しかし、私は、世界各地の子会社の決算を、個人的にはすべてドルに換算して、あらためて連結決算書を見直した。

　そんなことを年に2回ぐらいしていた。

　日本の親会社も日本の子会社も、利益をすべてドルに換算する。イギリスの子会社も、ポンドをドルにして、ドルベースである。アメリカの子会社はドルのままだ。すべてドルにしてみると、決算の景色がまったく違うものとして見える。

　たとえば、子会社の利益は3期続けて1ドル。為替レートは前々期、前期、今期の順で1ドルが200円、150円、100円と円高で動いたとする。話をわかりやすくするため、子会社は、このアメリカの会社一社として、親会社の利益は3期とも1,000円とする。

　まず、円ベースの連結では、前々期1,200円、前期1,150円、今期1,100円。これをドルに直す。親会社の利益1,000円は、前々期（1ドル＝200円）で5ドル。これに子会社の利益1ドルがつながって計6ドルである。

　以下同様に前期（1ドル＝150円）の連結決算は約7.7ドルとなり、今期（1ドル＝100円）が11ドルとなる。

　円ベースでは3期連続で利益を下降させていた連結が、6ドル、7.7ドル、11ドルと、今度は一転して上昇。

　親会社の利益も、円ベースでは同じなのに、ドルで見た場合、3年間で2倍にまで大きくなる。

　私のふるさとの会社のグループでは、全体の6割近くがドルの影響を受けていた。円安、円高になると為替の上での数字で、経営の実態が見えなくなるので、以上で述べた考え方が重要になる。

な

内部牽制 会社の業務を機能的に分割し、各人に分担することによって相互牽制し、不正・誤謬を未然に防止し、又は自動的に発見する仕組みをいう。

内部資金 留保利益(利益剰余金)・減価償却累計額など、社内で調整して融通する資金。

内部成長 会社の内部で抱える経営資源を大きく分けると「ヒト」「モノ」「カネ」である。これらを使って会社が発展・成長していくことを内部成長という。ヒトは役員・従業員など、モノは在庫や機械など、カネは現在あるお金や会社外部から調達するお金も含む。

内部成長・外部成長とデュアリングM&A・アフターM&A

```
1. 内部成長と外部成長

   外部成長              内部成長
  (デュアリングM&A)    (アフターM&A)
         ┊      中間成長      ┊
         ┊                   ┊
       M&A                ヒト・モノ・カネ
    (極限の交渉)          という経営資源の
                          活用（通常経営）
              販売提携
              技術提携
              業務提携
              共同研究

2.「デュアリングM&A」と「アフターM&A」
  〈「アフターM&A」の重要性の認識が大切〉
    § 「デュアリングM&A」は「アフターM&A」
       のためにある
    § 「アフターM&Aのポイント」

  ┌─────────┐  ・販売力
  │アフターM&A│  ・購買力（主要原料調達力）
  │の純資産(例)│  ・人（役員＋従業員）
  └─────────┘  ・自社（買収する側）の実力
                      評価
                 ・資金調達力
                 ・法律遵守力
                 ・研究力
```

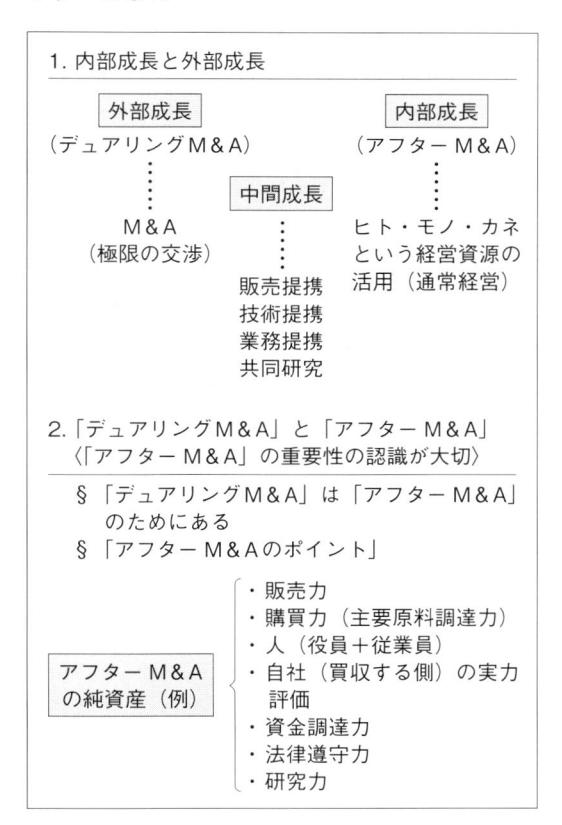

「買収金額などより、買収後会社がきちんといくように、買収をしている間に考え・実行することが大切です」。これは、私の上司であった小田切新太郎会長・社長が言われた言葉である。

今から33年ほど前（1976年）、私が信越化学工業の経理課長の頃、買収チームに参画してアメリカに3カ月間行ったときのことである。

内部統制 内部統制とは、会社を効率的に経営し、財務情報の信頼性を確保するために、会社の経営にかかわる法律や規則などの遵守を促すことを目的とした、会社内部でのしくみづくりである。

内部統制を構成する要素として、①統制の環境、②リスク評価、③統制活動、④情報とコミュニケーション、⑤モニタリングの5つがあげられる。

①の統制環境は経営理念や基本的経営方針、取締役会や監査役などの監視機能、社風などからなり、内部統制の基礎として位置づけられる。

②のリスク評価は会社の目的に影響を与えるすべての経営リスクを認識し、その性質を分類して、発生の頻度や影響を評価し、そのリスクに対応する方針を決定する機能（はたらき）のことである。

③の統制活動は、経営者や部門の責任者などの命令・指示が、適切に実行されるための方針・手続である。承認や権限の付与、業務評価、などの広範な方針・手続も含まれる。

④の情報とコミュニケーションは、必要な情報が関係する組織や責任者に、適時、適切に伝わるための機能である。

⑤のモニタリングとは、内部統制の有効性・効率性を継続的に監視・評価するプロセスをいい、その評価に基づいてする機能も含まれる。

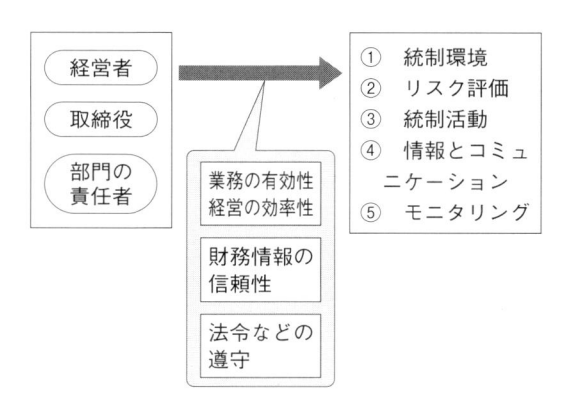

```
┌─────┐                    ① 統制環境
│経営者 │                    ② リスク評価
└─────┘                    ③ 統制活動
┌─────┐     ┌──────┐    ④ 情報とコミュ
│取締役 │────▶│業務の有効性│       ニケーション
└─────┘     │経営の効率性│    ⑤ モニタリング
┌─────┐     ├──────┤
│部門の │     │財務情報の │
│責任者 │     │信頼性   │
└─────┘     ├──────┤
              │法令などの │
              │遵守    │
              └──────┘
```

企業は内部統制の構築により大きなコスト増にならないようにすべきである。

内部統制（米SOX法「生みの親」に聞く）

「内部統制」日本でも始動
米国の失敗学び柔軟に
米企業改革法生みの親 オクスレー氏に聞く
画一的な適用は禁物

マイケル・オクスレー氏 1981–2007年まで米オハイオ州選出の下院議員（共和党）。下院金融サービス委員長時代にエンロン破綻などの会計スキャンダルに直面し、財務諸表作成に対する経営者の宣誓義務などを定めた米企業改革法のスピード制定に尽力。監査法人を監督する上場企業会計監視委員会（PCAOB）も創設した。

決算書の信頼性を高めるために社内体制整備を義務づけた「内部統制報告制度」が四月から上場企業を対象に全面適用される。経緯を決め手とした米企業改革法の厳格適用が批判され、米政府が昨年、企業改革法の生みの親であるマイケル・オクスレー前下院金融サービス委員長に聞いた。

「内部統制」を大きな企業から小さな企業まで画一的に適用するのは問題だと私は考えている。あくまでも重要な事実に着目すべきで、（点検…）

対象となった項目の「リスクの経営、金額の大小が、米国の研究によると、法人に課したルールをAS2と呼ばれるルールに代えて企業統治法を米S5に改編した。

「米国では、内部統制ルールに関したAS2と呼ばれるルールが『形式主義』だと批判された。日本では、五、六年したら、あと画一的な適用を柔軟にしていくべきだろう」

「企業改革法で、企業に株価にプレミアムが付くようになった。企業スキャンダルが相次ぎ米市場の国際的影響力が落ちた、とする見解はある。会計法人を監督する目的で米上場企業会計監視委員会（PCAOB）も設立したが、ワールドコム破綻などで米株価は一時八兆ドル時価を失った」

出所）日本経済新聞（2008年4月4日）

内部統制報告

内部統制では、リスクコントロールの把握が重要である。誤りの発生する可能性を「リスク」と呼ぶ。一方、誤りを発見または予防する仕組みを「コントロール」という。リスクに対してコントロールが効いていれば、最終的に誤りは少なくなる。両者の関係を対応づけて把握することが整備のポイント。重要なリスクを見逃さず、効果的なコントロールを整備するように心がける。

もう1つ、業務分離も重要である。

会計に結びつくデータは、必ず処理する人と承認する人を分ける。「いつでも人に説明できる自覚」をもつことが、不正や誤りの防止につながる。

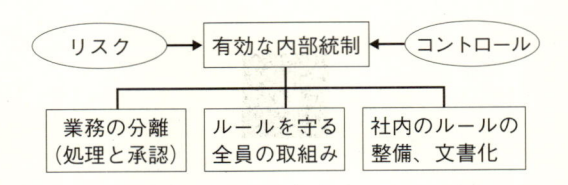

リスク → 有効な内部統制 ← コントロール
- 業務の分離（処理と承認）
- ルールを守る全員の取組み
- 社内のルールの整備、文書化

内部統制報告書と事業負担コスト

正確な決算書をつくるための社内体制が整っているかを経営者自らが点検し、その自己評価を監査法人が監査するのが内部統制のルール。まず会社は業務の流れや管理の仕組みを、細かく文書に記録して保存し、内部統制がちゃんと働いているという客観的な裏付けを準備する。金融商品取引法では、上場企業を対象に経営者が内部統制報告書を作成し、監査法人が報告書を監査する。会社ではこうした文書化の作業の「事務負担コスト」を極力抑える努力をする。

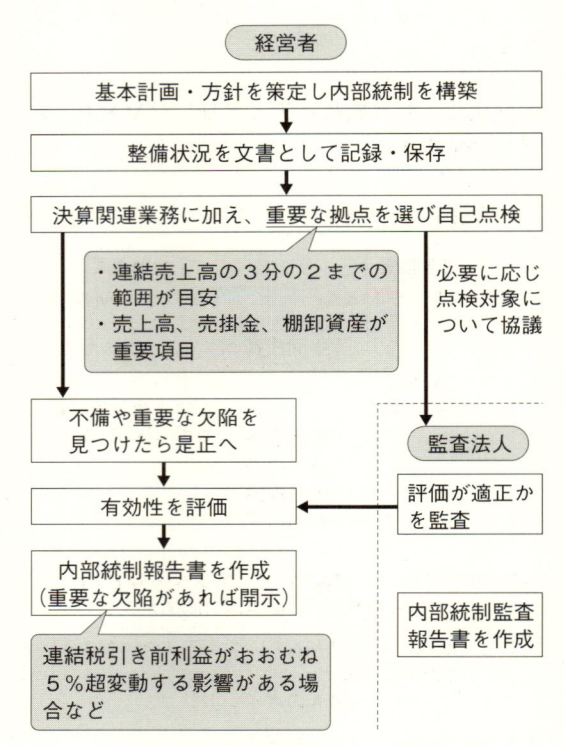

経営者
- 基本計画・方針を策定し内部統制を構築
- 整備状況を文書として記録・保存
- 決算関連業務に加え、重要な拠点を選び自己点検
  - 連結売上高の3分の2までの範囲が目安
  - 売上高、売掛金、棚卸資産が重要項目
- 不備や重要な欠陥を見つけたら是正へ
- 有効性を評価
- 内部統制報告書を作成（重要な欠陥があれば開示）
  - 連結税引き前利益がおおむね5％超変動する影響がある場合など

必要に応じ点検対象について協議

監査法人
- 評価が適正かを監査
- 内部統制監査報告書を作成

出所：日本経済新聞，2006年11月26日付

2001年、2002年の米エンロン・ワールドコムの破綻を教訓につくられた米SOX法から日本のJSOX法ができたが、2008年の米サブプライムローンに端を発した米銀行、証券会社、格付会社、住宅金融会社、生命保険会社の経営危機、GMの破産などの再発防止を目指す新日米SOX法の制定は遅々として進んでいない。いま日本の見習うものはない。

に

20－F 1934年証券取引所法（米国）によりSECへ提出が求められている各種報告書のうち、（米国から見た）外国企業の年次報告の際に使用する様式。同じく外国企業の四半期決算あるいは中間決算を報告する様式として「6－K（臨時報告書）」がある。米国の企業に適用される報告書は、年次報告が「10－K」、四半期報告が「10－Q」となっている。

日本的経営 会社と従業員は家庭と家族の関係で、この関係がうまくいき、会社が発展することを第一と考える。それに対し、会社は株主の持ち物であり、その会社の資本（元手）が大きくなり、1株あたりの利益が向上することが会社の目的であって終身雇用制はないとする欧米の考え方と比較される。

日本の「経理・財務」 世界中どの国でも、経理・財務（＝企業会計）は、その国の国家経営と企業経営のファウンデーション（基礎）である。それは、1490年代にイタリアのルカ・パチョーリさんが簿記を発見・発明し、1870年代に福沢諭吉さんが『帳合の法』というアメリカの専門学校の簿記教科書を訳した本を上梓されてから、いまに至っても変わらない。その時代、その時代で内容は異なっても、国家の経営と企業経営、そして経理・財務の三者が影響しあいながら進歩してきた。

1976年の日本の「経理・財務」

No.	10項目	米国企業会計・会社法	米国と日本の比較 1976年の米国企業会計	米国と日本の比較 その後の日本の企業会計・会社法	30年間、日本は米国の企業会計を真似てきた実績を見て、米国会計をベースとせざるを得なかった（金児の反省）
①	資本金	資本金は1\$でよし、同時払込資金は追加払込資金として資本剰余金となる。	シンテック資本金 10\$＝1,000円	2006年から資本金1円	
②	連結決算・連結納税	1984年に世界で初の連結、GE社（日本の制度は1977年にできて、道半ば）	持株基準による完全連結決算	1997年から実施。支配力基準	
③	持分法	大リーグ（ア・リーグ）のテキサスレンジャーズが持分法の関連会社	テキサスレンジャーズの勝ち負けで持分利益が増減	1997年から実施。影響力基準	
④	会計独自（脱・税法）の減価償却	会計独自の耐用年数と償却方法（定額法）	企業会計の耐用年数（10年）と定額法 税法の耐用年数（5年）と2倍定率法	いまだに、米国の考え方と違う	
⑤	税効果会計	繰延税金負債が圧倒的に多かった	税法の減価償却＞会計の減価償却であるから、未払の税金、繰延税金負債	会社法学者が「日本の会社法にもこの考えはあったと表明」	
⑥	次期業績予想	訴訟リスクを恐れて公表せず	予測＞実績 ＜実績 の場合、訴訟リスク大	いまだに、米国の考え方と違う	
⑦	役員賞与は一般管理費処理	役員は従業員と同様で報酬・給料はコスト	働いた対価は費用（コスト）と考えていた	現在は一般管理費	
⑧	買収価額の完全時価会計とのれん	子会社・関連会社の時価評価	一般に買収価額＞純資産の時価⇒のれん	平時の子会社株式は取得原価主義 のれん（営業権）は 日本：20年以内で償却 米国：償却せず；減損	
⑨	自己株式の自由取得	自己株式取得は有償減資で、配当	自己株式は資産ではなく純資産控除	21世紀から自由取得	
⑩	ストック・オプション	株を与え、株価と連動して働く意欲	業績大→株価大→役員・従業員報酬大	30年前に導入検討したが（商法210条で禁止だった）	

（注）
1. 納税も「連結納税」が行われていた。
2. 結合会計は合併する会社を買うというパーチェス法が主流。
3. 純資産（資本）はNet Equity一本。（別名Stockholders' Equity, Shareholders' Equity）
4. 持分変動計算書表（＝Statement of Changes in Equity＝純資産の各科目ごとの「残増減残」）は30年前に米国に存在。

に

わが国の国際企業の経理・財務実務でたたき上げてもらった私は、この間、いままで約38年間にわたり申してきた。「日本の経理・財務は世界のビジネス界でナンバーワンである」と。

私が体験してきたことの一例だが、いまから33年前の1976年（昭和51年）のアメリカ企業買収時（信越化学の子会社となったシンテック社〔2008年3月期①売上高2300億円②当期純利益230億円③従業員230人、1人当たりの純利益は1億円④生産能力230万ton/年⑤成長率2,300%（対創立時1973年）〕）の経理・財務実務（企業会計実務）を知ってほしい。実は、1970年当時のアメリカ経営・企業経営は、このような経理・財務（企業会計）のファウンデーションのうえに成り立っていた（なお、この拙図表は、税務研究会発行・週間「経営財務」2005年10月24日2743号〔企業会計基準委員会副委員長（現委員長）の西川郁生氏との対談〕に載せたもの）

入荷基準　工場や倉庫で、実際に物品を受け取った時点で仕入（買掛金）を計上する方法。品質上の問題があまり生じない物品であれば、検査せずに受け入れても、返品値引き等の問題が起こらないため、有用な基準である。なお、入荷基準のほか、検収基準、仕入先発送基準、支払い基準などがある。

---- Column ----

人間を幸せにする　「経理・財務の人間が何のために働くのですか？」との問いに対し私は「性善説」に立って、「人間を幸せにするために働いています」と答える。自分たちの周りの人だけでなく、企業を取り巻くステイクホルダー（利害関係者）、さらにもっと働く社会全般・一般の人たちにまで、その効果は及ぶ。

私はこれまで、事業部門が利益を上げていく仕事に経理・財務の人間として参画・バックアップしてきた体験から事業部門を経理・財務がバックアップしていけば、全員の力によって会社はよくなり、会社にいる人はもちろん、それを取り巻くステイク・ホルダー（利害関係者）も幸せになる、と感じている。その効果は、ステイク・ホルダーにも必ずよい影響を及ぼす。しかもそういう自覚を持って経理・財務が仕事に取り組むかどうかが、効果の及ぶ範囲と大きさを左右する。

ところが、不思議なことに、会計や監査の学者・専門家は「性悪説」の立場から、「会社はスキがあると必ず悪いことをする」と見ている。これでは、経済社会の本当の発展はのぞめない。だから、この方たちには、少なくとも「自分たちは狭い範囲の仕事を専門的にしている」と考えて、それを発言して、平素の性悪説的な発言をしてほしい。

20のステイク・ホルダーを示した社内外を問わず、いずれも大事な利害関係者。なかでも、とくにこの20を3つに絞れば、「株主」「社会」「従業員」である。これら3つの利害関係者の満足をめざして会社をよくできれば、幸せな人がずいぶん増える。そして、これらの幸せのもとはやはり会社の利益である。毎日、毎月、毎年の利益の蓄積が、関係者に安心と将来への期待を与え、企業価値を高める。

もう1つ。私はいつも経理・財務のなかにCFO（経理・財務の最高責任者）を含めて考えているが、このCFOの視点についてひと言触れる。21世紀になり、CFOは、役割を変えていく時代に入った。それまでのように、経理・財務以外の業務は専門外だといってCEO（最高経営責任者）や事業部長任せにしておく時代ではなくなった。むしろ、積極的にCEOの行う「経営」活動全体を踏まえたバックアップを行う力が必要になっている。同時に、決して威張らず、誠実に会社の財産を守る行動を実行できる人こそ、これからの時代に求められるCFOの姿。「CFOが権限をもち過ぎる企業は危険である」と私は常に申している。これは2001年に起きたアメリカのエンロン・ワールドコム社の事件、また、これらの1万倍ぐらい大きい、2007年以降の米サブプライムローンの証券化問題発生時の米銀行、証券会社、格付け会社、住宅金融会社、生命保険会社を見れば明らか。

私の好きな言葉「習うより慣れよ」（Practice makes perfect）を捧げ、「理屈よりまず実行」。そして、お願いである。知っていただきたい。『企業経営の主役となる事業部門（販売、製造、研究、M&A）が・ブキ力、事業力、契約力をひっさげて利益をめざす経営実行に、「経理・財務＆CFO」は常にバックアップの気持ちで参画している。』

① 経営者	② 従業員	③ 監査役	④ 社外取締役
⑤ 株主・投資家	⑥ 顧客	⑦ 取引先	⑧ 社会
⑨ 会計学者 会社法学者 経営学者	⑩ 国家	⑪ 企業会計基準委員会	⑫ 公認会計士（協会）
⑬ メディア（新聞社ほか）	⑭ 経営評論家 エコノミスト	⑮ アナリスト	⑯ 格付会社
⑰ 政府	⑱ 政治家	⑲ 官庁（金融庁ほか）	⑳ 日本版SEC（証券取引等監視委員会）公認会計士・監査審査会

ね

ネッティング　グループ企業各社間での一定期間における受取債権と支払い債務を相互に相殺し合い、債権・債務の差額のみを送金する資金決済方式。単純に2社間で相互に受取債権、支払債務を相殺決済するバイラテラル・ネッティングと、3社以上のグループ企業間で相殺決済するマルチラテラル・ネッティングがある。

グループの資金効率向上等の意味で、外国為替取引にのみならず国内に投じた資金決済方法としても有効である。

年金・退職金の積み立て不足　会社は年金や退職金を将来にわたって支払うための資金を準備しておく必要がある。この必要額に対し実際に準備した額が十分でないことを積み立て不足という。必要額は従業員数や給与水準などを基に一定の利回りを加味して算出する。年金の資産や退職給付引当金が実際の準備額になる。問題は積み立て不足が高額な企業が多いことである。

年功序列　年功とは会社に長年勤めた功労とか、長年の熟練のこと。そして、序列とは、ある基準に従って並べた順序のこと。よって、「年功序列」の制度では、入社・任官の年度による職場での序列を重視するので、能力に差があるかないかを無視する傾向が出てくる。

年度計画　年度計画は業績目標の達成を目的とし、1年間の活動を計画→実行→検証・統制→改善する仕組みである。それに対して、中長期計画は経営構造の変革を目的としている。

年度予算　年度予算は、各部門の業務改善を前提とした業務目標達成のための数値計画であり、常に実績に対比することで統制手段として機能する。購入や製造は販売量の予測に基づき、販売量の予測は需要の予測に基づいて策定する。企業は各種の予測に基づいて、事業活動の調整を図っていく必要があり、年度予算は事業活動の調整の役割をはたす。

の

納税　法人税を取り扱う仕事を会社では「法人税務」という。私は「経営なくして法人税務なし」と言うが、これは「利益なくして法人税務なし」でもある。

これが私のいう「経営法人税」または「法人税務」である。

まず、①法人税法の規定や取り扱いを大きな枠でマスターする。②会社の行動はすべて利益と税金に関係してくることを肝に銘じる。③税金負担が増えても、④経営上、必要な実行は行う。⑤ただ、③、④は例外で、本来の経営では節税を図る。⑥法人税務は行動を起こした後に検討するだけでなく、⑦行動する前の段階でしっかり検討する。これが、経営法人税である。

ここで、法人税法上の「寄付金」を学ぶ。「寄付金」の支出にも税金がかかることがある。お祭り・慈善団体への寄付や災害義援金などのほかに、意外なケースもある。たとえば、子会社の経営を助けるために、親会社が通常より安く製品（子会社の原料）を売ったとする。これは資本主義経済での需要と供給の基本的な関係を崩すので、合理性のない行為として、安く売った部分の金額を寄付したと考える。この部分が税金の対象になる。税務上の寄付金は、資本主義経済の合理性を考える上で重要である。

税務調査では、税金の申告を正しくしているか、国が会社へ直接調べに来る。厳しい指摘を受けて辛い場面である。しかし、自由主義の経営と税務が正面から向き合う貴重な機会だから、逃げずに議論をする。守りに強いビジネスパーソンが必ず育つ。

私は信越化学工業の取締役を1999年に自分の意思で辞任し人生第二幕に入るまでの38年間、「税務会計」一筋で「経理・財務」の実務力をたたき上げられた。その間に税務会計の"実務×理論"の本を、「法人税実務マニュアル—実務家のための法人税入門—」（日本実業出版社）ほか2冊書いた。それで世の中の人から私は、「税務調査で徹底的に議論して戦うプロ」と言われた。そのせいか、当局から表彰され、現在も「税務調査を受けたプロ」として、麹町税務署の「彰友会」の会員である。

「経理・財務」という言葉は1989年に私が作った造語で、いわゆる"日本の会計"とは別に、1970年代から世界中の日本優良企業の現場で育った日本の「経理・財務」（税務やM＆Aを含む）は、事業部門（販売、製造、研究。M＆A）に参画し、バックアップする世界一の実力（参画力）がある、と私は考えている。

ここで会社の目的を考える。「会社の目的は、コンプライアンスを守りつつ、①株主、②社会、③経営

者・従業員を大切にしながら、利益をあげて、節税しつつもきちんと税金を納めることである」。

この納税は、世界各国とも、最上位の法律である憲法で決められている。そして、国・地方公共団体から見れば、個人と法人（会社も）の税金はお客様からいただく売上金である。にもかかわらず、首相・大臣たち・特に財務大臣・政治家と財務省のお役人方が、納税時に納税者に対して感謝の意を表さないのは不思議である。

その一方で、国会議員、政府の大臣、県知事、市町の長の人たちは、税金の使途と配分についてだけ我がもの顔で権限を勝手にふるう行動について、これまた私は不思議に思って、これまで何回も指摘してきた。個人と会社は納税をしっかりする。だから、政治家の方たちは、その納税に対して、毎日毎日を感謝、感謝で過ごさなければ、これからの日本国家はよくならないと考える。

① 法人税の取扱いを大きくマスターした上で
↓
② 実行予定の「税務の仕事」を経営的視点からよく検討し
↓
③ 仮に税金を払ってでも経営に効果がある行為であれば
↓
④ その行為を遂行する場合もある
↓
⑤ ただし、節税が経営にとって重要であることを実感し、それを実行することが経営の本筋である
↓
⑥ 経理・財務は仕訳け記録、申告書作成の時にだけ行う節税には重点をおかず
↓
⑦ むしろ、仕訳け記録より前の経営与件検討の段階、または申告書作成以前の経営検討・実行の段階からの税務が、本来の"経営法人税"である。

納税通知書　税務当局からの賦課決定通知の交付のこと。納税者の氏名及び住所、課税標準額、税率、税額、納期ごとの納税額、納付の場所等が記載されている。なお、不動産（土地・家屋）については、「納税通知書」のほか不動産の所在地などが記載された「課税明細書」が交付される。

延払基準　分割払いされる販売代金のうち、回収額に応じて損益を計上する基準をいう。法人税務上、長期割賦販売における延払損益について適用される。

延払条件付販売　契約に基づき何回かに分けて分割入金する場合、支払期日のきた分だけその期の収益として計上できる販売。船舶、機械、土地などのすべての資産の販売の場合、契約に基づき3回以上、何回かに分けて分割入金することがある。このときには、支払期日のきた分だけをその期の収益をして計上できる。これが延払条件付販売の基準である。

のれん　純資産の時価を上回る価額で買収したときの上回った金額をさす。営業権とも呼ばれる。他者にまねのできない顧客網などの特別価値あるもののこと。

Ｍ＆Ａが行われるとき、買収される側の会社（とよく言われる）が純資産の時価評価金額よりも高い買収額がつけられることがある。この時価純資産を上回った部分の金額を「のれん」と言う。この「のれん」に何千億円、何兆円といった恐ろしいような金額つけられての交渉が行われる時代になっている。

「のれん代」は営業権とも言うが、今ではずばり「のれん」ということばが正式な法律用語となった。

たとえば、とても有名な「虎屋　とらや」さんという会社がある。「虎屋の羊羹なら他の羊羹より少し高くたっていい」という感覚がみんなにある。虎屋は、1500年代の後半の時代から続いている。「虎屋」ののれんが掛かっているだけで、500年分の価値がそこにある。だから、もしもこういう会社を買収しようとしたら、同じように羊羹をつくっている他の会社よりも、ずっと余分にお金を支払うことになる。

少し難しく言うと、会社の買収や合併のときに、「買収額」と「時価評価した被買収会社の純資産額」に差額が生じる。この差額をバランスシートの無形固定資産に計上するのが「のれん」で、買収される会社の成長力や研究開発力に当たり、20年以内に均等償却する。日本の均等償却に対して、国際会計基準やアメリカ会計基準ではのれんを均等償却せず、無償却とし、減損会計処理の検討を毎年する。もっとも、日本も均等償却に加え、のれん価値が大きく目減りした場合は減損処理の対象となる。予想外の被買収会社の利益の悪化で減損は膨らむ。なお、買収額が時価純資産を下回れば「負ののれん」を負債に計上され、償却額は一括してＩ／Ｓの利益とする。

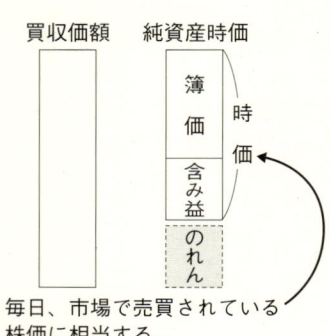

買収価額	純資産時価
	簿価 ／ 含み益 ／ のれん （時価）

毎日、市場で売買されている株価に相当する。

は

売価還元法　期末の棚卸分を原価から評価するのではなく、売価に原価率をかけて逆算する。デパートや小売業など、商品などの種類が多いところで使われる。この計算は種類や差益率が同じ資産ごとに行う。

$$原価率 = \frac{期首在庫高＋期中買入高}{期末在庫品の予定販売価額＋期中売上高}$$

買収　株式を買収することで、他の会社の株式を取得して、子会社にしたり関連会社にしたりすることを買収という。

つまり、買収対象の会社の株式を、支配権や強い影響力を行使できる株数まで取得することで、株式の過半数を保有すれば、買収対象の会社は子会社になるし、過半数以下でも関連会社にできる。

買収監査（デュー・デリジェンス）　簿外負債などのリスクを回避するため、買い手側の公認会計士や弁護士を中心に買収ターゲットの実際の姿をチェックすること。通常は基本合意締結後、買収契約書調印までに実施され、買収ターゲットのビジネス、経理・財務、法務といったあらゆる角度から（基本合意締結前の事前調査よりも更に）詳細な調査を実施する。

配当金　当期の配当金をいくらにするかは、株主総会で決まるが、その原案は代表取締役社長から株主総会へ提出される。6月に株主総会が開かれるとすれば、6月末に当期配当金は1株当たり、たとえば10円であると決まる。

これが、どうして問題かというと、配当する元となるのは利益剰余金からで、かつてのような当期純利益からとか未処分利益から、という概念がなくなった。

「配当÷当期純利益」で計算する「配当性向」は、今後だんだん使われなくなっていくと私は考える。

かつては、配当は当期純利益から払うという考え方が普通だったから、多くの会社は当期純利益がなければ配当は払わなかった。それが今では、元手のなかの「利益剰余金」、つまり今まで上げた利益の貯まったものの中から払えばいいので、ガバッとものすごく大きな配当を払うところも出てきた。一昨年まで1株10円の配当だったのが、今は35円になり、来年50円になる、というような会社もたくさん出てきた。

こうなると、現在の経営者の能力がなくても赤字になっても、過去に能力がある社長がいてたくさんの蓄積があれば、配当が払えてしまう。そういう意味では、実力のない経営者にとってはありがたいことかもしれない。

大事なことは、資産をどれだけ有効に活用してどれだけ利益剰余金を増やすか、である。純資産は多ければ多いほどいい。そして、純資産を有効に使ってすぐれた資産を蓄え、その資産でまた純資産を増やしていく。そのサイクルを堅持していくのが本当の経営である。

そうは言っても、私は「当期純利益」をないがしろにしては、経営は立ち行かない考える。毎日毎日、毎月毎月の経営者・従業員の経営努力は、会社にとって何よりも貴いし、これで人間が幸せになる、からである。

配当金支払の原資　20世紀の配当は「当期の利益」から、21世紀の配当は「利益のたまり」から払う。

年／月	純利益 当期純利益	利益剰余金 累計の純利益
2001/3	100	100
2002/3	100	200
2003/3	100	300
2004/3	100	400
2005/3	100	500
2006/3	100	600
2007/3	100	700

↓　　　　　↓
20世紀の配当金はここから支払う　　21世紀の配当金はここから支払う

【20世紀】未だ処分が決まっていない当期純利益　【21世紀】未だ配分が決まっていない累計利益剰余金

未処分利益　＝　（いわば）未配分利益剰余金

利益処分　　　利益剰余金の分配

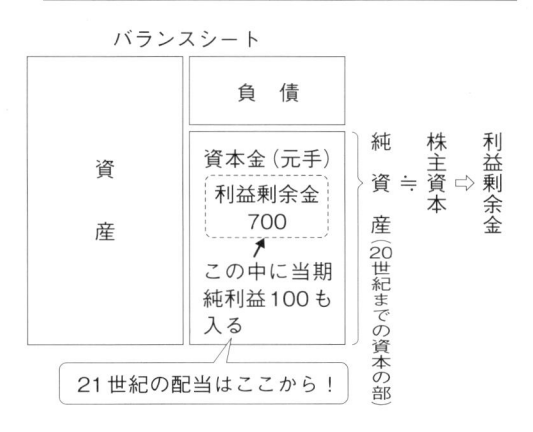

株主への配当金　　株主への配当金

（6月30日の株主総会）

バランスシート

資産	負債
	資本金（元手） 利益剰余金 700 ↑ この中に当期純利益100も入る

純資産 ≒ 株主資本（20世紀までの資本の部） ⇒ 利益剰余金

→ 21世紀の配当はここから！

は

配当は、当期純利益から支払うのではなく、純資産（＝株主資本）の利益剰余金の中から支払う。

当期純利益が上がらなくても、これまで貯めた分の中の利益剰余金の中から配当ができるとなれば、1年間の成績の悪さを株主からそれほど非難されなくなる。純利益を上げることのできない経営者の中にはホッと胸をなでおろしている人もいるかもしれない。

代わりに、「株主資本配当率」（＝配当÷株主資本）が使われるようになるであろう。そうなると、これまでの純利益の累計が1,000あって、30配当するとすれば「株主資本配当率、3％」というように使われるようになると思う。実際、すでにいくつかの会社が「株主資本配当率」を使い始めている。

そのために、配当を増やしている会社もある。

「当期純利益」よりも「純資産」が大事な時代になった。しかし、当期純利益をないがしろにしてはならない。

配当方針　企業が獲得した利益のうち、出資者である株主に対し、その拠出資本使用の報酬である配当としてどれだけの部分を支払うのかに関する企業の理念。

配当利回り　1株あたり配当を株価で割った値。

$$配当利回り（％） = \frac{1株あたり配当}{株価} \times 100$$

配賦　共通費や間接費を各部門の利益などの状況に応じた費用負担になるように配賦基準を設けて、各部門に負担させること。

たとえば補助部門費の配賦（＝割り振る＝配分する）
〔階梯式の場合〕

	合計金額	内訳		
		製造部門	内訳	
			補助経営部門	工場管理部門
原 材 料 費	600	500	100	0
労 務 費	400	300	50	50
経 費	260	200	30	30
小 計	1,260	1,000	180	80
工場管理部門費		60	20	△80
補助経営部門費		200	△200	
製 造 部 門 費		1,260		

配賦基準（本社費）　製品や事業部に直接的にかかる費用のほかに、本社費・技術研究費のように、間接的にかかる費用がある。本社費とは、総務部、人事部、研究開発部、企画部、宣伝部、技術部、特許部、経理・財務部などの費用。間接費も製品コストである。本社費の配賦方法は、公平な処理が大切。

本社費の配賦基準には、売上高、粗利益、従業員数、使用資本などがある。

	A事業部	B事業部
売 上 高	100	160
売 上 原 価	70	100
販 売 費	5	15
社 内 金 利	5	10
直接統制利益	20	35
本 社 費 配 賦	10	16
業 務 利 益	10	19

（注）1. 本社費は26とします。
　　　2. 本社費配賦基準＝事業部売上高

$$A = 26 \times \frac{100}{100+160} = 10、B = 26 \times \frac{160}{100+160} = 16$$

どんな方法で本社費を配賦しても、社内の全員が完全に満足することはない。本社費の配賦基準に適切なものがない、事業部門に直接の責任と権限がない、本社費発生部門は独自に本社費で予算管理をきちんとやっているからよい、などの理由で、配賦しない事例もある。しかし、これは中期的に会社の利益を失う大きな原因となる。なぜなら、事業部門が独立会社であれば、本社費は当然負担しているし、負担しないときは会社の損益は本社費を負担しない前のもので考えることになるからだ。

また、実際は利益がないのに、本社費配賦前の損益で全社、事業部、工場が満足してしまう傾向も出て、その弊害が経営全体に大きな影響を与える。

だから本社費は各事業部・製品に配賦して、経営トップ層がそのことを知りつつ業績評価をしていくことが大切である。

破産更生債権等　経営破綻又は実質的に経営破綻に陥っている債務者に対する債権をいう。

経営破綻の状況とは、破産、清算、会社更生、民事再生、手形交換所における取引停止等の事由をいう。

発生主義の原則　収益と費用は、発生期間に正しく割り当てる（売って引き渡したら現金が入金していなくても、売上を計上する。買って自分のものになったら、現金は後で支払う時でも費用にして未払いを計上）。

バランス・シート（会社と家庭）

会社のバランス・シート

資産	負債・純資産
現金 100万円 100万円	借入金 40万円（負債）40万円 資本金 60万円（純資産）60万円

家庭のバランス・シート

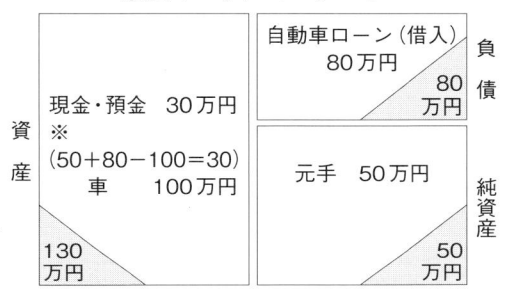

資産	負債・純資産
現金・預金 30万円 ※（50＋80－100＝30） 車 100万円 130万円	自動車ローン（借入）80万円（負債）80万円 元手 50万円（純資産）50万円

※現金・預金科目の残増減残

バランス・シート（家計簿3つの科目グループ）

家計簿の「元手」には、どんなものがあるか。

まず、①「自分と家族の出資」がある。次に、②「結婚時の持ち寄り金」がある。そして、家を建てるときなどは、③「親からの」贈与を受けるときがある。それも元手。親が亡くなって遺産があれば、④「親からの相続」を受ける。さらに⑤「友人からの応援出資」を受けることがあるかもしれない。

これも文字どおり「元手」にして、活動して「利益（剰余）」をあげていく。

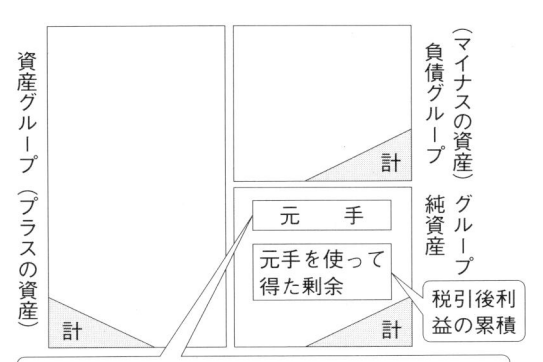

資産グループ（プラスの資産） 計
負債グループ（マイナスの資産） 計
純資産 元手／元手を使って得た剰余／税引後利益の累積 計

家計簿での元手は
① 自分と家族の出資　④ 親からの相続
② 結婚時の持ち寄り金　⑤ 友人からの応援出資
③ 親からの贈与（住宅建築時ほか）

バランス・シート（資産と負債）

普通、「あなたの資産はいくらあるの？」と聞かれて「現金が10万円と車が1台」と答えたとき、それは期間ではなく聞かれた時点でのものです。

それと同じです。バランス・シートはいつも瞬間。対する損益計算書は期間です。

ですから、バランス・シートを考えたとき、資産が常に負債（マイナスの資産）を上回っている（資産超過）か、イコールにするのです。

負債が資産を上回った状態が負債超過（債務超過）です。これは、会社や家計が危機的状態に陥ったことを示しています。

バランス・シートには、
① 資産
② 負債（マイナスの資産）
がある。この図で「資産超過」と「負債超過」を見てください。

バランス・シートは「資産・負債・純資産グループの科目の残高表」である。

バランス・シート（日本国）（2006年度：兆円）

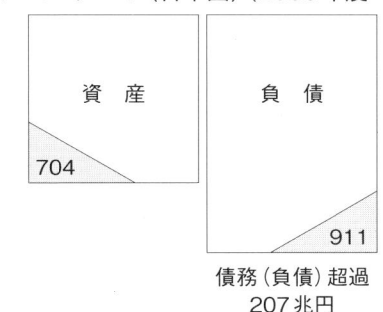

資産	負債
704	911

債務（負債）超過 207兆円

⊕ 資産 ≧ ⊖ 負債 ……家計
⊕ 資産 ≧ ⊖ 負債（マイナスの資産）……経理・財務
⊕ 資産 ≧ ⊖ 負債 ……企業会計

※家計においては⊕資産≧⊖負債（資産）をつねに考える。

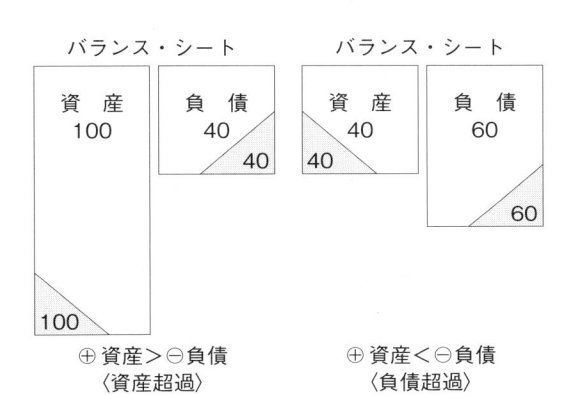

バランス・シート

資産 100	負債 40 40
100	

⊕資産＞⊖負債〈資産超過〉

バランス・シート

資産 40	負債 60
40	60

⊕資産＜⊖負債〈負債超過〉

は

科目の四マス

家庭のバランス・シートの中身を「科目の四マス」「残増減残（残減増残）」から見る

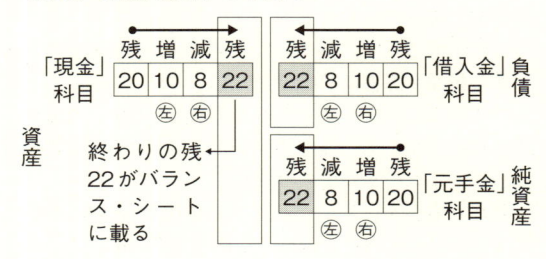

「現金」科目 資産	残	増	減	残
	20	10	8	22
		左	右	

残	減	増	残	「借入金」負債科目
22	8	10	20	
	左	右		

終わりの残22がバランス・シートに載る

残	減	増	残	「元手金」純資産科目
22	8	10	20	
	左	右		

期間4／1〜4／30

①4月始めの現金　　20万円　はじめの㊀
②4月中の（収入）現金増　10万円　増加
③4月中の（支出）現金減　8万円　減少
④4月末の現金　　　22万円　終わりの㊀

残増減残

〈残〉	〈増〉	〈減〉	〈残〉
20	10	8	22
	左	右	

資産（現金）の動き　　　4月30日の
＝　　　　　　　　　　（バランス・シート）
会社で「企業経営」
＝
家庭で「家庭経営」

バランス・シート（は「科目」の終わりの残）

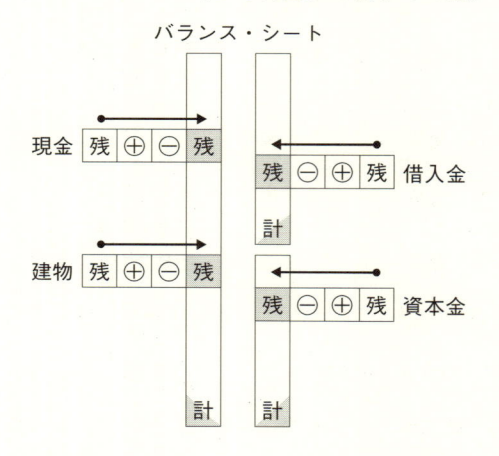

バランス・シート

現金：残 ⊕ ⊖ 残
建物：残 ⊕ ⊖ 残
計

残 ⊖ ⊕ 残　借入金
計
残 ⊖ ⊕ 残　資本金
計

半製品　生産品（完成品）になる途中の中間生産品で、外部に販売できる状態のもの。

販売　製品や商品の販売（sales）のエキスは、「1．モノを売って、2．代金をいただくこと」。経理・財務の言葉では、1は売上で、2は代金回収（入金）である。

販売業務には、「モノの動き」に伴って、「文書連絡の動き」がある。文書のやりとりには、お客さまと会社の間のものと、会社の内部同士のものがある。

販売業務の仕事の流れをまとめると、①から⑩。この①から⑩までを、お仲間の人と話し合いながら理解することを、おすすめする。このうち、エッセンスの流れを矢印で図示した。経理・財務の仕事は、「⑤・⑦」（売上）と「⑨・⑩」（代金回収＝入金）で、区分け（仕訳）記帳をする。

⑩個のステップのうち、最も大事な仕事は、お客さま（customer）から①の注文を受けること（受注）。販売部の人は、注文（数量×単価＝金額）をいただくために、日夜、大変な努力をしている。まさに、「お客さまは神様」である。

① 得意先から注文をうける
② 得意先に注文請書を出す
③ 倉庫部門へ出荷指示書を出す
④ 送り状をつけて、製品を得意先へ出荷する
⑤ 出荷通知書を販売部と経理・財務へ出す
⑥ 得意先に請求書を出す
⑦ 売上伝票を経理・財務へ出す「売上の計上」
⑧ 得意先から物品受領書を受け取る
⑨ 得意先から代金の支払いを受ける「入金の計上」
⑩ 得意先へ領収書を出す

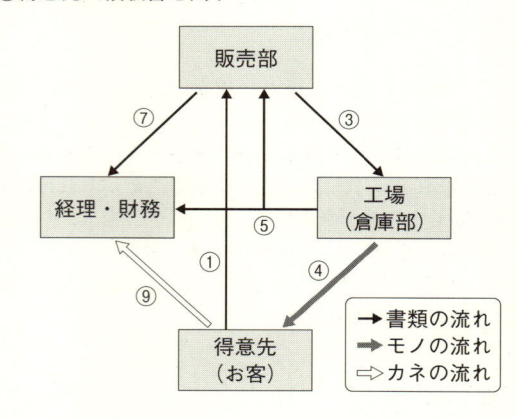

→ 書類の流れ
⇒ モノの流れ
⇨ カネの流れ

また、販売部はできるだけ高い単価（売値）で売る。1円でも売値が上がれば、売り上げも利益も増える。モノの販売についてのお客さまとの合意は、①の受注のときで、数量・単価・金額は⑥の請求書のなかで決まる。

会社の外からお金をいただくことの大切さを知る。

会社のモノ（製品・商品）の販売は、必ずしもお金と引き換えではない。モノを先に届けて検収を受けた後で請求書を出して支払いを受ける場合が多くある。これが、「ツケ（掛け）売り」（売掛）である。モノの引き渡しとお金の受け入れが別なので、④送り状（モノ）、⑧物品受領書（モノ）、⑥請求書（お金）、⑩領

収書（お金）の区別がある。

「売上」は、④の出荷（モノ）という事実に基づいて、⑤倉庫部が文書連絡（出荷通知書）を行い、⑦販売部が数量・単価を記入した売上伝票を起こして、会計上（経理・財務上）の売り上げになる。

欧米では、販売（sales）は会社で最高の価値のある仕事である。会社の外から、お金をいただいてくるからだ。一番苦労の多い、一番楽しい仕事である。

販売基準　売上収益の計上は、原則として商品・製品の受渡しにより収益が実現したものとみなされる。これを販売基準という。販売基準には、商品・製品を倉庫から得意先に出荷した日に売上を計上する「出荷基準」、得意先が納入された商品・製品の数量、品質等を検査して間違いないと認めて検収通知書を発行した日に売上を計上する「検収基準」などがある。

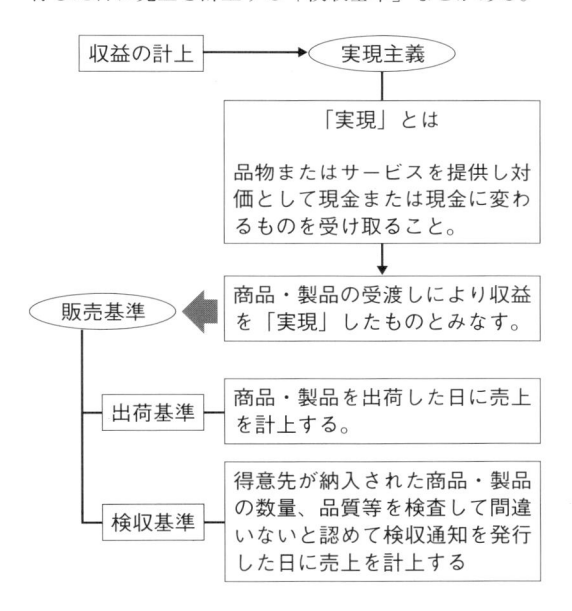

```
収益の計上 → 実現主義
             ↓
          「実現」とは
          品物またはサービスを提供し対価として現金または現金に変わるものを受け取ること。
             ↓
          商品・製品の受渡しにより収益を「実現」したものとみなす。
             ↓
販売基準 ←
   ├─ 出荷基準 ─ 商品・製品を出荷した日に売上を計上する。
   └─ 検収基準 ─ 得意先が納入された商品・製品の数量、品質等を検査して間違いないと認めて検収通知を発行した日に売上を計上する
```

販売拠点　「販売」は製品や商品を売ることである。「拠点」は活動の足場（足がかり）となるところである。したがって、「販売拠点」は、先方に進出するための販売活動の足場である。

販売促進費　販売を促進するために費用一般のことをいう。販売を促進することが会社の将来を決定する重要なことだけに、実務では効率的使い方に腐心して、利益の増加をめざす。

```
販売促進費 ─ 販売を促進するための費用一般
```

販売直接費　製品や商品を販売するときに直接かかる費用で、運賃、荷役費、保管費などがある。

販売費・一般管理費　事業部門、本社の総務、経理・財務、人事、研究開発部などで発生する費用には、販売にかかる費用と、本社の一般管理にかかる費用とがある。これらをそれぞれ販売費、本社費（一般管理費）という。

損益計算書では、「販売費・一般管理費」と1行で表示される。販売費・一般管理費は多くの費目に分類され、それぞれの予算が決められている。経費はその予算の範囲内で効率的に使われる。

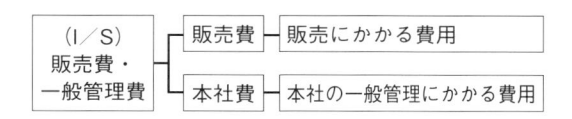

```
（I／S）           ┌─ 販売費 ─ 販売にかかる費用
販売費・      ─┤
一般管理費        └─ 本社費 ─ 本社の一般管理にかかる費用
```

反面調査　納税者の申告内容確認のために行う取引先等に対する税務当局の裏付け調査。

ひ

B／S経営　B／Sには、ある1日の財政状態を示す残高（バランス）の意味と、過去の経営活動の積み重ねをいう歴史の意味がある。毎日の経営活動の成果は必ず将来のB／Sに影響を与えるので、日々のB／Sを検討し、未来を見据える経営が重要である。企業会計でも家計でも同じように重要。

B／SもI／Sも「科目の4マス」の残。「残増減残」の残　B／SもI／Sも合わせての基本構造を知っておいてもらいたい。「科目の4マス」は「残増減残」「残減増残」とともに私が考案したもの。それぞれ商標登録Noは第4892707号と第4818389号。これは世界中の人々に無償で使っていただきたい。B／SもI／Sも、そこに載る数字は、科目の残高（balance）であることを確認してほしい。

引当　引当という言葉はわかりにくい。まして引当金ではなお難しい。引当とは「用意し準備しとっておくこと」である。引当資産とは、特別の負債を担保（保証）するために他の資産と区別して保有する資産である。例えば、社内預金や従業員退職金の支払準備資産などがある。科目としては、引当金が正式の名称で、退職給付引当金、貸倒引当金は、退職金、貸倒れのため準備額である。これらの引当金は、準備するおカネ（＝cash）を意味するものではない。

引当金　将来の支払いに備えてあらかじめ引き当てておくのが引当金、退職金の支払いに備えるのが退職給付引当金。賞与の支払いに備えるための引当金が

ひ
賞与引当金。

どちらもまとまったお金が出て行くから、その時になって支払うべきお金がない、ということがないように、あらかじめ決算書の上で準備しておくのである。ただし、その分のお金を別に現金で積み立てているのではない。

「金」がついていると、ついついその分お金があるような気になる。だから「金」は本当はつけてはならない。

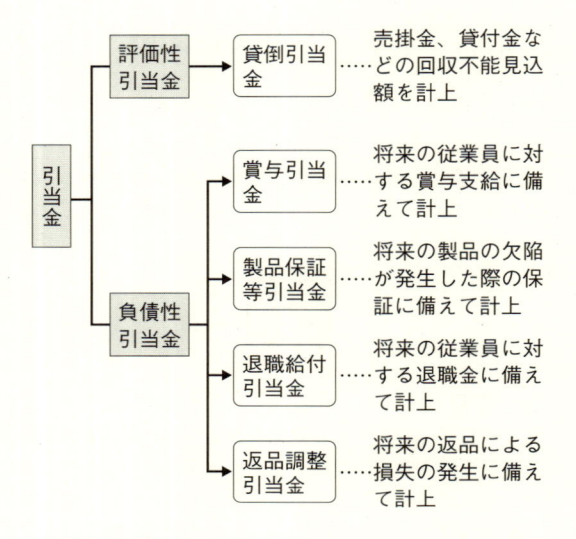

```
              ┌─ 評価性 ─── 貸倒引当 …… 売掛金、貸付金な
              │  引当金     金          どの回収不能見込
              │                         額を計上
              │
              │              賞与引当   将来の従業員に対
              │              金     …… する賞与支給に備
   引当金 ─┤                         えて計上
              │
              │              製品保証   将来の製品の欠陥
              │── 負債性 ── 等引当金 …… が発生した際の保
              │  引当金                 証に備えて計上
              │
              │              退職給付   将来の従業員に対
              │              引当金 …… する退職金に備え
              │                         て計上
              │
              │              返品調整   将来の返品による
              └              引当金 …… 損失の発生に備え
                                        て計上
```

非上場株価　証券取引所の上場会社の株式は、時価で売買される。上場していない会社（非上場会社）の株式は、上場会社の株価のようにだれでもすぐにわかる時価がない。そこで、日本では1945年（昭和20年）の終戦後から、時価を推測する方法として、「相続税法」の決まりを参考にしてきた。

株価の計算方法は大きく分けて2つある。①の「類似業種比較（比準）方法」は、上場している同業他社（類似業種）の株価をもとに比較する方法。比較する項目は、純利益、純資産、配当の3つだが、純利益だけはウエイトづけを3倍にする。

類似業種の数値は、国税庁が公表している。それから、類似業種とは言いながら、対象会社は非上場で規模が違うため、小会社0.5、中会社0.6、大会社0.7という掛け目をかけて控えめに株価を計算する。

②の「純資産方式」は、ザックリ言うとB／Sの純資産を株数で割ったもの。これは相続税法の規定に基づいて、B／Sの資産と負債を洗い直し（評価替えし）、「資産−負債」で純資産が出る。なお、この「純資産」は、含み益（土地・有価証券の評価益）を含む。

この含み益には、まだ税金（法人税等）がかかっていないので、仮の法人税等42％を差し引く。この純資産を発行済み株数で割ると、1株あたりの株価（評価額）が出る。

さて、①、②の計算方法は、世界の経済界でのM＆Aを含めた株式売買では、そのまま使えない。しかし、これらの考え方は大いに参考にはなる。株価をめぐっては、売り手と買い手が「真険な交渉」をする。

わが国でも、M＆Aは企業の活動として定着し、交渉、折衝という基本的な面が重視されている。

「過去・現在の決算書」をベースにして、販売力や成長性、ノウハウ、グッドウイル（営業権）などのあらゆる面から「将来の決算書の3〜5年の純資産」（企業価値）をめぐる折衝を行う。

株式売買やM＆Aのプロジェクトの主役は、経営トップと事業部門（販売、製造、研究、M＆A）である。経理・財務はこの大事な折衝・検討のプロジェクトの現場に参画し、プロジェクトをバックアップしている。

① 複数の似た会社の平均（類似業種）と、その会社を比較する方法

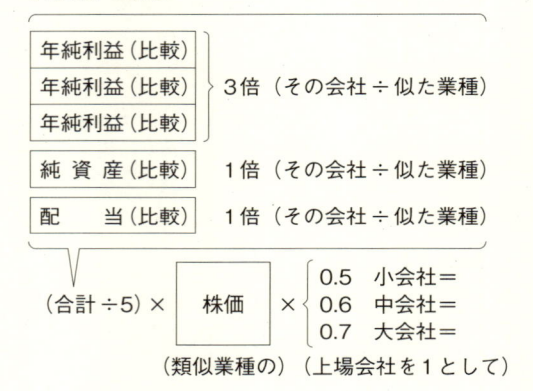

```
┌ 年純利益（比較） ┐
│ 年純利益（比較） │ 3倍（その会社÷似た業種）
│ 年純利益（比較） │
│ 純 資 産（比較） │ 1倍（その会社÷似た業種）
└ 配  当（比較） ┘ 1倍（その会社÷似た業種）

                            ┌ 0.5  小会社＝
（合計÷5）× 株価 × │ 0.6  中会社＝
                            └ 0.7  大会社＝
 （類似業種の）（上場会社を1として）
```

② その会社の純資産を見る方法

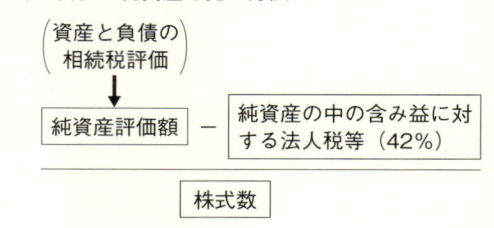

```
 ┌資産と負債の┐
 │相続税評価 │
 └────────┘
  純資産評価額  −  純資産の中の含み益に対
                   する法人税等（42％）
 ─────────────────────────
       株式数
```

非上場株式の評価　非上場株式は、証券取引所に上場されていない株式である。ほとんどの会社の株式はこの分類に属する。

株式の評価は、その目的によって値段のつき方が変わる。会社の調子がよいときと悪いときでも差が出る。将来の成長性・利益性が期待されれば、いまの値段が上昇傾向となる。何かアクシデントがあれば、評価は下がる。

人気が出れば需要と供給で決定されるが、さらに、販売、製造技術、競争力、品質、特許、購買力、研究開発力、資金、経営者・従業員の力などの「財務諸表

の外」の項目が検討される。加えて、国際競争力、外国為替、エネルギー問題、カントリーリスク、法律の成立・改正などの外部与件によっても非上場株式の価格が決まっていく。

1株あたり純資産の「膨らみ」と「しぼみ」

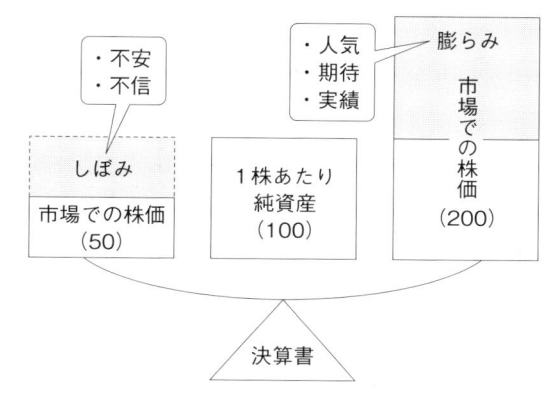

```
         ・不安           ・人気      ┌膨らみ┐
         ・不信           ・期待      │市場での│
                        ・実績       │株価   │
   ┌しぼみ┐            ┌1株あたり┐  │(200)  │
   │市場での│           │純資産   │  │       │
   │株価   │           │(100)   │  │       │
   │(50)   │
                    ┌─────┐
                    │決算書│
                    └─────┘
```

2005年から2006年にかけて、日本中を騒がせたライブドアや村上ファンドの事件で、「議決権」ということばがいっぺんに一般の人々にまで理解できるようになった。

世の奥さん方もホリエモン（堀江貴文氏）が大写しになったテレビを見ながら、「議決権って何？」と大いに関心を示していた。日本中が株式や企業価値について勉強して、「なんだかわからないけれども、企業価値を株数で割ったものが会社の1株の価値らしい」などということが、テレビを見ているだけでわかってしまった。

その価値が、「簿価」なのか「時価」なのかはわからないが、人気で値段がついていることはわかった。純資産の「簿価」から始まって、「時価」になって、次に「見えない資産」があって、最後に「人気」まで入ったものが株価である、ということまでもわかった。そして、「人気」の前に「見えない資産」があるのがわかってしまえば、それで会計学の基礎はバッチリできあがったも同然である。

純資産の膨らみは見えない資産となるが、純資産のしぼみ（マイナスの人気）は純資産を減らす。つまり、きちんと積み重ねて帳簿に記入していって100円になっているのに、「それは違う」と市場が50円と評価してしまう。

マイナスの人気がついたら、「それは、なぜか？」と、まずは考える。

マイナスの人気の原因は、将来への不安。人間は何でも心配事があると、必要以上に不安が膨らんでくる。今、100円の値段がついているが、将来はもっと低くなるのではないか、という不安が大きくなると、さらに値段は下がる。

つまり、この資産のしぼみは、企業の将来に対する信用のなさ、簡単にいえばマイナスの見えない資産。

だから、もしも純資産のしぼみが出てきたら、今あるバランス・シートの決算数値に本当に問題はないかどうか、決算数値がおかしいのではないかと、まずは考えてみるべきである。そして、将来、純資産が減ってしまうような原因が何かあるか、と考えてみなければならない。

しかし、私は、純資産はその帳簿価額が正しく表示されていることが、「企業価値」評価の99.99％を決める、と申している。

1株当たり連結当期純利益 連結純利益を親会社の発行済み株式総数（期中平均）で割った額である。この1株当たり純利益の成長率を調べるために過去5年間を比較して、増加や減少の傾向を調べることが多い。

連結I／S

	百万円
売上高	4,609
⋮	
当期純利益	159 ……①

連結B／Sの「資本金」と「発行済株式総数」

	百万円	
純資産の部		
資本金	358	→ 親会社の期中
資本剰余金	376	平均株式数
利益剰余金	1,836	323万株 …②
自己株式	(△) 0	
純資産計	2,570	

$$\text{1株当たり連結当期純利益} = \frac{①}{②} = \frac{159\text{百万円}}{323\text{万株}} = 49\text{円}22\text{銭}$$

---- Column ----

"人"には貸借対照表能力はないが

「企業は人である」。会社内の個々の人には、貸借対照表能力（この表に載る力）はない。もし計上するなら、より大きい利益を生み出す人々が大きな評価額で計上されよう。だが、この評価額は、個々の人の評価の合計ではなく、多くの人びとの和と協調により何倍にも大きくなる。私は、「収益（売上）・原価計算」の「・」をこれらの「人びと」（B／S能力はない）と考える。収益・原価計算はこの識見ある人びとが経営目標に向かい収益（売上）と利益とを念頭に置いて行う原価計算である。私は「売上・原価計算」とも言う。

ひ・ふ

費目別計算　原価要素（原価を構成する要素）を材料費、労務費、製造経費の3つに分けて、それぞれを直接費と間接費に分ける。

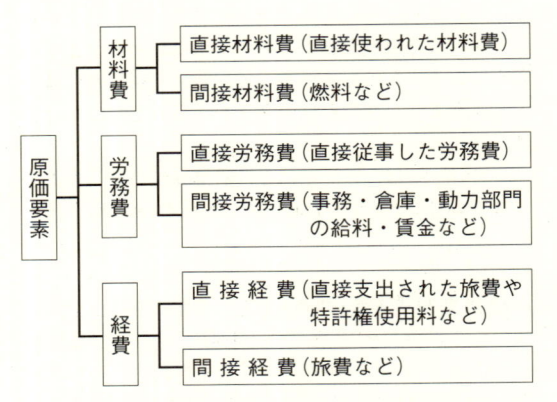

```
           ┌─ 材料費 ┬─ 直接材料費（直接使われた材料費）
           │        └─ 間接材料費（燃料など）
原価要素 ──┼─ 労務費 ┬─ 直接労務費（直接従事した労務費）
           │        └─ 間接労務費（事務・倉庫・動力部門
           │                      の給料・賃金など）
           └─ 経 費 ┬─ 直 接 経 費（直接支出された旅費や
                    │              特許権使用料など）
                    └─ 間 接 経 費（旅費など）
```

（注1）直接費：各製品に直接的に関連して個別に計算できる費用
（注2）間接費：いくつかの製品に共通に発生し製品個別に計算できない費用

費目別計算の仕訳は、例えば次のとおり

〔材料費〕	左（借方）材料費	10,000円
	右（貸方）原材料	10,000円
〔労務費〕	左（借方）労務費（賃金）	5,000円
	右（貸方）現・預金	5,000円
〔経費〕	左（借方）経費（旅費）	3,000円
	右（貸方）現・預金	3,000円

評価　良いか悪いかを決めること。また、その価値や値段を決めることである。「評価」という言葉はいろいろなところで使われる。「ある人の評価」「成績評価」「在庫の評価」「有価証券の評価」など。

評価・換算差額　「評価・換算差額」は「株式評価差額」（正式には「その他有価証券評価差額金」）や「為替換算差額」（正式には「為替換算調整勘定」）である。

たとえば売買しなくても、長期保有目的の株の時価が簿記よりも上がっていれば純資産が増え、下がっていれば純資産が減る。その増減を「株式評価差額」で示す。

海外にある子会社を連結決算するときに出る為替の換算差額は、円高になると純資産は小さくなり、円安になると純資産は大きくなる。その増減を示すのが「為替換算差額」。

費用収益応対の原則　費用と収益は対応させて、損益計算書に表示する（たとえば売上と売上原価は対応させる）こと。

非友好的企業買収　友好的企業買収に対する語で、会社の売り手が書いてに通告しないで株式市場で相手の株式を、不意打ち的に（突然に）買い占めるような行動に出ること。友好的（Friendly）に対して、非友好的（Unfriendly）に株式を買い取ることで、敵対的（Hostile＝ホスタイル）ともいう。

ふ

部　販売第一部（○○製品販売担当部門）、基礎研究部（新規製品研究担当部門）、製造部（△△製品製造担当部門）、人事部（人の採用、給与などを担当する部門）、経理・財務部（予算・実績や資金などおカネに関する事項の担当部門）など、会社の中には「部」という組織の単位があり、そのもとに「課」や「係」がある。

ファームバンキング　企業のコンピュータや端末機と銀行のコンピュータをデータ通信回線で接続し、各種銀行取引をオンラインで行うシステムのこと。これにより企業から銀行に対する振込・送金依頼、銀行から企業に対する預金残高等の各種会計情報の伝達や入金通知を瞬時に行うことができる。

ファクタリング　営業債権を、現金として回収される期日よりも前に売却して資金を得る行為のこと。これには売却費がかかる。

フィージビリティ・スタディ　設備投資を成功に導くために、事業部門のフィージビリティ・スタディ（事前詳細調査）が徹底的に行われる。経理・財務は必ずこの調査に参画し、経営与件の検討を推し進めながら、事業責任者の意思決定と経営実行に参画しバックアップする。

ブキ力（りょく）　私は経営力は、①「ブキ力」と、②「事業力」と、③「契約力」である、と言っている。要するに、IR学者とかブランド学者が言っているような、目に見えないようなものだけで会社を評価してはならない。決算書がまず第1番に、大事である。「経営力」の1つは「ブキ力」で「ブキ」とはブック・キーピングで「簿記」のこと。「簿記」は「ブック・キーピング」（Book-Keeping）なのに、なぜ「簿記」にしてしまったのか。残念だ。

「ブック・キーピング」の「ブック」は「決算書」。「キーピング」の「キープ」は、英語では「保つ」という意味が一般的には知られているが、もともとは「キープ・ア・スクール」というと「学校を経営する」、「キープ・ア・フラワーショップ」と言えば「お

花屋を経営する」で、「キープ」には「経営」という意味がある。ブック・キーピングは決算書―経営である。2008年からの米サブプライム問題から起った経済・金融危機下の企業を見れば「決算書―経営」（ブキ力）の重要性はあきらかである。

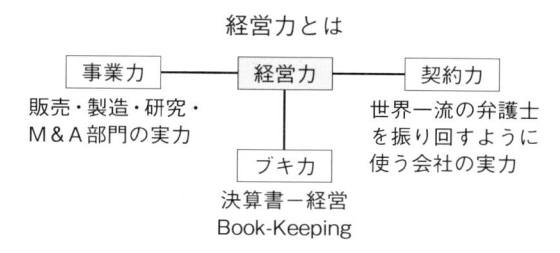

経営力とは

```
        ┌─ 事業力 ──┬── 経営力 ──── 契約力
        │  販売・製造・研究・     世界一流の弁護士
        │  M＆A部門の実力        を振り回すように
        │                         使う会社の実力
        └─ ブキ力
           決算書―経営
           Book-Keeping
```

福利厚生費　会社発展の原動力である従業員の働く意欲の喚起と健康増進のために、会社は福利厚生費用を支出する。これは、法定福利費と法定外福利費に分けられる。

法定福利費は、社会保険料の会社負担分など。法定外の福利厚生費は、食堂、医務室、体育館、スポーツ・文化サークル費用、住宅資金の低利貸付の利子補給分などである。「福利厚生費」の科目だけでなく、別の科目で処理されるものもある。

負債　会社の財産である債務のことである。これは、会社がいつかは支払わなければならない義務（債務）で、買掛金、支払手形、借入金などである。キャッシュフローの見方では、負債は資金の調達で、資産が資金の運用。また、有利子負債（金利を支払う負債）には借入金、社債、などがあり、無利子負債（金利の支払のない負債）には買掛金、未払金、支払手形などがある。

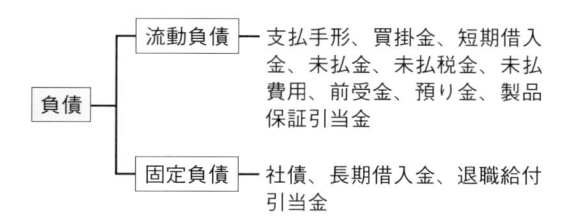

```
        ┌─ 流動負債 ── 支払手形、買掛金、短期借入
        │              金、未払金、未払税金、未払
  負債 ─┤              費用、前受金、預り金、製品
        │              保証引当金
        └─ 固定負債 ── 社債、長期借入金、退職給付
                       引当金
```

負債の科目

流動負債	支払手形	商取引の支払を約した手形を振出したことによって生じた債務。
	買掛金	買入先との通常取引（商品・原料の買入）によって生じたもののうち、まだ支払われていないもの（未払額）。
	短期借入金	銀行などから借入れたもので、1年以内に返済しなければならない借入金。
	未払金	買掛金や未払費用に属さない未払債務。固定資産・税金などの未払額。
	未払費用	一定の契約（借入金契約など）で継続的に役務の提供を受ける（お金を借りる）場合、すでに提供された役務（いままでお金を借りてきたこと）に対して未だ支払われていない対価（未払利息など）。他に未払賃金、未払給料などがある。役務の提供契約以外の契約による未払金（固定資産代の未払など）とは区別される。
	預り金	取引先その他から一時的に預かったもの。預り保証金、源泉徴収した従業員の所得税など。
固定負債	社債	社債券を発行して一般の人から長期にわたって借入れたもの。
	新株予約権付社債	株式に転換できる権利が認められた社債（以前の転換社債）ほか。
	長期借入金	銀行などから借入れたもので、借入日から返済期限までが1年以上の借入金。
	退職給付引当金	従業員の退職に備え社内の規定によって準備した（引き当てた）累積額。

付随費用　車を買うと、本体のほかに取得税として買った時1回かぎりだが何万円かかかる。これは車の取得価格に入れる。このほかに重量税（重さ税）が毎年何万円かかかり、保険も自賠責保険（自動車損害賠償責任保険）に加入すれば毎年1～2万円の保険料を支払うし、登録税、車検、ナンバー料などを含めて自動車のディーラーへ、1回だが何万円か支払う。これらは費用となる。

さらに、任意保険として、万が一の事故に備えて、「対人」「対物」「車両」（自分の車のため）などの損害保険料を払っていくし、毎月のガソリン代として、おカネがかかる。また、点検や車検が必要で修理代もかかる。

このように車を所有することに付随して負担する経費は、本体を150万円とすると、その20％ぐらいは見

ふ

ておかなければならない。

附属明細書　計算書類及び事業報告の内容を補う書類で、詳細な情報の提供目的で作成する。

普通社債　一般的には、確定した利率による利息、元金の償還を約束して、株式会社が発行するもの。

物品切手等　「物品切手等」とは、次のいずれにも該当する証書をいうものとして取り扱う。
(1) 当該証書と引換えに一定の物品の給付若しくは貸付け又は特定の役務の提供を約するものであること。
(2) 給付請求権利者が当該証書と引換えに一定の物品の給付若しくは貸付け又は特定の役務の提供を受けることによって、その対価の全部又は一部の支払債務を負担しないものであること。
(注) いわゆるプリペイトカードは、物品切手等に該当する。

部門共通費　本社を運営する費用や各部門共通にかかった費用のこと。具体的には、本社の人件費、建物賃借料、諸雑費、所属部門を問わず入居可能社宅の運営経費などである。

部門配賦率　部門共通費をある一定の基準で、各部門に割る振ることを部門配賦というが、その時の各部門ごとに割り振る比率をいう。

部門別　工場、支店あるいは購買部門、製造部門、販売部門といった業務単位。

部門別計算　発生部門ごとに費用・原価を集計する。「補助部門」ごとに集計された原価は、配賦基準に基づき製造部門に振り替える。

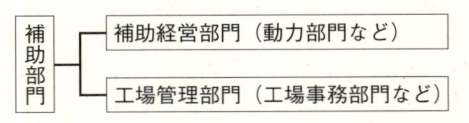

```
補助   ┌─ 補助経営部門（動力部門など）
部門   └─ 工場管理部門（工場事務部門など）
```

(注) 補助部門とは、直接製造を行う製造部門にサービスする部門をいう

部門別計算の仕訳は、例えば次のとおり。

(左) (借方)	(右) (貸方)	
製造（または仕掛品）	材料費	10,000 円
18,000 円	労務費	5,000 円
	経　費	3,000 円

プライムレート（最優遇適用金利）　銀行が資金を貸し出す際の最低金利で、最も信頼のおける顧客に適用される。固定金利の基準となる。

フリーキャッシュフロー　企業が生み出すキャッシュフローのうち、使途に制限なく、企業（経営者）が自由に使えるお金のこと。営業キャッシュフローから投資キャッシュフローを差し引いたもの。

　現金の出入りで見た企業の純粋な儲けを示す。純現金収支ともいう。営業活動であげた現金収支から投資活動に充てた現金収支を差し引いて計算する。

　フリーキャッシュフローが赤字（支出超過）なら会社は有利子負債を増やすか、手元資金を取り崩す必要に迫られる。これを投資尺度として注目する機関投資家が多い。

営業キャッシュフロー	80	……①
－)　投資キャッシュフロー	60	……②
①－②＝フリー・キャッシュフロー	20	……③

(注) ③の20は経営者が自由（フリー）に使える資金である。

振込　銀行等金融機関が依頼人の依頼により資金を受領し、その資金を依頼人の指定する受取人の取引店に為替通知を送り、受取人の預金口座に入金させる送金方法のこと。全国銀行内国為替制度では、為替通知をデータ通信によって行うテレ為替と、文書によって行う、文書為替に分かれる。

プリペイメント条項　期日前返済の条項のこと。米国子会社が500万ドル、ロンドンの銀行から変動金利〔＋スプレッド1.5％〕で8年もの長期資金を借り入れようとしていた。3日間ぶっ通しの銀行との交渉に参画した。当方は「2年間借りた後は、30日間の予告期間をおくという事前通知でいつでも返済できる条項（プリペイメント条項）を貸借契約に入れたい」と主張。厳しい折衝の後、やっと合意した。3年後に金利が大幅に上昇したとき、幸運なことに子会社は順調で、この条項に基づいてロンドンの銀行に借入金を返済した。契約力の重要性が本当によくわかった。

不良債権　金融機関が融資を実行した後で回収が難しくなった貸出債権のこと。貸出債権の状況に応じて回収がほぼ困難な「破産更生債権」、回収に懸念がある「危険債権」、回収に特に注意を要する「要管理債権」に区分される。

　貸倒引当金は、担保などで保全される部分を除き、破産更生債権では100％、危険債権では70％の引当てが必要とされる。

フル稼働　新しい設備投資を決断するときには、その製品の将来の事業そのものを判断するという細心

の検討が必要である。技術、人、資金のほかに「生産能力」と「需要をにらんだ投資時期」を考える。

設備投資が成功するかどうかは、その設備が完成する時期だけでなく、長期的にその設備を使う期間にわたって考慮する。しかしまず、設備完成直後にフル稼働させるのは至難のわざであることを経理・財務パースンは理解するべきである。

原料、人、資金などが多額・大量に注ぎこまれた設備が完成した直後にフル稼働できると、機械設備の性能などの最大の効率が測定できる。その設備が最も効率的に使われている状況のもとで、原料原単位、最適人員とその能力、資金の使い方などについて役に立つ経営データも蓄積できる。

経理・財務部は、建設仮勘定、建設前払い金などを含めた設備投資にかかわる項目を、単に「金額」面からだけで見るのではなく、事業の効率性の観点からとらえることが大切。

不渡 不渡とは、手形は支払のために呈示されたにも関わらず、何らかの理由で手形金の支払を支払銀行が拒絶したことをいう。振出人が満期日に手形所持人に対して手形金を支払わないことになる。

分社化 事業部制の延長にあり、1事業部を1つの独立した会社とみなし、損益計算書に加えて貸借対照表も作成する制度。社外分社化は、新たに子会社や関連会社を設立する制度。社内分社化と社外分社化の最も大きい違いは、子会社といっても、独立法人になる社外分社化のほうが、より迅速な意思決定ができることである。

社外分社化を行う際には、事業部を分社化して子会社を設立するので、親会社から事業部の資産や負債、従業員、得意先、ノウハウなどを一括して移転する。このような移転を、事業譲渡という。

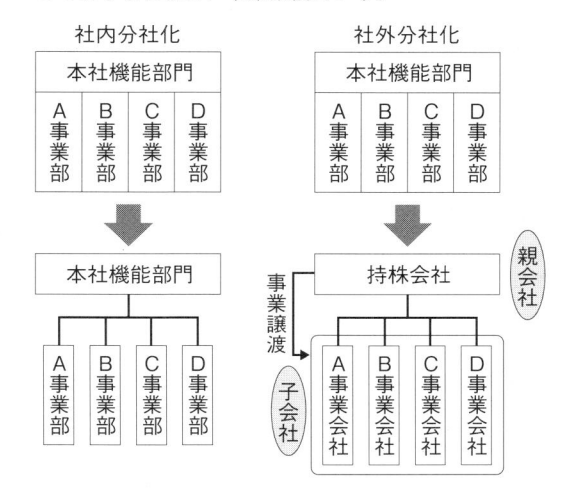

粉飾決算 粉飾とは、表面を飾って、りっぱに見せること。粉飾決算とは、事実をゆがめて会計数値(例えば利益)を過大に表示した決算。売り上げを水増ししたり、費用を圧縮して利益を大きく見せる。

へ

ペイオフ 金融機関が破綻した場合に備えて、国内に本店を持つ預金取扱金融機関では、「預金保険制度(各金融機関があらかじめ一定の保険料を拠出しておき、それを原資に、経営破綻時の預金の払戻しを保証する制度)」に加盟している。かつては預金の全額が保護されていたが、平成14年4月から定期預金などの定期性預金については、預金者一人あたり1,000万円とその利子まで保護し、それ以外は保護しないという制度のこと。利息が0の当座預金などの決算性預金は全額保護されるが、有利子の普通預金は平成17年4月以降ペイオフの対象となっている。

米国公認会計士 米国での公認会計士試験に合格した人。試験は英語で行われ、最近では、多くの日本人、東南アジアの若者が、米国に行って試験を受ける傾向が非常に強くなっている。日本進出の欧米系企業の就職にも大いに役立っている。

米国の減価償却 米国では会計と税務では償却方法が基本的に違う。

日本の減価償却の常識とはちょっと違うことがアメリカでは、いまから30年以上前の1970年頃から行われてきた。残存価額は0で、会計と税務の償却が、たとえば、会計上は10であるのに、税務上は20である。

	会計上	税務上
取 得 価 額	100	100
償 却 方 法	定額法	2倍定率法
耐 用 年 数	10年	5年
残 存 価 額	なし	左に同じ
償 却 率	100÷10年=10 償却率は0.1	定額の率は0.1 0.1×2=0.2 (定額の率を2倍にした定率法)
初年度の償却額	100×0.1=10	100×0.2=20
初年度末の帳簿価額	90	80

(注) 2倍定率法はダブル・ディクランニング・メソッドといいます。この考え方を基本とした2.5倍定率法が2008年からわが国にも登場した。

へ

米国基準　米国において「一般に公正妥当と認められた会計基準（GAAP：Generally Accepted Accounting Principles）」で、財務会計基準書（SFAS：Statement of Financial Accounting Standard）、会計原則審議会意見書（APB Opinions／APB：Accounting Principles Board）、発生問題専門委員会（EITF：Emerging Issue Task Force）合意書などから構成される。米国で公募証券を発行しようとする会社は米国証券取引委員会（SEC：Securities and Exchange Commission）に登録しなければならず、証券の発行にあたっては所定の様式による届出を、その後は継続開示として年次報告書等をSECに提出する義務がある。SECへの報告にあたって記載する財務諸表は、原則として米国基準（国際会計基準）により作成しなければならない。

ベクトル（経営の方向性）　今から40年前ぐらい前に、私のふるさとの化学会社が四国でウナギの養殖に乗り出した。ウナギにどんどん餌を与えれば太って、水の管理をきちんとすればもうかるだろうという発想で、この事業をはじめた。ところが、1年半くらいで、失敗した。なぜ失敗したか。経営の方向にあっていなかったのである。会社の進むべき方向は大きな幅のある方向を示した矢印とする。この幅は1メートルでも、10メートルでも、1キロでも、100キロでもいい。会社の本来のベクトル＝方向（vector）は、その企業企業に相応しいものがある。こういう矢印のなかで、本業の製品をつくって売るということが大切である。

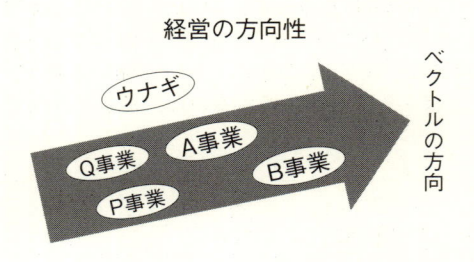

経営の方向性

ヘッジ　企業が保有している資産又は負債の相場変動によるリスクをなくすこと。また、その目的のために使われているデリバリティブ取引をヘッジ取引と言う。

別段の定め　収益や費用については税務上の理由で修正が加えられる。この修正項目は「別段の定め」といい、益金不算入、損金不算入などが特例として法令に規定されている。

　法人税法では「会計に依存している部分」が非常に多い。「法人税＝会計」という公式で進めば話は簡単だが、そうはいかない。それは、法人税独特の「別段の定め」があるからだ。これがあることで、会社はこれを守る必要があるから、常にこれに注意して会計処理を平素からしている。

　貸倒引当金も、減価償却の方法も、耐用年数も、会社は会計上のアプローチを第一義に行えばよく、平素から法人税を念頭におきながら会計処理をする必要がないと思う。しかし、節税はきわめて大切である。

　法人税は財政上非常に重要な法律であり、もっともわかりやすく言えば、日本国憲法に決められている国民の納税義務とも深いつながりがある。

　しかし、そうだからといって、会社が会計処理を会計のルールに従って行ったことにまで「別段の定め」で、制限を加えるのは望ましくない、と思う。法人税本来の重要な使命に立ちかえって、国家財政を考えてもらいたいと、私は願っている。

別表4（税務上の損益計算書）　「利益への加算と利益からの減算の申告調整」を行う法人税申告書の明細書が、「別表4」の「所得の金額の計算に関する明細書」である。これは税務上の損益計算書である。この「別表4」に、確定決算書（株主総会で確定した損益計算書）の税引前の当期純利益または当期純損失の金額を転記して、申告調整の加算・減算を行い、所得金額を確定する。

　別表4で所得の計算が終わると、それをもとに税額の計算をする。

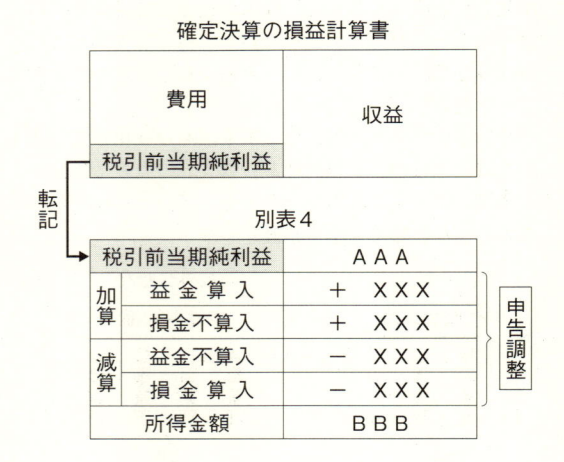

変動費　利益は売上と費用の差額である。利益をたくさん上げるには売上を上げるか、費用を下げるか、もしくはその両方を実現する必要がある。そこで、いかに利益を増やすかを見ていくために、操業度と費用の関係に着目して、費用を「変動費」と「固定費」の2種類に分ける。

　例えば、同じ費用でも材料費と人件費とでは費用として性質がかなりちがう。材料は製品を作れば作るだけ、製造量に比例して必要になる。このように製造量

に比例する費用が「変動費」。「変動費」は、一定の生産能力や販売能力のもとで、操業度（製造量＝生産量または売上数量）に応じてその金額が変化する費用なので、「稼働費」ともいわれる。メーカーの材料費、商社の売上原価（買入れた商品で売れたものの原価）、販売に直接要する運送費・荷造費、などは変動費。変動費は、製品1個当たりの金額で見ると、生産量や売上数量をいう操業度に関係なく一定額が発生する。また、固定費には減価償却費や固定給量などがある。

V	変動費（比例費）	円	1,000	2,000	3,000
Q	生産量	個	100	200	300
V／Q	製品1個当たりの変動費	円／個	10	10	10

ほ

包括利益　包括利益（Comprehensive Income）とは、所有者による投資および所有者への分配による変動を除く、1会計期間の純資産の変動。包括利益には、「当期純利益」と「その他の包括利益（Other Comprehensive Income）」（税効果考慮後）がある。その他の包括利益には、売却可能有価証券の評価損益の増減、為替換算調整額の増減、などが入る。包括利益の表示方法は、①株主持分計算書のなかで報告する場合のほか、②個別の包括利益計算書で報告する場合、③損益計算書と結合した形で報告する場合がある。

欧米では、1会計期間の純資産（Shareholders' EquityまたはNet Assets）の増減を株主持分計算書（Statement of Shareholders' Equity）あるいは注記で開示する。

株主持分計算書では、下の要約した例にみられるとおり、新株の発行、配当の支払や包括利益（Comprehensive Income）の変動（残増減残）などを示す。

法人所得　私たちと私たちの会社は、税金を所得の程度に応じて公平に負担している。税金をいくら払うかという計算は、法律で決まっている。個人では、「所得税法」、会社では「法人税法」である。

法人税を会社税と言わないのは、法人＝会社ではないから。法人は「法律上、人間と同じと考える」団体である。自然人（私たち人間）と同じように、社会のなかで権利を持ち、義務を果たして生活する。財団法人や社団法人、学校法人、独立行政法人、宗教法人などの「法人」がある。会社はそのなかのひとつである。

会社はコンプライアンスを守りつつ利益を上げ税金を納めることが目的だが、他の法人では違うこともある。ただ、物品を販売するなどの利益目的の仕事を行ったときには、税金を払う。その税金を払う決まりを「法人税法」が定めている。

税金は「税引前純利益」を少し調整した「所得」をもとに計算する。所得への調整は、税金負担の公平化や税金政策の立場から、納税者に求められているもの。一例として「受取配当金」の調整がある。

たとえば、A社がB社の株式を持っていると、B社株主であるA社に、利益に応じて配当を支払う。A社にとっては「受取配当」で、損益計算書（I／S）の利益になる。ただ、税金計算では、これを原則的には所得としない（一部を除く）。税金を二重に払うことになるからだ。

配当金を払うB社では、株主持分計算書の利益剰余金の残増減残の「減」のところから支払う。受け取ったA社でも税金をかけると、両方の会社で税金を納めることになり、不合理である。

このほかにも、利益と所得で取り扱いが違う項目はたくさんある。それぞれの違いを勉強することは大事

株主持分計算書（Statement of Shareholders' Equity）

（単位：1ドル）

		資本金	株式払込剰余金	利益剰余金	その他包括利益累計額	合計
残	はじめの残高	100,000	500,000	300,000	50,000	950,000
増	新株の発行	2,000	18,000			20,000
	a 当期純利益			30,000*		30,000*
	b その他の包括利益				10,000*	10,000*
	包括利益（a+b）(注1)			30,000	10,000	40,000
減	配当の支払			−20,000		−20,000
残	終わりの残高	102,000	518,000	310,000	60,000	990,000

（注1）＊印の金額は包括利益の内訳（a当期純利益、またはbその他の包括利益）を示す。

ほ
だが、まずは「違いがある」ということをしっかり覚えておいてほしい。

所得と利益の違いは、そのまま税金の支払額に違いが出る。受取配当金のように所得とならないものは、税金負担はない。逆に、交際費のように所得を加えるものは税金を払うので、Ｉ／Ｓの交際費で、使ったお金とこの税金のお金が必要。

「所得への調整」と「所得計算の七原則」は、覚える必要はないが、日々の取引（販売、製造、研究、Ｍ＆Ａ）の１つひとつにも関わっている。

会社は１円の税金も無駄にはできない。日頃から、プロジェクトごとの節税を検討し、行動する。

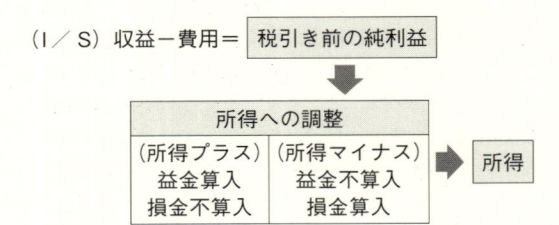

(Ｉ／Ｓ) 収益－費用＝ 税引き前の純利益
↓
所得への調整
（所得プラス）益金算入 損金不算入
（所得マイナス）益金不算入 損金算入
→ 所得

税務の計算原則	説 明
①公正妥当な経理・財務処理	税法が決めていない部分の会計処理も公正妥当に行う
②発生主義の原則	収益（益金）は、発生または実現時点で計上する
③費用収益対応の原則	収益とこれに対応するすべての費用を計算する
④債務の確定	費用は債務の確定しているものだけを計上する
⑤確定決算	株主総会で確定した決算を基に所得計算する
⑥損金処理	確定決算で費用や損失として経理・財務処理をする
⑦継続性の原則	選択できる方針や処理はみだりに変更しない

法人税 法人税、法人住民税、法人事業税は、会計ではまとめて「法人税等」といわれる。会社が国や地方公共団体に支払う法人税、法人事業税、法人住民税なしに、国家は存続してゆけない。

損益計算書の税引前純利益から「法人税等」が差し引かれて、会社の最終利益である「当期純利益」が出る。この当期純利益に直接影響する法人税務は、会社にとって重要な業務である。

法人税、法人住民税、法人事業税を合わせると約40％の税率になる。その中で最も重要なのは法人税である。法人税は、１年の会社の所得（税務上の会社の利益）に税率をかけて計算される。法人税は、所得の約30％になる。

法人税等 法人の所得にかかる法人税・事業税と、法人税額から計算される住民税（都道府県民税・市町村民税）。これを法人税等という。収益から費用を引いたものが、「税引前純利益」。

この「税引前純利益」から法人税等（法人税・住民税・事業税）という税金を引いたものが、会社が最終目的とする「当期純利益」。この意味で、費用と税金は、どちらも収益を上げるための「コスト」である。

〔収益－費用〕－税金＝当期純利益

会社のコストである税金の中には、法人税等のほかに、国や地方公共団体から課せられる公租公課がある。これらの中に、その発生原因と法律上の解釈を深く勉強することにより、「コスト」を減らせるものがある。そこで節税が大切になる。節税は"経営の中の法人税務"の基本業務である。

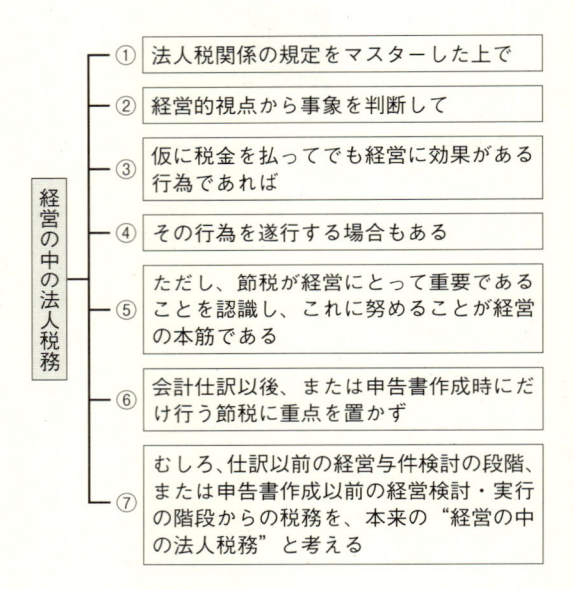

経営の中の法人税務
① 法人税関係の規定をマスターした上で
② 経営的視点から事象を判断して
③ 仮に税金を払ってでも経営に効果がある行為であれば
④ その行為を遂行する場合もある
⑤ ただし、節税が経営にとって重要であることを認識し、これに努めることが経営の本筋である
⑥ 会計仕訳以後、または申告書作成時にだけ行う節税に重点を置かず
⑦ むしろ、仕訳以前の経営与件検討の段階、または申告書作成以前の経営検討・実行の階段からの税務を、本来の"経営の中の法人税務"と考える

法人税等調整額 損益計算書上、税効果会計の結果生じた繰延税金資産又は繰延税金負債に係る法人税等の調整額は、「法人税等調整額」として確定税額である法人税等と区別して表示する。

法人税のコスト性 法人税は、会社の利益（所得）に課されるものであるが、収益がその負担をする点では一般の費用と変わりなく、収益に対するコストである。したがって、他の費用と同様にコストダウン（節税）に取り組むが、経営上のメリットや効果をも配慮する「経営法人税」として検討する。

法人税務 経理・財務の人は、法人税務について、法人税法のほか、租税特別措置法、政令、省令、通達までもその基礎を理解しよう。法人税務では、ま

ず、次の３つのポイントをしっかり確認すること。

① 法人税務は、課税所得から税額を計算し、申告・納付することである。税務調査では、会社の意見と当局の意見とがぶつかり合うことがあるが、理論的な詰めをきっちり行う。

② 確定決算とは、株主総会で承認された決算のことをいう。課税所得はこの確定決算を基礎として、必要な調整計算を行う。

③ 調整は、確定決算に織り込まなければ認められない「決算調整」と所得申告書上で加算・減算できる「申告調整」とに分かれている。

　法人税務を学ぶときに、ベテランの場合には、法人税法全般にわたって学び、その知識を自社の取引に当てはめることができる。しかし、初心者の場合には、まず初めに自社での取引を法人税法に当てはめて、税法ではどのように考えているかを調べるのがよい。そのときに、自社の慣行の正しい姿を理解する。最初は必ずやさしい入門の本１冊を学びきる。それから次第に深く突っ込んだ検討を行うこと。

　ある程度自社の会計慣行がわかった時点で、理論的な勉学を基礎から初めて集中的に終了してしまう。あまりに長い時間をかけず、３ヶ月から６ヶ月で、法人税法、租税特別措置法、政令、省令、通達を全体観を見失わないようにしながらそのポイントだけを理解していく。

① 法律　法人税法・租税特別措置法（国会で決定する）
② 政令　内閣の出す行政命令
③ 省令　財務大臣の命令
④ 通達　国税庁長官が各国税局長に出す解釈通知

法人税務の学び方　日常の諸業務の中で法人税務を学ぶ方法として、①自社の取引を税法に照らし合わせる方法と、②自分の税務知識を自社の取引に当てはめていく方法があり、経験に応じたアプローチを心がける。

法律力　「法律力」と「文章力」は事業力の基礎となる。

　会社において「法律力」を身につける前提として「常識」が必要である。

　そのためには民法の基本を一度はしっかりと勉強する。そして、法律に照らした文言で、自分の意思をやさしく表現できる「文章力」を学ぶ。

　販売、製造、研究、Ｍ＆Ａを含む事業部門では、

ほ

法律力と文章力を備えた①「ブキ力」②「事業力」③「契約力」の実力が必要。

　事業部門では、利益をあげるための活動のなかで、国内外の契約関係を伴うさまざまな取引を行う。経理・財務にも、これらの活動に参画・バックアップするための法律力や文章力が欠かせない。

　また、国内・海外の会社、財務局、国税局・税務署、金融機関、公認会計士などの外部の関係者と協議・交渉する機会も多くある。ここでも当然、日本語による法的な理解と的確な文章表現力が要求される。これは、英語力より重要で、ＩＴシステムには頼れない力である。

　最近にビジネスパースンは、友好的（非敵対的）企業買収のなかで法律力と文章力をよく磨いている。

　そして、この仕事の一線上の先に、敵対的企業買収業務がある（私は敵対Ｍ＆Ａには反対であるが）。

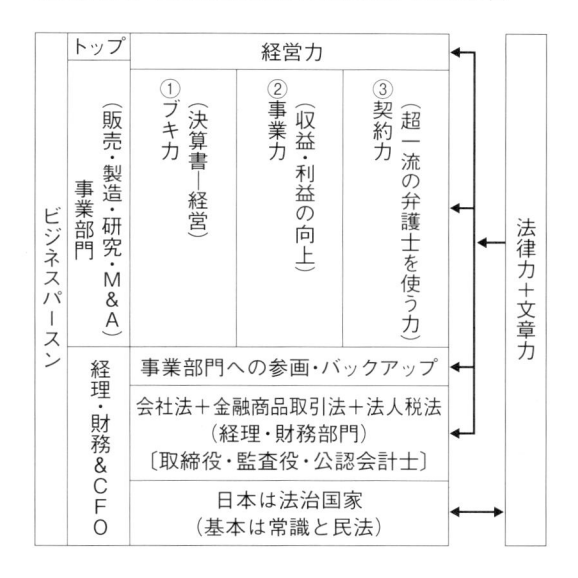

	トップ	経営力			
ビジネスパースン	（販売・製造・研究・Ｍ＆Ａ）事業部門	①（決算書・経営）ブキ力	②（収益・利益の向上）事業力	③（超一流の弁護士を使う力）契約力	法律力＋文章力
	経理・財務＆ＣＦＯ	事業部門への参画・バックアップ			
		会社法＋金融商品取引法＋法人税法（経理・財務部門）〔取締役・監査役・公認会計士〕			
		日本は法治国家（基本は常識と民法）			

ポートフォリオ　株式や債券など、金融資産の集合体をポートフォリオという。性格の異なった複数の商品や銘柄などへ投資することで、より安定した収益を上げるための方法がポートフォリオ運用である。基本的に機関投資家はポートフォリオ運用を行っている。分散投資とも呼ぶ。

簿記　貸借対照表、損益計算書という財務諸表を作成するためには、「簿記」によって会社財産の残高・増加・減少・残高（残・増・減・残）を継続して記録集計することが必要であり、簿記の学習は経営実行の「導入」につながる。

簿記一巡の手続　決算書作成までの「簿記の一巡の手続き」は①取引の仕訳帳への記録、②仕訳帳から元帳への転記、③元帳から残高試算表④決算書（Ｂ／

ほ

S、I／S）の作成の中で進められる。

保険料　万一の事態に備えるために、会社はいろいろな保険をかけ、保険料を払う。

保険には、火災保険、利益保険（工場などが火災に遭ったとき、失った利益と固定費分が保険金としてもらえる保険）、運送保険などがある。経営者の万一のときのことを考えた役員の生命保険もある。一般に保険料は1年分を前払いする。

| 保険料 | 火災保険、利益保険、運送保険など |

保守的経理・財務　会社財産に不利な影響を与えないよう健全な会計処理を行うこと。

費用を計上するには債務が確定していることが一般的要件であるが、必ずしも法律的要件を完全に満たしていることは必要ではなく、用役・サービスを受けた事実を金額見積もりの正確性の裏づけができれば早めに費用計上することを検討するべきである。

保証付債権（私募債）　発行会社以外の第三者が、社債の元金及び利金の支払を保証している社債をいう。

保証類似行為　保証予約（形式及び名義の如何にかかわらず、将来において債務保証契約の成立を約する契約）や経営指導念書等の差入れ時を総称して「保証類似行為」といい、会計上の取扱いは、債務保証に準じて注記をする。

補助部門　製造部門に対して補助的関係にある部門をいい、補助経営部門と工場管理部門に分かれる。補助経営部門とは、会社の事業となる製造自体は行わず、自部門の製品又はサービスを製造部門に提供する部門をいい、動力部、修繕部、運搬部、工具製作部、検査部等が該当する。また、工場管理部門とは、工場の全般的な管理や事務を行う部門をいい、企画部、工場事務部、資材部、労務部等が該当する。

ボス（親分）　Balance Sheet〔科目の（終わりの残）の表＝B／S〕はI／S・C／F・S／Cという3つのStatement（説明書という子分たち＝フォロアー）の親分（ボス＝Boss）である。

I／S・C／F・S／CはすべてStatement（説明書）である。B／Sの、
① 利益剰余金科目の残減増残をState（説明する）StatementがI／S、
② 現金科目の残減増残をState（説明する）StatementがC／F、
③ 純資産の残減増残をState（説明する）StatementがS／C、である。

Sheet（残の表）は、3つのStatement（説明書）の親分（Boss）である

Statement of Cash Flows〔C／F〕
キャッシュフローの説明書
現金科目の残増減残

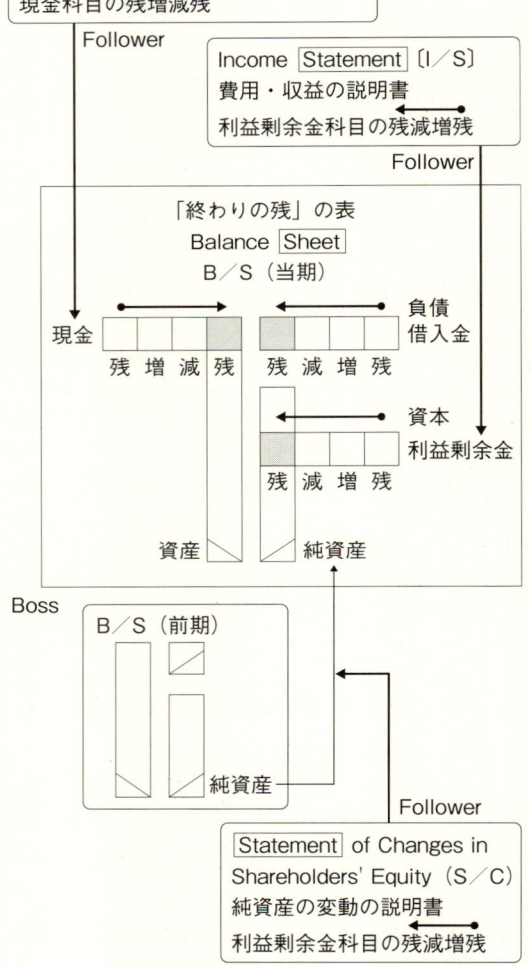

↓ Follower

Income Statement〔I／S〕
費用・収益の説明書
利益剰余金科目の残減増残

↓ Follower

「終わりの残」の表
Balance Sheet
B／S（当期）

現金　残増減残　　負債借入金　残減増残

　　　　　　　　　資本利益剰余金　残減増残

資産　　　　純資産

Boss　　B／S（前期）

　　　　　　　　純資産

↓ Follower

Statement of Changes in Shareholders' Equity（S／C）
純資産の変動の説明書
利益剰余金科目の残減増残

B／Sの科目は永久科目（Permanent Account）
I／Sの売上や売上原価、販売費などの科目は一時科目（Temporary Account）
この一時科目の合計を当期純利益にまとめてB／Sの利益剰余金の増となる

保有目的区分　金融商品に関する会計基準では、その保有目的により、①売買目的有価証券、②満期保有目的の債券、③子会社株式及び関連会社株式、④その他の有価証券の4つに区分される。

ま

前払金・前受金　前払金は約束の期日より前に支払ったお金。前受金は約束の期日より前に受け取ったお金。前払金は原料などを購入する前に支払ったもので、前受金は、受注（注文を受けること）品・受注工事について、前もってもらうお金のこと。

前払と前受（家賃）　家賃3か月分を、本来払う時期より前に現金で払った場合、支払う側はこれを前払（前払家賃）といい、受け取る側は前受（前受家賃）という。

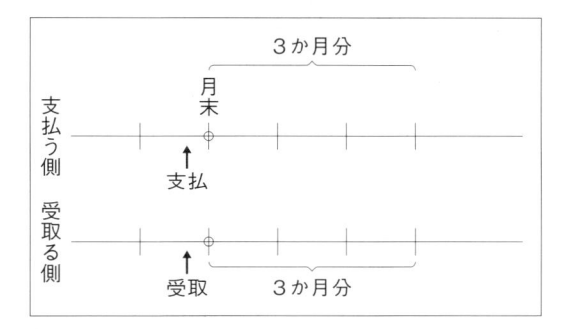

家賃を支払った借主の仕訳は、

左（借方）	右（貸方）
前払費用　60万円	現　金　60万円

となり、前払費用は資産グループの科目で、貸借対照表の左側に載る。

また、家賃を受取った貸主の仕訳は、

左（借方）	右（貸方）
現　金　60万円	前受収益　60万円

となり、前受収益は負債グループの科目で、貸借対照表の右側に載る。

前払費用　一定の契約（たとえば建物の賃貸借契約）で継続的に薬務の提供を受ける（建物を借りる）場合、未だ提供されていない役務（家を使っていない）に対して払われる対価（すなわち前払家賃）など。

孫会社も子会社　親会社（P社）が60％の株式を直接に保有しているA社は子会社だが、P社とA社の両社が合わせて55％の株式を保有しているB社も、P社の子会社。この場合は、A社は、親会社が60％保有の子会社だが、親子の判定の時だけには、子会社と判定された段階で、その子会社は100％子会社とみなす、と考える。

　P社がA社の60％の株式を保有していて、さらにそのA社がD社の70％の株式を保有している場合に、D社はA社の子会社になる。

　子会社かどうかを判断する場合は、子会社はすべて100％子会社とみなして、その先の会社について判定する。

　すなわち、D社に対しては100％×0.7＝70％の株式（会議で決める権限＝議決権）を持って（保有して）いるとみる（60％×0.7＝42％とはみない）。

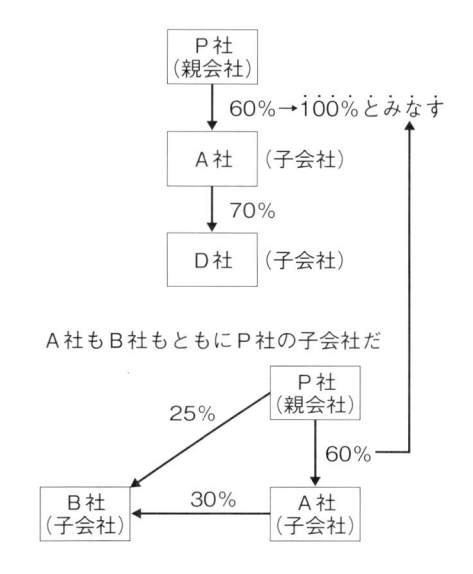

マネジメント・サイクル　会社の発展は「計画→実行→反省・検討→計画」のマネジメント・サイクルの中で達成される。

み

未実現利益の消去

親会社が売上原価70の商品を100で子会社に販売した。子会社はまた外部に販売しておらず、全部在庫として持っている。

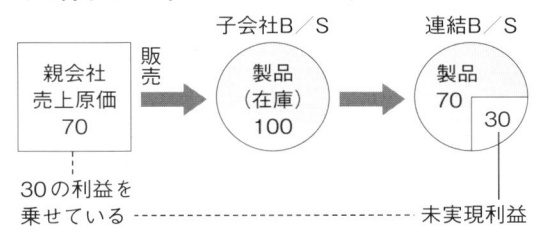

み・む・め・も

親会社が原価70のものを子会社に100で販売したとき、子会社がグループ外にまだ販売せずそっくり在庫となっていれば、親会社が得た30の利益はまだ実現しているとは言えない。

利益のうち、まだ実現していない損益を消去する作業を「未実現利益の消去」という。

上の例の未実現利益は次のように計算する。
　子会社の在庫×親会社の利益率＝未実現利益
　100 × 30/100 ＝ 100 × 0.3 ＝ 30

未実現利益が含まれている資産には、商品・原材料といった棚卸資産（在庫）のほか、連結会社間で売買された土地・建物・機械といった固定資産などがある。

棚卸資産の場合は、先の計算例のように、売り手側と利益率を使って未実現利益を計算する（未実現利益＝棚卸資産×売り手側の利益率）。

未収収益　家賃の未収など、収益の未入金額。

未払と未収（家賃）　家賃3カ月分を、本来払うべきである月に払っていない場合はどうなるか。これは家賃の滞納で、未払家賃という。受け取る側も3か月分の家賃を未だもらっていないことで、未収家賃という。

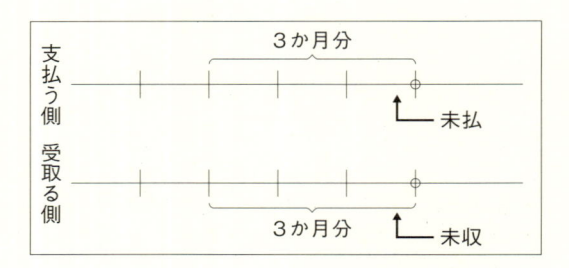

家賃を未だ、支払っていない借主の仕訳は、

　　左（借方）　　　　　右（貸方）
　　支払家賃　60万円　　未払費用　60万円

となり、未払費用は負債部ループの科目で貸借対照表の右側に載る。

また、家賃を未だ、受取っていない貸主の仕訳は、

　　左（借方）　　　　　右（貸方）
　　未収収益　60万円　　受取家賃　60万円

となり、未収収益は資産グループの科目で、貸借対照表の左側に載る。

未収入金・未払金　未収入金は注文品を収納（納めること）してまだもらっていない代金、すなわち、もらっていないお金。未払金は、まだ支払っていない代金、すなわち、払っていないお金。売掛金・買掛金は通常の営業のときに使う言葉。

未払金　買掛金や未払費用に属さない未払債務。固定資産・税金などの未払額。

未払費用　費用の未払額である。一定の契約（例えば借入金契約）で継続的に役務の提供を受ける（お金を借りる）場合、すでに提供された役務（いままでお金を借りてきたこと）に対して未だ支払っていない対価（支払利息）。ほかに、未払賃金、未払給料などがある。役務の提供契約以外の契約による未払金（固定資産代金の未払など）とは区別される。

む

無形固定資産　1年以上にわたって有する固定資産の中で形のないもので、有形固定資産に対するもの。たとえば、特許権（特許発明を一定期間使用できる権利で、お金を払って〈有償〉で取得したもの）。ほかに商標権、ソフトウェア、借地権（建物を所有するための地上権と賃借権）など。

無担保社債（私募債）　物上担保をつけないで発行される社債をいう。無担保私募債については取引銀行が総額引受を行う場合においても既存取引の保全措置が及ばないことから、取引銀行が社債管理者に就任のうえ、社債契約に各種の財務上の特約を付した社債管理者設置債として債券の保全を図ることが多い。

め

明瞭性の原則　明瞭に利害関係者（ステイク・ホルダー）に会社の経営成績、財務状態を知らせること。

も

持分法　重要な影響を与える他の会社等の業績を、連結財務諸表に反映させる方法を持分法といい、具体的には投資会社が、影響力を及ぼす他の会社等の純資産及び損益のうち投資会社の帰属する部分（持分比率に応じて帰属）に応じて、投資会社の投資額に加

算・減算する。

持分法による投資利益・投資損失　投資法で関連会社の利益または損失を親会社の投資勘定にプラスしたりマイナスしたりして、持ち分（親会社の分け前）を財務諸表に反映するときに使われる。利益の場合は「投資利益」、損失の場合は「投資損失」という。

持分法による損益の取組み

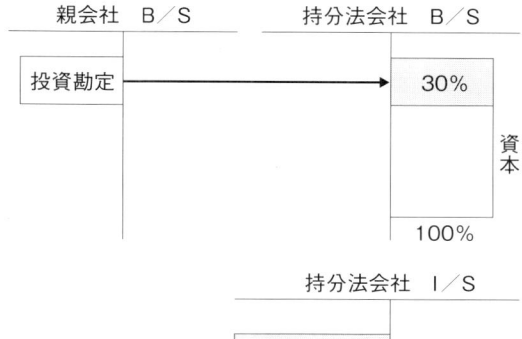

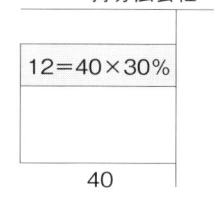

		連結法	持分法
①	B／S、I／S、C／F、S／Cなどの財務諸表の合算はあるか	ある	ない
②	グループの財産の状況を把握	連結貸借対照表に入る	持分法による投資勘定に表す
③	グループの成績の状況を把握	連結損益計算書に入る	持分法による投資損益勘定に表す
④	投資勘定と資本勘定との相殺消去	する	しない
⑤	持ち株基準により上位にある基準	支配力基準	影響力基準

持ち株基準（株主の所有比率による分類）

	親会社の株式所有率 （直接所有＋間接所有）
子会社	50％＜
関連会社	20％≦　　≦50％の会社

支配力基準・影響力基準が大前提である

持分法適用での手続き

連結を行う場合と同様の配慮を行ったものとするために

1. 当期純利益を取り込む
2. 受取配当金を消去する
3. 資本勘定をとり込む（投資消去差額を含む）
4. 未実現利益を消去する
5. ただし、連結法のように子会社の資産・負債、売上・売上原価など各勘定を連結決算書にとり込み相殺消去することはしない。

持分法を適用する会社の範囲　①親会社。②連結子会社。③非連結子会社。④関連会社。①と②は連結し、③と④は持分法による。

　連結子会社は、正式に連結するが、持分法は連結を補うもので、私は、持分法を「簡便連結」と呼ぶ。この簡便連結（持分法）では、連結I／Sに、投資の増・減による毎朝の増・減差額を「持分法による投資利益または持分法による投資損失」という勘定科目で表示し、それを連結利益に反映させる。

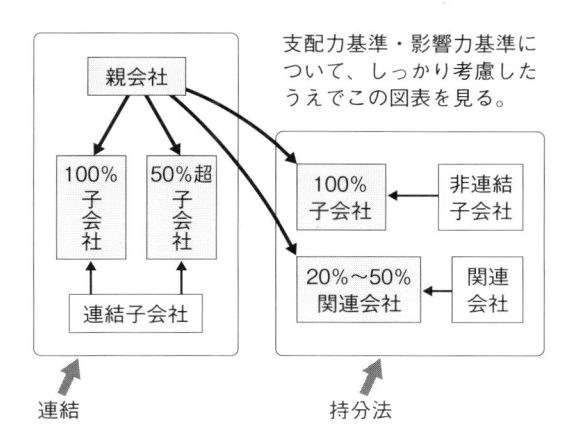

支配力基準・影響力基準について、しっかり考慮したうえでこの図表を見る。

や

役員報酬　役員に対する月給は、一般管理費の役員報酬という科目で処理する。

約束手形　振出人が、自ら一定の金額を一定の期日に支払うことを約束する手形をいう。

　手形は、「ある日、ある場所で、ある金額を支払うことを約束した有価証券」です。払うべき人が、将来払いますよ、と約束した証書が約束手形である。この約束手形を発行する人を振出人といい、手形を受取る人を受取人という。

　約束手形の上には、

> 上記金額を、あなた、または、あなたの指図した人へ、この約束手形と引き替えに、お支払します。

という約束の文言が記入されている。

②支払う金額［手書き算用数字はダメ］
①受取人
③支払う日
約束手形　XY 07787
世界太郎　殿
支払期日　平成○年○月○日
東京
収入印紙
金額　¥10,000,000※
支払地　東京都千代田区
支払場所　株式会社○○銀行　本店
上記金額をあなたまたはあなたの指図人へこの約束手形と引替えにお支払いいたします
平成○年○月○日
振出地住所　東京都千代田区大手町2-6-1
振出人　○○○○株式会社
社長　○○○○㊞
⑥振出人の署名・捺印
⑤振出地か振出人の住所
④振出日（発行日）

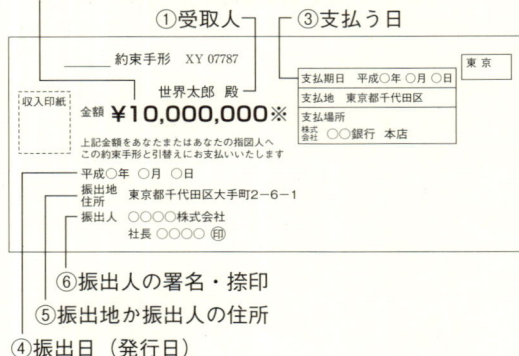

約束手形

支払人＝振出人（発行者）　──手形交付──→　受取人
（支払手形）　　　　　　　現金　　　　　（受取手形）
　　預金引落し　　↘　　↑　手形
　　　　　　　　　　銀行

ゆ

有価証券　「商品・製品の販売先」や「原料の買入れ先」は大事な取引先だが、経営においては、この取引先の会社の株式や債券を持つことがある。これらが「有価証券」（Securities）である。株式については改めて説明するまでもないが、債券とは、借入れ期限と金利がついている借用証書で、債券のまま途中で売り買いができるものである。

　子会社をつくったり、他の会社を買取すると、株式という有価証券が増加する。持っている資金を運用するために国債を買ったりもする。

　ここで、株式や債券を持つ目的は大きく4つに分けて考える。

　①は、売り買いの目的で持つ有価証券。これは値上がり益を得ようとするもの。売り買いが目的なのでおカネに変わるまでの期間が短いため、貸借対照表（B／S）の流動資産の科目「有価証券」とする。

　②の満期まで持つ気持ちの債券は、満期までの期間（1年超かどうか）によって、流動資産の科目「有価証券」か、固定資産の科目「投資有価証券」のどちらかにする。

　このほか③の「子会社・関連会社株式」（固定資産の区分）、④の「その他有価証券」（会社同士の持ち合い株式などで固定資産の区分）がある。

　持つ目的という個々会社の「意思」で区分が変わるのは気まぐれな扱いのようだが、買入れ時に決めた目的はその後、原則として変更しない。

　次に有価証券において大事な点を挙げる。
(1) それを持つことが経営にプラスになるかどうかをしっかり見抜いてから買入れること。そして、値打ちの変動を見て経営的な保有の判断をする。
(2) 期末金額の決定方法（評価と言う）に「時価（の使われ方）」がある。対象は

　①の売り買い目的の有価証券と、④のその他の有価証券である。

　時価は毎日、証券取引所で決まる。期末日の評価金額を時価にすると、もとの買入れ金額（原価）との間に差が出る。その差（評価損、評価益）を、①はI／Sの損や益にし、④はB／S純資産（資本）の評価差額にする。この違いは難しいので、④の処理は「わからない」と胸を張って構わない。

　②の満期保有目的の債券や、③の子会社・関連会社の株式は、時価ではなく買入れ時の価額にする。ただ、②のうち債券に書いてある金額が購入金額と違う場合は、差額を期間に分けて利息で調整する。

　株式や債券は、発行している会社の経営の良し悪し

によって値打ちが変わる。倒産でもしたら、まさに紙切れだ。発行会社のB／Sの真の純資産（資本）を見て、値打ちの目減りが買入れ金額の2分の1以上と判断したら、原価で評価している場合でも値打ちを切り下げて、B／Sに含み損を残さないようにする。

区分	評価基準	時価と原価の差額
①売り買いする有価証券	時価	P／Lの損益に計上
②満期まで持つ債券	原価	―
③子会社・関連会社の株式	原価	―
④その他の有価証券	時価	B／Sの純資産（資本）に計上

④の例

A社株式　時価　150　→　B／S 投資有価証券（固定資産の中の）
　　　　　原価　100　→　純資産（資本）
　　　　　差額　＋50　　（税効果会計の適用前）

有価証券届出書　有価証券の募集・売り出し時（原則として金額1億以上、対象50名以上）に、金融商品取引法により内閣総理大臣への提出が定められている書類。投資家の有用な投資判断に資するために会社の事業状況や有価証券の発行内容が記載されている。

有価証券の減損処理　時価または実質価額（1株当たりの純資産額に所有株式数を掛けた金額）の著しい下落があって、回復の可能性が認められない場合に、時価または実質価額を貸借対照表に計上する価額とし、評価差額を当期の損失として取り扱う。この処理のことを「減損処理」という。

有価証券の評価　貸借対照表に計上する有価証券の価額のこと。ただし、市場性のあるもの（たとえば上場株式）は、期末の時価で計上し、それで発生した評価益や評価損は、損益計算書の営業外損益に計上する。

有価証券売却益　有価証券を売ったときの、帳簿価額を上回った額、すなわち売却益。

有価証券報告書　有価証券報告書（有報）は、株主総会が終わったときに内閣総理大臣に提出する。そして、有報を基礎にして世界中の利害関係者に配布しているのが、英文の「アニュアル・レポート（年次報告書）」（Annual Report）。

有報が重視される理由は次の4点。①会社情報の宝

「有価証券報告書」の内容

```
表紙
第1部　企業情報
　第1　企業の概況
　　1．主要な経営指標等の推移
　　2．沿革
　　3．事業の内容
　　4．関係会社の状況
　　5．従業員の状況
　第2　事業の状況
　　1．業績等の概要
　　2．営業の実績
　　3．対処すべき課題
　　4．事業等のリスク
　　5．経営上の重要な契約
　　6．研究開発活動
　　7．財政状態及び経営成績の分析
　第3　設備の状況
　　1．設備投資等の概要
　　2．主要な設備の状況
　　3．設備の新設、除却等の計画
　第4　提出会社の状況
　　1．株式等の状況
　　　(1)　株式の総数等
　　　(2)　新株予約権等の状況
　　　(3)　ライツプランの内容
　　　(4)　発行済株式総数、資本金等の推移
　　　(5)　所有者別状況
　　　(6)　大株主の状況
　　　(7)　議決権の状況
　　　(8)　ストックオプション制度の内容
　　2．自己株式の取得等の状況
　　3．配当政策
　　4．株価の推移
　　5．役員の状況
　　6．コーポレート・ガバナンスの状況
　第5　経理の状況
　　1．連結財務諸表等
　　　(1)　連結財務諸表
　　　(2)　その他
　　2．財務諸表等
　　　(1)　財務諸表
　　　(2)　主な資産及び負債の内容
　　　(3)　その他
　第6　提出会社の株式事務の概要
　第7　提出会社の参考情報
　　1．提出会社の親会社等の情報
　　2．その他の参考情報
第2部　提出会社の保証会社等の情報
監査報告書
```

ゆ

庫である。②すべての上場会社が作成している。③金融商品取引法に基づいて作成するため、内容が正確である。④公認会計士が監査している。

実は有報は、一般の人、学生にも、その内容とともに文章力を鍛えるよいお手本である。

有報の文章の命は、正確・簡潔である。有力な会社の一冊を眼光紙背に徹して熟読し、重要部分を自分で考えて20文字くらいを模写すると、会社のことがよくわかり、必ず文章力が身につく。

政府刊行物の出版社で求められるほか、金融庁のホームページでも見られる。

ちなみに「提出会社の〜」は、「親会社の〜」ということ。量が多いのは、「第5　経理の状況」である。金融商品取引法の（連結）財務諸表（決算書）は、会社法の計算書類（決算書）よりもはるかに詳しい。

全体像をすばやく理解するには、「第一部　企業情報」第4の1の（6）の大株主や、第4の5の役員に関する項目に注目。

有報の情報の多くは過去のもの。しかし自社の事業リスクや業績の分析、ガバナンスの状況について、会社からのメッセージを伝える項目、さらに、企業内部（業務）監査、監査役監査、公認会計士監査の状況も記載する。

こうして、有報は、経理・財務、総務（含む株式）だけではなく、販売、製造、研究、M&A、企画、購買、設備、株式、人事など、全社の担当部門が力を合わせて作成している。

遊休資産　遊休資産とは、現在企業活動にほとんど使用されていない状態にある資産をいう。過去の利用実態や将来の用途の定めには関係なく、現在の状態で遊休かどうか判断する。

有形固定資産勘定の受払残表（残増減残）

残	受入（増）	支出（減）	残
	左（借方）	右（貸方）	
期首帳簿価額	購入 建設仮勘定 （建設中の固定資産） 修繕費からの振替 （資本的支出） 建設前払金	減価償却費 （普通償却） （割増償却） （増加償却） （特別償却） 除却損 建設前払金から建設仮勘定へ振替 建設仮勘定から資産区分別本勘定へ振替	期末帳簿価額

有形固定資産の購入　有形固定資産の管理については、減価償却を適正に行うことも重要だが、購入（設備投資など）の金額を、機能や安全性を損なわずに、いかに安くするかのほうが経営的には重要であり、さらに購入した後、製品をフル販売し設備をフル稼働させることが大切である。

有形固定資産の残・増・減・残　メーカーでは、工場設備や研究施設など何年もの間、長く仕事に使う会社資産を持っている。これらは、貸借対照表（B／S）の固定資産のなかにある「有形固定資産」（Tangible fixed assets）である。科目は、①建物、②構築物、③機械・装置、④車両・運搬具、⑤器具・備品、⑥土地、⑦建設仮勘定—など。

おそらく、②の構築物というのは少しなじみがないと思う。これは、橋や道路舗装などの地面に定着している工作物。7の建設仮勘定は建物や工場プラントなどで、完成する前に分割でお金を前払いする支出である。完成したときに①から⑥までの科目へ移動する（振り替える）ので、一時的な仮の科目（宿）と言える。なお、長く滞留している建設仮勘定があれば中身をよく調べる必要がある。

たとえば、有形固定資産の増20は長期に使うので、買い入れたときに損益計算書（I／S）費用で一括して費用にするのではなく、まずB／S資産として計上する。そして、これを耐用年数に基づいて減価償却費計算して、毎期I／S費用に移動する。

この動きを年間の「残・増・減・残」で示す。主な動きは「増」の買入れ額、「減」の減価償却費である。

さて、資産チームの選手（科目）は「はじめの残」100から始まる。次に「増」20は、当期中に新たに買い入れたもの。たとえば、「建物」では買入れによる「増」のほか、先の・建設仮勘定で一時的に計上していた前払金を、建物が完成したので移動する。また、当期中の修繕工事のうちの「資産的支出」を、あとでI／S費用的支出（修繕費）のなかから、訂正・移動する。

次の「減」10のほとんどは、I／S「減価償却費」。そのほか、使命の終わった資産を除去する（除き去る）場合の損失（I／S「固定資産除去損」）による減少もある。「はじめの残」100、「増」20、「減」10の計算で、「おわりの残」110が計算される。これが当期末のB／S建物科目の残になり、翌期の期首へ繰り越される。

ここで、「減価償却費」がコストであることを述べる。

減価償却費はI／S費用の科目だが、お金の支出がない。そのために、決算書（財務会計）では、多ければ多いほど「お金の回収になる」と考えられている。しかし、経営的に見て、本当は固定資産の買い入れ時に多額のお金を出しているので、減価償却費はコストであり、すべて売上のなかで回収していくのである。

残＝はじめの残	増		減		残＝おわりの残
	買い入れ額		減価償却費		
	建物仮勘定からの移動		除却損		
	修繕費からの移動				
100	+20		−10		110

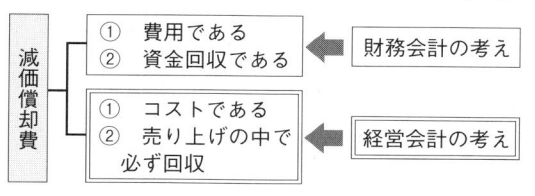

減価償却費
- 財務会計の考え: ① 費用である ② 資金回収である
- 経営会計の考え: ① コストである ② 売り上げの中で必ず回収

友好的企業買収　企業買収（Acquisition）の場合、たとえていって、「太陽光の下」「スタジアム・ライツの下」で、売り側と買い側が机をはさんで向かいあい、（Friendly＝友好的）に議論をたたかわすのが友好的企業買収である。

融資判定基準　融資判定を一定のレベルで的確にするために、前もって設定している判定基準のこと。取引先の会社概要や信用調査の結果に対応する融資可否基準・融資枠限度額などについて定めたもの。

よ

預金　現金を会社においておくと保管に手間がかかり危険もあるため、現金は最小限にとどめ残りは銀行に預ける。

預金とは、金融機関（銀行、信託銀行、信用金庫、信用組合など）に対する預金、貯金、掛金などである。当座預金は小切手を切って自由に出し入れできる預金だが、無利息である。普通預金は、預金通帳と印鑑で払出しできるが、利息はわずかある。一定金額（最小金額）以上のおカネは、利息がつく定期預金などに入れる。

預金	当座預金、普通預金、通知預金、定期預金、CD（譲渡性預金）、MMC（市場金利連動型預金）、スーパー定期、外貨預金
貯金	通常預金、定期預金、郵便振替

預金については、銀行別の帳簿をつくり、さらにその帳簿は預金の種類別に作成する。たとえば、当座預金を見ると、銀行別の出納帳をつくって、小切手番号欄に「小切手ナンバー」を発生順に記入するが、書き間違えた場合のナンバーは必ず「欠」とする。銀行からもらっておく小切手帳には「控」の部分（耳という）が綴込みになっていて、これは大切。

与件（前提条件）　会社の業績向上のためには、まず、激動する社会・経済情勢の中で会社が置かれた立場をしっかりと認識する必要がある。

経理・財務部は、大きな視野で、経済全体の中で会社や事業がおかれた立場を理解する。

また、経済市況や需要・供給、輸出入、金融情勢、景気変動などを把握して新製品や代替品など、経済構造の検討もする。この中で具体的に自社の利益・資金の状況を考え、重要な契約や特別の検討項目には、そのつど、的確な意見を述べる。これが経理・財務の機能（はたらき）。これらのことに使命感・公平感を持って処理していく姿勢をもっていれば、必ず各事業部等関連部門から自分たちの経営行動に参画してほしいとの要請がある。

予算　予算とは「予め算出する」こと。よく「予算消化」と言うが、これは「それだけ使っていい」という意味であって、予算の本来の役割に反する。予算には、大きく分けて「経常予算」と「特殊予算」の2つがある。

経常予算では、将来の「売り上げと利益」を予測し計画する。予算期間は、1日、1ヵ月、3ヵ月、半年、1年である。

まず、販売数量（売り上げ数量）に必要な製品の「生産数量」を計画し、原材料の買入れと使用を計画。設備投資、研究費、人件費、広告宣伝費、借入金など、すべての活動を「金額＝数量×単価」で検討し数値化する。これをとりまとめて利益を算出する。

予算について、経営上、重要なポイントがある。販売金額（売上数量×売上単価）、製造原価（生産数量×製造単価）などの中身を細かく検討すること。

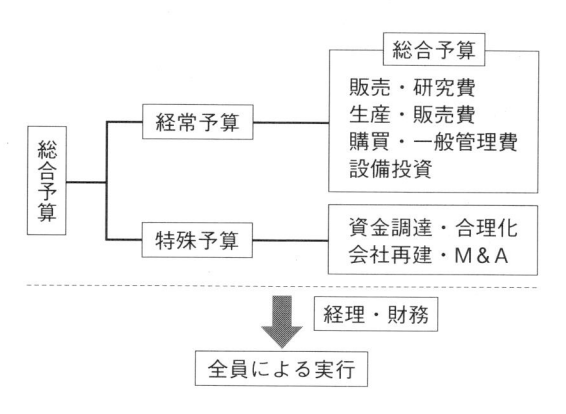

総合予算
- 経常予算 — 総合予算: 販売・研究費、生産・販売費、購買・一般管理費、設備投資
- 特殊予算: 資金調達・合理化、会社再建・M＆A

→ 経理・財務
→ 全員による実行

予算実績対比　年度計画を推進・管理するために月次で予算と実績を対比すること。前月実績データの

よ・り

還元、差異分析、対策のとりまとめを個人・部門・全社でスピーディーに行い、この結果が毎月の業務に反映されるように取り組む。

予算修正　経営実行の進捗途上に発生する事由に対応するために予算を修正すること。事業年度を1年と定めている会社は、通常6ヶ月以内に当初予算の見直しを行うことが多い。見直しは、予算全般とする場合や、事務負担の軽減から重要項目のみとする場合、3ヶ月で見直しをする場合等、会社の事情により異なる。

予算編成　予算の編成は、販売・製造・研究・購買・経費・資金などの各方面の予算を総合して行われるため、全社員の自主的な力が必要である。

予算項目	担当部門
製造・生産	各事業部門・工場・企画部門
原材料	各事業部門・工場・購買部門
設備投資	各事業部門・工場・企画・技術部門
研究費	研究所・研究担当部門
人件費	各事業部門・工場・人事部門
研修費	研修部門・全社の部門
広告宣伝費	各事業部門・広報部門
修繕費	各事業部門・工場・修繕担当部門
資金の調達・運用	各事業部門・経理・財務部門

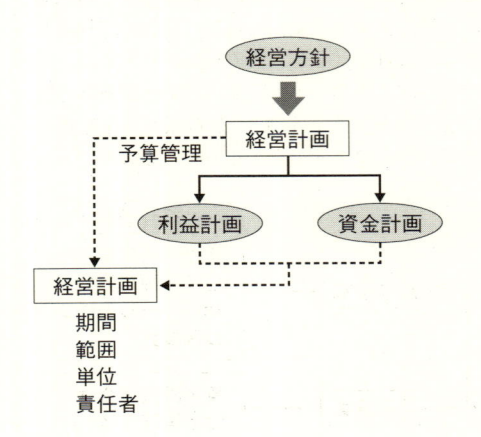

```
経営方針
  ↓
経営計画 ←--予算管理
  ↓    ↓
利益計画 資金計画
  ↓    ↓
経営計画
  期間
  範囲
  単位
  責任者
```

予算体系

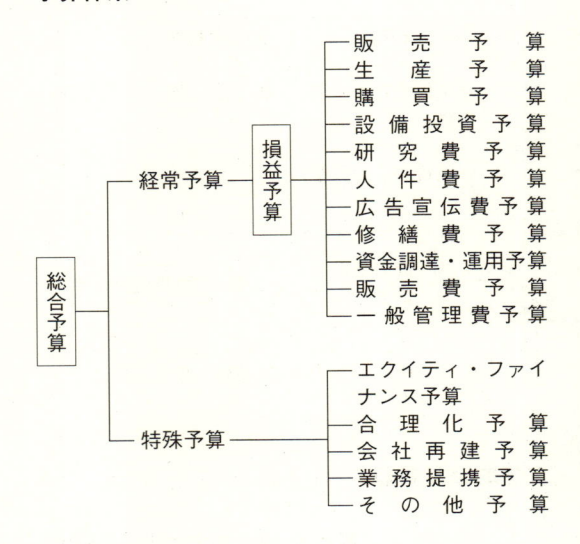

```
                    ┌─ 販売予算
                    ├─ 生産予算
                    ├─ 購買予算
                    ├─ 設備投資予算
                    ├─ 研究費予算
         ┌─損益予算─┤─ 人件費予算
         │          ├─ 広告宣伝費予算
    経常予算         ├─ 修繕費予算
         │          ├─ 資金調達・運用予算
         │          ├─ 販売費予算
総合予算─┤          └─ 一般管理費予算
         │
         │          ┌─ エクイティ・ファイナンス予算
         │          ├─ 合理化予算
    特殊予算────────┼─ 会社再建予算
                    ├─ 業務提携予算
                    └─ その他予算
```

与信限度額とは　売掛金や貸付金の焦付発生防止のため、1つの取引先に対して設定する与信許容の最高限度額のこと。与信限度額を与信先ごとに設定することで「焦付発生防止」が可能となる。

与信とは　掛売りや貸付の実施などの形で債権を発生させる取引を行うこと。信用を供与すること。

予定取引　通貨先物、通貨スワップ及び通貨オプション等、未履行の確定契約の取引と契約は成立していないが、取引予定物件、取引予定量、取引予定価格等の主要な取引条件が合理的に予測可能で、かつ、それが実行される可能性が極めて高い取引をいう。

り

リース料　一般に、リース料は自分でその資産を買った場合より割高である。しかし、リース取引には、一時に大きなおカネがかからない、技術革命のスピードが速いために出てくる新機能・高性能のものに備えられているなどのメリットがある。

　機械、車、机などのリース取引について、その会計処理が2008年4月1日以降に始まる年度から変わった。これまでわが国では、多くの企業がファイナンス・リース取引のリース料を損益計算書の上で、支払リース料・賃借料などの費用として計上していた。ファイナンス・リース取引とは、簡単にいうと、「リース取引のうち、契約を中途解約できず、借手がリース物件から生まれる経済的利益を実質的に受け、あわせてそのリース物件の使用によるコストを実質的に負担

する取引」である。

しかし、前記のリース取引は会計処理の改正により、ファイナンス・リース取引に当たるリース取引は、少額のリース資産と短期のリース取引を除き、一律に「売買に準じた会計処理」をすることになった。「売買に準じた会計処理」では、借手の貸借対照表の上で、リース資産とリース債務を計上する。また、損益計算書の上で、支払利息、減価償却費を計上する。

一方、ファイナンス・リース取引に当たらないリース取引は、オペレーティング・リース取引とされ、その会計処理方法はこれまでと変わらない。すなわち、「賃貸借取引の会計処理」を適用し、損益計算書の上で「支払リース料、賃借料」などの費用を計上する。

| リース料 | オペレーティング・リース取引の支払リース料、賃借料など |

利益 利益とは、1事業年度（通常1年）における会社の総収益から総費用を差し引いた差額、すなわち「儲け」のこと。

　　総収益－総費用＝利益（儲け）

会社は、設立される時、株主が元手（＝出資金）を出してつくられる。利益を出せば、元手がさらにその分だけ増加する。利益とは別のいい方として、「元手である出資が増えた額」。これはとても大事なことである。

会社は「損」をすることもあるし、「益」を出すこともある。「損＝損失」、「益＝利益」が出る過程を計算・説明する書類が「損益計算書」で、これは会社の「経営成績表」。会社は、収益を大きく、費用を小さくして、収益と費用の差額である利益を大きくすることを目指す。なお、企業会計でいう「収益」は、利益ではなく「売上ほかの収入」。損益計算書は、欧米では一般にIncome Statementを略したI／Sとよく使われる。

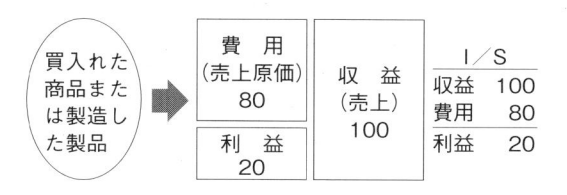

買入れた商品または製造した製品　→　費用（売上原価）80／収益（売上）100／利益 20　　I／S 収益 100 費用 80 利益 20

法人税を「経営法人税務」として考える時、税金を払う能力があることがまず重要である。税務は重要だがこれを過大視することは、利益を大切に考える経営にとって望ましいとはいえない。

利益計画（3種類）と経営の実行　収益を最大にし、費用を最小にして、リスクをできるかぎり取り除くために、損益分岐点図表の考え方を使って3種類の利益計画を立てる。

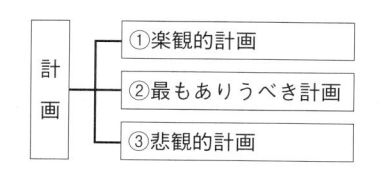

計画 ─ ①楽観的計画／②最もありうべき計画／③悲観的計画

望ましくかつ実行可能と思われる利益計画は、「最もありうべき計画」である。この計画は努力目標を含む。経営トップ層の承認を得たうえで「生産計画」「売上計画」「売上予算」などに基づく、会社の利益目標となる。ところが、現実には計画通りに会社の事業が遂行されるとはかぎらない。さまざまな経済・経営条件や情勢の変化により、経営の実行がこの「最もありうべき計画」とかけ離れることもある。

まず、望ましい経営成果の上がる「楽観的計画」を作る。この場合には、機械設備の導入、原材料の調達、人の雇用などについて臨機応変に対応できる態勢である。

一方、「悲観的計画」も作成する。経営のさまざまな計画は、この「悲観的計画」をもとにしてその可否が判断されることが望ましい。「悲観的計画」は、あまりにも安全を重視しすぎるといった非難を浴びることもあるが、経営上、最悪のことを考えているので、リスクが取り除かれ最も望ましい計画になる。

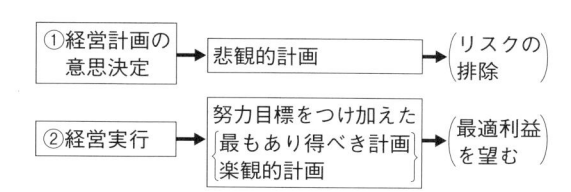

①経営計画の意思決定　→　悲観的計画　→（リスクの排除）
②経営実行　→　努力目標をつけ加えた　最もあり得べき計画／楽観的計画　→（最適利益を望む）

設備投資の計画を立てる時には、「悲観的計画」で経営判断が下されるが、事業部門も経理・財務部も実行面でこの「悲観的計画」に満足しないようにする。実行時には、「最もありうべき計画」さらには「楽観的計画」へ到達するよう、大きな努力目標を立てて進む。

いったん実行の段階に入ると、計画を決定した時の「悲観的計画」をあたかも忘れたかのように、最適利益の獲得をめざす。一見矛盾したように見えるこれらの行動に、経営計画と実行の基本がある。経理・財務パーソンはこの経営計画の意思決定・経営実行が決して矛盾しないことを良く理解してほしい。

「悲観的計画」では、リスクは取り除かれる。「リスクのない所には利益はない」という批判も出るが、高いリスクのあるところでは、利益はめざせない。特に大きなプロジェクト計画であればあるほど、経理・財務は会社を守る考え方を全面的に出すべきである。

り

利益剰余金　利益剰余金（Retained Earnings）は、会社が現在まで事業活動で生み出した累計の純利益から会社設立以来支払った配当を差し引いた金額。利益剰余金は、留保利益とも言われる。

　ある会計期間の収益（Revenue）で利益剰余金が増加し、費用（Expense）で利益剰余金が減少する。もし収益のほうが費用より大きければこの差額は当期純利益（Net Income）である。利益剰余金は当期純利益で増え、一方、配当の支払いで利益剰余金は減少する。配当は、株主に対する利益剰余金の分配である。

利益剰余金と損益計算書　純資産グループ中の科目である利益剰余（金）の増加が収益で、減が費用である。損益計算書は実質「利益剰余金」の説明書（インカム・ステートメント）である。

　100円の売上で費用が80円とすると、利益が20円になる。それに税金が8円（20円×0.4）かかったとする。そうすると、当期純利益は12円。

　これをすべて現金の動きで考えると、バランス・シートの現金は12円増え、利益剰余金も12円増える。利益剰余金に損益計算書（の収益や費用）が含まれている。総費用は88円（税金含む）で純利益が12円となる。

　なお、純資産グループの科目の動き（残減増残）は「株主資本等変動計算書」で示す。

　株主資本等とは、純資産のこと。これは純資産を、「株主資本」（資本金、資本剰余金、利益剰余金、自己株式などの科目）と「等」（株主資本の4つの科目以外の科目）とに分けて、純資産の残減増残を説明した計算書。

　これは、まさに残減増残（⟷）そのものである。

　この純資産のグループの科目の残減増残の説明書が「株主資本等変動計算書」である。

　利益剰余金の「減」に表示される「配当金の分配（配当）」だけは、まったく損益計算書と関係のない純資産（資本）グループ固有の科目取引、いわば純資産（資本）取引である。

損益計算書は実質「利益剰余金」の説明書（インカム・ステートメント）である。

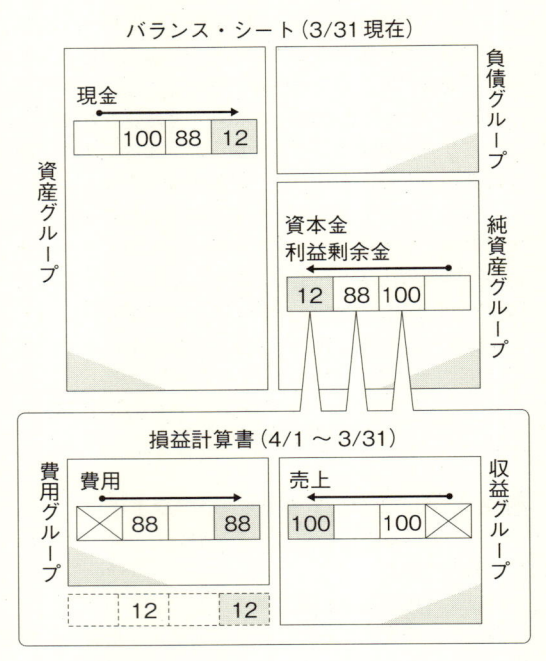

バランス・シート（3/31現在）

資産グループ｜現金 100 88 12｜負債グループ

｜資本金 利益剰余金 12 88 100｜純資産グループ

損益計算書（4/1～3/31）

費用グループ｜費用 ✕ 88 88｜売上 100 100 ✕｜収益グループ

12　12

利益性の分析　会社の利益性を判断するための指標として利益率の分析があるが、近年は会社の事業力を示す「売上高と当期純利益」の動向に対する関心が高まっている。

利益率　全体の中で、利益が何％占めるかを表した率のこと。分子が利益である。分子が売上総利益（売り上げ−売上原価）で、分母が売り上げであれば「売上総利益率」。分子が純利益で分母が売り上げであれば「売上純利益率」である。

利益力　会社は、(1)成長しながら、(2)安全に、(3)利益を上げる。3つの原則のなかで1番大事なのは「利益」のある（profitable）ことである。これは、16世紀の大航海時代から同じ。

　利益力のポイントは、次の5つ。

① 販売力の強さは、数量と単価の2つの面から検討する。数量は、世界中同じ条件で交渉できるが、単価は、輸出の為替条件や手数料やリベートの有無などにも気をつける。

② コストダウン力は、会社からの「出」のお金（費用）を小さくすること。減価償却費も、もとは設備の買い入れコストから出た数値で、同じ性能のもの。これを1円でも安く買う。

③ 利益志向の気風。いわば、「前向きのケチ」になることである。会社のなかに、無駄を排除し利益を大事にする風土が根付いているかで、競争力が大き

く違ってくる。
④ メーカーでは、原料の安定的・効率的買入れを心がける。世界中から複数の買入れ先をもつなど、知恵を絞る（複数購買）。
⑤ 技術水準が高いことも重要で、技術者にはこれが1番。ノーベル賞をとられた島津製作所の田中耕一さんのような研究者・技術者が育っていることが理想である。

この5つのポイントについて、利益力を強める事業部の行動に、経理・財務は参画・バックアップする。

一方、利益を上げつつ成長していくことと並行して、会社は「安全力」を重視する。大航海時代でも、船は嵐を避けた。たしかに、「利益力・成長力」と「安全力」は、一面では相反する。とくに業績が好調で、成長を望む場合には、安全が小さく考えられがち。

しかし、会社は間違うと倒産につながるような大きな危険を冒すことは許されない。成長する過程で心配されるのは、たとえば、①販売先が急増したとき（滞留債権や過大在庫の発生）、②大規模投資のとき（フル生産・フル販売できるか）、③余裕資金でリスクのある資金運用を行うとき（借入金返済をまず考えるべき）、④採用人員の短期間の急増（人件費が固定化する）、⑤内容の薄い研究費の急増（コスト効果が得られない）――など。

経理・財務部門は、安全力を重視しつつ、成長力・利益力をアピールし、行動する。

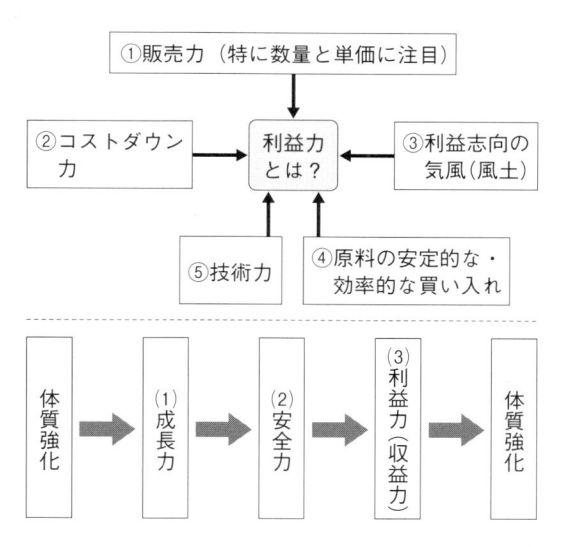

①販売力（特に数量と単価に注目）
②コストダウン力
③利益志向の気風（風土）
④原料の安定的な・効率的な買い入れ
⑤技術力
→ 利益力とは？

体質強化 → (1)成長力 → (2)安全力 → (3)利益力（収益力） → 体質強化

利息　元本債権から生じる所得であって、元本利用の対価として、その元本債権の額とその利用期間並びに対価の割合（これを利率という）に比例して支払われるべき金額その他代替物のこと。

利息起算日　貸出金の利息を計算する期間を起算する日という。利息起算日は初日不算入が民法の原則であるが（民140）、慣習的に金融機関貸出金に対する利息計算は貸出日から満期日までの両端入れの日数を利息計算期間としている。ただし、預金に対する利息は払戻日を算入しない片端入れで行われる。

利息計算　一定の契約条項に基づいて、融資金や預貯金、公社債などの利息を計算すること。

利回り　投資元本に対して1年に何％の利益を生み出すかを表したもの。これに対して利率は、「額面金額に対する利息の割合」のことで、利率と利回りは必ずしも一致しない。

債券の利益（収益）は、利率ではなく利回りで表示される。債券は一般的に額面金額と異なる価格で発行されるので、利息のほかにこの額面金額と発行価格の差（償還差益（損））を加味する必要がある。

流動資産と投資その他の資産　流動資産は企業の営業取引によって発生した債権など、あるいは、決算日から1年以内に費用化、決済する債権などをいう。

投資その他の資産は固定資産のひとつ。決算日から1年を超えて決済するものを固定資産という。その中で長期所有目的で保有する有価証券や支配目的で保有する子会社・関連会社株式などがこれにあたる。

流動比率

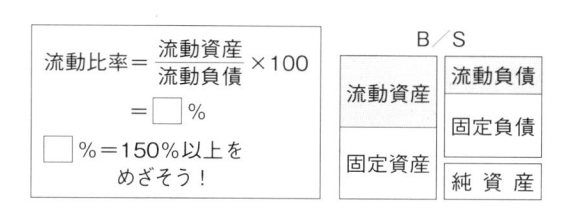

$$流動比率 = \frac{流動資産}{流動負債} \times 100 = \Box \%$$

$\Box \% = 150\%$以上をめざそう！

B/S
流動資産	流動負債
	固定負債
固定資産	純資産

1年以内に現金になる資産（流動資産）と、1年以内に返したり払ったりしなければならない負債（流動負債）を対比させた比率。

流動比率は、会社が短期支払能力を安定してもっているかの安全性をみる比率で、欧米では200％が理想とされている。流動資産は、流動負債の2倍もつようにということ。私は150％を目標と考えている。

流動負債と固定負債　負債は流動負債と固定負債に分類される。企業の営業取引によって発生した債務など、あるいは、決算日から1年以内に決済する債務などを流動負債、それ以外を固定負債という。

る

類似業種比準方式　これは、取引相場のない大規模会社の株式を評価する方式の1つ。計算内容は単純で、その評価対象の会社と類似会社の株式（A）を、配当（Bと⒝）1：純利益（Cと⒞）1：純資産（Dと⒟）3の要素でウエイトづけして5で割って平均する。算式の中の0.5、0.6、0.7は、上場していないために評価する株式の市場性がないことによる割引率である。

〔算式〕

$$評価額 = \left\{ A \times \frac{\frac{Ⓑ}{B} + \frac{Ⓒ}{C} \times 3 + \frac{Ⓓ}{D}}{5} \right\} \times \begin{array}{l} 小企業の場合0.5 \\ 中企業の場合0.6 \\ 大企業の場合0.7 \end{array}$$

（注）
- A………株　　価（類似業種の）
- B………配 当 金（類似業種の1株当たりの）
- C………年純利益（類似業種の1株当たりの）
- D………純 資 産（類似業種の1株当たりの）
- ⒝⒞⒟……評価会社のもので内容は上と同じ

れ

連結　会社が大きくなると、事業の一部を子会社や関連会社に移すことが多くなる。

製造も販売も行う子会社、製造だけを受け持つ子会社、加工を受け持つ子会社、海外で生産・販売を行う子会社など、さまざまな事業を行うグループ内の会社が出てくる。

また、最近では、持ち株会社のもとにグループ会社ができたり、M＆A（企業の合併・買収）により、子会社・関連会社は、資本関係、事業面で深くつながっている。したがって、会社の成績や財産の状態を見るために、個々の会社の決算書だけではなく、グループ全体で見ようというのが連結決算書。親会社が黒字でも、親会社から買入れて製品を売る販売子会社が大赤字の場合には、グループ全体では、果たして利益があるか疑問。これをしっかり見る連結決算書、すなわち、①連結貸借対照表、②連結損益計算書、③連結キャッシュフロー計算書、④連結株主資本等変動計算書、が作成される。

親会社は、「支配力」基準（親会社が他の会社の意思決定に関与できるかどうかの基準）で子会社を決める。さらに、親会社は、「影響力」基準（親会社が他の会社の財務や事業の方針決定に重要な影響を与えるかどうかの基準）で関連会社を決める。この関連会社は「持分法」という親会社の持分利益だけを計算に入れる方法で連結決算の範囲に入る。

なお、連結S／C（Statement of Changes in Shareholders' Equity＝連結株主資本等変動計算書）について一言。

連結B／Sの純資産の部にある「資本金」「資本剰余金」「利益剰余金」などの期首残・減少・増加・期末残（残減増残）の内容を明らかにする。

連結売上高　連結決算書の中の連結損益計算書の1番上の行にのる売上高をいう。親会社・子会社などの間の売上や買入を相殺消去したあとで残る、企業グループ外部へ売り上げた金額が連結売上高である。

連結親法人　連結納税において、連結親法人になることができるのは、内国法人である普通法人と協同組合等である。

連結会社　これで1つの言葉と考える。これは企業グループの中の会社で連結決算の対象となった会社で、連結対象会社ともいう。

連結確定申告書の提出期限等　連結確定申告書の提出期限等は次のとおり。

連結親法人　→
- 提出書類　連結確定申告書
- 提 出 先　連結親法人の納税地の所轄税務署長
- 提出期限　連結事業年度終了の日の翌日から2ヶ月以内

連結子法人　→
- 提出書類　個別帰属額等を記載した書類
- 提 出 先　連結子法人の本店又は主たる事務所の所在地の所轄税務署長
- 提出期限　連結事業年度終了の日の翌日から2ヶ月以内

連結株価収益率（連結PER）　これは、親会社の株価を1株当たり連結当期純利益で割ったもので、株式が利益の何倍で取引されているかを示す。この場合、収益は純利益のことなので、株価利益率と言うべきである、と私は思う。

連結株価収益率＝株価／連結1株当たり純利益＝○倍

連結株主資本等変動計算書　連結決算書で作成される決算書のひとつとして「連結株主資本等変動計算書」がある。この計算書は、連結貸借対照表の純資産の部の「資本剰余金」と「利益剰余金」などの期中

の残減増残の内訳を明らかにしている。

連結キャッシュフロー計算書　現金・現金同等物（普通預金、当座預金など、容易に換金可能な取得日から満期までが3ヵ月以内の短期投資のもの）を企業グループで、営業・投資・財務などの活動区分に分けて開示したキャッシュフローの残増減残のこと。

連結キャッシュフロー計算書の作り方（その1）　間接連結キャッシュフロー計算書は連結B／Sと連結I／Sから作成する。［右図］

連結キャッシュフロー計算書の作成のキーポイントは次の3つ。

① 基本的には連結B／S科目から作る。その時に連結I／Sを一部利用する。
② 連結B／S科目の前期分と当期分を並べて、増減差額を算出しておく。
③ 連結B／S科目の残増減残は、「前期末B／S＋当期増加－当期減少＝当期末B／S」となり、「当期科目増加」と「当期科目減少」が当期の現金の「入」と「出」となる。

以上のうちの②の連結I／S科目に含まれる「減価償却費」は、税引前当期純利益を減少させているが、資金が出ていない費用。

また、連結I／Sに計上される受取利息と支払利息や法人税等については発生ベースなので調整が必要。

連結キャッシュフロー計算書の作り方（その2）

I 「営業」活動　税引前利益（税金等調整前当期純利益）は、一旦キャッシュで入金したと考え、これに次の項目を＋、－する。

①資金の出ない減価償却費をプラス。②「営業」活動に関係する資産や負債の当期の純・増減額（＝前期末と当期末の差額）。③当期中に支払った法人税等の額。これは、連結I／Sの法人税等の額に、連結B／Sの未払法人税等の当期純・増減額を＋、－する。④利息の受取や支払が小計欄の上と下に出てくるが、下の欄の当期中の受取額と支払額を連結キャッシュフロー計算書に表示するため、小計欄の上で連結I／Sに計上された受取利息と支払利息を一旦なかった状態にし（戻して）、実際の受取額と支払額を小計欄の下に計上する（金額の求め方は項目の③と同じ）。

II 「投資」活動　固定資産の取得や売却、投融資による資金の入りと出に分けて計上。金額は例えば固定資産の増・減額に、代金の未収または未払があればその当期の純・増減額を＋、－。

III 「財務」活動　借入の実行や返済など資金の調達と返済を記入する。

これで、当期中の資金の入りと出を差し引いた結果が「IV現金及び現金同等物の増加額」で、これは連結の現金及び現金同等物の当期純・増加額に一致する。

連結貸借対照表（前期・当期）・連結損益計算書（当期）

バランス・シートの科目	前期	当期	増減差額	増減の内訳 増加		増減の内訳 減少	
現金及び現金同等物	956	996	A 40				
売掛金	1,614	1,780	B 166				
棚卸資産	378	394	C 16				
有形固定資産：							
取得価額	4,734	4,932	198	D	246		48
減価償却累計額	2,984	3,254	270	E	312		42
差引、帳簿価額	1,750	1,678	－72		－66	F	6
投資有価証券	732	760	28	G	28		
資産合計	5,430	5,608	178				
買掛金	1,276	1,386	H 110				
短期借入金	344	266	I －78				
未払利息	10	16	J 6				
未払法人税等	116	138	K 22				
長期借入金	742	720	－22	L	20	M	42
資本金	916	916	0	N	26		
				当期純利益		配当金支払	
利益剰余金	1,902	2,016	114	O	168	P	54
少数株主持分	124	150	26				
負債・純資産合計	5,430	5,608	178				

連結損益計算書の科目		当期
売上高		5,802
売上原価		4,690
販売費・一般管理費		752
受取利息	Q	34
支払利息	R	44
固定資産売却益	S	4
税金等調整前当期純利益	T	354
法人税・住民税・事業税	U	160
少数株主持分損益	N	26
当期純利益	O	168

れ

連結キャッシュフロー計算書（当期）

連結キャッシュフロー計算書の科目	当期	
I 営業活動によるキャッシュフロー		
税金等調整前当期純利益	354	T(=O+U+N)
減価償却費	312	E
受取利息	−34	Q
支払利息	44	R
有形固定資産売却益	−4	S
売上債権の増加額	−166	B
棚卸資産の増加額	−16	C
仕入債務の増加額	110	H
小計	600	
利息の受取額	34	Q
利息の支払額	−38	R−J
法人税等の支払額	−138	U−K
営業活動によるキャッシュフロー	458	
II 投資活動によるキャッシュフロー		
有形固定資産の取得による支出	−246	D
有形固定資産の売却による収入	10	F+S
投資有価証券の取得による支出	−28	G
投資活動によるキャッシュフロー	−264	
III 財務活動によるキャッシュフロー		
短期借入金の減少	−78	I
長期借入金による増加	20	L
長期借入金の返済による支出	−42	M
親会社による配当金の支出額	−54	P
財務活動によるキャッシュフロー	−154	
IV 現金及び現金同等物の増加額	40	=A
V 現金及び現金同等物期首残高	956	
VI 現金及び現金同等物期末残高	996	

連結経営　企業グループの中にいるとはいえ、連結子会社・非連結子会社・持分法関連会社はそれぞれ独立した会社である。そして、これらの会社が連結決算・連結経営を進める中で、どのような経営的な変化・影響を体験していくかを次に述べる。

　連結各社の経営効率化についての情報がグループ各社間で交換され、効率化の項目と内容についても比較・検討していく意欲と風土が出来上がっていく。そして、企業グループ内で発展力がある会社と、困難な経営状況にある会社がとても有利で厳格な投資・資金調達・早期減価償却などの内容の比較検討を進めるようになる。

　さらに、企業グループの会計処理も各社ごとの企業運営方式が独自性を発揮する一方で、企業グループの会計処理も決算期も原則として統一されている。そして、各社の会計体系、決算方針にも、公平・真実・保守の原則がしっかり取り入れられる。

　これらの影響でそれぞれの会社の事業・会社自体の業績評価方式も望ましい方向に進み、多くの人々の合意が出来上がる。

　このような連結企業運営の中で、経理・財務は、自然に、親会社を中心とした経営だけでなく、連結経営が重視されることにあらためて気づく。同時に、すで

に連結企業運営の一角に参画・バックアップしている重大な責任も感じる。

　連結株価収益率＝親会社の株価÷1株当たりの連結当期純利益＝（倍）

連結業績　平成X年3月期の連結業績（平成X−1年4月1日〜平成X年3月31日）（百万円未満切捨て）

連結経営成績

（％表示は対前期増減率）

	売上高		経常利益		税引前利益		当期純利益	
	百万円	％	百万円	％	百万円	％	百万円	％
X年3月期	1,304	15.7	241	30.1	247	33.5	154	33.9
X−1年3月期	1,127	16.6	185	22.1	185	22.1	115	23.5

	1株当たり当期純利益	潜在株式調整後1株当たり当期純利益	自己資本当期純利益率	総資産経常利益率	売上高営業利益率
	円　銭	円　銭	％	％	％
X年3月期	357.78	357.32	12.4	14.0	18.5
X−1年3月期	266.63	266.07	10.6	11.8	16.4

　このうち、自己資本純利益率（ROE）は、当期純利益を分子、自己資本を分母にして100をかけて計算する。これが日本経済新聞などでよく見かける自己資本当期純利益率。

　これはつまり、株主から預かった自己資本（≒純資産＝資本）を使ってどれだけ純利益を上げたかである。X年3月期の場合は12.4％である。

連結計算書類　会社法上、連結計算書類と規定されているのは、①連結貸借対照表、②連結損益計算書、③連結株主資本等変動計算書、④連結注記表である。大会社であって有価証券報告書を提出しなければならない会社は作成が義務付けられている。

連結決算　親会社に子会社や関連会社などを加えた、グループ全体の業績を表す決算である。企業単独の決算を個々の決算とか個別決算（単独決算）というが、これに対する用語である。株式公開会社や大きな会社が作成している。出資比率が50％以下でも役員の派遣や取引関係などを勘案して連結対象の子会社となる場合がある。すなわち、子会社の連結対象の範囲は、株式の保有割合だけでなく、子会社を実質的に支配している場合も含まれる（支配力基準という）。

　関連会社の場合、持分法という手法を用いて、関連

会社の最終損益の額のうち、親会社の持分の損益だけを連結する。

これも関連会社であるかどうかは、株式の保有割合だけでなく、人やお金を通じての影響力で決まる（影響力基準という）。グループ利益力を見る連結決算では、税引き前利益から税金や少数株主損益などを差し引いた当期純利益が重視される。

連結決算に入る会社　連結決算を初めて行うときには、あらかじめ決めておくべき事柄や、連結決算業務をスムーズに行うための準備をしておくべき事柄がある。特に、連結決算の対象とする会社の決定はきわめて重要である。

子会社は必ずしもすべて連結するわけではない。また、連結する子会社をむやみに変更することはできない。非連結子会社や関連会社の中で、持分法の対象とする会社についても同じように決める。

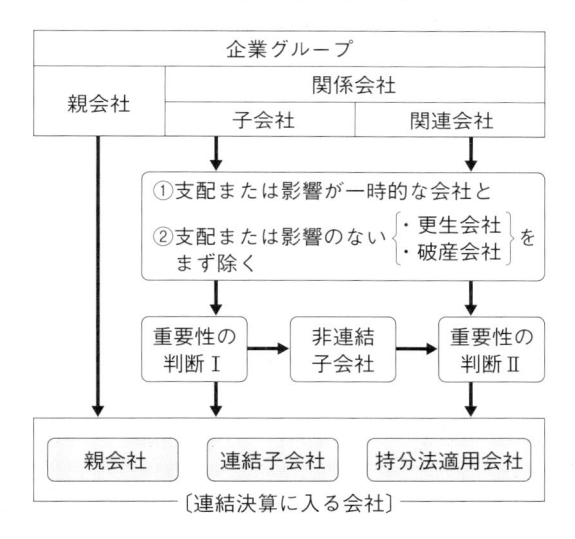

連結決算書の作成の流れ

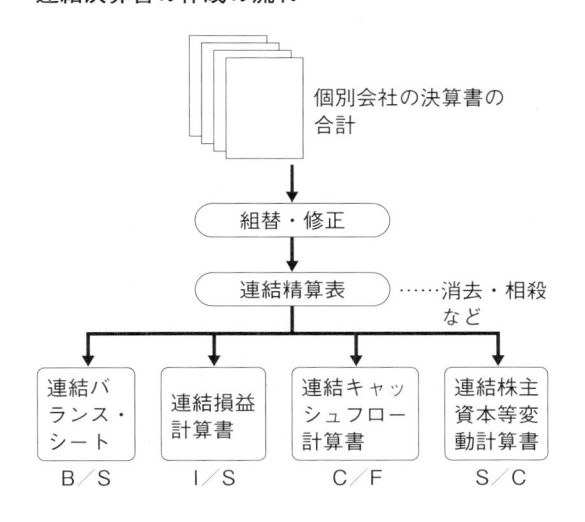

いくつかの子会社の決算書と親会社の決算書とを合計し、連結決算固有の調整、すなわち、消去（消し去ること）や修正をして作成する。

この合計する子会社の決算書と親会社の決算書は、連結用の科目に統一。

連結決算書は、次の4つ。
① 連結バランス・シート（貸借対照表）
② 連結損益計算書
③ 連結キャッシュフロー計算書
④ 連結株主資本等変動計算書（純資産「残減増残」）

これら①、②の科目の分類や配列は、個別の決算書とほぼ同じ。

連結決算の承認手続　金融商品取引法で有価証券報告書を提出する会社は、会社法での連結計算書類、すなわち「連結貸借対照表」「連結損益計算書」「連結株主資本等変動計算書」と「連結注記表」を作成する。

取締役は、これを監査役と会計監査人に提出する。監査の結果は、株主総会の招集通知に添付する必要はないが、取締役は連結決算書について、取締役会の承認、会計監査人と監査役の監査を受けたあと、株主総会に提出する。そして、取締役は、株主総会で連結決算書の内容を報告し、会計監査人と監査役の監査結果（監査報告書に書かれたことの概略）を報告する。

連結決算範囲　連結財務諸表は、親会社を中心とする企業集団（親会社、子会社及び関連会社）を単一の経済的組織体として作成する。子会社に対しては原則として連結法（財務諸表を合算）を適用し、関連会社や何らかの理由で連結されなかった非連結子会社に対しては、持分法を適用する。

連結決算日　連結財務諸法は、親会社の決算日を連結決算日として作成し、作成対象期間は1年間。子会社の決算日が連結決算日と異なる場合には、子会社は、連結決算日において、正規の決算に準ずる合理的な手続きに従って、新たに決算を行う。ただし、連結決算日と子会社の決算日との差異が3ヵ月以内の場合は、新たに決算を行わないで連結することが認められている。

また、持分法の適用に当たっては、持分法適用会社の直近の財務諸表を使用することになる。ただし、親会社と持分法適用会社の決算日に差異があり、その差異の期間内に重要な取引又は事象が発生しているときには、必要な修正又は注記を行う。

連結欠損金の繰越控除　連結欠損金とは、連結所得の連結グループ全体の合計金額がマイナスとなっ

れた場合のそのマイナスの部分の金額をいう。

連結欠損金は7年間繰り越し、連結所得から控除できる。

連結子法人　連結子法人になるのは、連結法人がその発行済株式総数の100％を直接又は間接に保有している内国法人である普通法人のすべて。ただし、清算中の法人、資産の流動化に関する法律に規定する特定目的会社、及び連結納税の取消し、取止め等から5年を経過していない法人等は除かれる、

なお、この親法人の子法人の関係を「完全支配関係」と呼ぶ。

連結C／F（Consolidated Statement of Cash Flows）　連結キャッシュフロー計算書（連結だけでその作成が求められる）は、企業グループの営業、投資、財務、の動向を表す財務諸表で、英語ではStatement of Cash Flows（C／F）という。これは、連結B／S、連結I／Sに続く第3の財務表で、日本と世界の他社や時系列でのキャッシュフローの状況の比較ができるようになった。また、公認会計士の監査が必要で、その信頼性は高まった。

連結事業年度　連結事業年度とは、連結親法人の事業年度開始の日からその終了の日までの期間をいい、連結納税の適用期間中は、原則として連結事業年度ごとに申告・納税を行うことになる。なお、連結親法人と事業年度の異なる連結子法人は、自らの事業年度に関わらず、この連結事業年度の期間を1つの事業年度とみなされる。

連結修正消去仕訳　連結修正消去仕訳とは、個別会計上で行われた仕訳と連結会計上あるべき仕訳とに違いがあるときに、その差異を修正するために行われる仕訳である。

連結所得　連結親法人及び連結子法人の所得をいう。連結所得金額は、各連結法人の確定決算に基づく単体所得金額に、連結所得調整を加えて計算される。

連結所得金額及び連結税額の計算　連結グループ内の各法人の所得金額・欠損金額を合算した連結所得金額を課税標準とし、連結法人税額は、連結所得金額に税率を乗じた金額から各種の税額控除等を行って計算する。

連結所得金額・連結法人税額の内訳として、連結グループ内の各法人に帰属する金額を計算する必要がある。

連結する企業グループの範囲

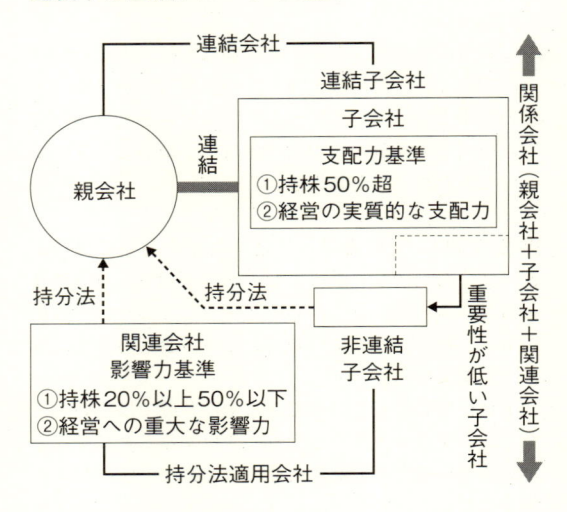

連結会社
連結子会社
子会社
支配力基準
①持株50％超
②経営の実質的な支配力

親会社　連結

持分法　持分法　重要性が低い子会社

関連会社
影響力基準
①持株20％以上50％以下
②経営への重大な影響力

持分法適用会社

関係会社（親会社＋子会社＋関連会社）

非連結子会社

連結税額計算と地方税　法人住民税・法人事業税は各法人は単体で申告・納付するが、その課税標準として、連結所得の個別帰属額、連結法人税額の個別帰属額を使用することとなる。

連結貸借対照表　「連結会社」の個々の貸借対照表の合計から、連結会社の間の「投資・資本の相殺消去」「債権・債務の相殺消去」「未実現利益の消去」などを行って作られたグループ企業の貸借対照表である。

連結中間法人税額　連結法人税額の中間の納付は、連結親法人が行う。納付期限は、連結中間申告書の提出期限までで、すなわちその連結事業年度開始の日以後6ヶ月を経過した日から2ヶ月以内に納付しなければならない。

「連結」の意味　財務諸表の「連結」は、個別財務諸表の単純合計では終わらない。さらに、連結決算特有の「相殺消去」を行い、グループ内の出資関係、債権債務、取引高等を相殺・消去し、企業集団の実態を明らかにする。

連結納税　連結納税の制度とは、日本国内のグループ会社を1つの法人とみなして法人税を支払う制度である。例えば、親会社が100の黒字、子会社が20の赤字（100％子会社）の場合は、80に課税される。

連結納税制度における税額計算は、各子会社の個別決算から課税所得を算出する。親会社は連結対象の各子会社の課税所得と親会社自身の課税所得を合算し、内部利益を除いて、グループとしての連結所得と連結納税額を算出する。連結申告と連結納付は、親会社が行う。

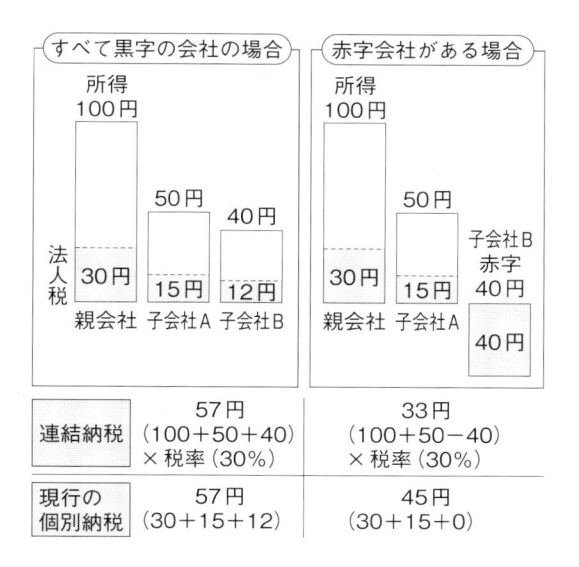

	すべて黒字の会社の場合	赤字会社がある場合
	所得 100円　50円　40円 法人税 30円　15円　12円 親会社　子会社A　子会社B	所得 100円　50円 30円　15円　子会社B赤字 40円 親会社　子会社A　40円
連結納税	57円 (100+50+40) ×税率(30%)	33円 (100+50－40) ×税率(30%)
現行の 個別納税	57円 (30+15+12)	45円 (30+15+0)

連結納税グループへの加入　法人が連結親法人による完全支配関係を有することとなった場合には、法人は、その有することとなった日において連結納税に係る承認を受けたものとみなされ、その有することとなった日以後の期間については連結納税が適用される。

連結納税制度　企業グループの中の親会社・子会社を一体とみて法人税・事業税（法人税等）を納める制度。本来、連結決算の制度と一対になるといわれるものである。

　連結納税は、①連結納税型と②損益振替型の2通りがある。①は子会社損益を親会社に合算する方法で、②は子会社損益の全額を親会社に拠出して子会社損益をゼロとする方法である。

連結納税特有の調整項目　連結納税における所得調整項目には、単体納税では行わない調整項目がある（以下「連結特有の調整」という）。具体的な項目としては、次のとおり。
(1) 連結法人間の特定資産の上と損益の繰延べとその計算
(2) 子法人株式の帳簿価格修正による子会社法人株式譲渡損益修正

　連結特有の調整がどの法人に帰属するかについては、それぞれ規定が設けられており、たとえば、譲渡損益の繰延べとその計上は譲渡した側の法人に帰属し、子法人株式の譲渡損益の修正は、子法人株式等を譲渡した法人に帰属する。

連結の範囲　企業グループの会社を「連結会社」とするかどうかを検討するときに使う用語。連結会社とした会社の範囲を「連結の範囲」という。原則は、すべての子会社を連結の範囲に入れるが、重要性の面から連結の範囲から除かれるものもある。

　連結決算に含める会社は、「支配力基準」と「影響力基準」をベースに決定される（会社と公認会計士と協議のうえ決定する）。重要性の認められない小規模の子会社は、連結の対象から除くことができる。そして、非連結子会社と関連会社の中から「持分法」で連結決算に入る会社も出てくる。

	親会社の株式所有率 （直接所有＋間接所有）
親　会　社	──
子　会　社	50％＜
関 連 会 社	20％≦　　≦50％

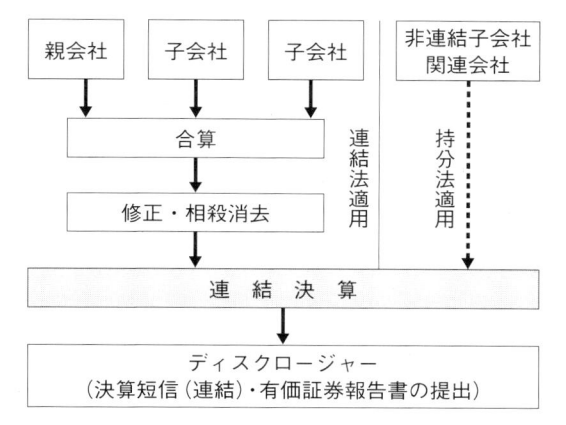

```
親会社    子会社    子会社     非連結子会社
                              関連会社
   ↓       ↓       ↓             │
   └───合算───┘       連結      持分
        ↓              法人      法適
    修正・相殺消去      適用       用
        ↓                         │
    連　結　決　算  ←──────────┘
        ↓
    ディスクロージャー
    （決算短信（連結）・有価証券報告書の提出）
```

連結パッケージ　連結決算は連結グループ各社の個別決算を基に、必要な連結決算手続きを施して作成するため、連結グループ各社の個別決算数値のほか連結決算手続きを実施するのに必要なデータを入手する。必要なデータの例として、投資有価証券　銘柄内訳、連結グループ会社との取引データ（売上・費用／債権・債務）、内部利益の明細、固定資産の期中増減明細等が挙げられる。こうした連結各社からの報告資料を総称して「連結パッケージ」といい、「連結パッケージ」は所定のスケジュールで作成し、親会社に報告する必要がある。また、連結パッケージは、連結各社の会計監査を担当している公認会計士のレビューを経ているのが望ましい。

連結バランス・シート　いくつかの子会社の決算書と親会社の決算書とを合計し、固有の調整、すなわち、消去（消し去ること）や修正をして作成する。

　この合計する子会社の決算書と親会社の決算書は、連結用の科目に統一する。

　連結決算書は次の4つ。
①　連結バランス・シート（貸借対照表）

れ・ろ

② 連結損益計算書
③ 連結キャッシュフロー計算書
④ 連結株主資本等変動計算書（純資産の「残増減残」）

これら①、②の科目の分類や配列は、個別の決算書とほぼ同じ。

連結B／S　連結貸借対照表(Consolidated Balance Sheet）は、企業グループの財政状態を示す財務諸表。まず、親会社と連結子会社の個別の貸借対照表を単純に合計し、次に、連結会社間の債権と債務、投資と資本（純資産）を相殺消去して、連結B／Sを作成する。

①のB／SはSheet（表）。②、③、④のI／S、C／F、S／CはすべてStatement（説明書）。この3つの説明書が、B／Sの利益剰余金の増減、現預金、株主資本金等、の説明書である。

連結I／S　連結損益計算書(Consolidated Income Statement）は、企業グループ経営の1年間の成績を示す財務諸表。まず、親会社と連結子会社の損益計算書を単純に合計する。次に、関連会社間の売上と仕入の取引、未実現利益（企業グループの中で利益を乗せて売り買いした製品などが、未だグループ外へ販売されていないために、グループの外から得た本物の利益として実現していない利益）などを消去して、連結I／Sをつくる。

連結法と持分法　連結法と持分法の違いを見ておく。

連結法→「全体連結」
持分法→「部分連結」または「1行連結」

極端にいうと、持分法は、その株主（親会社）の持分の利益または損失（損益）だけを、親会社の損益に足し算・引き算するもの。

「持分法」の全体像を見ておこう。

親会社P社が100％子会社S社へ100万円投資して、子会社はこの100万円の資本金を元手にして20万円の当期純利益をあげたとする。この場合、
① 親会社P社は、子会社（S社）の株式の評価だけで原価法を採用しているので、配当を受けるだけで、子会社の業績や財産の変動を決算書に反映させない（個別決算書の考え方）。
② 持分法では、利益20万円は、親会社の投資がさらに増加したと考える。また、損をした場合は投資が減少したと考える。この経理・財務処理が行われるのが持分法の最大の特徴。

㊧（借）B／S　S社株式（投資）20
　　　　　　　　　　　㊨（貸）I／S　持分法による投資利益　20

「子会社や関連会社で利益が出たり、損が出ることは、親会社の投資の金額にプラスされるものが出たり、マイナスされるものが出ることである。」

連結法と持分法の範囲　グループ会社を構成する会社のうち、連結対象会社、持分法適用会社として扱うかどうかを検討するときに使う用語。連結として扱う会社の範囲を「連結法の範囲」といい、持分法適用会社の範囲を「持分法の範囲」という。

連帯納付責任　連結税額の納付は、連結親法人が行うが、連結子法人は、連結親法人の各連結事業年度の連結所得に対する法人税（その連結子法人の連結事業年度の期間に納税義務が成立したものに限る）について、連帯納付義務を負う。

だから、連結親法人が連結法人税額を納付できなかった場合には、連結子法人が納付を要求される。

なお、連結子法人が連結納税から離脱又は取り止めた場合であっても、連結納税に参加した期間の連結法人税で、その連結子法人がその連結親会社との間に連結完全支配関係がある期間内に納付義務が成立したものは、連帯納付責任がある。

連帯保証　保証人が主たる債務者として保証債務を負担すること。連帯債務と似ているが、連帯保証は保証の一種であることから、主たる債務の存在に影響される（附従性）点で連帯債務とは区別される。

連帯保証人は、催告の抗弁権と検索の抗弁権を持たないこと、また、連帯保証人が数人いても分別の利益を持たないことなどの点で、連帯保証は通常の保証よりも債権者にとって有利な制度になっている。しかし、連帯保証も保証の一種であるから、主たる債務者について生じた事由は、すべて連帯保証人にその効力を及ぼす（附従性）。逆に、連帯保証人について生じた事由は、一定の場合に限って主たる債務者にその効力を及ぼす。

ろ

労働組合と労働協約　従業員を代表する労働組合が、会社と対等の立場で労働条件等（その1つとして退職金規定）について協議し、文書にして記名押印したものを労働協約という。労働組合は現状では日本国内の労働組合員の代表であり、全世界（海外）の子会社などの従業員が貢献した業績の結果である連結決算書の理解など、会社の「経理・財務」に向けた真剣な勉学が必須となっている。

わ

割引前将来キャッシュフローの総額　主要な資産（資産グループの将来キャッシュフロー生成能力にとって最も重要な構成資産）の経済的残存使用年数（税法耐用年数等に基づく残存耐用年数に著しい相違いがある等の不合理と認められる事情のない限り、当該残存耐用年数を経済的残存使用年数と認められる）等に基づいて算定された、当該資産を使用・売却することにより将来の各年度に獲得できると想定されるキャッシュフローの合計額。

ワンイヤー・ルール　資産や負債を「流動」科目と「固定」科目に区分する基準のひとつで、期末日後1年以内に入金期日または支払期日が到来するかどうかで判断する基準を「ワンイヤー・ルール」と呼ぶ。

割引債の利回り　割引債は、クーポン収入はないが、発行価格が割り引かれている債券のこと。

割引債最終利回り（単利）（%）＝ $\dfrac{\dfrac{償還価格 - 発行価格}{残存期間}}{債券価格} \times 100$

割引債最終利回り（複利）（%）＝ $\sqrt[n]{\dfrac{残存期間}{債券価格}}$

（注）n＝所有期間

アルファベット

アルファベット

A

a dance （ア・ダンス）ダンスパーティ 高校・大学の入学式・卒業式のダンスパーティ＝プロム（散歩＝prom on promenade）というダンシング・パーティ。ダンスパーティは日本語。ボールルーム・ダンス（舞踏会＝ballroom dance）は大掛かりなダンシング・パーティ（ダンスパーティ＝dancing party）。

accountability （アカウンタビリティ）説明する責任

accounting cycle （アカウンティング・サイクル）簿記一巡

accounting policy （アカウンティング ポリシー）会計の方針

acquisition （アクイジション）買収。なお、動詞はアクアィア（買い取る） acquire。

acquisition method （アクイジション メッソッド）買収方法

additional paid-in capital （アディショナル・ペイド・イン・キャピタル）追加払込資本。払込剰余金で『純資産の部』の資本剰余金の一つ。

adoption （アドプション）採用すること

adventure （アドベンチャー）冒険

adventure company （アドベンチャー・カンパニー）冒険企業

after M＆A （アフターM＆A）M＆A後

amortization （アモーチゼーション）無形固定資産の償却

annual report （アニュアル・レポート）年次報告書

ASBJ （エイ エス ビー ジェイ）Accounting Standards Board of Japan 企業会計基準委員会〔日本〕

asset acquisition （アセット アクイジション）資産買収

assosiate （アソシエイト）仲間＝関連会社

available-for-sale financial assets （アベイラブル・フォー・セール フィナンシャル アセッツ）売却することが可能な金融の資産

B

balance （バランス）残

balance at the beginning, increase, decrease, balance at the end（BB, I, D, BE） 残増減残

Balance Sheet （バランス・シート）貸借対照表〔B／S〕

barge （バージ）艀船

basic earnings per share （ベーシック アーニングス パー シェアー）1株当たりの基本的利益

Book-Keeping （ブックキーピング）（決算書－経営）ブック（book）は帳簿、決算書のことで、キープ（keep）は『経営する』という意味で、keep a flower-shop（花屋を経営する）、keep a school（学校を経営する）、keep a company（企業を経営する）などに使われる。

① わが国ではもともとBook-keepingの音訳が「ぼき」。これに対して私は、Book-keepingの音訳を世界共通の「ブキ」（Buki）とした。Bookを決算書、Keepingを経営（すること）と考えた。だから、「決算書－経営」が「ブキ（Buki）」なのだ。

② この「経営」は、資産・費用チームの科目の「残増減残」あるいは、負債・純資産・収益チームの「残減増残」のなかの、「増減」や「減増」である。これらをわかりやすく発展させてカネコの「科目の四マス」残増減残㊧㊨、残減増残㊧㊨と命名した。

③ 「ブキ（Buki）」の仕訳は、たとえば、
　　㊧ 現金 100円／㊨ 売上 100円
となる。月次決算での仕訳から決算書（B／S・I／S

192

までの流れは、①「仕訳」、②「元帳」、③「残高試算表－決算書」の3段階と考えた。

その結果、利益はB／S・I／S上で、同一金額が同時に算出されると結論づけて、私の「ブキ」は完成した。私の夢は、この本を英訳することである。なお、「残増減残」と「科目の四マス」は商標登録している。自由にタダで使ってほしい。

borrowing cost （ボロウイング　コスト）借入の費用

break-even point （ブレイク・イーブン・ポイント）損益分岐点

C

carrying amount （キャリイング　アマウント）（帳簿で）繰越す価額＝簿価

cash equivalent （キャッシュ　イクイバレント）現金同等物

cash-generating unit （キャッシュ・ジェネレイティング　ユニット）＝現金を生み出す単位

CC carbon copy（カーボン・コピー）写し

CEO Chief executive officer　最高経営責任者

cost of goods sold （コスト・オブ・グッズ・ソールド）売上原価

CESR （シー　イー　エス　アール）The Committee of European Securities Regulations　欧州証券規制委員会

CFO （シー・エフ・オー）Chief financial officer 最高財務責任者。

CEOが最高経営責任者（Chief Executive Officer）と訳され、CFOは最高財務責任者（Chief Financial Officer）と訳され、CEOに次ぐ重要なポジションである。

「CFO」とは、要するに経理・財務関係の仕事で一番上の人のこと。それを英語ではチーフ・フィナンシャル・オフィサーという。CFO。それを日本語に直訳するとそのまま最高財務責任者（なお、私は「最高経理・財務責任者」と申している）。これも最近よく聞く「CEO」は最高経営責任者、チーフ・エグゼクティブ・オフィサーである。CEOが持つべきCFOの能力は、財務会計というよりも、経営会計の実力である。

change in accounting estimates （チェンジ　イン　アカウンティング　エスティメイツ）会計見積りの変更

closing （クロージング）契約終結

closing-date （クロージング・デート）契約終結日

CMO Chief marketing officer　最高マーケティング責任者

commencement date （コメンスメント　デイト）始まり日

commercial substance （コマーシャル　サブスタンス）商業の実質

commitment line （コミットメント・ライン）借入約束・限度

common sense （コモン・センス）常識

comparability （コンパラビリティ）比較できること＝比較可能性

compliance （コンプライアンス）法令遵守

component （コンポーネント）構成部分＝セグメント

comprehensive income （コンプリヘンシブ　インカム）幅広い所得＝包括利益

condominium （コンドミニアム）分譲マンション

consideration （コンシダレーション）契約上の対価

consideration transfered （コンシダレーション　トランスファード）移された契約上の対価＝取引された対価

consistency （コンシステンシー）首尾一貫性

conspiracy （コンスピラシィ）よくないことを

193

アルファベット

ひそかに企てたり計画すること。陰謀。

contingent consideration （コンディンジェント　コンシダレーション）予測できない契約上の対価

contingent liabilities （コンティンジェント　ライアビリティーズ）偶然の負債＝偶発債務

continueing involvement （コンティニュイング　インボルブメント）継続的な掛かわり合い

contributed profit （コントリビューテッド・プロフィット）貢献利益

control （コントロール）支配する

convergence （コンバージェンス）収束

corporate governance （コーポレート・ガバナンス）企業統治

country and western （カントリー・アンド・ウエスタン）C＆W

credit risk （クレジット　リスク）信用リスク

CSR 企業が環境や社会といった分野に責任を果たすための取り組みのことを、社会的責任（CSR）という。（Corporate Social Responsibilityの略）。実際に、CSRを企業理念に取り入れている企業も大幅に増えている。

　会社の事業活動の結果は、とくに上場企業であれば、会社の市場価値を表す株価などに反映される。しかし、事業活動の結果以外からも、会社の評価を行おうという傾向がある。

　たとえば、企業も社会の一員なので「企業市民」としてどう活動しているかや、環境への対策はどうか、消費者への対応はどうかといったことである。

　企業としても、環境や社会を意識しなければ、いくらよい製品やサービスを提供していてもイメージは悪くなり、その発展は望めない。

currency risk （カレンシー　リスク）通貨リスク

current cost （カレント　コスト）現在の原価

current deposits （カレント　デポジッツ）当座の預金

customer （カスタマー）需要家

customer satisfaction （カスタマー・サティスファクション）顧客の満足

D

deep jealousy （ディープ・ジェラシー）深い嫉妬

diluted earnings per share （ダイリューテッド　アーニングス　パー　シェアー）1株当たりの薄めた利益

direct costing （ダイレクト・コスティング）直接原価計算

disciple （ディサイプル）弟子

discounted cash flow method＝DCF method （ディスカウンテッド・キャッシュフローメソッド＝ディー　シー　エフ　メソッド）ディスカウンテッド・キャッシュフロー法＝DCF法＝現金割引法

　DCF法とは、Discounted Cash Flow Method（ディスカウンテッド・キャッシュ・フロー法）の略で、割引現在価値法ともいわれ、会社のM＆A（合併・買収）の際に用いられる企業価値を評価する手法の1つ。

　これは、会社の事業が将来の一定期間（利益を生み出している期間）に生み出すと予想されるキャッシュフローを、現在の価値に割り引きして、企業価値を求める手法。

　たとえば、今、手元に1万円があるとする。今日の1万円は、1年後にはたとえば5％の金利がついて1万500円になっているとする。逆にいうと、1年後の1万500円は、今日の1万円と同じ価値だと認識できる。

　つまり、将来の金額を現在の金額に直して計算するもの、ちょうど複利計算を逆さまにしたようなイメージ。

　合併や買収の際に企業価値などを求めるための方法の1つ。

　理論上は、不確実な将来、例えば3年間の純利益またはキャッシュ増加額を毎年の金利――この将来も不確実だから、純利益または増加キャッシュの不確実さも合わせて、二つの不確実な要素が入っているのに――で割り引いて、その3年分の額を合計したものを株価とする

due diligence （デュー・ディリジェンス）詳細

調査

――先輩。デュー・ディリジェンス全体は、買収折衝の中でのウエイト付けはどのくらいですか――
「私の体験からして、買収業務の100分の1ぐらい。実は、知識労働力とも言えるもので、B／S、I／S、C／F（キャッシュフロー計算書＝statement of cash flows）を中心に、資産・負債・純資産（資本）・収益・費用の評価・調査で時価評価を含む」

――ずいぶん低いのですね――
「はい。アフターM＆Aの販売・製造・研究の決定的な成功を目指すデュアリングM＆Aの交渉や経常的検討の全体を100としているから、デュー・ディリジェンスのウエイトはせいぜい1か2である。しかし、きわめて重要なので気が抜けない」

――販売についてのデュー・ディリジェンスの内容はどんなものがあるか――
「I／Sを横に置きつつ、需要家との売買契約、売上の数量・単価金額の内容をチェックし、併せて、売上に対応する総費用（売上原価、販売費・一般管理費、販売直接費、支払利息など）の内容もチェックする」

――日米社の売上関連で気をつけるべき点は？――
「アメリカの国内売上と海外売上との二面から見るようにする」

――仕事の内容は――
「責任分担の観点から、組織と担当役員の職務内容の調査をしている」

――従業員関係は？――
「全員に関する雇用契約を、個人情報保護法に抵触しないように気を付けて、調べている。個人名は、a、b、c……として、役職や勤続年数を見ている」

――契約関係で、ほかに気をつけていることは――
「前にお話が出たかもしれないが、三つほど、気を付けている。一つ目は、隠れた債務がないか、を契約書を見るときに常に考えている。二つ目は、一つ目と関係があるが、訴訟案件がないか、あれば、判決結果を明確にする。これは、もちろん、会社の内・外部とのすべての重要契約書（含む、送り状など）をチェックする中で発見される。三つ目は、会社全体について、内部統制・内部牽制の点から見ている。これについては、公私混同について、第一線の社員から社長まで問題がないかも、考えている」

――有り難うございました――

during M & A　（デュアリングM＆A）M＆A前

E

earnings per share-basic and diluted　（アーニングス パー シェアー－ベーシック アンド ダイリューテッド）基本的な・薄めた、1株当たり利益

emergency　（エマージェンシー）緊急事態発生！
In an emergency, pull the cock-handle towards you, then all doors are ready for opening by hands.
〔緊急の場合、コック・ハンドルを手前に引けば、すべてのドアは手で開けられます〕

equal partner　（イコール・パートナー）対等の提携相手

equity financial instrument　（エクイティ フィナンシャル インストルメント）持分の金融商品

European Committee　（ユーロピアン コミッティ）欧州委員会

European Parliament　（ユーロピアン パーラメント）欧州議会

event　（イベント）出来事

event after the reporting period　（イベント アフター ザ レポーティング ピリオド）報告期間の後の事柄＝後発事象

F

factoring　（ファクタリング）売掛債権の買収。売掛金など営業債権を第三者に譲渡し、現金化すること＝営業債権の流動化。

fair value method　（フェア バリュー メソッド）公正な価値方法

FASB　（エフ エイ エス ビー）Financial Accounting Standards Board　米国財務会計基準審議会

feasibility study　（エフ エス）FS：詳細検討

final　（ファイナル）最終結論

アルファベット

finance leases （ファイナンス リース）財務活動のリース
　このリースの実態は『資金を借入れての買入れである』と認識して、一旦、固定資産に計上し（同時にリース料の耐用年数相当分は負債の未払金に計上し）、自社の固定資産であると認定し、減価償却（リース代は未払金から支払い）をしている。

financial accounting （フィナンシャル・アカウンティング）財務会計：FA

financial assets （フィナンシャル アセッツ）金融の資産

financial instruments （フィナンシャル インストルメンツ）金融商品

financial liabilities （フィナンシャル ライアビリティーズ）金融の負債

financial statements （フィナンシャル・ステートメンツ）財務諸表

first refusal right （ファースト・リフューザル・ライト）最初の拒否権
　最初の・拒否すること・権利である。リフューザルは、動詞リフューズ（拒否する＝refuse）の名詞で、その意味は拒否であるが、この一語で拒否権をも表している。すなわち、ライト（権利）をも含んでいる。リフューズの"断る"の中身を見てみると、①誰よりも初めに何らかの提案を受ける権利と、②その提案を断る権利の二つを含む。
　少し具体的に考えてみる。私の勝手な考えなので多少間違っているかもしれないが、許してほしい。
　ある国の中から新しく発見された高価な宝石は、王様が誰よりも先に、それを買う権利を持っている。これが王様の先買権・優先権である。王様は同時に買わない拒否権も持っている。

fixed cost （フィックスト・コスト）固定費

fixed cost contract （フィックスト コスト コントラクト）固定コスト契約

fixed deposits （フィックスト デポジッツ）固定の預金＝定期の預金

Force Majeure （フォース・マジュール）人間の力では制御できないくらいの大きな力＝不可抗力

foreseeable future （フォーシーアブル フューチャー）見通せる将来

Freedom & Self-Discipline （フリーダム・アンド・セルフ−ディスィプリン）自由と自己規律

freight （フレイト）運賃

friendly （フレンドリー）友好的な

friendly M & A （フレンドリーM＆A）友好的M＆A

functional currency （ファンクショナル カレンシー）機能する（はたらく）通貨

G

goodwill （グッドウィル）のれん・営業権・超過収益力

gross （グロス）総額

gross sales （グロス・セールス）グロスの売上

H

Halloween （ハローウィーン）万聖節の前夜祭：10月31日の夜

historical cost （ヒストリカル コスト）歴史的な原価

hostile （ホスタイル）敵対的な

hostile M & A （ホスタイルM＆A）敵対的M＆A

I

IAS （アイ エイ エス）International Accounting Standards 国際会計基準

IASB （アイ エイ エス ビー）International Accounting Standards Board 国際会計基準審議会

IASC （アイ エイ エス シー）＝国際会計基

準委員会

IFRIC （アイ エフ アール アイ シー）International Financial Reporting Interpretations Committee　国際財務報告解釈指針委員会

IFRS （アイ エフ アール エス）International Financial Reporting Standards　国際財務報告基準

image （イメージ）画像

impairment （インペアメント）価値（値うち，健康，美点）を減らすこと

impairment loss （インペアメント ロス）ダメージを与えたことの損失＝減損の損失

impracticable （インプラクティカブル）実行不可能な

incentive （インセンティブ）励みとなる動機

Income statement （インカム・ステイトメント）損益計算書［I／S］

income tax （インカム タックス）法人所得税

informed source （インフォームド・ソース）消息筋

initial measurement （イニシアル メジャメント）最初の測定

innovation （イノベーション）革新

intangible assets （インタンジブル アセッツ）無形の資産

interest （インタレスト）持分

Interests in joint ventures （インタレスツ イン ジョイント ベンチャーズ）ジョイント・ベンチャーでの持分

interest rate risk （インタレスト レート リスク）金利リスク

interim financial reporting （インテリム フィナンシャル レポーティング）中間の財務報告

internal control （インターナル・コントロール）内部統制

interpretation （インタープリテーション）解釈、説明

intrinsic value method （イントリンシック バリュー メソッド）本質的な価値方法

investment property （インベストメント プロパティ）投資不動産

IOSCO　証券監督者国際機構と訳される。International Organization of Securities Commissions and Similar Agenciesの略で、イオスコと言われる。これはアメリカの証券取引委員会（SEC）やわが国の金融庁などで構成される国家の代表機関の集まりである。各国とも、自国の国内基準に代えてIASC（国際会計基準委員会）作成のIASを採用するかどうか検討している。

IRS　Internal Revenue Service　米国歳入庁＝国税庁

IT　（アイ ティー）

　会社業務の多くは、ITにより処理されている。このITをめぐる環境に欠陥があると、集計数値への信頼性は著しく損なわれる。また、最近はITの利用が末端のパソコンでも進んでいる。表計算シートなど個人が作る資料に誤りがあると、そのまま会計データに反映される可能性がある。これらは個人ではなく会社の規定によって管理する。

　会社の仕事の多くが、「IT（情報技術）」と呼ばれるコンピューター・システムで行われる。経理・財務の仕事も同じである。決算に必要なデータを、会計取引の「仕訳（仕分けまたは区分け処理）」というかたちで、販売、生産、研究、人事などから情報を集め、コンピューターに入力する。

　これをシステム処理した結果、科目別に会計簿や、貸借対照表（B／S）・損益計算書（I／S）が、完成する。この結果を見て、ビジネスパースンは判断や方針を決定・実行し、次の仕事にとりかかる。

　IT化では、会計のしくみを知らなくても、取引の増・減（経営そのもの）を整理しなくても、科目の残高は自動的に出てくる。誰もができるという長所があるが、一方で、大きなマイナス面は見逃せない。

　それは、システム処理が、ブラックボックス（中身の見えない箱）でされてしまうという危険性。会計取引の仕訳が、利益と財産にどのように影響するか、というプロセスを勉強するチャンスを、ブラックボック

アルファベット

スが奪っているのだ。本当は、科目の増減が経営なのに、これをじっくりと学ぶことができないのが、最大の欠点である。だから、本当の経営をすることはできない。いま、真の実力のある経理・財務パーソンが育ちにくいのは、このせいだ。

ここでのブキは帳簿記入ではなく、「決算書−経営」(B〈ブ〉ook K〈キ〉eeping)と表す。ITシステムに頼りすぎると、この「決算書−経営」が、わからなくなるという問題がある。いまのビジネスパーソンには、経営をしっかり理解したうえで、ITシステムを使いこなす自己訓練が必要である。

このITシステムは、業務の効率化や正確な処理には欠かせない。しかし一方で、いま、職場から「ワイワイ、ガヤガヤ」という人間同士の会話が失われてしまっている。経営的にみて、これはとても心配なことである。

(注)企業価値を高める「経理・財務」の常識──「ブキ力」に関連する拙著『リーダーのための簿記の本』(中経出版)を読んでいただけると、とても嬉しい。この『ブキの本』で、「残増減残」と「科目の四マス」についての私の基本的な考えを述べている。

J

jail （ジェイル）刑務所

journal entry （ジャーナル・エントリー）仕訳

K

kombinat （コンビナート）工場集団
　生産過程で相互に関連のある種々の産業部門を一地域に結合させた集団

L

letter of credit （レター・オブ・クレジット）信用状（L／C＝エル　シー）

leader （リーダー）先導責任者

lease （リース）賃貸借契約

letter of intent （レター・オブ・インテント）先方が買う意思を表した書簡

LIBOR London Interbank Offered Rateの略で、ロンドン市場での銀行間で行われる短期の貸出金利（東京市場における貸出金利は、TIBOR）。

liquidity risk （リクイディティ　リスク）流動性リスク

loss from discontinued operations
　（ロス　フロム　ディスコンティニュード　オペレーションズ）継続していない経営活動からの損失

M

M＆A merger and acquisition　MはMerger（マージャー）の略で「合併」のこと、AはAcquisition（アクイジション）の略で「買収」のことである。Mは2つ以上の会社を競争力の強化を目指し1つにすること、Aは他社の株式の過半数の株式を買い取ることで、いずれも会社が他の会社を支配するときに用いる手法である。M＆Aと言うとき、一般には買収（Acquisition＝A）という意味につかう。

MA （マネジメント・アカウンティング）management accounting　経営会計

majority （マジョリティ）過半数

management accounting （マネジメント・アカウンティング）経営会計

Management Discussion and Analysis
　（マネジメント　ディスカッション　アンド　アナリシス）経営者の討論と分析＝MD＆A

manners and customs （マナーズ・アンド・カスタムズ）風俗・習慣

marginal profit （マージナル・プロフィット）限界利益

market risk （マーケット　リスク）市場リスク

matching of expense and revenue （マッチング　オブ　エクスペンス　アンド　レベニュー）費用と収益の対応

materiality （マテリアリティ）重要さ

MBO management buyout（マネジメント・バイ

198

アウト）経営者買収

現行の経営陣がベンチャーキャピタルなど投資会社の資金支援を得て、本体企業の株式を買い取り、経営権を握る手法。事業再編手段の一つとして活発化している。

measurement period （メジャーメント　ピリオド）測定期間

memorandum （メモランダム）覚え書き

money laundering （マネーロンダリング）資金洗浄

moonlight flitting （ムーライト・フリッティング）夜逃げ

moral hazard （モラル・ハザード）倫理の欠如

mobile phone （モバイル・フォーン）携帯電話

N

native （ネイティブ）現地生まれの人

net （ネット）純額

net back （ネット・バック）純控除

net equity （ネット・エクイティ）純持分＝純資産＝株主持分

net realizable value （ネット　リアライザブル　バリュー）純額の実現可能な価値（額）

net sales （ネット・セールス）純売上高

non-controlling interest （ノン　コントローリング　インタレスト）非支配持分

not probable （ノット　プロバブル）ありそうなことのない＝ありそうもない

O

offsetting （オフセッティング）相殺すること

OJT （オン・ザジョブ・トレーニング）現場実習

アルファベット

operating leases （オペレーティング　リース）営業活動のリース

other comprehensive income （アザー　コンプリヘンシブ　インカム）他の幅広い所得＝その他の包括利益

ordinary deposits （オーディナリー　デポジッツ）普通の預金

owners of the parent （オーナーズ　オブ　ザ　ペアレント）親会社のオーナー（所有者）

P

parent company （ペアレント・カンパニー）親会社

"Past has made me what I am." 過去が現在の私をつくった

past service costs （パスト　サービス　コスツ）過去の勤務（サービス）のコスト

PER Price Earnings Ratio＝株価利（収）益率　株式への投資をするかどうかの判断をする際の指標の一つ。

例えば、株価が2,000円で、1株当たり純利益が100円であれば、2,000円を100円で割った20倍をいう。すなわち、株価を1株当たり純利益で割った額であり、株価が1株純利益の何倍まで買われているかを示すものである。

株価利（収）益率が高いほど、純利益に比べ株価が割高であること（相対的に高いこと）を示し、逆に株価利（収）益率が低いほど、株価が割安であることを示す。ある会社が10年間増益であったとして、その過去（例えば10年間）のPER平均値が25倍であったら、それと現状のPER20倍と比較することもある。

personnel department （パーソネル・ディパートメント）人事部門

plant （プラント）工場

poison pill （ポイズン・ピル）毒薬＝敵対的買収を防ぐ防衛策

post-employment benefit （ポスト－エンプロイメント　ベネフィット）雇用の後の給付＝退職給付

アルファベット

posting　（ポウスティング）元帳への記入

prepayment　（プリペイメント）期限前返済

present fairly　（プレゼント　フェアリー）公正に表示すること

present value　（プレゼント　バリュー）現在の価値

presentation currency　（プレゼンテーション　カレンシー）表示（する）通貨

principles-based　（プリンシプルズ　ベイスド）原則主義の

prior period errors　（プライアー　ペリオド　エラーズ）前の期間の誤り

private jet　（プライベート・ジェット）私有機

probable　（プロバブル）可能性のある

profit from continuing operations　（プロフィット　フロム　コンティニュイング　オペレーションズ）継続的な経営活動からの利益

profit or loss for the year　（プロフィット　オア　ロス　フォー　ザ　イヤー）当期の利益か損失

pro forma　（プロフォーマ）見積もり

project team　（プロジェクト・チーム）計画チーム

property, plant and equipments　（プロパティ、プラント、アンド、エクイップメンツ）有形固定資産

prospective application　（プロスペクティブ　アプリケイション）将来を見越しての適用

prospective customer　（プロスペクティブ・カスタマー）贔屓にしてもらえそうなお客

purchase　（パーチェス）買入れ

Q

Quarters of Accounts　（クォーターズ・オブ・アカウンツ）科目の四マス
　ある会社の取引の仕訳から貸借対照表（B／S）と損益計算書（I／S）の作成までを現金取引だけで説明するときに、その会社の200×年の取引について、貸借対照表と損益計算書の作成作業を「科目の四マス」（Quarters of Accounts）で行える。

R

rating　（レイティング）格付

rationalization　（ラショナライゼーション）合理化

raw material　（ロー・マテリアル）原料

realizable value　（リアライザブル　バリュー）実現できる価値

recognition　（レコグニション）認識（承認）

recoveravle amount　（リカバラブル　アマウント）回復可能の金額

replacement cost　（リプレイスメント　コスト）取替え品の原価

retrospective restatement　（リトロスペクティブ　リステイトメント）遡求的な再説明

retrospective application　（リトロスペクティブ　アプリケーション）遡求的な適用

reverse acquisition　（リバース　アクイジション）逆の買収（という企業結合）

risk hedge　（リスク・ヘッジ）危険の回避

ROE　株主資本利益率または自己資本利益率のことで、Return on Equityの略。Returnは利益のことで、Equityは株主資本である。分子が当期純利益で分母が株主資本である。これは株主の持ち分である株主資本を使ってどれだけ当期純利益を上げたかを示す指標である。
　経営者は、ROE上昇を経営目標に掲げて、株式時

価総額の増大を目指す。

　ROAやROEは、会社が資産や純資産を使ってどれくらい効率よく利益を上げたかを見る指標で、株式投資を考える投資家にとって重要な指標である。

　なお、ROAはReturn on Assetsの略で、総資産純利益率。ROEはReturn on Equityの略で、株主資本純利益率。

royalty　　（ロイヤリティ）技術料収入［特許権使用料］

rule　　（ルール）規則

rules-based　　（ルール　ベイスド）規制主義の

S

sales　　（セールス）売上

sales integration　　（セールス・インテグレーション）販売統合

scorched earth policy　　（スコーチト・アース・ポリシー）焦土戦術

SEC　　（エス　イー　シー）Securities and Exchange Commission　米国証券取引委員会

secret and confidencial　　（シークレット・アンド・コンフィデンシャル）秘密

separate financial statement　　（セパレート　フィナンシャル　ステートメント）個別の財務の説明書＝個別財務諸表

shareholders' equity　　（シェアホルダーズ・エクイティ）株主持分

SIC　　（エス　アイ　シー）Standing Interpretations Committee　常任の解釈指針委員会

signature　　（シグネチャー）署名

significant influence　　（シグニフィカント　インフルエンス）重要な影響

significant risks and rewards of ownership　　（シグニフィカント　リスクス　アンド　リワーズ　オブ　オーナーシップ）持ち主であることの重要なリスクと重要なほうび

social gathering　　（ソーシャル・ギャザリング）親睦会

source　　（ソース）購入ソース供給源

SPE
　SPEとはSpecial Purpose Entity（特別目的事業体）の略で、通常、資産流動化における譲受人となるもの。SPC special purpose company＝特別目的会社より広い概念。SPEは譲り受けた資産を裏付けとして資金調達を行い、当該調達資金は主に譲渡代金の支払に充てることになる。
　SPEは、会社、組合、信託のいずれでもよい。

speculation　　（スペキュレーション）投機

spirit　　（スピリット）グループの中を貫く精神［①正確さ（accuracy）、②迅速さ（speed）、③誠実さ（integrity）］

sponsor　　（スポンサー）出資者

stakeholder　　（ステイクホルダー）利害関係者

standard　　（スタンダード）標準的

Statement of Shareholders' Equity　　（ステートメント・オブ・シェアホルダーズ・エクォティ）株主持分計算書

　欧米では、原則として、1会計期間の純資産（Shareholders' EquityまたはNet Assets）の増減を株主持分計算書（Statement of Shareholders' Equity）あるいは注記で開示する必要がある。連結決算の場合は、連結株主持分計算書を作成する。株主持分計算書では、新株の発行、配当の支払や包括利益（Comprehensive Income）の変動などを示す。

stock option　　（ストック・オプション）株式のオプション買いと売却の制度

stockholders' equity　　（ストックホルダーズ・エクイティ）株主持分

subsequent measurement　　（サブシクエント　メジャメント）続いての測定

syndicated loan　　（シンジケイテッド・ローン）

アルファベット

銀行連合による貸し付け＝シンジケートローン

synergy　（シナジー）相乗効果

T

tax expense　（タックス　エクスペンス）税金費用〔法人税、住民税、事業税〕

tax haven　（タックスヘイブン）租税回避地〔法人税・所得税が安い国〕

tax lawyer　（タックス・ロイヤー）税務専門の弁護士

technical feasibility　（テクニカル　フィーズィビリティ）技術の実行できる可能性

temporary differences　（テンポラリー　ディファレンセス）一時的な差異

The buck stops here　（ザ・バック・ストップス・ヒア）ここで責任はとまる、責任の転嫁はしない（トルーマン大統領の座右の銘）。

three mottoes　（スリー・モットーズ）三つの座右銘

TOB　TOBは不特定多数の投資家から株を買い付けること。

　ある会社が他の会社の経営権を取得して子会社や関連会社にするために、買付価格や買付株数、買付期間などを公表して、買収対象の会社の不特定多数の株主から株式を買い入れる手法のことである。

　TOBの対象は株式公開企業であり、株式の売買は証券市場の外で行われる。英語のTake Over Bidの略であり、株式公開買付という。

　TOBは、買収側と被買収側との関係により、さらに友好的TOBと敵対的TOBとに分けられる。

　友好的TOBは企業救済などを目的として行われるので、友好的TOBを行う会社は「ホワイトナイト（白い騎士）」とも呼ばれる。

　敵対的TOBは、2005（平成17）年春にライブドアがフジテレビ（ニッポン放送）に仕掛けた敵対的買収が一例である。

　TOBにはいくつかの特徴がある。まず、買付価格を前もって設定するため、株価の急騰を回避でき、買収総額が予測できる。

　次に、売却申し込みの株数が予定数に達しない場合は、買付そのものの取り消しができる。

ポイズン・ピル（毒薬条項）
　たとえば、買収者が現れた時に、会社が既存の株主に時価よりも安く株式を購入する権利を与える防衛策がある。これはポイズン・ピル（毒薬条項）と呼ばれ、これにより買収する意欲がそがれる。

　なお、金融商品取引法では、証券市場の外で買収対象企業の10人を超える株主から発行済み株式の5％を超えて買い付ける場合や、10人以下の少数の株主からでも、発行済み株式の3分の1を超えて買い付ける場合には、TOBで行わなければならないとしている。

total comprehensive income　（トータル　コンプリヘンシブ　インカム）合計の幅広い所得＝合計の包括利益

transaction　（トランズアクション）取引

transparence or transparency　（トランスペアランスまたはトランスペアランシィ）透明性

treasury stock　（トレジャリー・ストック）金庫株

trial balance　（トライアル・バランス）残高試算表＝試行の残

turnover integration　（ターン・オーバー・インテグレーション）販売統合

turnover　（ターンオーバー）売上

T Account　（ティー　アカウント）T形式の元帳への転記・元帳の締切り。

　T形式（T Account）の元帳は、次のような仕組みでできている。資産グループの科目、負債グループの科目、純資産グループの科目のうち例えば現金科目（資産グループ）は、次のように取り扱う。

（現金科目の例）
(1) 期末の締切り前（期中の転記）
現金（資産グループの科目）
①期首残高　A
②増加
③増加
④減少
⑤減少

①	A	④
②		⑤
③		

　①期首残高Aが前期末から繰り越される期中の仕

訳による増加（②③）・減少（④⑤）を転記する。

(2) 期末の締切り
現金（資産グループの科目）
①期首残高　A
②増加
③増加
④減少
⑤減少
⑥差額　B
合計〔①A＋(②③)〕
合計〔((④⑤)＋⑥B〕
⑦翌期首残高　B

①　A	④
②	⑤
③	⑥　B
⑦　A'	

　左側〔①A＋(②③)〕と右側（④⑤）の差額（⑥）を計算し、差額Bを右側に記入する。
　左側と右側の夫々の合計を出す（左側の合計と右側の合計は一致する）。
　⑥差額Bの金額を⑦翌期首残高として左側に記入する。A'

U

unfriendly　（アンフレンドリー）非・友好的な

useful life　（ユースフル　ライフ）耐用年数

V

VaR　Value at Risk法　過去の市場動向に基づき、将来の一定期間における市場変動を推定し、一定の確率で発生しうる最大の損失額を計測する方法。

W

weighted average cost of capital　（ウエイテッド　アバレッジ　コスト　オブ　キャピタル）資本の加重した平均コスト

Work Sheet　（ワーク　シート）精算表

X

XBRL　（エックス・ビー・アール・エル）XBRLは、Extensible Business Reporting Languageの略。XBRLは、経理・財務報告用の情報が効率的に①作成され、②流通し、③皆に使われるように、国際的に標準化された「コンピュータ用語」。

　世界の簿記・会計とITシステムは、「残増減残」「科目の四マス」とあいまって、大きく変わる可能性がある。金融庁、東京証券取引所、などで取り入れた。

金児　昭　著作（115冊＝89冊＋26冊）

		書名	副書名	
	89	日本型「経理・財務」事典		
	88	経営者の会計実学	1円でも利益を得るために！	
	87	ただいま授業中　会計がよくわかる講座(改訂版)		(共)中島清視
	86	ポケット版「すぐやる人」になれば仕事はぜんぶうまくいく		
	85	気持ちよく働くちょっとした極意		
	84	金児昭と先進企業のCFOが語る一歩先行く会社の「経理・財務」部門と人材育成（第1集）		
	83	ビジネス・ゼミナール　会社「経理・財務」入門		
	82	会計力1分間トレーニング		
	81	「経理・財務」これでわかった！		
	80	「経理・財務」〈上級〉		
	79	「経理・財務」〈物語＆基本バイブル〉		
	78	もっと早く受けてみたかった「会計の授業」		
	77	自由と自己規律		
	76	「利益力世界一」をつくったM&A	企業価値最大化に賭けた男たち	(共)長岡和範
	75	日本一やさしい英文簿記・会計入門		
	74	株式会社はどこへ行くのか		(共)上村達男氏との対談
	73	私がほしかったダンス用語集	世界一やさしい"英和対訳"！	
	72	「見えない小さなこと」で仕事は9割できている		
	71	できる社長の会計力		
	70	ビジネス漫画　実践！会計入門		(原作)金児昭(漫画)瀬芹つくね
	69	人を不幸にする会社・幸福にする会社		(共)伊藤雅俊氏との対談
	68	これでわかった！バランス・シート		
	67	これでわかった！連結決算-「会計の達人」が教える入門の入門		
	66	1つの数字で仕事はすべてうまくいく！	信越化学工業の「経理・財務の神様」が教え続けたこと！	
著書	65	金児昭の7人の社長に叱られた！		
	64	日経式　おとこの「家計簿」		金児昭/日本経済新聞社（編）
	63	これ1冊でできるわかるキャッシュフロー経営の進め方		(共)轟茂道
	62	「できる社長」だけが知っている数字の読み方		
単	61	会社をよくする　みんなの「経理・財務」		
著	60	いつか社長になってほしい人のための「経営と企業会計」	金児昭のプライベートレッスン「経営実行講座」	
（	59	金児昭のいちばんやさしい会計の本	日本一のプロ会計マンが教える	
＋	58	月次決算の進め方　　　　日経文庫		(共)宮崎盛雄・木村幸彦
編	57	財務諸表の読み方・活かし方		
者	56	M&Aで会社を強くする　　　日経ビジネス人文庫		
＋	55	「数字」がわかれば仕事は全部うまくいく		
共	54	「この一言」が言える人になれ	信頼できる人の話し方	
著	53	経営実践講座　教わらなかった会計　日経ビジネス人文庫		
）	52	おもしろカンタンに会計が学べる本	会計はムズカシイと感じている方に、日本一のプロ会計マンが捧げるこれ以上はやさしく書けない会計の本です。	
	51	会計心得	もうかる会社には理由がある	
	50	リーダーのための簿記の本	金児　昭が初めて書いた	
	49	相手の気持ちをちょっと読めば仕事は不思議とうまくいく	なぜか人が動き出す、仕事で大事な59のこと	
	48	ビジネス・ゼミナール　会社経理入門		
	47	「会社の数字」の意味を知る技術		
	46	もっと早く知っておきたかった「決算書」の読み方		
	45	ちょっと先を見て動きなさい！　　　(訳書)		(著)B.ネルソン
	44	経営実践講座　教わらなかった会計　企業会計編		
	43	社長！1円の利益が大切です	金児昭のやさしい会計実学	
	42	金児昭のいちばんやさしい会計の本(ムック)		
	41	会社経理実務辞典		
	40	「気の小さい人」が仕事も人生もうまくいく	達人が書いた仕事人の生き方・学び方	
	39	もっと早く受けてみたかった「会計の授業」	仕事が楽しくなる、会社が元気になる！	
	38	企業グループの価値を高める！連結経営と会計実務		(共)轟茂道・山岸聡
	37	お父さんの社交ダンス	元気やる気がアップ！	
	36	クローズアップ現代会計　企業組織再編の会計		
	35	やさしい連結決算	見方・作り方の実務ポイント	
	34	経営実践講座　会社の価値を高める会計		
	33	「すぐやる人」になれば仕事はぜんぶうまくいく	達人が書いた究極の仕事術	
	32	英語で読む決算書が面白いほどわかる本	金児昭が書いた	
	31	ビジネス数字の活用法		
	30	「連結」の経営	足し算で強くする会計 日経ビジネス人文庫	
	29	入門強い会社の経理・財務	経営意思決定を支えるプロの実務	
	28	世界一やさしい連結決算		
	27	グループ経営ハンドブック		
	26	これでわかった財務諸表		
	25	最新版　図解入門連結決算早わかり	2時間でわかる	
	24	やさしいキャッシュフロー経営		(共)木村幸彦
	23	やさしい税効果会計		(共)木村幸彦
	22	連結決算入門		(共)笠原俊幸
	21	The corporate accounting in JAPAN		
	20	楽しく覚える日本史年代「ゴロ合わせ」	事典	
	19	楽しく覚えられるゴロ合わせ英単語		
	18	連結決算書の作成実務		(共)木村幸彦
	17	幹部のための「会社の経理」に明るくなる本	経理がわかれば会社の姿が見えてくる	
	16	経営者のための経理のポイント23項		
	15	スーパー入門法人税の知識		(共)小池忠彦

出版社名	出版年月	本体価格
税務経理協会	201001	2,000
中経出版	200911	1,400
かんき出版	200909	1,400
あさ出版	200906	952
日本経済新聞出版社	200906	1,300
税務研究会	200904	952
日本経済新聞出版社	200901	3,200
ソフトバンククリエイティブ	200812	857
PHP研究所(ビジネス新書)	200812	800
日本経済新聞出版社	200806	3,200
税務経理協会	200806	1,100
PHP研究所(文庫)	200805	552
税務経理協会	200804	1,200
日本経済新聞出版社	200709	1,900
税務経理協会	200709	1,600
日本経済新聞出版社	200708	1,600
中経出版	200707	1,700
すばる舎	200706	1,400
税務経理協会	200705	1,400
宝島社	200705	1,300
PHP研究所	200704	1,400
PHP研究所(ビジネス新書)	200702	800
PHP研究所(文庫)	200701	590
成美堂出版	200612	457
中経出版	200611	495
日本経済新聞社	200610	800
あさ出版	200607	1,200
PHP研究所	200606	800
日本経済新聞社	200604	1,400
税務経理協会	200603	950
宝島社文庫	200512	581
日本経済新聞社	200512	830
PHP研究所	200512	495
日本経済新聞社	200511	714
PHP研究所	200509	496
三笠書房	200507	1,300
日本経済新聞社	200504	714
ビジネス社	200412	1,300
日本経済新聞社	200411	648
中経出版	200408	1,400
あさ出版	200407	1,400
日本経済新聞社	200405	2,800
あさ出版	200405	1,300
PHP研究所	200403	1,200
三笠書房	200402	1,300
日本経済新聞社	200401	1,400
中経出版	200401	1,400
宝島社	200311	838
日本実業出版社	200310	4,800
あさ出版	200309	1,400
PHP研究所	200308	1,200
税務研究会	200308	2,400
モダン出版	200308	1,200
東京経済情報出版	200304	3,000
中央経済社	200304	1,500
日本経済新聞社	200302	1,500
あさ出版	200212	1,400
中経出版	200209	1,500
PHP研究所	200201	1,200
日本経済新聞社	200201	648
日本経済新聞社	200107	2,200
日本経済新聞社	200106	505
中央経済社	200103	9,240
日本経済新聞社	200101	648
中経出版	200011	1,600
中央経済社	199908	1,600
中央経済社	199906	1,400
東洋経済新報社	199810	1,600
中央経済社	199809	3,200
中央経済社	199804	1,400
ライオン社	199705	1,000
中央経済社	199702	4,600
中経出版	199508	1,359
あさひ銀総合研究所	199506	389
日本実業出版社	199505	1,068

		書名	副書名	
著書（単著＋編者＋共著）	14	連結決算基礎の基礎	すべての親・子・関連会社のための	
	13	やさしい月次決算		(共)宮崎盛雄・木村幸彦
	12	上級経理入門		
	11	経理の仕事基本と応用	毎日30分・20日間入門	
	10	実務家のための法人税実務入門		
	9	会社経理入門	経理部長の12ヵ月新人研修	
	8	はじめての人の経理	実務家が書いた	
	7	21世紀の日本の企業金融	総合研究開発機構 編	
	6	経理学入門	協力とアドバイスの実務	
	5	経営財務の学際的研究		
	4	がんばれ経理マン		
	3	新入社員諸君へおくるビジネスマン入門		
	2	法人税実務マニュアル	税務処理のコツがわかり節税に強くなる120のポイント	
	1	工場会計ハンドブック		

		書名	副書名	
監修＋編	26	よくわかる連結決算の実務		(著)轟茂道・見瀬賢悟・福原正三・山岸聡・大黒英史
	25	FASSベーシック 公式テキスト 経営会計		
	24	FASSベーシック 公式テキスト 財務会計(IFRS準拠)	国際財務報告基準(IFRSs)準拠	
	23	FASSベーシック 公式テキスト 財務デモリング		
	22	会社「経理・財務」の基本テキスト〔改訂版〕		(著)NTTビジネスアソシエ(株)
	21	会社「経理・財務」の基本テキストⅡ(ステップアップ編)〔改訂版〕		(著)NTTビジネスアソシエ(株)
	20	アメリカの連邦税入門(改訂)		(著)長岡和範
	19	これ1冊でできるわかるキャッシュフロー計算書のつくり方		(著)轟茂道
	18	「経理・財務」実務に必要な「知識×実行」		(著)佐久間裕輝
	17	「家庭決算書でかしこく家計を育てる本」	家計簿で見えないことがリアルにわかる	(著)依田宣夫
	16	CFO Professional (プロフェッショナル)経営計画シミュレーション		
	15	CFO Professional (プロフェッショナル)用語集		
	14	CFO Professional (プロフェッショナル)Ⅰ財務理論に関する基礎知識		
	13	CFO Professional (プロフェッショナル)Ⅱ経営計画と財務マネジメント		
	12	CFO Professional (プロフェッショナル)Ⅲ企業価値の評価と向上		
	11	CFO Professional (プロフェッショナル)Ⅳ財務面での課題解決方法とその活用		
	10	CFO Standard 第Ⅰ巻キャッシュフロー経営と企業財務		
	9	CFO Standard 第Ⅱ巻企業活動とキャッシュマネジメントの実際		
	8	CFO Standard 第Ⅲ巻経営計画と財務戦略		
	7	きんざい通信講座(企業の財務に強くなる講座)		
	6	キャッシュマネジメント・エッセンシャルズ 追補版		
	5	キャッシュマネジメント・エッセンシャルズ		
	4	3ステップ式だから連結納税がラクラクわかる本		(著)轟茂道・山岸聡
	3	3ステップ式だから新会計基準の決算書がラクラクわかる本		(著)轟茂道・定盛順一
	2	3ステップ式だからキャッシュフロー計算書をすらすらつくる本	超実践	(著)轟茂道
	1	3ステップ式だからキャッシュフロー経営が一番よくわかる本		(著)轟茂道

出版社名	出版年月	本体価格
税務研究会	199501	1,748
日本経済新聞社	199311	830
日本経済新聞社	199111	2,913
日本実業出版社	199106	1,262
日本実業出版社	198910	1,650
日本経済新聞社	198903	2,816
税務研究会	198804	1,100
東洋経済新報社	198712	4,200
中央経済社	198703	1,800
中央経済社	198610	3,000
中央経済社	198604	1,300
中央経済社	198503	1,200
日本実業出版社	198404	1,500
中央経済社	197710	6,800

出版社名	出版年月	本体価格
清文社	201001	2,200
CFO本部	200911	3,000
CFO本部	200906	-
CFO本部	200905	-
税務研究会出版局	200704	952
税務研究会出版局	200703	952
税務経理協会	200612	2,400
あさ出版	200607	1,200
税務経理協会	200602	840
中経出版	200411	1,400
CFO本部、きんざい	200410	セットで 27,250
CFO本部、きんざい	200410	
CFO本部、きんざい	200410	
CFO本部、きんざい	200410	
CFO本部、きんざい	200410	
CFO本部、きんざい	200410	
CFO本部、きんざい	200309	セットで 12,600
CFO本部、きんざい	200309	
CFO本部、きんざい	200309	
きんざい	200301	21,000
CFO本部	200202	セットで 31,500
CFO本部	200112	
あさ出版	200107	1,500
あさ出版	200106	1,500
あさ出版	199903	1,500
あさ出版	199902	1,500

金児　昭（かねこ・あきら）

経済・金融・経営評論家、信越化学工業顧問、日本ＣＦＯ（最高経理・財務責任者）協会最高顧問、会計に軸足を置いた民間エコノミスト。
1936年生まれ。
- 52年、東京学芸大学附属大泉小・中学校卒業。
- 55年、東京都立大泉高等学校卒業。
- 61年、東京大学農学部農業経済学科卒業。信越化学工業入社。以来38年間、経理・財務部門の実務一筋。
- 92～99年、常務取締役（経理・財務、法務、資材関係担当）。
- 94～97年、公認会計士試験（筆記・口述）試験委員。
- 98～2000年、金融監督庁（現金融庁）顧問（専門分野「企業会計」）。
- 96年～、社交ダンス教師有資格者。
- 98年～、新潟大学経済学部・非常勤講師。大東文化大学大学院経営学研究科・非常勤講師。一橋大学大学院国際戦略研究科・非常勤講師。早稲田大学専門職大学院ファイナンス研究科・非常勤講師。文京学院大学大学院経営学研究科・教授。早稲田大学大学院商学研究科・客員教授。
- 85年～、日本経営財務研究学会発表（「事業売買と企業力評価」）。日本原価計算研究学会発表（「現代経理実務と国際経理人の育成」）。日本会計研究学会発表（「国際企業と連結決算の実務」、「The Corporate Accounting in Japan」）。
- 95年、平成7年度納税表彰（麹町税務署長表彰）。

著書は、『ビジネス・ゼミナール　会社「経理・財務」入門』、『「経理・財務」（上級）』、『「利益力世界一」をつくったＭ＆Ａ』（以上、日本経済新聞出版社）、『自由と自己規律』、『できる社長の会計力』、『いつか社長になってほしい人のための「経営と企業会計」』（以上、税務経理協会）、『経営者の会計実学』（中経出版）など115冊。

著者との契約により検印省略

平成22年2月1日　初版第1刷発行

日本型「経理・財務」事典

著　者	金　児　　　昭
発行者	大　坪　嘉　春
製版所	株式会社マッドハウス
印刷所	互恵印刷株式会社
製本所	牧製本印刷株式会社

発行所　東京都新宿区下落合2丁目5番13号　株式会社　税務経理協会

郵便番号　161-0033　振替　00190-2-187408　電話　（03）3953-3301（編集部）
FAX　（03）3565-3391　　（03）3953-3325（営業部）
URL　http://www.zeikei.co.jp/
乱丁・落丁の場合はお取替えいたします。

© 金児　昭 2010　　Printed in Japan

本書を無断で複写複製（コピー）することは、著作権法上の例外を除き、禁じられています。本書をコピーされる場合は、事前に日本複写権センター（JRRC）の許諾を受けてください。
JRRC〈http://www.jrrc.or.jp　eメール：info@jrrc.or.jp　電話:03-3401-2382〉

ISBN978-4-419-05248-5　C2034